国际金融

蓝发钦 岳 华 冉生欣 方显仓◇编 著

华东师范大学出版社
·上海·

前　言

国际金融学是研究和处理国际货币信用关系和国际资金融通问题的学科和专业。一般认为，国际金融学成为一门独立的学科，其真正发展是在20世纪70年代之后。早期，国际金融方面的问题往往是作为国际贸易研究的一个部分进行讨论的，直到第二次世界大战结束，随着人类历史上第一个人为设计的国际货币体系——布雷顿森林体系的建立，国际金融方面的问题才开始具有了某些独立的内容和特点，引起了更多经济学家的注意。不过，真正激发经济学家对更多国际金融问题进行研究，并促使国际金融学发展成为具有自身完整体系的一门学科的事件，是布雷顿森林体系的崩溃。20世纪70年代，布雷顿森林体系彻底崩溃，取而代之的是所谓的牙买加国际货币体系，它实质上是一个没有体系的体系，由此国际金融环境混乱、无序，国际金融市场危机不断。在这样一个大背景下，国际金融领域越来越多的问题亟待研究和解决，诸如储备货币多元化问题、汇率制度问题、国际收支失衡问题、国际金融机构的权威性问题，等等。可见，国际金融学作为一门独立的学科，其发展是世界经济体系发生变化的结果。

在中国，在计划经济环境下，企业家属于生产型的企业家。20世纪80年代以来，随着中国市场经济程度的提高，中国企业家已逐渐向生产经营型提升。进入21世纪这样一个金融开放的时代，中国企业家就必须成为真正的“资本家”，也就是能驾驭资本运作的专家。因此，可以想象，国际金融人才培养的需求将不断扩大，要求将不断提高。相应地，对国际金融教材不断更新，也必将成为时代的一种需要。

华东师范大学对于国际金融的研究具有悠久的历史。已故陈彪如先生是中国国际金融学科的创始人，在20世纪60年代中期他曾受周恩来总理委托领衔开展国际金融问题研究，在国内开创了国际金融研究的先河。陈彪如先生在人民币汇率、国际收支、黄金等问题方面的研究成果铸就了中国国际金融学科研究的基石，他在1992年出版的教材《国际金融概论》曾先后获得全国高校金融类优秀教材一等奖、全国高校优秀教材奖和上海市优秀图书奖。

2007年，华东师范大学国际金融课程入选上海市精品课程，本书就是课程建设的核心成果之一。本书在内容布局上继承了陈彪如先生《国际金融概论》的基本框架，包括三部分：第一部分介绍微观国际金融活动方面的问题。微观国际金融活动是指主要以个人、企业为主体进行的各种国际金融活动，内容包括汇率变动的基本理论、外汇业务、企业的外汇风险防范等。第二部分涉及宏观国际金融活动方面的问题。宏观国际金融活动是指主要以国家整体作为主体所进行的各种国际金融活动，内容包括国际收支不平衡的调节理论及手段、国际储备管理等。第三部分论述国际金融关系问题，具体包括国际货币体系、国际金融机构和国际金融领域的政策协调等方面的内容。同时，在写作过程中，本书遵循从易到难的逻辑，在不影响内容衔接的原则下，把上述三部分内容分为十三章。整个行文体现两大特色：

第一，重点突出。传统国际金融教材的特点是注重阐述现象"怎么样"，本书则充分利用西方经济学和货币银行学的基本原理，注重阐述国际金融活动的经济运行机制，力求回答"为什么"，而达到全书逻辑结构的统一。关于国际金融业务的介绍，不仅简单介绍这些业务的操作过程，而且将重点放在这些业务所涉及的技术性问题上。

第二，内容前沿。即在全面阐述国际金融理论的基础上，力图反映21世纪以来国际金融市场的新发展和新特点，这一点体现在专辟一章阐述国际金融危机问题，尤其是2007年开始的美国次贷危机，力求本书与时代的发展同步。

课程建设小组成员主要包括岳华、冉生欣、方显仓和蓝发钦，岳华负责本书第一章、第二章、第三章和第四章的编著，冉生欣负责第十一章、第十二章和第十三章的编著，方显仓负责第五章和第六章的编著，蓝发钦负责第七章、第八章、第九章和第十章的编著以及本书最后的统稿工作。

蓝发钦

2015年春

目　录

第一章

外汇与汇率

第一节 外汇与汇率的基本概念

一、外汇及其表达形式

（一）外汇的概念

外汇，即国外汇兑的简称，具有动态和静态两种含义。从动态来看，外汇就是把一国货币转换成另一国货币，用以清算国际间债权债务关系的行为。从静态上讲，外汇表现为进行国际清算的手段和工具，如外国货币、外币的有价证券及外币支付凭证等。国际货币基金组织(IMF)对外汇的定义是："外汇是货币行政当局(中央银行、货币管理机构、外汇平准基金及财政部)以银行存款、财政部库券、长短期政府债券等形式所保有的在国际收支逆差时可以使用的债权。其中包括由中央银行及政府间协议而发生的在市场上不流通的债券，而不问它是以债务国货币还是以债权国货币表示。"我国《中华人民共和国外汇管理条例》第二条对外汇规定如下：外汇是指下列以外币表示的可以用作国际清偿的支付手段和资产：(1)外国货币，包括纸币、铸币；(2)外币支付凭证，包括票据、银行存款凭证、邮政储蓄凭证等；(3)外币有价证券，包括政府债券、公司债券、股票等；(4)特别提款权、欧洲货币单位；(5)其他外汇资产。

（二）构成外汇的条件

从形式上看，外汇是某种外国货币或外币资产，但并非所有非本国货币都是外汇。要构成外汇必须满足以下三个条件：第一，外汇必须是以外币表示的国外资产，也就是说，用本国货币表示的信用工具和有价证券不能视为外汇。例如，美元为国际支付中常用的货币，但对美国人来说，凡是用美元对外进行的收付都不算是动用了外汇，只有对美国以外的人来说，美元才算是外汇。第二，外汇必须是在国际上能得到偿还的货币债权，即能被各国普遍接受的金融资产。第三，外汇必须具有自由兑换性，能自由兑换成其他支付手段。一般来说，只有能自由兑换成其他国家的货币，同时能不受限制地存入该国商业银行的普通账户才算作外汇。

二、汇率及其标价方法

(一) 汇率的概念

汇率是指两种不同货币之间的交换比率或比价，也就是以一种货币表示的另一种货币的价格。因而汇率的表示方法有直接标价法和间接标价法两种。

(二) 汇率的标价方法

汇率的标价方法亦即汇率的表示方法。因为汇率是两国货币之间的交换比率，在具体表示时就牵涉到以哪种货币作为标准的问题，由于所选择的标准不同，便产生了三种不同的汇率标价方法。

1. 直接标价法(Direct Quotation)

这种标价法是以一定的外国货币为标准，折算为一定数额的本国货币来表示汇率。或者说，以一定单位的外币为基准计算应付多少本币，所以它又称应付标价法(Giving Quotation)。在这种标价法下，外国货币数额固定不变，总是为一定单位(一、百、万等)，汇率涨跌都以相对的本国货币数额的变化来表示。一定单位外币折算的本国货币越多，说明外币汇率上涨，即外汇升值；反之，一定单位外币折算的本国货币越少，说明外汇贬值，本币升值。也就是说，在直接标价法下，汇率数值的变化与外汇价值的变化是同方向的，因此以直接标价法来表示汇率有利于本国投资者直接明了地了解外汇行情变化，它成为目前国际上绝大多数国家采用的标价方法，我国亦不例外。直接标价法的形式如表 1.1。

表 1.1 人民币外汇牌价 (单位:人民币元)

货币	买入价(现汇)	买入价(现钞)	卖出价
百美元(USD 或 US$)	610.440 0	605.540 0	614.120 0
百欧元(EUR)	759.480 0	735.460 0	765.580 0
百英镑(GBP 或£)	968.100 0	937.480 0	975.880 0
百港币(HKD)	78.820 0	78.270 0	79.140 0
百瑞士法郎(CHF)	631.100 0	611.140 0	636.160 0
百日元(JPY 或 J¥)	5.321 8	5.153 5	5.364 6

续 表

货币	买入价(现汇)	买入价(现钞)	卖出价
百加拿大元(CAD 或 C$)	538.060 0	521.040 0	542.380 0
百澳大利亚元(AUD)	526.470 0	509.820 0	530.690 0

资料来源:招商银行 2014 年 11 月 9 日公布

2. 间接标价法(Indirect Quotation)

这种标价法是以一定单位的本国货币为标准,折算为一定数额的外国货币来表示汇率。或者说,以本国货币为标准来计算应收多少外国货币,所以它又称应收标价法(Receiving Quotation)。在间接标价法下,本币金额总是为一定单位保持不变,汇率的涨跌都是以相对的外国货币数额的变化来表示。一定单位本币折算的外国货币越多,说明本币升值,外汇贬值;反之,一定单位本币折算的外币越少,说明本币贬值,外汇升值。与直接标价法相反,在间接标价法下,汇率数值的变化与外汇价值的变化呈反方向。目前世界各国中主要是英国和美国采用间接标价法。英国采用间接标价法,一是因为英国资本主义发展比较早,当时伦敦是国际贸易和金融的中心,英镑也因而是国际贸易计价结算的标准,相适应地,外汇市场的主要交易货币是英镑,在间接标价法下,汇率数值变化与外汇价值变化呈反方向关系,相反与本币价值变化则呈同方向关系,因而英国采用间接标价法能使国际外汇市场的投资者直接明了英镑的行情;二是因为英镑的计价单位大,用 1 英镑等于若干外国货币,在计算上比较方便;三是因为英国的货币单位在 1971 年以前一直没有采取十进位制,而是二十进位制,用直接标价法表达汇率不直观,计算起来十分不便,这样由于长期以来的习惯,英国直至今日在外汇市场上仍然沿用间接标价法。美国过去采用直接标价法,后来由于美元在国际贸易上作为计价标准的交易增多,纽约外汇市场从 1978 年 9 月 1 日起改为间接标价法(仅对英镑、澳大利亚元汇率仍沿用直接标价法),以便与国际上美元交易的做法相一致。间接标价法的具体形式见表 1.2。

表 1.2 2014 年 11 月 9 日纽约外汇市场行情表 (1 美元合外币)

货币	买入价	卖出价
欧元(合美元)	1.245 4	1.245 6
英镑(合美元)	1.586 9	1.587 2

续 表

货币	买入价	卖出价
日元	114.591	114.604
瑞士法郎	0.965 8	0.966 2
澳大利亚元(合美元)	0.863 5	0.863 8
加拿大元	1.133 1	1.133 5

注:表中价格均为现汇买卖价

3. 美元标价法

美元标价法是以一定单位的美元为标准来计算应兑换多少其他各国货币的汇率表示法。其特点是:美元的单位始终不变,汇率的变化通过其他国家货币量的变化来表现。随着国际金融市场之间外汇交易量的猛增,为了便于国际间进行交易,银行之间报价时通常采用这种汇率表示方法。目前美元标价法已普遍使用于世界各大国际金融中心,这种现象某种程度上反映了在当前国际经济中美元仍然是最重要的国际货币。美元标价法仅仅表现世界其他各国货币对美元的比价,非美元货币之间的汇率则通过各自对美元的汇率进行套算。美元标价法的基本形式如表 1.2。

三、汇率的分类

(一) 基本汇率与套算汇率

从制定汇率的角度,汇率分为基本汇率和套算汇率。基本汇率是指本国货币与关键货币对比而制定出来的汇率。所谓关键货币是指在国际贸易或国际收支中使用最多、在各国外汇储备中所占比重最大、自由兑换性最强、汇率行情最为稳定、为各国所接受的货币。由于美元在国际上的特殊地位,目前各国一般都把美元当作制定汇率的关键货币,把对美元的汇率作为基本汇率。

套算汇率是指根据基本汇率套算出来的与其他国家货币的汇率,又称为交叉汇率。例如:1 英镑=1.596 5 美元,1 美元=114.769 日元,则英镑对日元的套算汇率为:1 英镑 = 1.596 5×114.769 = 183.229 日元 。

(二) 买入汇率、卖出汇率与中间汇率

从银行买卖外汇的角度,汇率分为买入汇率、卖出汇率和中间汇率。买入汇率或买价是

银行从客户手中买进外汇时所采用的汇率。卖出汇率或卖价是银行卖给客户外汇时所采用的汇率。中间汇率是买入价和卖出价的算术平均数,即中间价=(买入价+卖出价)/2。报刊、电台、电视台通常报告的是中间价,它常被用作汇率分析的指标。银行买入汇率与卖出汇率一般相差1%～5%,差额即为银行买卖外汇的利润。

(三) 固定汇率与浮动汇率

从国际货币体系的历史演变角度,汇率分为固定汇率和浮动汇率。

固定汇率是指一国货币同另一国货币的汇率保持基本固定,汇率的波动限制在一定幅度以内。固定汇率是在金本位制和布雷顿森林货币体系下各国货币汇率安排的主要形式。在金本位制度下,货币的含金量是决定汇率的基础,黄金输送点是汇率波动的界限。在这种制度下,各国货币的汇率变动幅度很小,基本上是固定的,故称固定汇率;二战后到20世纪70年代初,在布雷顿森林货币体系下,因国际货币基金组织的成员国货币与美元挂钩,规定它的平价,外汇汇率的波动幅度也规定在一定的界限以内(上下1%),因而也是一种固定汇率。

浮动汇率是指一个国家不规定本国货币的固定比价,也没有任何汇率波动幅度的上下限,而是听任汇率随外汇市场的供求关系自由波动。浮动汇率是自20世纪70年代初布雷顿森林货币体系崩溃以来各国汇率安排的主要形式。

(四) 单一汇率与多种汇率或复汇率

按是否适用于不同的来源与用途,汇率分为单一汇率和多种汇率或复汇率。单一汇率是指一国货币对某种货币仅有一种汇率,各种收支都按该汇率结算。多种汇率是指一国货币对某一种外国货币的比价因用途及交易种类的不同而规定有两种或两种以上的汇率,也叫复汇率。例如:某些国家根据外汇资金用途不同,将汇率分为贸易汇率和金融汇率两类。贸易汇率是指用于进出口贸易及其从属费用方面的汇率,金融汇率是指用于资本移动、旅游和其他非贸易收支方面支付结算的汇率。一般一国在实行这种复汇率时,金融外汇汇率要比贸易外汇汇率高一些,一方面可以达到鼓励出口,改善贸易收支的目的;另一方面可以控制国际资本流动对本国国际收支和经济发展所带来的冲击。

(五) 官方汇率与市场汇率

按外汇管制的松紧程度,汇率分为官方汇率和市场汇率。

官方汇率是指官方,如财政部、中央银行或外汇管理机构规定的汇率。市场汇率是指在外汇自由市场上自发形成的汇率。实行官方汇率与市场汇率并存的国家主要是一些外汇管制相对较松，外汇市场又不是特别完善的国家。官方汇率往往有行无市，实际外汇交易均按市场汇率进行。

(六) 电汇汇率(T/T)、信汇汇率(M/T)和票汇汇率(D/D)

按外汇交易支付工具和付款时间，汇率分为电汇汇率(T/T)、信汇汇率(M/T)和票汇汇率(D/D)。

电汇汇率是银行以电讯方式买卖外汇时所采用的汇率。电汇具有收付迅速安全、交易费用相对较高的特点，一方面，电汇汇率要比信汇汇率、票汇汇率高；另一方面，在当前信息社会，在国际业务中基本上以电汇业务支付结算，因而电汇汇率是基础汇率，其他汇率都是以电汇汇率为基础来计算。

信汇汇率是指以信函方式通知收付款时采用的汇率。

票汇汇率是指兑换各种外汇汇票、支票和其他各种票据时所采用的汇率。因票汇在期限上有即期和远期之分，故票汇汇率又分为即期票汇汇率和远期票汇汇率。

(七) 即期汇率和远期汇率

按外汇交割期限不同，汇率分为即期汇率和远期汇率。

即期汇率是指买卖双方成交后，于当时或两个工作日之内进行外汇交割时所采用的汇率；而远期汇率是指买卖双方成交后，在约定的日期办理交割时采用的汇率。

(八) 名义汇率与实际汇率

从衡量货币价值的角度，汇率可以分为名义汇率和实际汇率。

名义汇率是指用一种货币所能兑换的其他货币的数量来表示该货币的汇率，又分为名义双边汇率和名义有效汇率。名义双边汇率是指用一国货币的数量所表示的某种货币的汇率，也就是一般的市场汇率。名义有效汇率是用若干种其他货币的加权平均值来表示某种货币的汇率，即各种名义双边汇率的加权平均，也被称为汇率指数。实际汇率则是以不变价格计算出来的某国货币汇率，是将名义汇率中的物价因素扣除后得出的，其计算公式如下：

$$e_r = e \cdot p^* / p$$

其中，e_r 为实际汇率，e 为名义汇率，p^* 为外国基期物价指数，p 为本国基期物价指数。从上式可知，实际汇率比名义汇率更能真实反映一国货币在国外的购买力。

第二节 汇率的决定

一、长期汇率的决定

汇率是两种货币之间的交换比率,也就是两种货币各自所代表或所具有的价值量之比。因此,各国货币所具有或代表的价值是汇率决定的基础。但在不同货币体系下,货币发行基础、货币的种类和形态不同,汇率决定的基础也就不同。

(一)金本位制度下汇率的决定

1. 金币本位制

在金币本位制下,流通中的货币是以一定重量和成色的黄金铸造而成的金币,货币的单位价值就是铸造该金币所耗用的黄金的实际重量。各国货币的单位含金量之比就叫作铸币平价。两国货币汇率的确定由两种货币的铸币平价所决定。

如在实行金币本位制度时,英国货币 1 英镑的重量为 123.274 47 格令,成色为0.916 67,即含金量为 113.001 6 格令纯金;美国货币 1 美元的重量为 25.8 格令,成色为 0.900 0,即含金量为 23.22 格令纯金。英镑和美元的铸币平价是:

$$113.0016/23.22 = 4.8665$$

这就意味着 1 英镑的含金量是 1 美元的含金量的 4.866 5 倍,因此,1 英镑兑换 4.866 5 美元。可见,英镑和美元的汇率以它们的铸币平价作为标准。由铸币平价所确定的汇率通常称为法定平价。法定平价不会轻易变动,它并不是市场上买卖外汇的实际价格。外汇市场的实际汇率,由外汇的供求直接决定,围绕着铸币平价上下波动。但是,在金本位制度下,汇率的波动不是漫无边际的,大致以黄金输送点为其界限。黄金的输出点和输入点统称为黄金输送点。

在金币本位制度下,黄金是可以自由输出输入的。当汇率对外汇购买者有利时,就利用外汇办理国际结算,当汇率对他不利时,就改采用输出输入黄金的办法进行结算。在两国间输出输入黄金,要支付包装费、运费、保险费等费用。这样,是否运送黄金就取决于这笔费用的大小。例如,在美国外汇市场上,英镑外汇的价格受供求关系的影响,逐步上涨,但英镑汇率上涨的最高界限为1英镑＝4.896 5美元(即英镑与美元的铸币平价4.866 5美元加上从美国运送1英镑所需费用0.03美元),即黄金输出点。如果英镑的汇率超过4.896 5美元,则需购买英镑外汇的商人可直接运送黄金,偿付对外负债,这样只不过花费成本4.896 5美元。如果在美国外汇市场上英镑汇率下跌,则其下跌的最低界限为1英镑＝4.836 5美元(即英镑与美元的铸币平价4.866 5美元减去从美国运送1英镑所包含的费用0.03美元),即黄金输入点。如英镑汇率低于4.836 5美元,则拥有英镑外汇收入的商人,就不在外汇市场出卖,可直接将1英镑所包含的黄金运回国内,根据铸币平价扣除费用他仍可得到4.836 5美元。

因此,法定平价加上黄金运送费用就是汇率波动的上限,减去黄金运送费用就是汇率波动的下限。在国际间运送黄金的费用占所运送黄金价值的比重很小。因此,在金币本位制度下,汇率波动的幅度很小,基本上是稳定的,如图1.1所示。

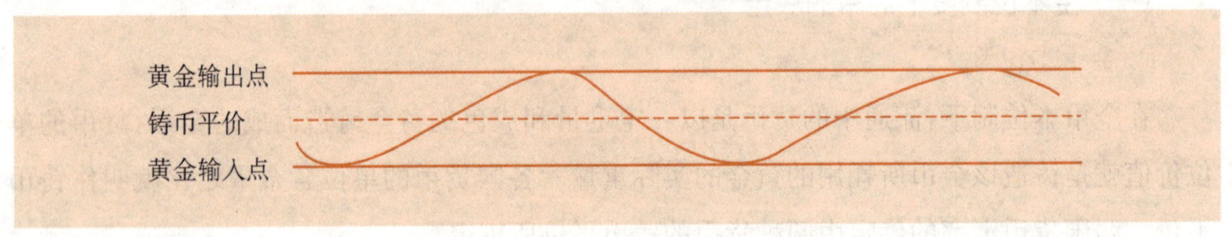

图1.1 金币本位制下汇率的波动

2. 金块本位制和金汇兑本位制下的汇率决定

第一次世界大战后,许多国家通货膨胀严重,银行券的自由兑换和黄金的自由流动遭到破坏,于是传统的金币本位制度陷于崩溃。各国分别实行两种蜕化的金本位制度,即金块本位制和金汇兑本位制。在这两种货币体系下,货币发行以黄金或外汇作为准备金,并允许在一定限额以上与黄金或外汇兑换。其货币单位的价值由法律所规定的含金量来决定。此时,我们称各国单位货币所代表的含金量为该货币的黄金平价,即汇率的决定基础是各国货币的黄金平价。

(二) 布雷顿森林货币体系下汇率的决定

第二次世界大战后,资本主义各国为了稳定汇率,于1944年建立了布雷顿森林货币体系。该货币体系是在国际货币基金组织的监督下以美元为中心的固定汇率制度,其核心是双挂钩的汇率决定机制:一是美元与黄金挂钩,确定美元与黄金的比价;二是其他各国货币与美元挂钩。在这种货币体系下,各国货币的价值分别通过黄金或美元来表示。具体地,最初确定美元与黄金的兑换比例为1盎司黄金兑换35美元,即1美元的含金量为0.888 671

克，其他货币根据各自的含金量确定与美元的比价，如果没有规定含金量，则必须给出该货币与美元的比价。在这种货币体系下，各国货币的价值分别通过黄金或美元来表示。由于这一货币体系是在国际货币基金组织的监督下协调运转的，因此国际上把各国单位货币的美元价值或黄金价值称为国际货币基金平价（IMF Parity），简称基金平价，汇率的决定由各国货币的基金平价的比值来决定，即汇率决定的基础是基金平价。

（三）浮动汇率制度下汇率的决定

20 世纪 70 年代初，以美元为中心的布雷顿森林体系彻底瓦解，各国普遍实行浮动汇率。由于连年不断的恶性通货膨胀，各国纸币的含金量失去了实际意义，有些国家也不再规定纸币的含金量。于是在浮动汇率制度下，决定纸币汇率的基础已不再是黄金平价，而是纸币所代表的实际价值，即纸币所实现的购买力。

购买力平价理论（The Theory of Purchasing Power Parity，简称 PPP）主要形成于第一次世界大战期间和战后初期。瑞典经济学家卡塞尔是这个理论的提出者。该理论认为，本国人需要外国货币，是因为该外国货币在其发行国有购买力；外国人需要本国货币，则是因为本国货币在本国具有购买力。因此，一国货币对外汇率，主要是由其货币所具有的购买力所决定的。购买力平价有两种形态：绝对购买力平价和相对购买力平价。

绝对购买力平价是说明在某一时点上汇率的决定。两国货币购买力之比决定两国货币的交换比率，即：

$$e = \sum P_A / \sum P_B$$

其中，e 表示汇率，P_A 和 P_B 分别表示两国各自的物价水平。由于货币的购买力实际上是一般物价水平的倒数，两国货币的汇率取决于两国一般物价水平之比。

绝对购买力平价实际上也是“一价定律”（The Law of One Price）。因为按照卡塞尔的理论，如果在自由贸易条件下，各国间贸易无任何费用和关税，由于存在商品套购，而会使世界各地商品价格趋向一致。尽管以各国货币标示的价格不一样，但这只不过是按照汇率把以一国货币标示的价格折算成以另一国货币标示的价格而已。

相对购买力平价则说明汇率的变动。当两个国家都发生通货膨胀时，它们各自货币的名义汇率等于基期汇率乘以两国通货膨胀率之比，即：

$$e_t = \frac{P_{At} / P_{A0}}{P_{Bt} / P_{B0}} e_0$$

其中，e_t 为 t 时期的汇率，P_{At} 和 P_{Bt} 为相同时期 A 国与 B 国的价格指数，基期时间为 0，

P_{A0} 和 P_{B0} 分别表示基期两国的价格指数，e_0 为基期汇率水平。

对卡塞尔的购买力平价理论，西方学术界在过去和现在都有很大的争论。这个理论的合理性在于：(1)就购买力平价的绝对形式而言，两国纸币购买力的差异可以近似地反映两国货币代表的价值量的差异。该理论虽然没有深入分析事物的本质，但它抓住了事物之间的真实联系，并由此得出了以纸币购买力来决定汇率的结论。(2)购买力平价说对中长期汇率变动的原因解释具有实用价值。该理论认为，各国存在的持续通货膨胀是造成中长期汇率变动的主要原因。从长期来看，汇率的走势与购买力平价的变化基本上是一致的。

但是，购买力平价理论也存在重大的缺陷：(1)购买力平价理论以货币数量论为基础，认为纸币所代表的价值决定于纸币的购买力。这实际上是颠倒了现象和本质。纸币所代表的价值并不取决于纸币的购买力，相反，纸币所代表的价值决定了汇率的基本水平。(2)购买力平价理论忽视了影响汇率变动的其他因素，不能解释短期实际汇率的变动趋势。它把货币的购买力看成是汇率变动的唯一因素，但事实并非如此。许多经济因素如通货膨胀、国民收入、劳动生产率和生产成本、经济增长和经济结构、贸易条件、利率水平、资本流动等因素，以及各种突发事件，甚至世界政治经济形势的变动等，都会引起汇率发生变动。(3)购买力平价在计量检验中存在技术上的困难。首先，由于各国的社会经济制度、价格体系、统计口径、经济发展水平、商品的生产率等差异越大，相应的购买力平价和均衡汇率的差距也越大。其次，物价指数的选择不同，可以导致不同的购买力平价。对此，不同国家的不同经济学家颇有争议。再次，物价指数基期的选择。要进行物价指数的对比，还要选择一个两国经济比较均衡稳定的年度作为基期。如果基期内经济不均衡稳定，则无法计算两国货币的购买力平价。

二、短期汇率的决定

在纸币本位制下的浮动汇率时代，汇率更多地以短期波动的形式表现出来。外汇市场供求关系的变化直接决定短期汇率的变化。当外汇相对于本币出现供不应求时，外汇汇率就会上升，本币汇率就会下降；当外汇相对于本币出现供过于求时，外汇汇率就会下降，本币汇率就会上升；当外汇供求相等时，外汇汇率到达均衡。这种外汇供求关系决定汇率的过程如图 1.2 所示。

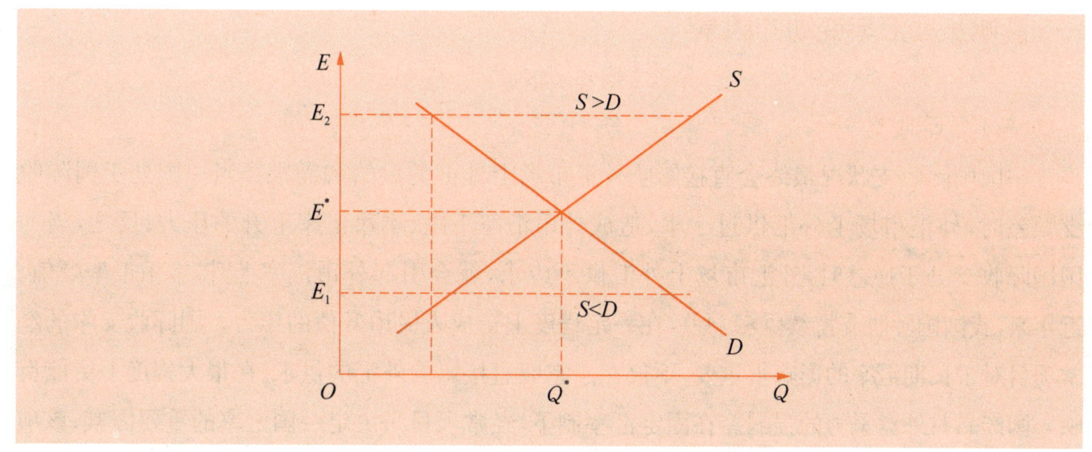

图 1.2　外汇供求关系决定汇率的过程

图 1.2 中，纵坐标 E 代表直接标价法下的汇率，即本币表示的外币价格；横坐标 Q 表示外汇的供给与需求数量。外汇需求曲线 D 是一条向右下方倾斜的曲线，因为汇率降低意味着以本币表示的外国商品与劳务的价格降低，会扩大本国对外国商品与劳务的进口，导致外汇需求量的增加。外汇的供给曲线 S 则是一条向右上方倾斜的曲线，因为汇率提高意味着以外币表示的本国商品与劳务的价格相对便宜，会使外国购买更多的本国商品与劳务，从而导致外汇供给量的增加。在外汇市场上，如果汇率偏高为 E_2，外汇的供给大于需求（$S>D$），外汇汇率就会面临下跌的压力；如果汇率偏低为 E_1，外汇的供给小于需求（$S<D$），外汇汇率就会面临上涨的压力。只有当外汇的供给和需求相等于 Q^* 时，外汇市场在汇率 E^* 处达到均衡。由于各种原因，外汇市场上的均衡汇率并不稳定，而且也不完全与两国货币所代表的价值量之比保持一致。但是，从长远和综合的眼光看，外汇市场上外汇的实际价格，即市场汇率与其代表的价值应是基本保持一致的。

第三节　汇率的变动

汇率频繁变动已是国际经济发展中的一大现象，导致汇率变动的因素有很多，有政治因素、经济因素、心理因素等，错综复杂。汇率的变动反过来又实实在在地对各国经济发展产生深刻影响。

一、影响长期汇率变动的因素

(一) 国际收支

一国国际收支状况最终会直接影响外汇市场上外汇的供给和需求。当一国处于国际收支顺差时，外汇市场上外汇供过于求，造成外币汇率下跌、本币汇率上升的压力；反之，当一国国际收支处于逆差时，外汇市场上外汇供不应求，就会引起外币汇率上升，本币汇率贬值。近年来，我国国际收支持续巨额顺差，在一定程度上造成人民币升值的压力。国际收支中的经常项目对于长期汇率的影响很重要，不仅在于它能直接影响外汇的供求，在很大程度上更能反映一国产品对外竞争力的强弱。在固定汇率制下，经常项目是决定一国汇率的重要因素，该项目收支的不平衡往往是货币贬值的先导。在浮动汇率制下，汇率对经常项目的反映有一个时滞，其影响要在长期内才能显现出来。而国际收支中的资本项目状况能很快影响汇率变动。

(二) 通货膨胀

在纸币流动制度下，两国货币之间的比率，从根本上说是根据其所代表的价值量的对比关系来决定的。因此，在一国发生通货膨胀的情况下，该国货币所代表的价值量就会减少，其实际购买力也随之下降，于是其对外比价同样趋于下跌。如果对方国家也发生了通货膨胀，并且幅度恰好一致，两者就会相互抵消。一般来说，两国通货膨胀率是不一样的，通货膨胀率高的国家货币汇率下跌，通货膨胀率低的国家货币汇率上升。例如，如果美国通货膨胀率大幅度上升，而中国保持不变，美元对内价值降低而对中国产品价值变化不大，这将会增加美国对中国产品的需求，使美元供给增加。另外，美国通货膨胀率上升将减少中国对美国产品的购买欲望，因而也会减少对美元的需求。可见，美国高通胀变成了美元贬值的压力。

通货膨胀对汇率的影响是间接的，它可以通过很多经济变量作用于汇率，最主要渠道有：(1)一国发生通货膨胀，该国出口商品劳务的国内成本提高，必然提高其商品、劳务的国际价格，从而削弱了该国商品、劳务在国际上的竞争能力，从而影响经常项目状况。(2)一国发生通货膨胀，必然使该国实际利率(即名义利率减去通货膨胀率)降低，这样，用该国货币所表示的各种金融资产的实际收益下降，导致各国投资者把资本移向国外，不利于该国的资本项目状况。(3)一国发生通货膨胀，会影响市场上对汇率和利率的预期心理，从而影响外汇汇率。一般通货膨胀对汇率的影响，往往需要经过半年以上才显现出来，但其延续时间却较长，可能要几年以上。

(三) 经济增长率

一国实际经济增长率对汇率变动的影响比较复杂。当一国实际经济增长率相对别国来说上升较快，其国民收入增加也较快，会使该国增加对外国商品和劳务的需求，结果外汇供不应求，导致该国货币汇率下跌。但是，对于出口导向型国家来说，经济增长是由于出口增加而推动的，那么经济较快增长伴随着出口的高速增长，此时出口增加往往超过进口增加，其汇率不跌反而上升。对于发达国家来说，国内外投资者往往把该国经济增长率较高看成是经济前景看好、资本收益率提高的反映，那么就有可能扩大对该国的投资，以致抵消经常项目的赤字，这时，该国汇率亦可能不是下跌而是上升。

二、影响短期汇率变动的因素

（一）货币供应量

许多经济学家研究证明，各国的货币需求一般比较稳定，这是因为利率和国民收入等因素之间存在着比较稳定的函数关系。而各国货币供应量的增长则较易变动。短期内，由于各国政府的政策偏好不同，货币的供应量就会大于或小于货币的需求量。在一国货币供应量增长较快的情况下，该国公众持有的货币存量若超过了其愿意持有的数量，则超过部分就溢往国外，致使该国汇率下降。此外，货币供应量增长过快，还会增加一国通货膨胀的压力，削弱该国商品的国际竞争能力，间接地使其汇率受到影响。

（二）相对利率

从投资角度看，利率高低会影响一国金融资产的吸引力。一国利率上升，会使该国的金融资产对外国投资者更有吸引力，从而导致资本内流，汇率升值。另外，利率的变化对资本流动的影响还要考虑到汇率预期变动的因素，只有当外国利率加汇率的预期变动之和大于本国利率时，把资金移往外国才会有利可图。

从贸易角度看，一国利率提高，意味着国内居民消费的机会成本提高，导致消费需求下降，同时由于资金的利用成本上升，国内投资需求也下降，国内有效需求总水平下降会使进口缩减，从而减少外汇需求，使本币升值。

（三）心理预期

在外汇市场上，交易者能很快对任何影响未来汇率的信息作出反应。因此，人们的心理预期会对汇率变动产生很大影响。心理预期的来源多种多样，包括经济、政治和社会方方面面。仅就经济而言，心理预期就包括对国际收支状况、通货膨胀率、利率或相对资产收益率的预期，以及对汇率本身的预期等。这些预期往往是在某些信息触发下产生的，若与信息相对冲，则会减弱或改变预期的方向。例如，美国公布 CPI 数据显示通货膨胀居高不下后，因为预期美元贬值，会使交易者抛出美元，这种反应会使美元立即产生向下的贬值压力。

（四）政府干预

由于汇率涉及一国资源配置和经济运行情况，出于宏观经济调控的需要，各国政府大多对外汇市场进行干预，从而把汇率变动控制在一定范围之内。这种干预主要有四种形式：(1)直接在外汇市场上买进或卖出外汇；(2)调整国内货币政策和财政政策；(3)在国际范围内发表表态性言论来影响市场预期心理；(4)与其他国家联合，进行直接干预或通过政策协调进行间接干预等。政府干预虽然不能从根本上改变汇率的长期趋势，但对短期的汇率波动有很大影响。

三、汇率变动对经济的影响

（一）汇率变动对贸易收支的影响

一国汇率的高低，直接影响到该国贸易商品竞争力的大小。从货币贬值的直接效果看，本币贬值有助于鼓励出口和限制进口，从而改善经常项目的收支状况。从货币贬值的间接效果看，一段时间以后，汇率的下跌往往促使贸易商品的国内价格上涨，而非贸易商品的价格并不会立即上扬。这样，利润的吸引会使生产者转向增加贸易商品的供给，而减少非贸易商品的生产；同时，由于非贸易商品的价格优势，消费者会增加对非贸易商品的消费而减少对贸易商品的消费。这样汇率贬值就产生了非贸易商品与贸易商品之间的替代效应，将使该国的边际出口倾向增大，边际进口倾向减小，从而在直接效应的基础上更大地改善国际收支状况。

在实践中，却存在另一种现象。一些国家在货币贬值后，不但没有改善贸易收支，反而使贸易收支更加恶化。因为，一国货币贬值能否改善贸易收支，关键取决于进出口商品的需求弹性和供给弹性。一国货币贬值改善贸易收支要满足马歇尔—勒纳条件：进出口商品需求的价格弹性之和绝对值大于 1。其次，即使一国进出口商品需求的价格弹性满足马歇尔—勒纳条件，汇率贬值后其贸易收支也不会立即得到改善，而是需要在一段时间后才会慢慢地开始改善。因为，在贬值初期，该国进口商品的本币价格已经提高，出口商品的外币价格已经下降，但是该国的进出口规模却不可能马上改变：第一，认识时滞，就是新价格的信息不能立即为买卖双方所认识，即一国货币贬值使该国出口商品在国际市场上相对便宜，其他国家出口商品相对昂贵，但是对这种新价格体系的认识和接受需要一定的时间；第二，决策时间滞后，进出口商需要时间判断价格变化格局的重要性，然后才能作出订购新的货物和劳务的决策；第三，取代时滞，由于某些部门在订购新货物之前，要处理存货、生产过程中的机器设备与材料以及已签订的合同，这也需要一段时间；第四，生产时滞，国外对本国商品和劳务的需求增加了，为了满足这种新的订购，国内生产要调整生产计划，扩大生产规模，也存在一定生产时间问题。所以，在贬值初期，一国的贸易收支状况不但很难立刻改善，而且可能会趋于恶化，只有经过一段时间以后，贬值国的贸易收支才会慢慢好转，这种现象表达在图形中很像英文字母大写的"J"，因此把这种现象称为"J 曲线效应"。据统计，发达国家的时滞一般在 9 个月左右，而发展中国家的时滞超过 1 年，甚至达到 1 年半左右的时间。

（二）汇率变动对非贸易收支的影响

在国内物价水平保持稳定的情况下，本币贬值就会使本国商品、劳务、交通和旅游等费用变得相对便宜。这就增加了对外国游客的吸引力，促进该国旅游和其他收入的增加。但同样存在一个弹性的问题，汇率下跌对旅游外汇收入的影响效果要视弹性大小而定。此外，一方面，本币贬值将会鼓励长期资本流入，从而改善一国资本项目的收支状况。一国汇率下跌可使同量的外币投资购得比以前更多的劳务和生产原料，所以可能吸引更多的国外资本内流，不过，在既定利润条件下，汇率下跌也会使外商汇回国内的利润减少，因而外商会有不愿追加投资或抽回投资的可能。一国汇率下跌最终是否有利于吸引外资，主要取决于外商的投资结构，或者说取决于汇率下跌前后外商获利大小的比较。另一方面，本币贬值可能导致短期资本外逃，从而恶化一国的国际收支状况。汇率下跌后，以贬值国货币计值的金融资产的相对价值就下跌，为了躲避货币贬值的损失，便会发生"资本抽逃"现象，使大量的资金移往国外。

（三）汇率变动对国内物价水平的影响

货币汇率贬值会给一国通货膨胀带来压力，引起物价上涨。从进口角度看，汇率贬值会导致进口商品本币价格的提高，若进口的是原材料、中间产品，则会导致国内用这些原材料、中间产品进行生产的商品成本提高，进而使这些商品的价格上升，引发成本推进型通货膨胀。若进口的是消费品等制成品，一方面会带来进口消费品市场物价上涨，另一方面会对国内相同的产品带来示范效应，提高销售价格。从出口角度看，汇率贬值带动出口增加，而一国生产的扩大在短期内有一定的困难，因而会加剧国内市场的供求矛盾，从而引起出口商品国内价格的飞涨，尤其是当出口的产品本来就是国内短缺的初级产品，那将会对国内制成品以及相关产品的物价上涨产生压力。从货币发行量来看，汇率贬值可增加一国外汇收入，改善外汇收支状况，从而该国的外汇储备也会有一定程度的增加，而外汇储备增加的另一面是一国中央银行增加发行相同价值的本币，因而汇率贬值会扩大一国货币的发行量。这显然也会给通货膨胀带来压力。

(四) 汇率变动对劳动就业的影响

一国货币贬值有利于出口商品的生产规模扩大和出口创汇企业的利润水平提高,这又会推动国内其他行业生产的发展,因此,国内就业总水平也将提高。同时,贬值后进口商品成本增加,销售价格上升,一方面使对进口商品的需求转向国内生产的产品,另一方面也提高了国内产品的竞争能力,促进了产品内销行业的繁荣,创造出更多的就业机会。此外,一国货币贬值,能够吸引外资进行直接投资,从而增加国内固定资本和流动资本的数量,有利于创造新的就业机会。

(五) 汇率变动对产业结构的影响

无论在理论上还是在实践中,货币贬值都可视为一种赋税行为,即对出口企业的一种补贴,对进口企业的一种征税。对于出口产品而言,货币贬值有助于企业扩大出口,增加利润,占领国际市场;对于进口产品而言,货币贬值导致国内销售价格上升,使一部分需求转向国内商品,提高了同类产品国内生产的竞争力,为本国进口替代品留下了生存和发展的空间,有利于本国实施进口替代战略。但是,货币过度贬值也产生不利影响,一方面,它使那些以高成本低效率的出口企业也得到鼓励,不利于企业竞争力的提高,也使社会资源的配置得不到优化。另一方面,它使那些本该进口的产品变得昂贵而无法进口,不利于经济结构的调整和劳动生产率的提高。

小结

1. 外汇是某种外国货币或外币资产,但不能认为所有的非本国货币都是外汇,只是那些具有可兑换性的外国货币才能成为外汇。

2. 汇率是指两种不同货币之间的交换比率或比价,也就是以一种货币表示的另一种货币的相对价格。因而汇率的表示方法有直接标价法和间接标价法两种。

3. 汇率是由货币自身所具有或代表的价值决定的。在金本位制度下表现为铸币平价,在纸币本位制度下表现为黄金平价,而在浮动汇率制度下则表现为购买力平价。短期汇率由外汇市场供求关系决定。

4. 汇率的变动要受到许多因素的影响,既包括经济因素,又包括政治因素和心理因素等。长期因素主要有国际收支、通货膨胀、经济增长率等,短期因素主要有货币供应量、利率、心理预期、信息和政府干预等。汇率变动也会对经济产生影响,如国际收支、经济增长和劳动就业等。

思考题

1. 长期汇率是怎样决定的？
2. 评述购买力平价理论的缺陷。
3. 引起汇率变动的主要因素有哪些？
4. 汇率变动会对一国经济产生哪些影响？

第二章

外汇业务

第一节　外汇市场的构成与特征

一、外汇市场的构成

外汇市场是由经营外汇业务的金融机构所构成，在国际间从事外汇买卖、调剂外汇供求的交易场所。这里的场所，可以指一个具体的地方，也可以指一个交易网络，或一种交易机制。因此，外汇市场可分为有形市场与无形市场。由于长期的传统习惯，外汇市场形成了两种基本方式：一种是欧洲大陆式外汇市场，这种市场有具体的交易场所，如同商品交易一样，参加交易的人在一定时间集合在特定的地点进行交易，欧洲大陆的德、法、荷、意等国的外汇业务便属于这一形式；另一种是英美式外汇市场，它没有固定的交易场所，参加外汇业务的经纪人、银行及客户通过电话网络进行交易，也有的根据协定进行外汇买卖及借贷，英、美、日、加拿大和瑞士便属于这一形式。随着电子技术的广泛应用，现代化通信设备已使上述两种交易的区别正在消失。目前，世界各外汇市场的外汇业务大都通过电话、电报、电传等现代化通信工具进行交易，从而形成了以各外汇市场为中心、以全球为整体的世界性的统一市场，外汇业务也由局部交易发展为全球交易。从时间上看，世界外汇市场 24 小时昼夜运转不停。

外汇市场主要由以下机构或个人所组成：

（一）外汇银行

外汇银行也称外汇指定银行，是指经过本国中央银行批准，可以经营外汇业务的商业银行或其他金融机构。外汇银行可分为三种类型：(1)专营或兼营外汇业务的本国商业银行；(2)在本国经营的外国商业银行分行；(3)经营外汇买卖业务的本国其他金融机构，比如信托投资公司、财务公司等。外汇银行是外汇市场上最重要的参加者，它的外汇业务构成外汇市场的重要部分。

（二）外汇经纪人

外汇经纪人是指介于外汇银行之间、外汇银行和外汇市场其他参加者之间进行联系、接洽外汇买卖的经纪人公司或个人。外汇经纪人作为外汇买卖双方的中间联络人，本身并不承担外汇交易盈亏风险，他们熟悉外汇供求情况和市场行情，有现成的外汇业务网络，而且具有丰富的外汇买卖经验，因此，一般客户愿意委托他们代理外汇买卖业务。

（三）中央银行

中央银行在外汇市场上一般不进行直接的、经常性的买卖，它们主要通过经纪人和商业银行进行交易，目的是防止国际上对本国货币的过度需求或过度抛售，设有外汇平准账户或称外汇平准基金，进行市场干预，以维护本国货币的汇率稳定，并执行本国的货币政策。

（四）外汇客户

外汇客户包括进出口商、航运公司、保险公司、外汇投机者以及一般居民等，这些人出于贸易、旅行、购物、投资、投机等原因引起对外汇的供给和需求，需要向银行买卖外汇，结清对外债权和债务。

外汇市场主要参加者可分为四层，即中央银行、经纪人、外汇银行及进出口商等直接的外汇需求者与供给者。外汇银行是买卖外汇的中心，操作外汇业务，每家外汇银行都试图在自己的顾客中间取得外汇供求的平衡，它若做不到自身外汇的平衡，就转向其他银行或经纪人融通外汇资金。在整个外汇市场上，经纪人推动外汇的直接需求者与供给者，也即买主和卖主进行交易，这些买主或卖主可以是一般的客户，也可以是外汇银行。经纪人起着沟通、中介的作用。在外汇市场上，整个外汇市场都要受中央银行的控制，它往往通过买入或卖出外汇来平衡需求，影响汇价，干预外汇业务，甚至实行管制。在整个外汇市场的底层有大量的进出口商、投机者、保值者、跨国公司、居民户、旅游者等。他们通过经纪人间接或直接与银行发生外汇买卖关系。外汇市场上各个参加者相互依赖，共同生存，形成了外汇市场的运转。

二、外汇市场的特征

（一）外汇市场基本特征

外汇市场有以下三个基本特征：一是外汇业务量巨大。随着现代通信技术的发展，当今外汇市场向着无形化的方向发展，市场容量巨大。根据国际清算银行发布的数据显示，2013年4月外汇市场日均交易额为5.3万亿美元，相比2010年4月的4万亿美元有大幅上升，且其规模已远远超过股票、期货等其他金融商品市场，已成为当今全球最大的单一金融市场和投机市场。二是外汇业务的币种集中。世界外汇业务量虽十分庞大，但交易的货币种类却不多。其中美元占了80%以上的交易量,三是外汇结算的电信网络趋于全球化。为了适应外汇业务不断扩大和结算简捷的需要,比利时一家非盈利机构发起设立了国际性银行资金清算系统,全称为环球银行金融电信协会,简称SWIFT系统,并于1977年5月投入使用,开始传递外汇业务信息。

(二) 世界各大外汇市场特征

1. 伦敦外汇市场

伦敦外汇市场是一个典型的无形市场,没有固定的交易场所,只是通过电话、电传、电报完成外汇业务。该市场的外汇业务报价采用间接标价法,交易货币种类众多,最多达80多种,经常有三四十种。交易处理速度很快,工作效率高。

2. 纽约外汇市场

纽约外汇市场是重要的国际外汇市场之一,其日交易量仅次于伦敦。纽约外汇市场也是一个无形市场。由于美国没有外汇管制,对经营外汇业务没有限制,政府也不指定专门的外汇银行,所以几乎所有的美国银行和金融机构都可以经营外汇业务。纽约外汇市场上的外汇业务分为三个层次:银行与客户间的外汇业务、本国银行间的外汇业务以及本国银行和外国银行间的外汇业务。其中,银行同业间的外汇买卖大都通过外汇经纪人办理。纽约外汇市场有8家经纪商,虽然有些专门从事某种外汇的买卖,但大部分还是同时从事多种货币交易。外汇经纪人的业务不受任何监督,对其安排的交易不承担任何经济责任,只是在每笔交易完成后向卖方收取佣金。

3. 巴黎外汇市场

巴黎外汇市场由有形市场和无形市场两部分组成。其有形市场主要是指在巴黎交易所内进行的外汇业务,其交易方式和证券市场买卖一样,每天公布官方外汇牌价,汇率采用直接标价法。但大量的外汇业务是在交易所外进行的。在交易所外进行的外汇业务,或者是交易双方通过电话直接进行买卖,或者是通过经纪人进行。原则上,所有银行都可以中间人身份为自身或客户进行外汇买卖。而实际上,巴黎仅有较大的100家左右银行积极参加外汇市场的活动,外汇经纪人约有20名,参与大部分远期外汇业务和交易所外的即期交易。

4. 东京外汇市场

东京外汇市场是一个无形市场,交易者通过现代化通信设施联网进行交易。东京外汇市场的参加者有五类:一是外汇专业银行,即东京银行;二是外汇指定银行,指可以经营外汇业务的银行,共340多家,其中日本国内银行243家,外国银行99家;三是外汇经纪人8家;四是日本银行;五是非银行客户,主要是企业法人、进出口企业商社、人寿财产保险公司、投资信托公司、信托银行等。

5. 瑞士外汇市场

瑞士苏黎世外汇市场是一个有历史传统的外汇市场，在国际外汇业务中处于重要地位。一方面瑞士法郎是自由兑换货币；另一方面第二次世界大战期间瑞士是中立国，外汇市场未受战争影响，一直坚持对外开放。在苏黎世外汇市场上，外汇业务是由银行自己通过电话或电传进行的，并不依靠经纪人或中间商。由于瑞士法郎一直处于硬货币地位，汇率坚挺稳定，并且瑞士作为资金庇护地，对国际资金有很大的吸引力，同时瑞士银行能为客户资金严格保密，吸引了大量资金流入瑞士。所以苏黎世外汇市场上的外汇业务大部分是由于资金流动而产生的，只有小部分是出自对外贸易的需求。

6. 新加坡外汇市场

新加坡外汇市场是在 20 世纪 70 年代初亚洲美元市场成立后，才成为国际外汇市场。新加坡地处欧亚非三洲交通要道，时区优越，上午可与香港、东京、悉尼进行交易，下午可与伦敦、苏黎世、法兰克福等欧洲市场进行交易，中午可同中东的巴林进行交易，晚上还可同纽约进行交易。根据交易需要，一天 24 小时都同世界各地区进行外汇买卖。新加坡外汇市场除了保持现代化通信网络外，还直接同纽约的奇普斯(CHIPS)系统和欧洲的 SWIFT(环球银行金融电信协会)系统连接，货币结算十分方便。

新加坡外汇市场是一个无形市场，大部分交易由外汇经纪人办理，并通过他们把新加坡和世界各金融中心联系起来。交易以美元为主，占交易总额的 85%左右。大部分交易都是即期交易，掉期交易及远期交易合计占交易总额的 1/3。汇率均以美元报价，非美元货币间的汇率通过套算求得。

7. 中国香港外汇市场

中国香港外汇市场是 20 世纪 70 年代以后发展起来的国际性外汇市场。自 1973 年中国香港取消外汇管制后，国际资本大量流入，经营外汇业务的金融机构不断增加，外汇市场越来越活跃，发展成为国际性的外汇市场。中国香港外汇市场是一个无形市场，没有固定的交易场所，交易者通过各种现代化的通信设施和电脑网络进行外汇业务。中国香港地理位置和时区条件与新加坡相似，可以十分方便地与其他国际外汇市场进行交易。

三、外汇市场的种类

根据外汇市场的构成因素和业务特点，可以从不同角度对外汇市场进行分类。

(一) 零售市场和批发市场

按市场参加者不同，外汇市场可以划分为零售市场和批发市场。前者是由外汇银行、个人和公司客户之间交易构成的外汇市场，其交易规模较小，但每天交易总量还是很大的。后者指银行同业之间买卖外汇形成的市场，每天成交金额巨大。

(二) 柜台市场和交易所市场

按市场组织形式不同，外汇市场可划分为柜台市场(又称无形市场)和交易所市场(又称有形市场)。前者没有固定场所，外汇买卖双方无需面对面进行交易，只需通过电子计算机、信息网络同经营外汇的机构进行联系便可达成外汇业务。后者指有具体固定交易场所进行外汇业务的市场。

(三) 官方外汇市场、自由外汇市场和外汇黑市

按政府对市场交易的干预程度不同，外汇市场可划分为官方外汇市场、自由外汇市场和外汇黑市。官方外汇市场是指受所在国家政府控制、按照中央银行或外汇管理机构规定的官方汇率进行外汇买卖的外汇市场。自由外汇市场是指不受所在国家政府控制，基本按照市场供求规律形成的汇率进行交易的外汇市场。外汇黑市是在外汇管制比较严格，不允许自由外汇市场合法存在的国家所出现的非法的外汇市场。

(四) 外汇基础交易产品和外汇衍生产品市场

按照交易产品的不同，外汇市场分为基础交易产品市场和衍生产品市场。基础产品包括即期外汇业务、远期外汇业务、掉期外汇业务；衍生产品种类比较多，主要集中在两大类，即外汇期货和外汇期权。本章主要介绍外汇基础交易产品，外汇衍生产品将在第八章介绍。

第二节 即期外汇业务

一、定义与作用

即期外汇业务又称现汇买卖，是指银行与客户或与其他银行的外汇买卖成交后，在两个工作日内交割的外汇业务。在各类外汇业务中，即期外汇业务是基础。

双方达成外汇业务协议的这一天称为成交日。达成交易后双方履行资金划拨、实际收付义务的行为称为交割，交割的那一天称为交割日(Delivery Date)，也称为起息日(Value Date)。一般来说，外汇“零售”业务大都在当日成交和收付，而银行同业间外汇“批发”即期交易的交割日包括三种类型：

(1) 标准交割日(T+2)，指在交易成交后第二个营业日交割。

(2) 次日交割(T+1)，指在成交后第一个营业日交割，一般在成交日的次日。

(3) 当日交割(T+0)，又称现金交割，指成交与交割同日进行。

根据国际金融市场的惯例，有效起息日必须是交易有关货币国家的营业日，如果遇上非营业日，则向后推迟到下一个营业日。值得指出的是，虽然在成交后第二个营业日交割是即期外汇业务的普遍做法，但各个外汇业务中心又有一些约定俗成的惯例。例如，在伦敦、纽约、法兰克福、巴黎等外汇业务中心，即期外汇业务的交割是在两个营业日之内；在远东地区，即期外汇业务是在成交次日乃至当天交割；而在中国香港外汇市场上，港元兑美元的即期交易系当日交割，港元兑日元、新加坡元、马来西亚林吉特、澳大利亚元则在次日交割，除此以外的其他货币则在第二个营业日交割。

即期外汇业务是外汇市场上最常见、最普通的交易形式，其最基本的作用是：(1)满足临时性付款需要，实现货币购买力转移；(2)调整各种货币头寸；(3)进行外汇投机等。

二、报价方式

即期外汇买卖的汇率是即期汇率。即期汇率用一种单位货币等于一定数额计价货币来表示。表示时，单位货币在前，计价货币在后，中间用“/”隔开。例如即期汇率 USD/JPY = 111.98，表示 1 美元等于 111.98 日元，美元为单位货币，日元称为计价货币。习惯上，把以美元为单位货币的标价方法称为直接标价法，把以美元为计价货币的标价方法称为间接标价法，而把美元既不作为单位货币，又不作为计价货币的报价方式称为交叉标价法。大多数货币采用的是直接标价方式，而欧元、英镑和澳大利亚元(以下统称澳元)采用的是间接标价方式。

银行报出的即期汇率由两个价格组成，即买入价格和卖出价格。例如 USD/JPY = 111.98/00，其中 111.98 是买入价格，表示银行买入 1 美元付出 111.98 日元；112.00 是卖出价格，表示银行卖出 1 美元要收入 112.00 日元。银行在即期外汇买卖中可以得到买卖差价的好处。

汇率两个价格的排列次序总是前小后大。在直接标价法下，第一个价格(即小的价格)

是银行的外币买入价格，第二个价格（即大的价格）是银行的外币卖出价格；在间接标价法下，第一个价格（即小的价格）是银行的外币卖出价格，第二个价格（即大的价格）是银行的外币买入价格。

对于汇率的买入价格和卖出价格，从买卖双方的关系来说，一方是汇率的买方，另一方就是汇率的卖方。也就是说，客户的美元买入价格，就是银行的美元卖出价格；客户的美元卖出价格，也就是银行的美元买入价格。

三、交易盈亏计算

在外汇业务中，经常使用头寸的概念。如果对某一种货币，当天买入比卖出该种货币多的时候，称为超买，俗称多头；在卖出比买入该种货币多的时候，称为超卖，俗称空头。

假设某客户目前已有多头 11 153 万日元，空头 1 000 万美元，而现在美元与日元的汇率是 111.49/53，账面实际盈亏的金额是多少？

为了弥补美元空头，该客户买入美元，卖出日元，反过来就是银行卖出美元，买入日元，汇率是 111.53。

$$111\,530\,000 \div 111.53 = 1\,000\,000$$

说明该客户账面上实际盈亏的金额是 0，正好不亏不盈。

假设该客户做了如下几笔业务（都是对日元的买卖）：

买入美元	1 000 000	汇率为	110.10
买入美元	2 000 000	汇率为	110.20
卖出美元	2 000 000	汇率为	109.80
卖出美元	1 000 000	汇率为	109.90
卖出美元	1 000 000	汇率为	110.10
买入美元	2 000 000	汇率为	110.00
买入美元	1 000 000	汇率为	109.80
买入美元	1 000 000	汇率为	109.90
卖出美元	1 000 000	汇率为	111.00

美元与日元汇率收盘时为 110.20/30。

该客户在收盘时的实际头寸是多少？头寸的盈亏情况如何？列表计算如表 2.1 所示。

表 2.1 外汇买卖头寸表 单位:万元

美元		汇率	日元	
买入	卖出		买入	卖出
100	—	110.10	—	11 010
200	—	110.20	—	22 040
—	200	109.80	21 960	—
—	100	109.90	10 990	—
—	100	110.10	11 010	—
200	—	110.00	—	22 000
100	—	109.80	—	10 980
100	—	109.90	—	10 990
—	100	111.00	11 100	—
合计:700	500	—	55 060	77 020

收盘时的实际头寸为美元多头 200 万元,日元空头 21 960 万元。

根据收盘时的银行买入美元汇率 110.20,得:

$$2\ 000\ 000 \times 110.20 = \text{JPY}\ 220\ 400\ 000$$

以日元计算的盈利为:

$$220\ 400\ 000 - 219\ 600\ 000 = \text{JPY}\ 800\ 000$$

四、套算汇率计算

外汇市场上的报价普遍采用美元标价法,外汇业务行情所反映的一般是不同货币与美元的汇率,这就产生了各种非美元货币之间汇率的问题。若将最常用的各种货币与美元之间的汇率称为基本汇率,则从各种货币与美元的汇率中计算出的非美元货币间的汇率,称为套算汇率。套算汇率可以从两种非美元货币分别与美元的即期汇率中求出,它的计算规则是:

(1) 如果两种非美元货币均采用直接标价法,则套算汇率为计价货币的汇率与单位货币的汇率交叉相除。

（2）若两种非美元货币均采用间接标价法，则套算汇率为单位货币的汇率与计价货币的汇率交叉相除。

（3）若一种非美元货币为直接标价而另一种非美元货币为间接标价，则套汇汇率为同边相乘。

例　2.1

已知：USD/HKD　7.772 3/30

USD/JPY　111.50/54

求：HKD/JPY

解：两种非美元货币均采用直接标价法，所以应该是交叉相除。

$$\text{HKD/JPY} = \text{USD/JPY} \div \text{USD/HKD}$$
$$= \text{HKD/JPY}$$

则：

$$\begin{array}{c}\text{港元买入价}\\\text{（即日元卖出价）}\end{array} = \frac{\text{USD/JPY}}{\text{USD/HKD}}$$
$$= 111.50 \div 7.7730$$
$$= 14.3445$$

（相当于客户先向银行卖出美元，买入日元；然后向银行卖出港元，买入美元。）

$$\begin{array}{c}\text{港元卖出价}\\\text{（即日元买入价）}\end{array} = \frac{\text{USD/JPY}}{\text{USD/HKD}}$$
$$= 111.54 \div 7.7723$$
$$= 14.3510$$

（相当于客户先向银行卖出日元，买入美元；然后向银行卖出美元，买入港元。）

所以：HKD/JPY = 14.344 5/10

例　2.2

已知：AUD/USD　0.775 0/54

NZD/USD　0.710 8/10

求：AUD/NZD

解：两种非美元货币均采用间接标价法，所以应该是交叉相除。

$$\begin{aligned} AUD/NZD &= AUD/USD \div NZD/USD \\ &= AUD/NZD \end{aligned}$$

则：

$$\begin{aligned} \text{澳元买入价（新西兰元卖出价）} &= \frac{AUD/USD}{NZD/USD} \\ &= \frac{0.7750}{0.7110} \\ &= 1.0900 \end{aligned}$$

$$\begin{aligned} \text{澳元卖出价（新西兰元买入价）} &= \frac{AUD/USD}{NZD/USD} \\ &= \frac{0.7754}{0.7108} \\ &= 1.0909 \end{aligned}$$

所以：AUD/NZD=1.090 0/09

例 2.3

已知：USD/HKD　7.798 4/90

GBP/USD　1.890 4/09

求：GBP/HKD

解：因为一种非美元货币为直接标价而另一种非美元货币为间接标价，所以要同边相乘。

$$\begin{aligned} GBP/HKD &= GBP/USD \times USD/HKD \\ &= GBP/HKD \end{aligned}$$

则：

$$\begin{aligned} \text{英镑买入价（港元卖出价）} &= GBP/USD \times USD/HKD \\ &= 1.8904 \times 7.7984 \\ &= 14.7421 \end{aligned}$$

（相当于客户先向银行卖出英镑，买入美元；然后向银行卖出美元，买入港元。）

$$\begin{aligned}\text{英镑卖出价} &= 1.8909 \times 7.7990 \\ &= 14.7471\end{aligned}$$

所以：GBP/HKD = 14.742 1/71

例　2.4

已知：USD/HKD　7.798 4/90

AUD/USD　0.775 0/54

求：HKD/AUD

解：

$$\begin{aligned}\text{HKD/AUD} &= \frac{1}{\text{AUD/USD} \times \text{USD/HKD}} \\ &= \text{HKD/AUD}\end{aligned}$$

则：

$$\begin{aligned}\begin{matrix}\text{港元买入价}\\ \text{（澳元卖出价）}\end{matrix} &= \frac{1}{\text{AUD/USD} \times \text{USD/HKD}} \\ &= \frac{1}{7.7990 \times 0.7754} \\ &= 0.1654 \\ \begin{matrix}\text{港元卖出价}\\ \text{（澳元买入价）}\end{matrix} &= \frac{1}{7.7984 \times 0.7750} \\ &= 0.1655\end{aligned}$$

所以：HKD/AUD = 0.165 4/55

第三节　远期外汇业务

一、定义

远期外汇业务是由外汇买卖双方签订合同，交易双方无须立即收付对应货币，而是约定在将来一定时期内，按照预先约定的汇率、币种、金额、日期、地点进行交割的外汇业务活动。通过远期外汇业务买卖的外汇称远期外汇或期汇。

远期外汇业务具有如下特点：(1)双方签订远期合同时，须详细载明买卖者姓名、商号、约定的汇率、币种、金额交割日等；(2)合同一经签订，双方必须按合同有关条款履行，不能任意违约；(3)银行与普通私人或信誉不熟悉的企业等客户进行远期外汇业务时，一般还要求这些客户提供一定的保证物或保证金(通常为交易日的1/10)，以防汇率出现异常的不利变动时，客户不履行契约使银行遭受损失。并且一旦汇率变动对客户造成的损失超过了保证物或押金的价值时，银行还将通知客户增加保证物或保证金，对于客户所交押金，银行通常支付存款利息。

二、类型

(一) 交割日固定的远期外汇业务

交割日固定的远期外汇业务是指事先规定某一确定的交割日期的远期交易。一旦达成交易，该交割日既不能提前，也不能推后，交易双方必须在交割日同时按对方的要求将相应的货币解付至对方指定的账户内。如果一方提前交付，另一方并不需要提前交付，因而也无需因对方提前交付而支付利息；但若有一方延迟交付，则另一方可向其收取滞付息费。交割日固定的远期外汇业务多以月份为单位，尤其是以 1 个月、2 个月、3 个月、6 个月等规定期限的交易居多。利用这种交易方式的进出口商或其他远期外汇业务者，必须确切知道自己在什么时间会收到外汇或要支付外汇。因此，交割日固定的远期外汇业务只适用于具体交收日既定的应收款项或应付款项。

(二) 交割日不固定的远期外汇业务

该业务又称择期远期交易。交割日不固定的远期外汇业务是指买卖双方在订约时，事先确定交易规模和汇率，但具体的交割日期不予固定，而是规定一个选择期限(一般是自成交后第三个营业日至远期到期日之间的期限)，在此期限内的任何一天均可办理交割的远期外汇买卖。在实际经济活动中，市场参与者尤其是进出口商大多既不可能事先知道货物进出的确切日期，也不可能确切知道收款或付款的具体日期。因此，择期远期交易更能适应进出口商的实际需要。其突出特点是：(1)灵活性强。交割日随客观经济形势和主观判断而转移，不是固定不变的，客户有在择期范围内任意选择交割日的权利，有利于不知道应付或应收款项确切日期的外汇业务者防范风险。(2)对银行而言，交割日的不确定性意味着银行承担的远期汇率波动风险较大。(3)对客户而言,在交割时间上的选择意味着客户必须付出较高的远期交易成本,因为银行将从择期范围内选择最不利于客户的汇率作为择期远期交易的汇率。

三、报价方式

远期汇率是在即期汇率上加减升水和贴水方法表示的。这也就是说即期汇率和远期汇率之间有一个远期差额或称远期汇水。

某种货币(对另一种货币)的远期汇率大于即期汇率时,其差额就是升水。反之,则为贴水。

甲种货币对乙种货币的远期汇率有升(贴)水,就是乙种货币对甲种货币的远期汇率有贴(升)水。

直接标价法下,外币(单位货币)的远期汇率等于即期汇率加升水或即期汇率减贴水。

间接标价法下,外币(单位货币)的远期汇率等于即期汇率减升水或即期汇率加贴水。

把上述公式归纳起来,成为如下公式:

$$远期汇率 = 即期汇率 \pm 升(贴)水$$

或称为:

$$远期汇率 = 即期汇率 + 远期汇水$$

下面用表 2.2 说明远期汇率的表示方法。

表 2.2 远期汇率报价表

	GBP/USD	USD/CAD
即期汇率	1.593 8/44	1.130 2/24
1 个月	53/49	14/25
3 个月	73/67	27/47
6 个月	93/82	46/75
12 个月	147/123	88/127

这份远期汇率报价表采用了点数报价方式,指通过报出远期汇率与即期汇率差异的点

数(远期升贴水数)来报出远期汇率。看报价表中的远期汇水,排列有两种方式:一种是前大后小(如 GBP/USD),这表示外币单位货币的远期汇率有贴水;另一种是前小后大(如 USD/CAD),表示外币单位货币的远期汇率有升水。根据前述公式:外币单位货币远期汇率等于即期汇率减贴水,或等于即期汇率加升水(如果间接标价法,指的是本币单位货币的远期汇率,它等于即期汇率减升水,或等于即期汇率加贴水)。由此得出:根据即期汇率和点数计算直接远期汇率的市场规则是"前大后小相减,前小后大相加"。如:

即期汇率	GBP/USD 1.593 8/44	USD/CAD 1.130 2/24
3 个月	73/67	27/47
3 个月直接远期汇率	GBP/USD 1.586 5/77	USD/CAD 1.132 9/71

如要检验上述计算结果是否正确,其判断标准是:远期外汇的买卖差价总是大于即期外汇买卖差价。这是因为远期交易包含时间因素,承担的交易风险较大,银行报出远期汇率的买卖价差也会相应地扩大。

另一种远期汇率的报价方式称为直接远期报价,如表 2.3 所示。

表 2.3　直接报价方式

中国银行 2014 年 11 月 6 日欧元兑人民币远期汇率表			
期限	买入价	卖出价	中间价
1 个月远期	765.35	773.98	769.665
3 个月远期	769.36	778.07	773.715
6 个月远期	775.05	783.84	779.445

资料来源:根据中国银行网站上的相关资料整理

直接远期报价是直接报出不同期限的远期外汇买卖实际成交的买入汇率和卖出汇率。它通常应用于银行对顾客的零售市场。

四、升贴水计算

升水或贴水的大小,主要取决于两种货币利率差幅的大小和期限的长短。利率较高的货币在远期市场上表现为贴水;利率较低的货币在远期市场上表现为升水(图 2.1)。

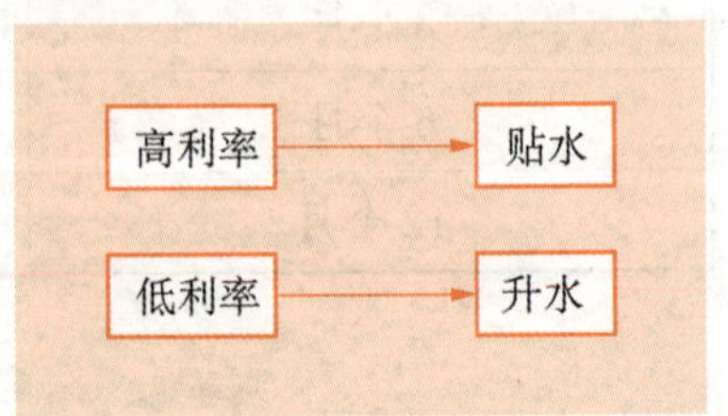

图 2.1　升水或贴水

这个道理可以举例说明。假设美元3个月存款利率为20%，欧元3个月存款利率为10%。客户向银行订购3个月远期欧元(即卖出3个月远期美元)，银行如果用美元按即期汇率买入欧元，存放出去3个月以备3个月后交割时付给客户，那么银行在这3个月中就要放弃美元的高利率而收取欧元的低利率，吃亏10%的利差，银行把这个因素计入远期欧元的价格中去，就要比即期欧元贵一些。所以欧元在远期市场上买卖时呈升水，也就是远期的美元有贴水。如果不是这样，而是欧元按贴水卖出，美元按升水买入，这样投资者就可以按即期汇率卖出欧元买入美元，然后在远期市场上，卖出美元，换回欧元，获得利润。同时，投资者还能获得10%的利率差。这种情况在自由竞争的市场上是决不会出现的。

两种货币的利差是决定它们远期汇率的基础，市场上的汇率是围绕它而上下波动的。因此，货币市场的利率变化，会直接影响升水和贴水的大小，如果当甲乙两种货币的相同期限利率水平无差异时，那么从理论上说，升水和贴水就等于零。也就是远期汇率等于即期汇率。这种情况称为平价。

上述关系，称为利率平价原理。据此可得出升水和贴水的计算公式。假定在直接标价法下，即期汇率与远期汇率分别为 S 和 F，标价货币与基本货币一年期(以360天计)存款利率分别为 I_Q 和 I_B，远期外汇业务的期限为 N，则计算远期汇水的公式为：

$$F-S=\frac{S(I_Q-I_B)\times\frac{N}{360}}{1+I_B\times\frac{N}{360}}$$

上式表明，若 $I_Q>I_B$，则远期汇水 $F-S>0$，即表示基本货币远期升水、标价货币远期贴水；若 $I_Q<I_B$，则远期汇水 $F-S<0$，即表示基本货币远期贴水、标价货币远期升水；若 $I_Q=I_B$，则 $F-S=0$，表示远期汇水为平价。

当然，在实际的远期外汇业务中，两种货币的利率差异是决定远期汇水的主要因素，但不是唯一因素。如一国货币币值的变化、经济政策的变更、中央银行对外汇市场的干预程度、人们对市场的心理预期、市场投机行为以及国际政治经济形势变化等，都会不同程度地影响着各种货币的远期汇水，从而使远期汇水在一定程度上偏离乃至脱离市场利率水平的差异。

五、远期套算汇率的计算

远期套算汇率是指在远期外汇市场上与某种货币(一般指美元)相对的两种货币之间的

汇率,即从各种非美元货币与美元货币间的远期汇率中套算出各种非美元货币间的远期汇率。远期套算汇率的计算方法与即期套算汇率的原理基本一致。其计算步骤有二:一是将点数报价变为直接远期报价,二是将直接远期汇率按即期汇率的套算方法进行套算。

例 2.5

假定某银行点数远期报价为:

即期	USD/HKD	7.798 4/90	GBP/USD	1.890 4/09
3 个月		25/15		35/45

则美元兑港元 3 个月的直接远期汇率为:USD/HKD 7.795 9/75,英镑兑美元 3 个月直接远期汇率为:GBP/USD 1.893 9/54。根据即期套算汇率的计算方法,则英镑对港元 3 个月期的套算汇率为:GBP/HKD 14.764 7/94。

六、远期外汇业务的应用

(一) 进出口商和资金借贷者应用远期外汇业务规避外汇风险

在国际贸易中,从买卖合同签订到货款清算之间有相当一段时间,在这段时间内,如果计价货币的汇率出现变动,进出口商就不能作出正确的成本和利润估计,而且还可能遭受损失。为了避免汇率变动所带来的损失,进出口商在签订买卖合同时,可与银行续做买入或卖出远期外汇业务,到支付或收进货款时,他们就可以按原先确定的汇率办理交割。

例 2.6

2005 年 4 月末外汇市场行情为:

即期汇率　　GBP 1 = USD 1.890 0

3 个月远期汇率　　GBP 1 = USD 1.889 0

假如英国某进口商从美国进口一批货物,价值 1 890 万美元,3 个月后货到付款。若英国进口商预测 3 个月后 GBP 将贬值(美元兑英镑升值)到 GBP 1=USD 1.849 3。

请判断:(1)英国进口商不采取保值措施,延后 3 个月支付美元比现在支付美元预计将多支付多少美元?(2)英国进口商如何利用远期外汇市场进行保值?

答：(1) 英国进口商不采取保值措施，现在支付 1 890 万美元需要 18 900 000÷1.890 0=1 000 万英镑。3 个月后所需美元数量 18 900 000÷1.849 3=1 022 万英镑。

因此需多支付 22 万英镑。

(2) 利用远期外汇市场避险的具体操作是：

英国进口商在签订合同时，便在外汇市场上购进 3 个月期的美元期汇 1 890 万元，3 个月后只需 18 900 000÷1.889 0=10 005 294 英镑就可满足需要，这实际上是将以英镑计算的成本"锁定"。

(二) 外汇银行为平衡期汇支付而进行远期外汇业务

进出口商进行远期外汇业务避免或转嫁风险的同时，就是银行承担风险的开始。外汇银行之所以有风险，是因为它在与客户进行交易后，会产生外汇"综合持有额"或总头寸，这期间难免会出现期汇和现汇的超买或超卖，因此，外汇银行就处于汇率变动的风险之中。为避免外汇风险，对不同期限、不同货币头寸的盈亏要进行抛补，以求外汇头寸平衡。例如，某日在 3 个月期美元期汇的交易中，一家伦敦银行从顾客手中买进 25 万美元，卖出 18 万美元。这样这家银行就拥有 7 万美元的 3 个月期美元期汇的多头。为避免 3 个月后美元汇率下跌，该银行就必须卖出 7 万美元的 3 个月期美元期汇。该银行这种为轧平头寸而从事的外汇买卖操作称为外汇头寸调整交易。

(三) 投机者利用远期外汇市场进行外汇投机

外汇投机是利用外汇市场的汇率波动赚取价差收益的外汇业务。外汇投机既可以在现汇市场上进行，也可以在期汇市场上进行。二者的区别在于：在现汇市场上进行投机时，由于现汇交易要求立即交割，投机者手中必须持有足额的现金和外汇，交易规模因此受到限制。在期汇市场上进行交易，不涉及实物(现金或外汇)的收付，因而在该市场上投机不必持有足额的现金或外汇，只需支付少量的保证金。外汇投机可分为两种形式。

1. 先卖后买

先卖后买，即"卖空"(sell short)或"空头"(bear)。当投机者预期某种外币汇率将有较大幅度下跌时，即在价位相对较高时先行预约卖出期汇。到期该种外汇汇率若果然下跌，则用较低的汇率买进该种货币的现汇来交割远期。在这种方式中，卖出远期时投机者手里实际并无外汇，故称"卖空"。例如，某投机商预期美元对日元可能贬值，即在东京外汇市场以 USD1 = JPY107.71 汇率卖出 100 万美元的 3 个月期汇。在交割日他应支付 100 万美元现汇，收入10 771万日元；若3个月后，美元果然贬值，届时的现汇汇率为USD1 = JPY 104.78。此时他买进100万美元现汇只需支付10 478万日元，而用买进的美元履行期汇合同，可收入10 771日元，净赚293万日元的价差。

2. 先买后卖

先买后卖，即“买空”(buy long)或“多头”(bull)。当投机者预期某种货币的汇率将上扬，就在该货币价位较低时在外汇市场先行预约买进该种货币的远期。到期后该货币若果真升值，就按上升的汇率卖出该货币，并以其收入来交割远期，从中获利。

第四节 掉期外汇业务

一、定义

掉期外汇业务是指外汇业务者在买进或卖出一种期限、一定数额的某种货币的同时，卖出或买进另一种期限、相同数额的同种货币的外汇业务。进行掉期外汇业务的主要目的在于避免汇率变动风险。

作为一种复合型的外汇买卖，掉期外汇业务明显地具有下述特点：(1)一种货币在被买入的同时即被卖出，或者相反；(2)买卖的货币币种相同且金额相等；(3)买与卖的交收时间不同。正因为如此，掉期外汇业务不会改变交易者的外汇持有额，改变的只是交易者所持有外汇的期限结构，故名“掉期”。

二、类型

(一) 即期对远期掉期交易

即期对远期掉期交易是指由一笔即期交易和一笔远期交易组成的掉期交易，是掉期外汇业务最常见的形式。在这种类型的掉期交易中，一种货币在被即期买入(或卖出)的同时，又被远期卖出(或买入)。所涉及的交割期限大多为1个星期、1个月、2个月、3个月、6个月。在短期资本中，将一种货币调换成另一种货币通常采用这种掉期形式，即卖出现汇，补进期汇，或买进现汇，卖出期汇。

（二）即期对即期掉期交易

即期对即期掉期交易是指由两笔即期外汇业务组成的掉期交易，但两笔交易的交割日不同，又称隔日掉期交易。该种交易又可分今日对明日掉期、明日对次日掉期。今日对明日掉期，即成交后第一个营业日交割，第二个营业日做反向交割；明日对次日掉期即成交后第二个营业日交割，第三个营业日做反向交割。这类交易主要运用于创造市场的大银行之间，旨在避免进行短期资金拆借时遭受汇率变动的风险。

（三）远期对远期掉期交易

远期对远期掉期交易是指由两笔不同期限的远期外汇业务所构成的掉期交易。这种交易方式可使交易者及时捕捉有利的市场机会，并在汇率的波动中获利，因而越来越受到人们的青睐。

三、用途

掉期外汇业务起源于外汇银行同业间的头寸调整交易，从本质上来看，也是一种套期保值的做法，而不是为了投机获利。具体来说，掉期外汇业务的作用主要有以下两个方面：

(1) 掉期外汇业务是一种行之有效的避免外汇风险的投资保值手段。投资者可利用掉期交易将暂时闲置的货币转换为所需要的货币并加以利用，从而确保获得一定收益。例如，瑞士某家银行有一笔1 000万瑞士法郎的资金暂时闲置3个月，此时欧洲货币市场有较好的投资机会（假定欧洲货币市场上美元的年利率为8%），则该银行可将1 000万瑞士法郎兑换成500万美元（假定即期汇率为1美元=2瑞士法郎），投放于欧洲货币市场，3个月后该银行收回投资，可得本利和为500万美元×(1+8%×3/12)=510万美元。但3个月后，若美元贬值至1美元=1.8瑞士法郎，则510万美元仅能换回918万瑞士法郎，与投资前相比，反而亏损82万瑞士法郎。为避免上述风险，该银行在投资时可通过做掉期交易，即在买进500万美元现汇的同时，卖出相同金额的3个月的美元期汇，则该银行只需承担即期汇率与远期汇率之间十分有限的买卖差额，从而能有效地避免在此期间有可能因美元贬值而遭受损失的风险。在上例中，若假定掉期交易中的期汇汇率仍为1美元=2瑞士法郎，则3个月后，尽管汇率水平发生变化（1美元=1.8瑞士法郎），但该银行仍能悉数收回1 000万瑞士法郎的投资本金，并有10万美元即18万瑞士法郎的收益。

(2) 银行可利用掉期外汇业务消除与客户进行单独远期交易所承受的汇率风险，调整外汇的期限结构，使银行资产结构合理化。例如，某客户向某银行卖出6个月期的100万英镑期汇后，为避免风险，轧平交易，该银行必须再卖出相同数额、相同交割日的英镑期汇。从理论上讲，这种办法是可行的，但银行只进行单方面的卖出交易，很难在同业市场上找到愿意承担风险的交易对手。此时，银行可借助掉期外汇业务达到轧平头寸以避免风险的目的。具体做法是：该银行在买入客户出售的100万英镑期汇之后，首先在即期外汇市场上出售100万英镑现汇；然后再做一笔相应的掉期交易，即在买进100万英镑现汇的同时，又卖出6个月的100万英镑期汇。这样，英镑现汇一卖一买而相互抵消，银行实际上只卖了6个月的100万英镑期汇，从而轧平了与客户交易出现的英镑超买。

四、案例分析

例 2.7 远期对远期的掉期交易

英国某银行在6个月后应向外支付500万美元，同时在1年后又将收到另一笔500万美元的收入。

假设目前外汇市场行情为：

即期汇率	GBP/USD＝1.677 0/80
1个月远期汇率	20/10
2个月远期汇率	30/20
3个月远期汇率	40/30
6个月远期汇率	40/30
12个月远期汇率	30/20

可见，前6个月，英镑兑美元是贴水，其原因在于英国的利率高于美国。但是若预测英美两国的利率在6个月后将发生变化，届时英国的利率可能反过来低于美国，因此英镑兑美元会升水。那么，如何进行掉期交易以获利呢？

分析：

该银行可以做“6个月对12个月”的远期对远期的掉期交易。

(1) 按“1英镑＝1.673 0美元”的远期汇率水平购买6个月远期美元500万，需要2 988 643.2英镑。

(2) 按"1 英镑=1.6760 美元"的远期汇率水平卖出 12 个月远期美元 500 万，可得到 2 983 293.6 英镑。

整个交易使该银行损失 2 988 643.2−2 983 293.6=5 349.6 英镑

当第 6 个月到期时，假定市场汇率果然因利率变化发生变动，此时

外汇市场行情变为：

即期汇率	GBP/USD=1.670 0/10
6 个月远期汇率	100/200

(3) 按"1 英镑=1.671 0 美元"的即期汇率将第一次交易时卖出的英镑在即期市场上买回，为此需要 4 994 022.8 美元。

(4) 按"1 英镑=1.680 0 美元"的远期汇率将买回的英镑按 6 个月远期售出，可得到 5 020 920.5 美元(注意，在第一次交易时曾买入一笔为期 12 个月的远期英镑，此时正好相抵)。

这样一买一卖获利 5 020 920.5−4 994 022.8 = 25 997.7 美元，按当时的即期汇率折合为 15 567.485 英镑，如果除去第一次掉期交易时损失的 5 349.6 英镑，可以获利 15 567.485 − 5 349.6 =10 217.885 英镑。

第五节 套汇与套利

一、套汇

(一) 定义

套汇交易是指套汇者利用某一特定时刻不同市场的汇率差异，进行贱买贵卖以获取差价利润的一种外汇业务。一般而言，由于世界各金融中心的外汇市场联系密切，国际外汇市场间某种货币的外汇汇率是非常接近的，但有时由于某些原因，也可能出现一定的差异，从而引发了套汇交易。套汇者可在同一时间，利用不同外汇市场上同一外汇不同牌价的差异进行套汇活动以赚取利润。但大量套汇的结果，会使贱币变贵而贵币下跌，从而使不同外汇市场的汇率差异趋近于零，套汇活动也随之消失。

套汇交易具有三大特点：一是大商业银行是最大的套汇业务投机者。西方国家的大商

业银行资金雄厚,有遍布全球的分支机构及代理行,信息灵通,具有从事套汇业务的便利条件。二是套汇买卖的数额一般较大,套汇利润相应颇丰。三是业务都利用电汇方式,这是因为汇率的较大差异是稍纵即逝的,只有用电汇方式才能捕捉到最佳套汇时机。

(二) 分类

1. 两角套汇

两角套汇是利用两个不同地点的外汇市场之间的某一货币汇率的差异,同时在这两个外汇市场上一边买进,一边卖出该货币,以赚取汇率差额的一种交易。它是地点套汇的最简单形式,通常所说的套汇一般都是指这种套汇,也称双边套汇或直接套汇。

例 2.8

假定同一时间内:

香港外汇市场 USD100 = HKD778.07

纽约外汇市场 USD100 = HKD775.07

此时,香港市场的美元汇率高,而纽约市场的美元汇率低,就可以做两地的套汇交易。假如香港某银行抓住此次良机做了一次套汇,在当地卖出电汇纽约的美元 100 万,指示纽约分行办理支付,同时在纽约市场卖出电汇香港的港元 775.07 万,收进美元 100 万,如果不考虑其他交易费用,套汇者即刻便获利 3 万港元。

2. 三角套汇

三角套汇是利用三个不同外汇市场的货币汇率差异,同时在这三个外汇市场上进行套汇买卖。

例 2.9

假定同一时间内有关信息如下:

伦敦市场上 GBP 1 = USD 1.918 1/86

纽约市场上 EURO 1 = USD 1.306 8/74

法兰克福市场上 EURO 1 = GBP 0.671 1/16

根据前两个外汇市场的信息,利用套算汇率计算可知 EURO1 = GBP 0.681 1/16 ,显然与法兰克福市场上欧元兑英镑的汇率不符，于是套汇者可进行三角套汇活动，具体运作程序为：

(1) 在法兰克福市场上卖出 67.16 万英镑买进 100 万欧元。

(2) 在伦敦市场上卖出 130.68 万美元，可获 68.11 万英镑。

(3) 在纽约市场上卖出 100 万欧元，可获 130.68 万美元。

通过上述三笔买卖，套汇者获利 0.95 万英镑。

由于三地汇率是否一致，不像两地汇率那么一目了然，那么应该如何判断呢？一个简单的原则是：看 1 单位外币的本币的应付汇率的连乘积数，是否为 1？若是 1 或相当接近于 1，则说明三地汇率基本一致，无法套汇；若不是或相距甚远，则说明三地汇率相差较大，可以套汇。以上述案例来说，首先必须检验一下三地是否都实行直接标价法。我们发现：纽约市场和法兰克福市场是直接标价法，而伦敦市场却是间接标价法，那就要将英镑转换成直接标价法，即将 GBP1 = USD 1.918 1，转换成直接标价法，USD 1 = GBP 0.521 3；然后再计算三地套汇的连乘积数，即：

$$0.5213 \times 1.3074 \times 0.6716 = 0.4577$$

结果为 0.457 7，离 1 的距离相差较远，因此间接套汇的汇差收益也较丰厚。

需要再次说明的是，无论是直接套汇还是间接套汇，套汇的最终结果是再也无法套汇。因为套汇必然导致汇率低的市场面临大量的需求，汇率被迫上扬；同时又使得汇率高的市场面临大量的抛售，汇率被迫下降，以致两地或三地的汇率趋于平衡。

二、套利

套利又称时间套汇或利息套汇，是指在两国或地区短期利率出现差异的情况下，将资金从低利率的国家调到高利率的国家，赚取利息差额的行为。而能否通过此种行为获利，取决于两地的利差以及两种货币汇率未来的走向。

套利交易有两种主要形式：一是无抛补套利，即套汇者只是将资金从利率低的货币转向利率高的货币，从而谋取利率差额的收入，但不同时进行反方向交易轧平头寸。这种套利要承受高利率货币贬值的风险。二是抛补套利，指套利者在将资金从低利率地区调往高利率地区的同时，在外汇市场上卖出远期高利率的货币，以避免汇率风险。

例 2.10

外汇市场的牌价如下：

即期汇率 GBP 1 = USD 1.960 0

3个月远期 美元升水0.01

同时假定货币市场的利率为：

伦敦市场3个月英镑的短期利率为9.5%

纽约市场3个月美元的短期利率为7%

此时投资者或投机者应如何进行套利呢？

套利者进行套利的过程如下：

(1) 美元3个月远期升水年率为：$\frac{0.01\times 12}{1.96\times 3}=2\%$

由于美元升水率为2%，小于英镑与美元的利差2.5%，美国的投资者可以在纽约资金市场上借美元，购英镑现汇，存入伦敦银行，可获得较高的利息。

(2) 借美元100万，期限3个月，利率7%，到期应还借款本息总额为：

$$100+100\times 7\%\times\frac{3}{12}=101.75(\text{万美元})$$

(3) 用美元100万按即期汇率购入英镑存入伦敦银行3个月，到期本息收入：

$$\frac{100}{1.96}(1+9.5\%\times\frac{3}{12})=52.23(\text{万英镑})$$

(4) 在远期外汇市场用英镑存款的本息购入美元，偿还美元3个月借款

本息和后，获利：

$$52.23\times 1.95-101.75=101.85-101.75=0.1(\text{万美元})$$

此项套利活动，为投资者带来0.1万美元的收益。由于投资者要承受英镑汇率波动的风险，因此在美国购入英镑现汇时，就同时出售与这笔美元资金等值的英镑远期外汇，这样就可以避免英镑汇率波动的风险。此种套利就是抛补套利。另外由此例我们可以看到，套利的前提条件是两地的利差要大于货币的升贴水率。

小结

1. 外汇市场就是由经营外汇业务的金融机构所构成，在国际间从事外汇买卖、调剂外汇供求的交易场所。外汇市场主要由外汇银行、外汇经纪人、中央银行和客户四部分组成。外汇市场具有交易量巨大、交易币种集中、结算趋于全球化等特征。

2. 外汇市场上的基础交易产品为即期外汇业务、远期外汇业务和掉期交易。

3. 即期外汇业务是指在交易契约签订后两个营业日内办理交割的外汇业务，这是外汇市场的主要业务。

4. 远期外汇业务是指外汇买卖成交后，按合同规定的汇率在未来特定日期进行交割的外汇业务，远期外汇业务可用来防范汇率风险。

5. 掉期交易是指将货币相同、金额相同，而方向相反、交割期限不同的两笔或两笔以上的外汇业务结合起来的一种交易业务。

6. 套汇交易是指在不同的时间(交割期限)、不同地点(外汇市场)利用汇率的差异，贱买贵卖，以牟取汇差收益的活动。可分为两角套汇和三角套汇。套利交易是指利用不同国家或地区短期利率差异，将资金从利率较低的国家或地区转移到利率较高的国家或地区进行投放，从中牟取利息差额收益的一种外汇业务，可将其分为非抛补套利和抛补套利。

思考题

1. 即期外汇业务与远期外汇业务的主要区别是什么？
2. 举例说明运用远期外汇买卖达到套期保值和投机的目的。
3. 掉期外汇业务有什么特征？
4. 举例说明三角套汇的基本步骤。
5. 简述抛补套利与无抛补套利的区别。

第三章

汇率制度与外汇管理

第一节　汇率制度

一、汇率制度的含义

汇率制度是指一国货币当局关于汇率的形成机制、汇率变动的幅度、汇率调节方式等问题的一系列正式或非正式的制度安排。一般来说，一国的汇率制度应该包括以下内容：(1)确定汇率的原则与依据，例如是以货币本身的价值为依据，还是以货币所代表的法定价值为依据；(2)汇率的形成机制，例如是以市场方式决定的，还是由官方规定的；(3)维持与调节汇率的方法，例如采取公开法定贬值或者升值，还是采取任其浮动或者有限干预；(4)汇率波动的幅度。

由于汇率的特定水平及其调整对经济有着重大的影响，并且不同的汇率制度本身也意味着政府在实现内外均衡目标的过程中需要遵循不同的规则，所以，选择合理的汇率制度是一国面临的非常重要的问题。

二、汇率制度的分类

东南亚金融危机爆发后，国际社会对汇率制度有了新的认识。国际货币基金组织在1999年1月1日，根据各会员国的实际情况，把汇率制度分为八类。

(一) 无独立法定货币的汇率安排

无独立法定货币的汇率安排包括外币化和货币联盟。外币化是指以他国货币作为其唯一的法定货币流通，典型代表是巴拿马。货币联盟是指几个国家组成一个货币联盟，联盟的成员国拥有共同的法定货币。货币联盟有三个，最著名的是欧元区。

(二) 货币局制度

货币局制度是指用明确的法律形式以固定比率来承诺本币和某一特定外币之间的兑换。货币发行量必须依据外汇资金多少来定，并有外汇资产作为其全额保证。货币发行当局没有传统中央银行的一些职能，例如货币供应量的控制和最后贷款人。中国香港的联系汇率制是货币局制度最著名的代表。

（三）其他传统的固定钉住

其他传统的固定钉住是指货币当局正式或实际上将本币与另一种货币或一揽子货币保持固定兑换比率。这一制度没有保持汇率不变的承诺，汇率可围绕中心汇率在小于1%的狭窄空间内波动。货币当局通过在外汇市场上买卖外汇的直接干预或通过利率政策、外汇管理法规调整、道义劝告等间接手段去维持固定汇率。

（四）水平带内的钉住

水平带内的钉住是指汇率围绕中心固定汇率有一个至少±1%的波动区间或者说最高和最低汇率之间的波动幅度超过2%。

（五）爬行钉住

爬行钉住是指本币与外币保持一定的平价关系，但是货币当局根据一系列事先宣布的经济指标频繁地、小幅度地调整平价。

（六）爬行带内的浮动

爬行带内的浮动是指汇率围绕中心汇率在一定幅度内上下浮动的波动区间，同时中心汇率根据所选择的经济指标作周期性调整。波动区间基于中心汇率可以是上下对称或不对称，如果是不对称，也可能没有预先声明的中心汇率。

（七）不事先公布干预方式的管理浮动

不事先公布干预方式的管理浮动是指货币当局通过在外汇市场上积极干预来影响汇率的变动，但不事先宣布汇率的路径。货币当局用来管理汇率的指标包括国际收支状况、外汇储备、平行市场的发展等。汇率调整可能是非自动的，干预方式可以是直接的或间接的。

（八）独立浮动

独立浮动（又称自由浮动）是指汇率基本由市场决定，偶尔的外汇干预旨在防止汇率过度波动，而不是为汇率确定一个基础水平。

按照国际上比较流行的观点，将上述八类汇率制度进一步归类，可以得到三种类型：(1)固定汇率制度，包括国际货币基金组织分类法中的无独立法定货币的汇率安排和货币局制度两种。(2)浮动汇率制度,包括国际货币基金组织分类法中的独立浮动汇率制度。学术界习惯上又把固定汇率制度和浮动汇率制度统称为两极汇率制度。(3)中间汇率制度,包括国际货币基金组织分类法中的其余五种。

第二节　汇率制度的选择

一、"不可能三角"

"理想"的汇率制度应该同时具备三个目标,分别是货币政策的独立性、资本自由流动和汇率的稳定。如图 3.1,三角形的三条边分别代表货币政策的独立性、资本自由流动和汇率稳定这三个目标。但是一个国家不可能同时处在三角形的三条边上。在三角形的三个角上,一个国家可以同时实现两个目标,但必须放弃另一个目标。比如美国实行的是自由浮动的汇率制度,它可以保持货币政策的独立性和高度的资本自由流动,但是它失去了汇率的稳定。

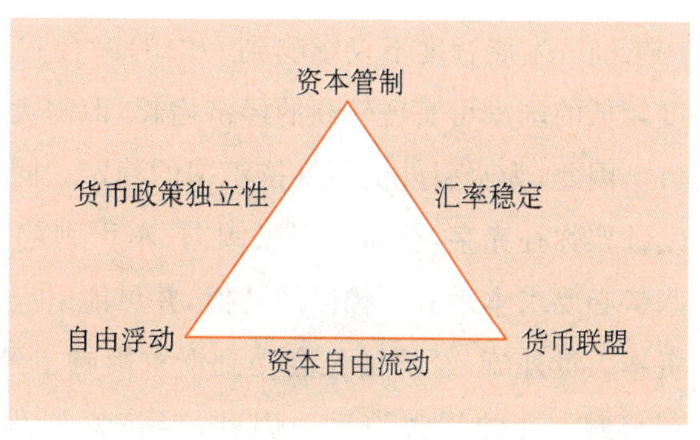

图 3.1　"不可能三角"

所以,货币政策的独立性、资本自由流动和汇率稳定这三个目标是不可兼得的,在资本自由流动的条件下,固定汇率制可以保持汇率的稳定性,但货币政策的独立性受损;浮动汇率制度可以保持货币政策独立,但必须使汇率自由波动,即放弃汇率稳定目标,如果要在确保货币政策独立性的同时维持汇率的稳定,就只能严格限制资本的流动。这就是著名的"不可能三角"。

二、影响汇率制度选择的主要因素

一个国家在选择汇率制度方面,总是会从各方面加以考虑,而不会只注意某个单一因素。一般来说,影响一国汇率制度选择的主要因素有以下几个方面:

（一）经济规模

假设经济都是开放型的，那么对于小国经济来说，由于它的贸易在世界贸易中所占份额极小而不影响国际价格，是世界市场上的价格接受者，故极易受到外部冲击，此时保持浮动汇率制度则可以随时通过汇率的变动来抵消外部冲击。然而，对于大国经济来说，其经济繁荣和衰退及其经济政策对别国有很大影响，虽然汇率的改变对其国内经济的影响是微不足道的，但从长期看，维持汇率的基本稳定是较好的选择。总之，在经济完全开放的条件下，小国货币汇率的波动幅度应放宽，大国则应对国际经济的健康发展承担更多的责任，力求保持汇率的稳定。

（二）经济发展程度

经济发展程度不仅影响到一国的综合实力，还影响到未来发展的速度。经济发展程度较低的国家可实现较高的经济增长，但需大量的资金，因为其生产设备较多地依赖于进口。因此，为吸引外资应维持汇率的稳定。同时这些国家财政通常存在赤字，政府往往印发钞票弥补赤字，有通货膨胀倾向，本币则趋于贬值。如果实行浮动汇率制，那么通货膨胀势必要求本币有大幅度的贬值，并可能引起大规模的投机活动和汇率的持续波动，结果资本大量外流，经济增长会受到严重影响。这些国家的货币不是国际储备货币，经受不起金融方面的巨大波动。因此，经济发展程度低的国家倾向于实行较为稳定的汇率制度。

（三）经济开放程度

在经济开放程度高的国家，进出口总额显然受到汇率因素的影响，稳定的汇率降低了进出口商的外汇风险，使其能够准确地控制成本，因而可以促进贸易发展，这对出口导向型或进口替代型的小型开放经济来说特别重要，实行固定汇率制是获益的。而随着金融市场的开放和金融自由化的加强，国内金融市场很容易遭受国际资本流动的冲击，较狭窄的汇率波动幅度难以维持，因而有必要增加汇率制度的弹性，如实行爬行钉住汇率制、管理浮动汇率制。

（四）通货膨胀率

两国通货膨胀率的差异是影响两国汇率的重要因素。在当今短期资本流动数额巨大且难以捉摸的条件下，一国应尽可能防止汇率发生偏离或扭曲，以减少外部冲击。一般认为，通货膨胀率较低的国家实行固定汇率；而在通货膨胀严重的情况下，实行浮动汇率制则是较好选择，因为浮动汇率制赋予了各国货币政策的独立性。

总之，一国汇率制度的选择是其具体情况的相机抉择。套用一句话，各种汇率制度“没有最好，只有最适合”。不同的经济环境和要求，决定了选择不同的汇率制度。

三、发展中国家汇率制度的选择

（一）传统理论

1973年布雷顿森林制度的最终解体，国际货币基金组织允许各会员国根据本国经济状况自行选择任何形式的汇率制度。此时，发展中国家就面临汇率制度选择的问题。当时，有代表性的理论主要有“经济论”与“依附论”。“经济论”认为一国汇率制度的选择主要取决于经济结构特征因素如经济规模、经济开放度、进出口贸易的商品结构与地域分布、相对通货膨胀率以及同国际金融市场一体化程度等。一般来说，经济开放度高、资本管制严、经济规模小或进出口集中度高的国家实行固定汇率制或钉住汇率制，反之，则倾向于实行浮动汇率制。“依附论”认为发展中国家汇率制度的选择取决于其经济政治、军事等方面对他国的依赖程度，发展中国家一般经济落后，需要从别国引进先进技术和资本，对外依赖程度高，汇率制度趋向于钉住汇率制，至于采用哪国货币作为被钉住的“参照货币”，则取决于该国对外经济、政治关系的集中程度。

（二）发展中国家汇率制度选择的新动向

1. 两极化

1997年亚洲金融危机以后，资本自由流动加快，发展中国家趋向于选择汇率制度的“两极”，一个极端是选择自由浮动（例如土耳其），另一个极端是具有非常强硬承诺机制的汇率制度——货币局（例如阿根廷）与美元化（例如厄瓜多尔）。而介于两者之间的中间性汇率制度，包括“软”的钉住汇率制如可调节的钉住、爬行钉住、幅度（目标）汇率制以及管理浮动制，都正在消失。

2. 实际钉住

一些名义上是管理浮动制度的发展中国家，由于对大规模的汇率波动存在一种长期的害怕，将其汇率维持在对某一货币（通常为美元）的一个狭小幅度内，结果成为“名义浮动下的实际钉住制”。

第三节 外汇管理

一、外汇管理的含义和目标

外汇管理是指一个国家通过法律、法令、条例等形式对外汇资金的收入和支出、汇入和汇出、本国货币与外国货币的兑换方式及兑换比价所进行的限制。

外汇管理的目标是维持本国国际收支的平衡，保持汇率的有秩序的安排，维持金融的稳定，促进本国的竞争力和经济的发展。一般来说，发展中国家实行外汇管理的目的有以下几点：

(1) 控制本国对外贸易，促进本国的经济发展。

(2) 稳定外汇汇率，抑制通货膨胀。

(3) 限制资本外流，改善国际收支。

(4) 保护本国产业，缓和就业矛盾。

(5) 以外汇管理为手段，要求对方国家改善贸易政策。

二、外汇管理的机构与对象

外汇管理机构是外汇管理的执行者，主要负责外汇管理的日常事务、执行外汇管理的法令条文、提出外汇管理的政策建议，并随时根据情况变化和政策的需要，采取各种措施，控制外汇收支情况。

目前，世界上外汇管理机构有三种类型：第一类是由国家设立专门的外汇管理机构。如中国等国家是由国家指令中央银行设立的外汇管理局作为外汇管理的机构。第二类由国家授权中央银行作为外汇管理机构，如英国由它的中央银行（英格兰银行）代表英国财政部执行外汇管理工作。第三类是由国家行政部门直接负责外汇管理，如美国的外汇管理由美国财政部负责，日本的外汇管理则由财务省和通产省负责。

外汇管理的对象分为人和物两方面。对人的外汇管理，是将人划分为居民和非居民。大多数国家由于居民的外汇收支对本国的国际收支影响较大，所以对居民的外汇收支管理较严，对非居民的外汇收支管理较松。对物的外汇管理是指对外汇收支中所使用的各种支付手段和外汇资产，根据本国的实际需要有选择、有重点地进行管理。一般来讲，大部分国家都以物作为管理的主要对象。

三、外汇管理的方法和措施

从各国外汇管理的内容和运作过程来看，外汇管理的方法可以分为直接外汇管理和间接外汇管理两大类。

（一）直接外汇管理

直接外汇管理是指对对外汇买卖和汇率实行直接的干预和控制。直接管理按方式不同，又可分为行政管理和数量管理。

行政管理是指政府以行政手段对外汇买卖、外汇资产、外汇资金来源和运用所实行的监督和控制。具体措施有：(1)政府垄断外汇买卖。政府通过外汇管理机构控制一切外汇交易，汇率由官方决定，限制外汇买卖。(2)政府监管私有外汇资产。政府强制国内居民申报他们所拥有的一切国外资产，以便尽可能地掌握外汇资产，在急需时可以运用。(3)管理进出口外汇。规定出口商所获外汇必须按照官方价格卖给外汇指定银行。而进口商所需外汇必须向外汇管理机构申请核准，不能以收抵支、调剂使用。(4)控制资本输出输入。无论资本输出输入的金额多少，都必须逐笔向外汇管理机构申报。未经批准，任何居民或非居民都不得向外借债，更不得将外汇、黄金输出境外。

数量管理是指对外汇收支实行数量调节和控制。具体措施有：(1)进口限额制。由外汇管理机构按照本国在某一时期内所需进口的物资数量和种类，对不同进口商所需外汇分别实行限额分配。(2)出口外汇分成制。由外汇管理机构根据本国某些方面的需要制定出口所获外汇的分成比例。外汇分成制的具体形式有：现汇留成、额度留成或者结汇证留成。(3)进出口连锁制。这是一种以出限进的制度。即需进口货物者，必须先行出口货物；只有能够出口货物者，才能取得相应的进口权。

（二）间接外汇管理

间接外汇管理也称成本管理，是指外汇管理机构通过控制外汇的交易价格以调节外汇的成本和外汇的供求关系，从而达到间接管理外汇的目的。具体措施有：(1)实行差别汇率制。外汇管理机构根据进出口商品的种类和用途不同，规定两种以上的进出口售汇汇率。通常，对某些生产资料等必需品的进口规定较低的售汇汇率，而对某些高档奢侈品的进口规定较高的售汇汇率，以便通过汇率差别抑制某些高档商品的进口，支持必需品的进口。相应地，对属于鼓励出口的商品按较高的汇率结汇，其余商品的出口则按一般的汇率结汇。(2)进口外汇公开标售。即外汇管理机构对进口用汇价格不予规定而是采用公开招标方式，将外汇卖给出价最高者。

第四节 人民币汇率制度

一、人民币汇率制度的历史沿革

1948 年 12 月 1 日，中国人民银行成立，并发行了统一的货币——人民币。人民币对西方主要货币的汇率于 1949 年 1 月 18 日首先在天津口岸产生，全国各地以天津口岸的汇率为标准，根据当地的具体情况，公布我国的人民币汇率。回顾历史，人民币汇率制度已经历了六个阶段。

第一阶段：1949 年 1 月 19 日至 1953 年初。人民币汇率根据人民币对美元的出口商品比价、进口商品比价和华侨的日用品生活费比价三者的加权平均数来进行调整。

第二阶段：1953 年初至 1970 年底。由于当时美国对我国实行经济封锁，政府实行了人民币钉住英镑的汇率制度，又由于当时我国与一些社会主义国家的经贸关系比较重要，人民币还实行了钉住卢布的汇率政策。这段时间，人民币汇率的主要特点是钉住英镑和卢布的双重汇率制度。

第三阶段：1971 年至 1979 年底。随着布雷顿森林体系的崩溃，主要西方国家普遍实行浮动汇率制，汇率安排出现了多种形式。这一阶段，人民币采取钉住一篮子货币并按照该货币篮子的价格变动进行调整的汇率安排。

第四阶段：1979 年下半年至 1993 年底。1979 年 8 月，国务院决定改革汇率制度，除人民币公开牌价外，另行制定内部贸易结算价。从 1981 年 1 月 1 日开始，人民币实行了官方牌价与内部结算价(即外汇调剂市场汇率)并行的双重汇率制。

第五阶段：1994 年初至 2005 年 7 月 20 日。1994 年 1 月 1 日起，我国实行外汇管理体制改革，实现人民币汇率并轨(即把外汇调剂市场的汇价与官方牌价合二为一，保留一个汇率)，实行以市场供求为基础、单一的、有管理的浮动汇率制度。

第六阶段：2005 年 7 月 21 日至今。自 2005 年 7 月 21 日起，我国开始实行以市场供求为基础、参考一篮子货币进行调节、有管理的浮动汇率制度。同时人民币升值 2%，美元对人民币的汇率为 1∶8.11。

二、人民币汇率形成新机制

人民币汇率形成新机制是以市场供求为基础、参考一篮子货币进行调节、有管理的浮动汇率制度。

(一) 以市场供求为基础

目前我国外汇市场由企业结售汇市场与银行间外汇市场这两个子市场组成。

1. 企业结售汇市场

1994 年人民币汇率并轨后，根据结售汇制度，内资企业必须把商品和劳务出口的收汇出售给政府，资本项目的外汇必须调回境内，出售给政府或保留，而内资企业进口用汇则需要经过真实性审核或批准。1996 年 7 月，三资企业也加入结售汇制。同年 12 月，中国接受国际货币基金组织协定第八条款，实行人民币经常项目下可兑换。经常项目下的外汇需求经过真实性审核就可以得到满足，但对资本项目下的用汇需求仍然需要批准，有时是被禁止的。

1994 年至 2012 年 4 月，我国的结售汇制度一直带有强制性质，企业出口创汇强制出售给政府指定银行，而企业外汇需求则受到限制。结售汇制度通过企业和外汇指定银行之间的外汇交易实现。出口企业收汇出售给外汇指定银行，用汇从外汇指定银行购买。这块外汇交易市场是我国外汇交易的一个子市场(图 3.2)。

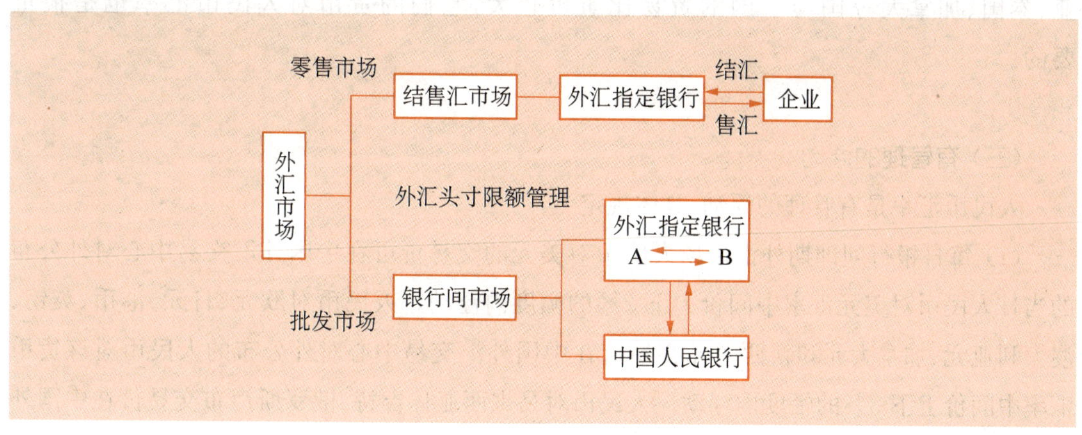

图 3.2　我国外汇市场的构成

2012 年 4 月 16 日，国家外汇管理局网站刊文《强制结售汇制度退出历史舞台　企业和个人可自主保留外汇收入》，至此，实施了 18 年之久的强制结售汇制度宣告终结，我国开始实行意愿结售汇制度。

2. 银行间外汇市场

1996 年 4 月，为了使银行间外汇资金流动畅通，建立了银行间外汇市场。银行间外汇市场设在上海外滩的中国外汇交易中心，参加的交易主体有中国人民银行和外汇指定银行等。外汇指定银行每天买卖外汇的差额形成外汇周转头寸。政府规定外汇管理局对各个外汇指定银行所持有的外汇头寸实行限额管理，超过限额的外汇出售给其他没有达到限额的外汇指定银行或中国人民银行(图 3.2)。

中国人民银行是银行间外汇市场的主要参与者，它向外汇指定银行出售外汇头寸，同时，收购外汇指定银行出售的外汇头寸。为了把市场汇率调控在目标范围内，中国人民银行经常入市交易，中国人民银行参与银行间外汇市场交易所形成的外汇增量，就是国家外汇储备的增加。

(二) 参考一篮子货币

人民币汇率形成新机制所参考的"一篮子货币"的组成原则是：着重考虑商品和服务贸易的权重作为篮子货币选取及权重确定的基础；适当考虑外债来源的币种结构；适当考虑外商直接投资的因素；经常项目中一些无偿转移类项目的收支，也在权重的考虑之中。目前，美国、欧元区、日本、韩国等是中国最主要的贸易伙伴，相应地，美元、欧元、日元、韩元等也自然成为主要的篮子货币。另外，由于新加坡、英国、马来西亚、俄罗斯、澳大利亚、泰国、加拿大等国与中国的贸易比重也较大，它们的货币对人民币汇率也是很重要的。

(三) 有管理的浮动

人民币汇率是有管理的浮动，具体规定为：

(1) 每日银行间即期外汇市场人民币对美元的交易价可在中国外汇交易中心对外公布的当日人民币对美元汇率中间价上下 2%的幅度内浮动。人民币对欧元、日元、港币、英镑、澳大利亚元、加拿大元和新西兰元交易价在中国外汇交易中心对外公布的人民币对该货币汇率中间价上下 3%的幅度内浮动。人民币对马来西亚林吉特、俄罗斯卢布交易价在中国外汇交易中心对外公布的人民币对该货币汇率中间价上下 5%的幅度内浮动。人民币对其他非美元货币交易价的浮动幅度另行规定。

(2) 银行可基于市场需求和定价能力对客户自主挂牌人民币对各种货币汇率，现汇、现钞挂牌买卖价没有限制，根据市场供求自主定价。

在外汇交易中心，各外汇指定银行根据企业在银行的结售汇情况和中国人民银行对其核定的外汇头寸限额买卖外汇，平补头寸，形成外汇供求。中国外汇交易中心于每日银行间外汇市场开盘前向银行间外汇市场做市商询价，并将做市商报价作为人民币对美元汇率中间价的计算样本，去掉最高和最低报价后，将剩余做市商报价加权平均，得到当日人民币对美元汇率中间价，权重由中国外汇交易中心根据报价方在银行间外汇市场的交易量及报价情况等指标综合确定。人民币对欧元、港币和加拿大元汇率中间价由中国外汇交易中心分别根据当日人民币对美元汇率中间价与上午 9:00 国际外汇市场欧元、港币和加拿大元对美元汇率套算确定。人民币对日元、英镑、澳大利亚元、新西兰元、马来西亚林吉特和俄罗斯卢布汇率中间价由中国外汇交易中心根据每日银行间外汇市场开盘前银行间外汇市场相应币种的直接交易做市商报价平均得出。外汇指定银行和经营外汇的其他金融机构，根据公布的汇率和浮动范围，自行确定对客户的外汇买卖价，办理外汇业务。

第五节　人民币自由兑换

一、货币自由兑换的层次

按产生或兑换需要的国际间经济交易的性质分，货币自由兑换可以分为经常账户下的自由兑换、资本项目下的自由兑换和完全自由兑换。

(一) 经常项目可兑换

经常项目可兑换是指取消对经常项目外汇支付和转移的汇兑限制。实行经常项目可兑换的国家，保证在经常项目交易中本国货币可自由地兑换成外国货币。国际货币基金组织协定第八条款对经常项目可兑换的涵义作出了具体的规定：不得对国际间经常项目往来的对外支付和资金转移施加限制；不得实行歧视性的货币措施或多重汇率兑付外国持有的在经常交易中所取得的本国货币。简单地说，就是对经常项目下的用汇，只要有真实的交易凭证，就可以到外汇指定银行购汇支付。一般地，成员国的外汇管理体制符合第八条款的上述规定，该国的货币即实现了经常项目下可兑换，称为第八条款国。我国于 1996 年底，接受国际货币基金组织的第八条款协议，成为第八条款国。

一国货币实行了经常项目可兑换，并不意味着本国居民可以自由地将本国货币兑换成外汇。只有发生国际间的交易行为，且必须是属于经常项目下的真实的交易行为，才能持真实的交易凭证购汇支付。

（二）资本项目可兑换

资本项目可兑换是指取消对资本流入、流出的汇兑限制。实行资本项目可兑换的国家，在其参与的国际性资本项目交易中，保证本国货币的持有者可以自由地兑换外国货币，对资本的流入和流出不加限制。国际货币基金组织协定第六条款区分了经常项目和资本项目的自由兑换，允许成员国运用必要的控制手段来调节资本的转移，即成员国没有义务来实施资本项目的可兑换。

资本流动对一国经济会产生比较大的影响。如果一国没有完善的市场运行机制、合理的利率机制、严格的规章制度和规范化的操作，过早取消对资本流出流入的限制，国内经济容易受到国际游资的投机性攻击。根据国际经验，世界上不少国家都先实行本币在经常项目下可兑换，然后再逐步创造条件，实现本币在资本项目下可兑换。

（三）完全自由兑换

完全自由兑换是指取消对外汇交易的所有限制，任何一个持币者都可以按照市场汇率自由地把本币兑换成某一种国家货币。当一国货币在经常项目和资本项目下都实现了可兑换，就称之为实现了该种货币的自由兑换。

二、人民币自由兑换的条件

人民币自由兑换是人民币汇率制度改革的方向，也是人民币汇率制度改革的最高目标。所谓人民币自由兑换，是指在外汇市场上，能自由地用本国货币（人民币）购买某种外国货币，或用某种外国货币购买本国货币（人民币）。显然，此时国际收支账户中所记载的各种国际间交易行为产生的本币与外币间的兑换需求都可以在外汇市场上不受限制地得到满足。

我国已实现人民币经常账户的自由兑换，但对资本账户至今还有一定的管制。何时完全取消管制，实行资本账户和资本市场开放以及人民币完全自由兑换，取决于条件的成熟与否。总的说来，人民币实现自由兑换需要具备以下条件：

第一，稳定的宏观经济政策环境。

货币自由兑换是一国经济实力的体现,如果没有稳定的宏观经济政策环境,居高不下的通货膨胀和巨额的财政赤字必然会导致本国货币币值不稳,若公众对本币的前景丧失信心,就会把本币纷纷兑换成外币,从而引发大规模的资本外逃,造成国际收支中资本账户的恶化,进而导致市场汇率的剧烈变动。若政府采取提高利率的方法抑制资本外逃,抑制高通胀,则又会对企业的发展产生较大的消极影响,从而最终导致经济停滞,货币自由兑换难以实现。

第二,健全的金融体系和完善的金融市场。

如果金融体系存在缺陷,金融监管体系落后,则在人民币资本项目开放后面对较大规模的资本流动和汇率变动所带来的风险很可能会束手无策。健全的金融体系的建立需要四大国有商业银行的股份制改革的配合。另外,对于商业银行要坚持一级资本充足率达到《巴塞尔协议Ⅲ》中规定 6%以上,强化银行的风险意识,同时采取立法的手段来规范金融业的行为,对流入外资进行有效的监督和管理。

第三,充足的外汇储备。

在实现人民币自由兑换后,为了应付随时可能发生的兑换要求、维持外汇市场和汇率的相对稳定,政府必须持有较充分的国际储备尤其是外汇储备。外汇储备的作用是干预市场汇率、平衡国际收支。特别是在资本账户开放初期,资本外流的数量可能会比较多,更应该持有较多的外汇储备以抵消资本流动的负面影响。

第四,合理的汇率水平。

实现人民币自由兑换时的人民币汇率水平要适当。汇率水平适当不仅是人民币自由兑换的前提,也是人民币自由兑换后保持外汇市场稳定的重要条件。合理的汇率水平能够真实地反映外汇供求状况,并能在一定程度上自动调节国际收支,这可以减少政府采用其他方法调整国际收支时对国内经济的冲击。另外,合理的汇率水平能够正确地反映两国物价之比,使国内企业能根据汇率信号作出正确的决策,有利于实现资源的合理配置。

第五,利率市场化。

人民币自由兑换后国际资本尤其是游资流动会较频繁,利率市场化可在一定程度上发挥调节短期资本流向的作用,减少其对国内经济的负面影响。同时,利率市场化也是实现物价与国际接轨的条件。国内企业可以在更广泛的空间、时间范围内,根据利率信号及时调整生产经营和投资,实现利润最大化。

第六,央行充足的调控能力。

货币实现自由兑换后,频繁的国际资本流入、流出会对一国的汇率、利率、投资等产生较大的影响,尤其是国际游资为攫取高额利润,在较短的时间内频繁进出一国金融市场,会引起该国外汇市场汇率的波动，甚至会造成金融危机，危害性极大。这就要求中央银行有足够的调控能力，运用各种手段维护本币汇率的稳定。如若不然，急于开放资本账户则会导致灾难性的后果，最终又会回到资本账户管制的道路上来。

第七，良好的微观经营机制。

要建立现代企业制度，加大企业经营机制的转变，提高企业的国际竞争力。要使企业有良好的风险意识，对各种价格的反应更灵敏。要加速企业尤其是亏损的大中型企业的技术改造、产品换代，以提高它们抗衡汇率波动的能力和市场竞争能力。

小 结

1. 国际货币基金组织把现行汇率制度共分为八类，分别是：无独立法定货币的汇率安排、货币局制度、其他传统的固定钉住、水平带内的钉住、爬行钉住、爬行带内的浮动、不事先公布干预方式的管理浮动和独立浮动。

2. 汇率制度的选择问题是受政治、经济、文化等诸多因素影响的。对于经济发展水平不同的国家而言，这些影响因素之间存在较大差异，每一个国家都应根据自己的实际情况去选择适合自身经济发展的汇率制度。

3. 外汇管理是指一个国家通过法律、法令、条例等形式对外汇资金的收入和支出、汇入和汇出、本国货币与外国货币的兑换方式及兑换比价所进行的限制。外汇管理的目标是维持本国国际收支的平衡，保持汇率的有秩序的安排，维持金融的稳定，促进本国的竞争能力和经济的发展。外汇管理的方法可以分为直接外汇管理和间接外汇管理两大类。直接管理按照方式不同，又可分为行政管理和数量管理。

4. 人民币汇率形成新机制是以市场供求为基础、参考一篮子货币进行调节、有管理的浮动汇率制度。

5. 货币自由兑换可以分为经常项目下的自由兑换，资本项目下的自由兑换和完全自由兑换。经常项目可兑换是指取消对经常项目外汇支付和转移的汇兑限制。资本项目可兑换是指取消对资本流入、流出的汇兑限制。完全自由兑换是指取消对外汇交易的所有限制，任何一个持币者都可以按照市场汇率自由地把本币兑换成某一种国家货币。

6. 人民币自由兑换要满足一系列条件，如稳定的宏观经济政策环境、健全的金融体系和完善的金融市场、充足的外汇储备、合理的汇率水平等。

思考题

1. 试讨论货币局制度和外币化的优缺点。
2. 解释“不可能三角”的含义及对人民币汇率选择的启示。
3. 我国选择汇率制度应该考虑哪些因素?
4. 简述我国外汇管理的具体措施。
5. 简述现行人民币汇率形成机制,并分析它的优缺点。
6. 目前人民币自由兑换的条件是否成熟?

第四章 现代汇率决定理论

第一节　汇率决定的货币理论

汇率决定的货币理论，是由美国芝加哥大学哈尼·约翰逊(Harney G. Johnson)和英国伦敦经济学院雅各布·弗兰克尔(Jacob Frenkel)等人所提出来的。该模型重点研究货币市场和货币存量的供求关系如何对汇率变动产生影响，具有较强的政策性和操作性意义。

一、货币模型的前提假设

(一) 垂直的总供给曲线

垂直的总供给曲线并不意味着产出是固定不变的。随着科学技术的进步、资本的不断积累、劳动力的增加以及劳动力教育水平的提高，产出水平会逐步提高，相应地，总供给曲线会向右移动。另外，垂直的总供给曲线必须以所有市场都具有完全的价格弹性为前提。

(二) 稳定的货币需求

稳定的货币需求是指货币需求、收入和价格三者之间的关系不会随时间推移而发生大幅的变化。如果不存在稳定的货币需求，汇率的货币模型将不能提供一个有用的分析结构。

假定 M 为货币供给、R 为国际储备以及 D 为国内信贷(为方便起见，假定基础货币等于货币供给)，则一国货币供给可表示为：

$$M = R + D \tag{4.1}$$

而货币需求 L 表示为：

$$L = kPY = kY \tag{4.2}$$

由上式可见，货币需求是价格和收入的函数。其中，P 为国内价格水平，y 为实际国民收入或实际财富，k 为一个正的系数，它表示 P 或 Y 既定时货币需求将如何变化。例如，若货币存量翻一番，名义收入 Y 也跟着翻一番，倘若实际收入和系数 k 保持一定的话，价格水平必然以同样比率上升。当货币供给等于货币需求即 $M = L$ 时，货币市场处于均衡状态。

(三) 购买力平价假说始终成立

根据购买力平价(PPP)假说，给定国内物价水平 P 和外国物价水平 P^*，则两国商品市场均衡可用下列等式表示：

$$P = SP^* \tag{4.3}$$

该等式在图 4.1(a)中就表示为经过原点的直线。直线左上方表示一国产品竞争力不足，而右下方表示一国竞争力过强。在浮动汇率制度下，S 可以自由变动，若点位于直线上方，可通过实际贬值来恢复均衡，而无需改变国内物价水平。这意味着采用自由浮动汇率制的国家可独立选择国内通货膨胀率，而不受外界因素影响。而在固定汇率制度下，S 为常数，这意味着若要维持 S 固定不变，国内价格水平必将随着国外价格水平的变化而变化。这就是人们常说的"输入通货膨胀"的情况。

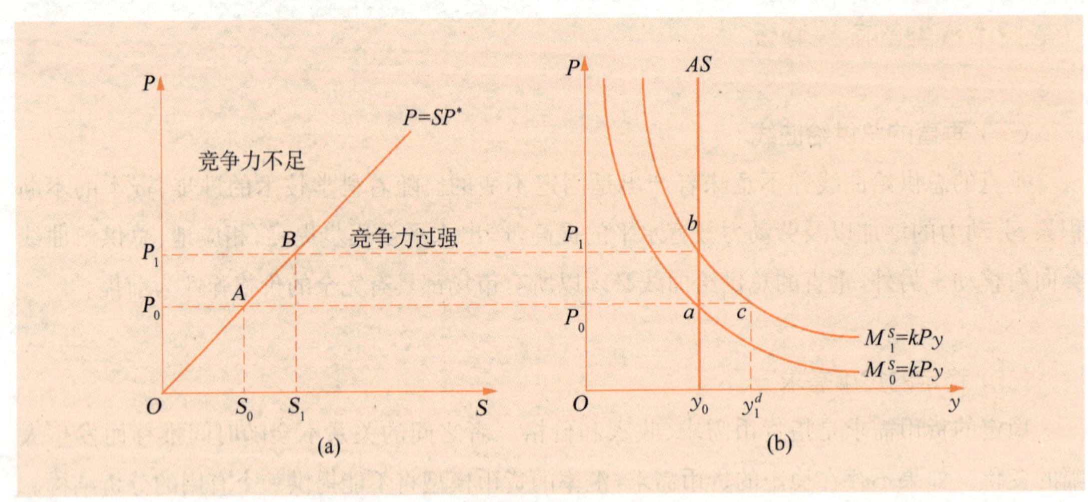

图 4.1 货币供给量变动对均衡汇率的影响

二、均衡的货币模型

根据货币模型的前提假设，当货币存量(M_0^S)一定时，货币市场和外汇市场均达到均衡便可用下列等式来表达：

$$M_0^S = kPy = kSP^*y \tag{4.4}$$

通过上式可以解出均衡汇率，即：

$$S = M_0^S / kSP^*y \tag{4.5}$$

这就是简单的货币模型。在该模型中，汇率是货币存量对按外国物价水平衡量的需求的比率，汇率的大小由国内货币供给量、实际收入和外国价格水平这三个因素来决定。

下面我们将根据不同的汇率制度来研究这三因素的变化将如何影响均衡汇率的变动。

三、浮动汇率制下的简单货币模型

在浮动汇率制度下，国际收支均衡可通过汇率自由波动来实现，而无需运用外汇储备去干预外汇市场。这意味着外汇储备总量保持不变，即 $\Delta R=0$。本国货币存量变化只能通过国内信贷得以实现。

（一）浮动汇率制下货币供给增加

假定外国物价水平 P^* 和本国实际收入 y 不变，国内货币供给扩张到 M_1^s，如图 4.1(b)所示。由于货币供给扩张，势必会在原来物价水平 P_0 上产生超额的货币供给量，而这只好通过增加支出来减少货币余额。因为，超额的货币供给必将转换成对商品的超额需求，这可由图 4.1(b)中 y_0、y_1^d 所示。

额外的支出必然会导致国内物价上涨，但这会使国内产品的竞争力下降。因而为防止本国产品竞争力不足，汇率一定会上升，即本币贬值，外币升值。由于外国物价水平给定，为维持购买力平价，均衡汇率必须按国内货币供给量扩张的同等比率上升。

可见，在货币模型中，在其他因素不变的情况下，货币供给增长一定百分比将使本国货币以同样的比例进行贬值。

（二）浮动汇率制下收入增加

假定外国物价水平 P^* 和货币供给 M_0^S 不变，实际收入从 y_0 增加到 y_1，如图 4.2 所示。这必然产生超额的货币需求和超额的商品供给。为此，只好减少支出，结果造成了经济紧缩，国内物价水平从 P_0 下降至 P_1。

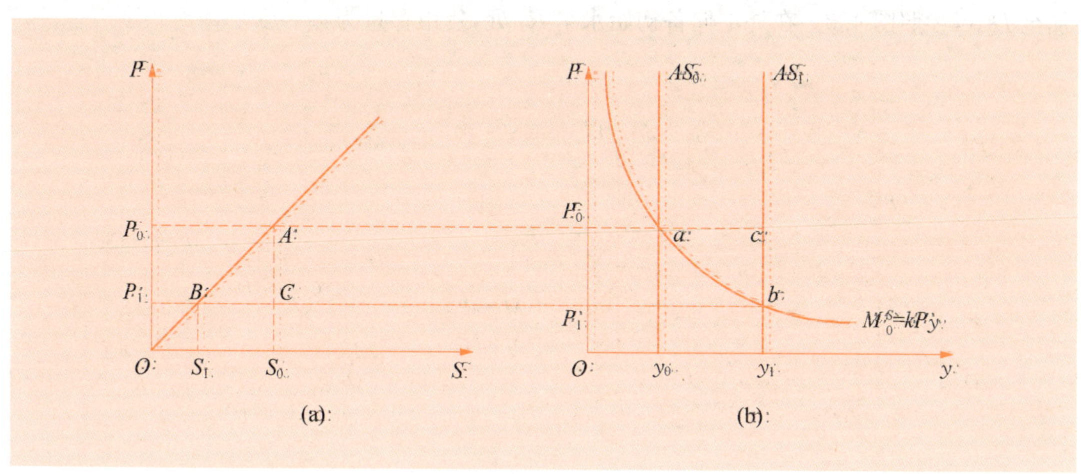

图 4.2　浮动汇率下收入增加

而国内物价水平的下降会使本国竞争力增强，增加出口，这将引起对本国货币的超额需求，如图 4.2(a)中的点 C。由于货币模型假设购买力平价始终成立，为此，本币必然升值，以弥补国内物价水平下跌。最终在点 B 上形成新的均衡汇率。

以上分析可得出结论：在货币模型中，其他因素保持不变，国内实际收入上升必将会导致本国货币相应地升值。

（三）浮动汇率制下外国物价上升

假定国内物价水平 P、实际收入 y 和货币存量 M 均不变，外国物价上升。由于 S 可自由变动，则外国物价水平的上升可通过实际贬值来恢复均衡，而无需改变国内物价水平，本国经济不受外界影响。

分析可得：在货币模型中，若其他因素保持不变，外国物价水平上升会使本国货币升值，但国内经济不受影响。这意味着采用自由浮动汇率制的国家可独立选择国内通货膨胀率，而不用考虑外国因素。这是浮动汇率制最具有吸引力的地方。

四、固定汇率制下的简单货币模型

在固定汇率制度下，货币供给不是一个外生变量，它由国内信贷 DC 和外汇储备 R 构成。而汇率则是一个外生变量，由一国货币当局所确定。

（一）固定汇率制下货币供给增加

在固定汇率制度下，假定物价和实际收入不变（于是货币需求也不变），国内信贷 DC_0 增加至 DC_1，参照图 4.3。在外汇储备初始水平 R_0 处，货币存量为：

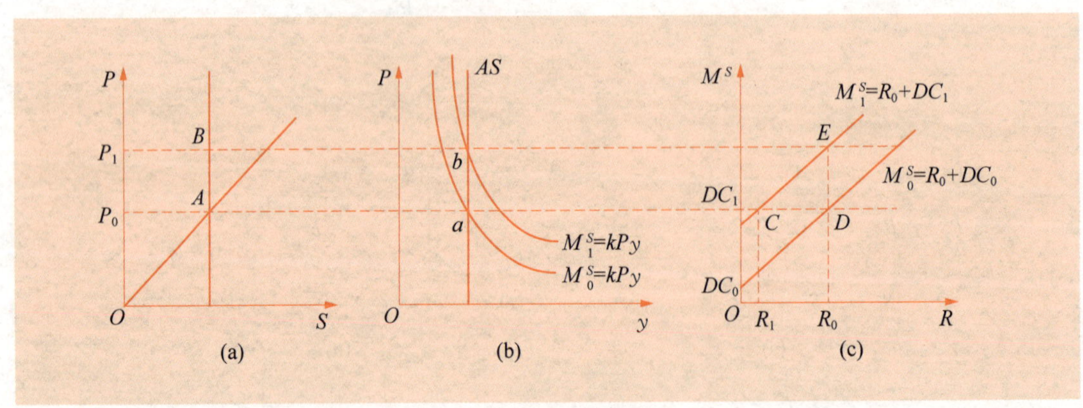

图 4.3 固定汇率制下国内信贷增加

$$M_0^S = R_0 + DC_0 \tag{4.6}$$

为将货币存量方便地转化为图 4.3(a)和(b)中的隐含物价水平，假设初始货币存量值和物价水平均为 1。这样，当国内信贷增加至 DC_1 时，货币存量由 M_0^S 上升到 M_1^S，即：

$$M_1^S = R_0 + DC_1 \tag{4.7}$$

其中，外汇储备暂时不变，仍为 R_0。在实际收入不变的情况下，超额的货币供给必将导致物价从初始水平 P_0 上升到 P_1，货币需求转变为：

$$M_1^S = kP_1y = k(SP^*)y \tag{4.8}$$

上式表明，在给定外国物价和实际收入不变情况下，国内物价水平上升使本国货币实际贬值，从而降低本国产品竞争力，刺激进口需求，导致国际收支恶化。为保持汇率稳定，政府需抛售外汇储备购买本国通货，从而使得外汇储备逐渐下降，并推动整个经济的调整，最终恢复到原先的均衡水平。

在固定汇率制下的货币模型中，若其他因素保持不变，国内信贷扩张会被暂时的国际收支赤字所造成的外汇储备下降而抵消；反之，国内信贷紧缩会被暂时的国际收支顺差所带来的外汇储备上升而抵消。

（二）固定汇率制下实际收入增加

若其他因素保持不变，实际收入增加，意味着增加实际货币余额的需求。这将会使居民减少支出来增加过低的货币余额，从而使国内物价水平下降。在固定汇率制下，这意味着本国产品竞争力上升，刺激出口，国际收支暂时盈余，外汇储备随之增加。只有当国内货币存量增长到足以满足新的更大需求时，这一调节过程才会终止。

可见，在固定汇率制下的货币模型中，若其他因素保持不变，实际收入增加将会使国际收支出现暂时性盈余，外汇储备增加；反之，实际收入下降会使国际收支出现暂时性赤字，外汇储备下降。

（三）固定汇率制下外国物价上升

在固定汇率制下，外国物价上升直接导致本国产品竞争力上升，从而刺激出口，增加外汇储备。而外汇储备的增加却会造成货币存量的上升，导致超额的货币供给，反而推动国内物价水平上升，最终与国外物价水平相等。这就意味着固定汇率制下的国家被迫从国外输入通货膨胀。

所以，在固定汇率制下，一国无法拥有独立的货币政策，不能选择有别于他国的通货膨胀率。这也是固定汇率制度的最大缺陷。

五、汇率的简单货币模型评价

建立在现代货币数量论基础上的汇率决定的货币模型，其理论价值主要有以下几个方面：(1)该模型引用了主要运用于商品市场上的购买力平价，把汇率作为货币的一种特殊价格，从而准确把握汇率这一概念。(2)货币模型准确阐述了货币供给量变化如何影响汇率变动。(3)货币模型采用的是一般均衡分析，在这个简单的模型里，实际包含了商品市场平衡、货币市场平衡和外汇市场平衡。

值得指出的是，货币模型在现实检验中的效果却并不理想。检验效果不理想的原因除了样本选择和计量经济学模型有一定问题外，汇率的货币模型本身存在的不足也不容忽视。首先，购买力平价始终成立这一前提假设在实际中很难实现。其次，该模型假设物价水平完全弹性，而在现实中，商品市场上的物价水平往往在短期内具有黏性，无法迅速调整。再次，货币模型假定货币需求是稳定的，这一点在实证研究中也具有争议。

第二节 汇率决定的资产组合均衡理论

汇率决定的资产组合均衡理论是建立在马柯维茨创立的现代资产组合原理基础之上的。它产生于20世纪70年代，1977年威廉姆·布兰森(William H. Branson)首次建立完整的汇率资产组合均衡模型，后由霍尔特纳(H. Halttune)和马森(P. Masson)等人进一步充实和修正。

一、汇率的资产组合均衡理论特点

汇率决定的资产平衡理论和上一节所阐述的汇率决定的货币理论实际上同属于资产市场论。两者的基本区别是，前者假定国内外债券不能完全替代，而后者假定国内外债券能完全替代。若国内外债券可充分替代，只要其预期收益相等，需求者无需关注债券是以何货币为面值。在这种情况下，债券持有人不会因为持有外国债券而要求获得风险升水，因此，在货币模型中非抵补利率平价成立。

若国内外债券不能充分替代，需求者就会持有不同国家的资产使其资产组合最优化。在该资产组合中，任何特定国家的资产都占一定的比重。如果一国资产的供给增加，该国资产占资产组合的比例会下降，除非持有者获得一定的风险升水。这样看来，资产组合均衡模型含有风险升水。这说明在资产组合模型中非抵补利率平价不成立。

二、基本模型

（一）前提假设

为简化模型分析，假定：

(1) 本国为一小国，外国居民不持有该国的资产。

(2) 本国居民可持有三种资产：本国货币 M、本国政府所发行的债券 B 和外国发行的以外币为面值的债券 F。

(3) 外国债券供给量短期不变，它的本币价值等于 SF。

(3) 预期未来汇率不变，持有外国债券的收益率大小取决于外国利率变动。

（二）基本模型

在上述假定条件下，一国的名义财富 W 在任何时候均可用本币表示为：

$$W = \overline{M} + \overline{B} + SF \tag{4.9}$$
[①]

其中，$\overline{M}$ 和 $\overline{B}$ 是外生变量，而 SF 的变化依赖于经常项目。而一国财富总量如何分配取决于各种资产收益率的大小。在给定财富总量的情况下，如果某种资产收益率上升，本国居民持有该种资产的比例就会上升。相应地，其他资产的比例会下降。当然，资产组合发生变化必然也会影响汇率。

因此，只有当货币市场、国内债券市场和外国债券市场都达到均衡时，均衡汇率才会形成。而每一市场的均衡以下列等式表达：

$$\overline{M}/W = m(r, \bar{r}^* + S^e), \ m_1 < 0, \ m_2 < 0 \tag{4.10}$$
[②]

---

① 本节中，变量上面的短横线表示该变量为外生变量。

② m_1、m_2 是对等式(4.10)右边偏微分，$m_1 < 0$ 表示随着本国利率的增加，本国货币在资产组合中所占比例下降；$m_2 < 0$ 意味着随本国货币贬值率上升，本国货币在资产组合中所占比例下降。

$$\overline{B}/W = b(r, \overline{r}^* + S^e), b_1 > 0, b_2 < 0$$ ① (4.11)

$$SF/W = f(r, \overline{r}^* + S^e), f_1 < 0, f_2 > 0$$ ② (4.12)

式中,等式左边代表三种资产各自的供给,右方则代表三种资产各自的需求,即为本国债券利率 r 和外国债券收益率(外国债券收益率等于外国债券利率加上本国货币预期贬值率 S^e)的函数。在资产组合均衡模型中,可得出各种经济变量的本质:

(1) 即期汇率 S 和利率 r 在短期内是内生变量,对各种冲击瞬时作出反应,金融市场始终处于结清状态。

(2) 总财富 W、外国债券存量 F、本国物价水平 P 和预期贬值率 S^e 短期内属于外生变量,而长期内则属于内生变量。

(3) 外国债券利率 $\overline{r}^*$、本国货币存量 $\overline{M}$ 和本国债券存量 $\overline{B}$ 长期和短期都属于外生变量。

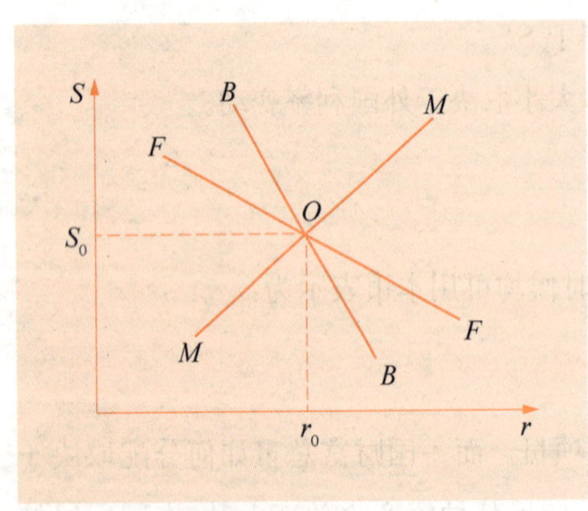

图 4.4 资产组合均衡基本模型

三、资产组合均衡模型的基本模式

以上三种资产市场均衡等式可由图 4.4 中的三条资产市场均衡曲线表示,即本国货币市场均衡 MM 线、本国债券市场均衡 BB 线和外国债券市场 FF 线。其中,MM 曲线是由货币市场出清时的本国利率和汇率均衡组合所构成,BB 线是由本国债券市场均衡时的本国利率和汇率所组成,而 FF 线是由外国资产市场均衡时的本国利率和汇率所组成。这三条曲线相交于点 O,三个资产市场都达到均衡。

MM 线向上倾斜,较高的 S 要求较高的利率水平与之组合。这是因为,若供给不变,汇率上升必然要求本国利率上升来维持均衡,所以货币市场均衡线的斜率为正值。另外,若本国货币供给增加,则利率下降,MM 曲线向左上方移动。

BB 线向下倾斜,由较高的 S 与较低的利率水平组合所构成。当汇率上升即本币贬值

① b_1、b_2 是对等式(4.11)微分,$b_1 > 0$ 意味着本国债券利率上升会使本国债券在资产组合中所占比例上升;$b_2 < 0$ 意味着本国货币贬值率上升,本国债券在资产组合中所占比例反而下降。

② f_1、f_2 是对等式(4.12)偏微分,$f_1 < 0$ 意味着本国债券利率上升会使外国债券在资产组合中所占比例下降;$f_2 > 0$ 意味着本国货币贬值率上升,外国资产在资产组合中所占比例反而上升。

时，本国居民会增加对本国债券的需求，从而导致本国债券价格上升，而利率下降。另外，其他因素不变条件下，若本国债券供给增加，则债券价格下降，利率上升，从而 BB 曲线右移。

FF 线向下倾斜，但其倾斜度小于 BB 线。这是因为，面对同等幅度的国内利率上升时，对于本国债券 B 和外国债券 F 来说，由于国内外资产不可完全替代，本国债券的需求要比外国资产更富有敏感性。

四、短期均衡

根据资产组合均衡基本模型，我们现在分析三种资产供给的变化如何影响利率和汇率波动。供给量变化可分为两种情况：其一，资产供给量相对变动，即总财富不变，某种资产的供给增加导致其他一种或两种资产减少，从而对利率和汇率产生影响，这一影响过程可称为替代效应；其二，资产供给量绝对变动，即在其他资产供给不变的情况下，某种资产供给增加导致总财富增加，从而影响利率与汇率波动，可把这种效应称为财富效应。

（一）替代效应

1. 国内债券供给增加，货币供给减少

假定一国政府在公开市场上抛售本国债券，则使国内债券市场产生超额供给，而货币市场则出现对货币超额需求。如图 4.5 所示，由于政府抛售本国债券会导致债券价格下降，从而利率上升，BB 曲线右移，MM 线也向右下方移动。但是 MM 线比 BB 线移得更远。因为，这一公开市场操作对货币市场的直接影响要比对债券市场上的影响更大些。

另外，国内利率上升减少对外国资产的需求，从而造成汇率的下降。通过三个资产市场调整，最终在 O' 点上形成了新的均衡。

2. 外汇资产增加，货币供给减少

假定一国政府出售外国资产，从而增加外汇资产供给，而在货币市场上产生对货币超额需求。如图 4.6 所示，由于政府出售外汇资产从而导致汇率下降，FF 线向下方移动到 $F'F'$，而对货币产生超额需求导致利率上升，MM 线右移至 $M'M'$。$F'F'$ 和 $M'M'$ 相交于点 O'，在该点上三个资产市场形成新的均衡。

比较以上两种公开市场操作方式可得：在本国债券市场上进行操作对本国利率的影响较大，而在外国债券市场上进行操作则对本国汇率的影响较大。

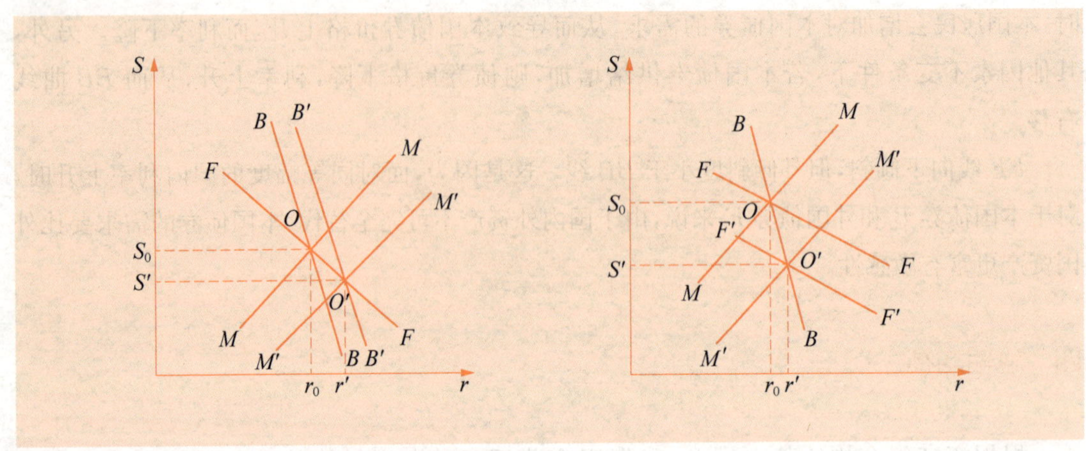

图 4.5 在公开市场上出售本国债券

图 4.6 在公开市场上出售外国债券

（二）财富效应

1. 本国债券供给增加

假定一国为融通财政赤字，而向公众发行本国债券，这样，使得一国总财富净增长。如图 4.7 所示，由于本国债券的发行，本国债券市场上出现对债券的超额供给，从而导致债券价格下降，BB 线向右下方移至 $B'B'$。而债券供给的增加会使一国总财富增加，从而增加对货币和外国债券的需求，导致利率和汇率上升，MM 线和 FF 线均向右移。另外，本国债券供给增加所造成的利率上升，会减少对外国债券的需求，从而会降低汇率水平。而汇率究竟如何变动，取决于这两种汇率效应的强度。若利率对汇率的影响大于财富增加对汇率的影响，则汇率下降；反之，汇率上升。

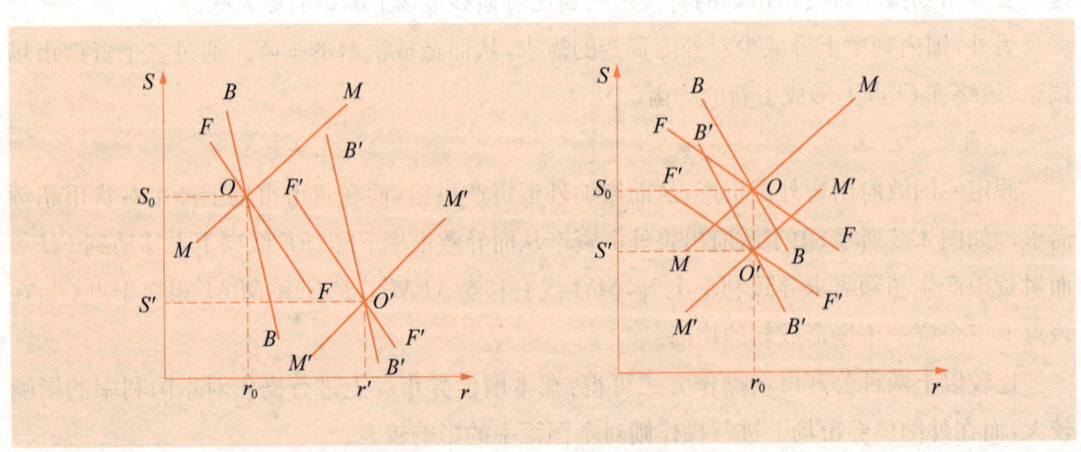

图 4.7 本国债券供给增加

图 4.8 外国债券供给增加

2. 外国债券供给增加

外国债券供给增加主要通过经常项目得以实现。如图 4.8 所示，外国债券供给增加使外国债券市场上产生超额供给，从而使本国汇率下降，*FF* 线向左移。而外国债券供给的增加意味着一国财富增加，会增加对本国债券和本国货币的需求，从而使 *MM* 线和 *BB* 线均向右移动。然而根据资产组合均衡基本模型假定，本国货币存量和本国债券供给是外生变量，因此，为使本国债券和本国货币市场恢复均衡，只好通过汇率下调来降低财富总量，以重新恢复三个资产市场均衡。且汇率下调的幅度应等于外国债券供给量增长的幅度，因为本国债券和本国货币存量不变，这意味着外国债券供给量增加后的本币值应与原先的价值相等。

五、长期均衡

金融市场的调整会带动现实经济作出调整。在开放经济条件下，长期均衡通常是指国际收支均衡，即经常项目差额和资本项目差额均为零。它通过短期均衡演化得以实现。下面以货币供给增加为例，来阐述长期均衡的形成过程。

假定一国通过公开市场操作购买本国债券扩大货币供给，根据模型前提假设，由于商品市场上的物价短期内有黏性，使得汇率出现超调现象①。因此，短期内本币贬值导致本国商品竞争力增强，使得贸易收支出现暂时性盈余，而这又增加了外国资产。同时，外国资产的增加又会引起本币升值，从而削弱本国产品的竞争力。而且，随着时间的推移，货币供给量的不断增加会推动物价水平的上升，进一步削弱本国产品竞争力。经过一段时间的调整，汇率回复到与扩大货币供给量相匹配的长期均衡值上，国际收支也恢复均衡，从而最终实现长期均衡。

六、汇率的资产组合均衡模型评价

汇率的资产组合均衡模型对资产市场思想的形成产生很大影响。它具体表现为：首先，该模型除认为经常项目失衡会影响汇率变动外，还认为两国货币供给增长率不同也会影响汇率，它实质上是综合运用了凯恩斯主义汇率理论和货币主义汇率理论；其次，该模型本质上采取存量—流量分析法，如某一资产和名义汇率会影响实际汇率和实际财富总量，反过来它们又会影响经常项目，从而影响外国资产存量；再次，该模型较为清楚地说明各种货币政

---

① 汇率超调现象是指为弥补商品市场上的物价水平短期刚性，汇率对金融市场的扰动作了过度调整。

策措施可能产生的经济效应，具有政策性指导意义。

当然，该模型也存在一些缺陷。首先，该模型引用预期汇率且假设它保持不变，而预期汇率值在现实中衡量相当困难，无法准确估计。其次，该模型认为金融市场对各种扰动作出瞬时调整，在现实中，若要实现这种情况，必须以发达的金融市场、外汇管制松弛以及实行浮动汇率制度为前提条件。再次，它在论述经常项目对汇率的影响时，认为这种影响只是通过财富效应来对资产组合作出调整，这无疑是不全面的。它忽视了购买力平价的作用和国际贸易流量变化的作用。

小结

1. 汇率的简单货币模型假定所有市场上的价格水平都具有完全弹性，因此，货币市场和货币存量的供求关系决定了汇率的波动。该模型认为，实际国民收入、利率水平以及货币供给量三者的变化可通过各自对物价水平的影响来决定汇率水平。

2. 汇率的资产组合均衡模型认为，从短期来看，只有在本国货币市场、本国债券市场和外国债券市场同时达到均衡时，均衡汇率才会形成；而长期内，资产市场的均衡必然要求经常项目处于均衡状态。

思考题

1. 根据汇率的货币模型，分析当国际收支逆差时，一国政府可采取何种经济政策来解决该问题？

2. 运用汇率的货币模型，解释下列事件将如何影响美元汇率走势：

(1) 美联储实行扩张性货币政策。

(2) 日本经济衰退。

3. 用文字结合图形来说明公开市场操作对资产市场会产生什么影响。

第五章 国际收支

第一节 国际收支的概念及其内容

一、国际收支概念的产生及发展

关于"收支"这个概念大家都比较熟悉，一般精明的家庭主妇或主男都会对每月、每季甚至每年的收支情况进行逐次记录。企业、工厂更是如此，目的是为了对货币收支的来龙去脉有清晰的了解，以便做到收支相抵，或略有盈余，如果入不敷出，则分析其原因、研究对策。简单地说，国际收支(Balance of Payment)是上述概念在外延上的扩大，指的是一个国家或地区所有国际经济活动的收入和支出。具体而言，由于国际收支反映的对象——国际经济活动在内容和形式上随世界经济发展而不断发展，国际收支概念的内涵也在不断发展变化。

16 世纪末、17 世纪初，由于地理大发现、工业革命的胜利，开始有了以国际贸易为主的国际经济活动的迅速发展，对于一国来说，为了能准确了解本国的国际经济活动情况就提出了国际贸易收支的统计要求，从而产生了贸易差额(Balance of Trade)的概念，它表示一国在一定时期内对外商品贸易的综合情况。这个时期是国际收支概念的萌芽时期。

随着世界经济的发展，资本主义国家国际经济交易的内容和范围不断扩大，尤其是 20 世纪 20 年代之后，国际资本流动在国际经济中扮演着越来越重要的角色，显然，在这种情况下，"贸易差额"这个概念已不能全面反映各国国际经济交易的全部内容，于是就出现了"外汇收支"(Balance of Foreign Exchange)的概念。即此时的国际收支概念指的是一定时期内外汇收支的总和。各国经济交易只要涉及外汇收支，无论它是贸易、非贸易，还是资本借贷或单方面资金转移，都属于国际收支范畴。这也是目前许多国家仍在沿用的狭义的国际收支的含义。

第二次世界大战结束之后，国际经济活动的内涵、外延又有了新的发展，狭义国际收支的概念也已经不能反映实际情况了，因为它已不能反映一系列不涉及外汇收支的国际经济活动，如易货贸易、补偿贸易、无偿援助和战争赔款中实物部分、清算支付协定下的记账等，而这些在世界经济中的影响愈来愈大，于是国际收支概念又有了新的发展，形成了广义的国际收支概念，它指一个国家或地区在一定时期内(通常为 1 年)在同外国或境外政治、经济、文化往来的国际经济交易中的货币价值的全部系统记录。目前，世界各国普遍采用广义的国际收支概念。

二、国际收支的具体内容

第二次世界大战后，国际货币基金组织(IMF)成立，该组织成立的宗旨之一就是通过贷款调整会员国国际收支的不平衡。因此，国际货币基金组织要求各会员国定期报送本国的国际收支资料。为使各会员国在报送国际收支资料时有个明确而统一的标准.便于横向比较，国际货币基金组织对国际收支进行了深入而详细的探讨，并且对各国所呈递的国际收支资料所应包含的内容进行一再修改，最后在1977年出版的《国际收支手册》中作出了统一规定，即："国际收支是一定时期内的一种统计报表，它反映：(1)一国与他国之间商品、劳务和收益等的交易行为；(2)该国所持有的货币黄金、特别提款权的变化以及与他国债权债务关系的变化；(3)凡不需要偿还的单方面转移的项目和相对应的项目，由于会计上必须用来平衡的尚未抵消的交易，以及不易互相抵消的交易。"

这个规定概括了国际收支的全部内容，它使各会员国在报送国际收支时有了明确的依据。这里"一国"一词，其英文是"An economy"，而不是"A country"，也就是指具有独立货币制度的经济体，比主权国家的概念要广泛。另外，就实质来说，"一国"或"经济体"就是指一个国家或经济体的居民。居民是指在某个国家(或地区)居住年限达1年以上者，否则即为非居民。一个企业的国外子公司是其所在国的居民，而不是其母公司所在国的居民。例如，美国通用电气公司在新加坡的子公司是新加坡的居民，美国的非居民，子公司与母公司的业务往来是新加坡和美国的国际收支内容。不过一个国家的外交使节、驻外军事人员，尽管在另一国家居住一年以上，仍是派出国的居民，而非居住国的居民。国际性机构，如国际货币基金组织、世界银行等都不是某一国家的居民，而是任何国家的非居民。居民与非居民包括政府、个人、非营利团体和企业四类，国际收支之所以要强调居民与非居民的概念，目的是为了准确反映国际收支情况。国际收支的内容是各种国际经济贸易，只有居民与非居民之间的各种经济交易才是国际经济交易。居民之间的各种经济交易则是国内交易，不属于国际收支范畴。

三、国际收支与国际借贷的区别和联系

人们常常把国际借贷(Balance of International Indebtedness)误认为就是国际收支，实际上它们两者之间既有联系又有区别。国际借贷是指一个国家在一定日期对外债权债务的综合情况，是一个存量概念。国际之间的债权债务在一定时期内必须进行清算和结算，此过程

一定涉及国际间的货币收支问题，债权国要在收入货币后了结债权关系，而债务国要用支付货币来清偿债务，这就是国际收支问题，所以国际收支是表示一个国家在一定时期内对外货币收支的综合情况，是一个流量概念。因此，这两个概念是有区别的，但它们之间又是密切相关的，因为有了国际借贷，就会产生国际收支，国际借贷是国际收支的原因，国际收支是国际借贷的结果。

第二节　国际收支平衡表

国际收支平衡表(Balance of Payments Statement)，也称国际收支差额表，它是系统记录一国在一定时期内所有经济活动收入和支出的统计报表。一国与别国发生一切经济活动，不论是否涉及外汇收支都必须记入该国的国际收支平衡表中，各国编制国际收支平衡表的主要目的，是为了全面了解本国的涉外经济关系，并以此进行经济分析、制定合理的对外经济政策。

一、记录原理

国际收支平衡表是按照复式簿记法来编制的。其基本原理是：任何一笔交易发生，必然涉及借方和贷方两个方面，遵循“有借必有贷，借贷必相等”的原则，因此任何一笔交易都要以同一数额计两次，一次记在借方，一次记在贷方。

记账方法：凡是引起外汇流入的记入“贷方”项目；凡是引起外汇流出的记入“借方”项目。“贷方”项目：记录负债的增加和资产的减少。“借方”项目：记录负债的减少和资产的增加。

二、国际收支平衡表的主要内容

（一）经常项目

经常项目主要反映一国与他国之间实际资源的转移，是国际收支中最重要的项目，往往会影响和制约国际收支的其他项目。经常项目包括货物(贸易账户或有形贸易账户)、服务(无形贸易)、收益和单方面转移(经常转移)四个子项目。

1. 有形贸易账户

有形贸易账户是一国出口商品所得的外汇收入和进口商品的外汇支出的全部记录，贸易收支不仅在经常项目中，而且在国际收支中也具有重要地位。

2. 无形贸易账户

无形贸易账户是指一个国家对外提供劳务或接受劳务所发生的收支，包括进出口相关运输、保险，劳务输出输入，商标、专利(知识产权)、技术的使用费等。

3. 收益项目

收益项目是指生产要素国际流动引起的要素报酬收支，包括职工报酬和投资报酬。职工报酬也称雇员报酬，记录季节工人和边境工人1年以下的国际流动所赚取的工资、薪金和其他报酬。投资收益记录本国居民购买和持有外国资产而获得的利润、股息、利息等收入。

4. 经常转移项目

经常转移项目记录无需偿还的实物和金融资产的所有权转移。即指一国对外单方面的无对等的无偿支付，包括私人单方面转移与政府单方面转移。

(二) 资本和金融项目

资本和金融项目是指资本项目项下的资本转移、非生产/非金融资产交易以及其他所有引起一经济体对外资产和负债发生变化的金融项目三个子项目。前两者属于资本项目。

1. 资本项目

资本转移是指涉及固定资产所有权的变更及债权债务的减免等导致交易一方或双方资产存量发生变化的转移项目，主要包括固定资产转移、债务减免、移民转移和投资捐赠等。非生产/非金融资产交易是指非生产性有形资产(土地和地下资产)和无形资产(专利、版权、商标和经销权等)的收买与放弃。即指如知识产权所有权的变更。资本项目金额一般只占国际收支的很少份额。

2. 金融项目

金融项目具体包括直接投资、证券投资和其他投资项目。该项目金额很大。

直接投资(Direct Investment) 是指以有效控制企业为目的的国际资本流动，包括在国外建厂，收买外国企业股权达到一定比例的股权投资，以及国外企业利润的再投资。

间接投资(Indirect Investment) 是直接投资之外的其他长期投资，主要是证券投资。

国际借贷，包括出口信贷、银团贷款、政府间贷款、票据交易、除国际货币基金组织之外的其他国际金融机构贷款等。

（三）错误与遗漏项目

错误与遗漏项目是为了使国际收支平衡表借方和贷方平衡而人为设立的一种平衡项目。根据复式簿记原则，借贷总额应当相等。但是，人们在实际编制国际收支平衡表的过程中总会出现一定的错误与遗漏，如逃避管制的投机性短期资本流动、资料来源不同、各部门统计口径的差异、同一笔交易发生于借方和贷方的时间差和资料本身缺陷（有的仅仅是估算数字）等。该项目的设立可以保证借方和贷方总额相等。

（四）官方储备（Official Reserve）

官方储备项目记载一国官方（中央银行、财政部、外汇平准机构）所持有的国际储备资产的变化及其对外国官方债权债务的变动。此项目主要包括：

（1）官方储备变化。这是一个人为用于平衡其他项目而记录的项目。在处理这个项目的符号时，出于平衡整个账户的需要，人为地把储备资产的增加用负号表示，把储备资产的减少用正号表示，恰恰与一般意义上正负号的含意相反。

（2）国际货币基金组织的信贷、贷款。

（3）官方对外（私人）借贷。

（五）特别提款权项目（Allocation of SDR）

特别提款权是国际货币基金创设的记账单位。成员国可使用分配给自己的特别提款权偿还国际货币基金组织的贷款，也可用它兑换外汇进行国际支付。因此，未动用的特别提款权可列入一国的国际储备资产。

三、关于国际收支的几个差额

分析国际收支平衡表必须首先了解国际收支平衡表的结构，即弄清国际收支平衡表的项目构成及其相互关系。如前所述，国际收支平衡表是由经常项目、资本和金融项目、错误与遗漏项目、官方储备，特别提款权项目所构成，每一项目下又分若干小项目。国际收支平衡表的每个项目都有借方、贷方和差额三栏数字，分别反映一定时期内各项对外经济活动的发生额。由于国际收支平衡表是采用复式簿记法入账，因此，借贷双方总额总是相等的，但是其中的某些项目或者账户可能出现盈余或赤字，需由其他项目或账户的赤字或盈余来抵消。这就形成了不同的项目差额。下面逐一分析国际收支平衡表常用的差额概念及其相互关系。

(一) 贸易收支差额

贸易收支差额是指一国进出口收支差额。尽管贸易项目仅仅是国际收支的一个组成部分,不能代表国际收支的整体,但是,对于某些国家来说,贸易收支在全部国际收支中所占比重相当大,以至于经常性地把贸易收支作为国际收支的近似代表。此外,贸易收支在国际收支中还有它的特殊重要性。商品的进出口情况综合反映了一国的产业结构、产品质量和劳动生产率状况,反映了该国产业的国际竞争能力。因此,即使对于发达国家这样资本项目比重相当大的国家,贸易收支的差额仍然非常受重视。

(二) 经常项目差额

经常项目包括贸易收支、服务收支、收入和经常性转移收支,前两项构成经常项目收支的主体。虽然经常项目的收支也不能代表全部国际收支,但它综合反映了一个国家的进出口状况(包括服务贸易),而被各国广为使用,并被当作是制定国际收支政策和产业政策的重要依据。同时,国际经济协调组织也经常采用这一指标对成员国经济进行衡量,例如国际货币基金组织就特别重视各国经常项目的收支状况。

(三) 资本和金融项目差额

资本和金融项目差额反映该项目下直接投资、证券投资和其他投资交易(包括贸易信贷、贷款和存款)及储备资产交易的差额(假设资本转移净额为零),它记录了世界其他国家对本国的投资净额或贷款/借款净额。

资本和金融项目具有两个方面的分析作用:首先,通过资本和金融项目规模可以看出一个国家资本市场的开放程度和金融市场的发达程度。一般而言,资本市场越开放,金融市场越发达,资本与金融项目的流量总额就越大。其次,资本与金融项目和经常项目之间具有融资关系,所以,资本与金融项目的余额可以折射出一国经常项目的状况。根据复式簿记法原则,在国际收支中一笔贸易流量通常对应一笔金融流量,可以说,经常项目中实际资源的流动与资本和金融项目中资产所有权的流动是一个活动的两个方面。因此,如果不考虑错误与遗漏,经常项目的余额与资本和金融项目的余额必然数量相等,符号相反。也就是说,经常项目的余额与资本和金融项目的余额之和等于零。

(四) 综合项目差额或总差额

综合项目差额是指经常项目加上资本和金融项目中的资本转移、直接投资、证券投资、其他投资后的余额,也就是将国际收支项目中官方储备剔除后的余额。由于综合项目差额必然导致官方储备的反方向变动，所以，可用它来衡量国际收支对一国储备带来的压力。

当一国实行固定汇率制时，综合项目差额的分析意义更为重要。因为，国际收支的各种行为将导致外国货币与本国货币在外汇市场上的供求变动，影响到两个币种比价的稳定性。为了保持外汇市场汇率的稳定，政府必须利用官方储备介入市场以实现供求平衡。所以，综合项目差额在政府有义务维护固定汇率制时是极其重要的。而在浮动汇率制度下，政府原则上可以不动用官方储备而听任汇率变动，或是动用官方储备调节市场的任务有所弹性，相应地，这一差额的分析意义略有弱化。

第三节 国际收支不平衡的调节

一、国际收支不平衡的概念

如上一节所述，在国际收支平衡表中，经常项目与资本项目及平衡项目的借贷双方在账面上总是平衡的，这种平衡是会计意义上的概念。但是，本章所讲的“平衡”与“不平衡”并非会计意义上的，而是指实际经济意义上的。国际经济交易反映到国际收支平衡表上有若干项目，各个项目都有各自的特点，按其交易的性质可分为自主性交易（Autonomous Transactions）和补偿性交易（Compensatory Transactions）。所谓自主性交易，是指个人或企业为某种自主性目的（比如追逐利润、追求市场、旅游、汇款赡养亲友等）而进行的交易，由于其自主性质，必然经常地出现差额。补偿性交易是为了弥补自主性交易差额或缺口而进行的各种交易活动，如分期付款、商业信用、动用官方储备等。有了这样的区别后，我们就能较准确地判断国际收支是平衡还是不平衡。如果基于自主性交易就能维持平衡，则该国的国际收支是平衡的，如果自主性交易收支不能相抵，必须用补偿性交易来轧平，这样达到的平衡是形式上的平衡，被动的平衡，其实质就是国际收支的不平衡。

这种识别国际收支不平衡的方法，从理论上看是很有道理的，但在概念上很难准确区别自主性交易与补偿性交易，在统计上也很难加以区别。因为一笔交易从不同的角度看可以是不同的归类。例如，一国货币当局以提高利率来吸引外资，就投资者而言属自主性交易，就货币当局而言却属调节性交易，若投资者系该国居民，则同一笔交易既可归入自主性项目，也可列入调节性项目。因此，按交易动机识别国际收支的平衡与不平衡仅仅提供了一种思维方式，迄今为止，还无法将这一思维付诸实践。

按照人们的传统习惯和国际货币基金组织的做法，国际收支平衡是指国际收支平衡表中横线以上项目的平衡，即综合项目的平衡。横线以下的项目即平衡项目是弥补国际收支赤字或反映国际收支盈余的项目，也就是官方储备项目。国际收支的逆差表现为国际储备的减少，国际收支的顺差表现为国际储备的增加。一般来说，国际收支平衡表中横线以上项目会出现差额或缺口，这时就出现了国际收支的不平衡。

二、国际收支不平衡的成因

政府在采取国际收支调节措施之前，首先要分析国际收支不平衡的性质，人们通常将国际收支失调分为以下几种类型。

（一）周期性不平衡

周期性不平衡即国民经济的循环性波动所引起的国际收支不平衡。典型的经济周期具有危机、萧条、复苏和高涨四个阶段。这四个阶段各有其特征并对国际收支产生不同影响：例如，危机阶段的典型特征是生产过剩、国民收入下降、失业增加、物价下降等。这些因素一般有助于该国增加出口，减少进口，从而可以缓解该国的国际收支逆差。又如，高涨阶段的典型特征是生产和收入高速增长、失业率低、物价上升等。这些因素一般会刺激进口，从而会造成贸易逆差。因此经济周期一般会造成国际收支顺差和逆差的交替。

如果各国经济周期存在非同期性，即一国处于危机阶段时其他国家处于高涨阶段，则周期性因素对国际收支差额的影响较大。第二次世界大战后，经济周期各阶段的特征有所变化，如危机和萧条阶段仍可能出现物价上涨，但是经济周期对国际收支差额的影响仍然存在，只不过表现力度有所不同。

（二）收入性不平衡

收入性不平衡是指各国收入平均增长速度差异所引起的国际收支不平衡。在其他条件不变的前提下，一国收入平均增长速度越高，该国进口也会增长得越快。因为收入增加会使企业增加对进口生产资料的需求，使居民增加对进口消费资料的需求。因此，收入增长较快的国家容易出现国际收支逆差，而收入增长较慢的国家容易出现国际收支顺差。但是，如果考虑到收入增长过程中其他因素的变化，我们就需要修正上述结论。例如，如果一国在收入增长过程中通过规模经济效益和技术进步引起生产成本下降，那么，收入增长不仅使进口增加，还会使出口增长。因此，收入性不平衡是以其他条件不变为前提的。

（三）货币性不平衡

货币性不平衡指一国货币供应量和货币对内价值的变化所引起的国际收支不平衡。货币供应量与货币对内价值成反比。例如，一国货币供应量增加，该国物价水平便会上升，即货币对内价值下降。物价上升会导致出口减少，进口增加，从而会引起或加剧该国的国际收支逆差。物价上升还会通过促进名义工资上升和生产成本增加造成贸易逆差。货币供应量增加有可能引起本国实际利率下降，它通过刺激资本外逃引起该国资本项目逆差。当然，在物价上升过程中，银行为了防止实际利率的过分下降从而有可能提高名义利率。在这种情况下，较高的名义利率可能吸引资本流入，造成贸易逆差和资本与金融项目顺差并存的局面。总体而论，一国货币供应量增长速度高于别国，其国际收支容易出现逆差。

（四）结构性不平衡

结构性不平衡指一国经济结构不能适应世界市场供求结构变动所引起的国际收支不平衡。对于维持国际收支平衡来说，结构性因素主要体现在一国应使其生产结构适应于世界市场需求结构的变动。世界需求结构由于收入增长、科技革命、制度变迁、嗜好转移等众多因素而处于不断变化过程之中。一般说来，生产结构的变动滞后于需求结构的变动。特别是发展中国家存在许多制约生产结构调整的客观因素，如科技落后、教育不发达、资金短缺、信息系统不健全、资源缺乏流动性等。这样，即使在贸易条件十分不利的情况下，它们仍只能大量出口初级产品或劳动密集型产品，于是收入很难增加。除此之外，结构性因素也涉及一国应使其需求结构适应于世界市场供给结构的变动。例如，在20世纪70年代，石油输出国调整了石油产量，引起世界石油价格上涨数倍。许多国家未能及时用煤炭、核能等代替石油，导致国际收支产生巨额逆差。

（五）偶然性不平衡

偶然性不平衡指一些随机因素导致的国际收支不平衡。例如，自然灾害可能引起国内粮食产量大幅度下降，该国被迫增加粮食进口并引起国际收支逆差。又如，世界性粮食减产会导致世界市场粮价上升，使粮食出口国出现国际收支顺差。

三、国际收支不平衡的影响

国际收支是一国对外经济关系的综合反映，随着各国经济日趋国际化，对外经济与对内经济关系日益密切，相应地，国际收支不平衡对一国经济的影响范围越来越广，程度也越来越深。

持续的、大规模的国际收支逆差对一国经济的影响表现为以下几个方面：

(1) 不利于对外经济交往。存在国际收支持续逆差的国家会增加对外汇的需求，而外汇的供给不足，从而促使外汇汇率上升，本币贬值，本币的国际地位降低，可能导致短期资本外逃，从而对本国的对外经济交往带来不利影响。

(2) 如果一国长期处于逆差状态，不仅会严重消耗一国的储备资产，影响其金融实力，而且还会使该国的偿债能力降低。如果陷入债务困境不能自拔，这又会进一步影响本国的经济和金融实力，并失去在国际间的信誉。如 20 世纪 80 年初期爆发的国际债务危机在很大程度上就是因为债务国出现长期国际收支逆差，不具备足够的偿债能力所致。

持续的、大规模的国际收支顺差也会对一国经济带来不利的影响，具体表现在：

(1) 持续性顺差会使一国所持有的外国货币资金增加，或者在国际金融市场上发生抢购本国货币的情况，这就必然产生对本国货币需求量的增加，由于市场法则的作用，本国货币对外国货币的汇率就会上升，不利于本国商品的出口，对本国经济的增长产生不良影响。

(2) 持续性顺差会导致一国通货膨胀压力加大。因为如果国际贸易出现顺差，那么就是意味着国内大量商品被用于出口，可能导致国内市场商品供应短缺，带来通货膨胀的压力。另外，出口公司将会出售大量外汇兑换本币收购出口产品，从而增加了国内市场货币投放量，带来通货膨胀压力。如果资本与金融项目出现顺差，大量的资本流入，该国政府就必须投放本国货币来购买这些外汇，从而也会增加该国的货币流通量，带来通货膨胀压力。

(3) 一国国际收支持续顺差容易引起国际摩擦，而不利于国际经济关系的发展，因为一国国际收支出现顺差也就意味着世界其他一些国家因其顺差而国际收支出现逆差，从而影响这些国家的经济发展，它们要求顺差国调整国内政策，以调节过大的顺差，这就必然导致国际摩擦。例如 20 世纪 80 年代以来越演越烈的欧、美、日贸易摩擦就是因为欧共体国家、美国、日本之间国际收支状况不对称之故。

可见，一国国际收支持续不平衡时，无论是顺差还是逆差，都会给该国经济带来危害，政府必须采取适当的调节，以使该国的国内经济和国际经济得到健康的发展。

四、国际收支不平衡的调节措施

各国政府可以选择的国际收支调节手段包括财政政策、货币政策、汇率政策、直接管制和其他奖出限入措施等。这些政策措施不仅会改变国际收支，而且会给国民经济带来其他影响。各国政府根据本国的国情采取不同措施对国际收支进行调节。

（一）财政政策

宏观财政政策指一国政府通过调整税收和政府支出实现对国民经济需求管理的政策。它通常用作调节国内经济的手段。由于总需求变动可以改变国民收入、物价和利率，启动国际收支的收入和货币调节机制，所以财政政策成为国际收支调节手段。

当一国出现国际收支顺差时，政府可通过扩张性财政政策促使国际收支平衡：首先，减税或增加政府支出通过税收乘数或政府支出乘数成倍地提高国民收入，从而促进口相应增加。其次，需求带动的收入增长通常伴随着物价水平上升，后者具有刺激进口抑制出口的作用。此外，在收入和物价上升的过程中利率有可能上升，后者会刺激资本流入。一般说来，扩张性财政政策对贸易收支的影响超过它对资本与金融项目收支的影响，因此，它有助于一国在国际收支顺差的情况下恢复国际收支平衡。

当一国出现国际收支逆差时，政府可以通过紧缩性财政政策促使国际收支平衡。首先，增税或减少政府支出可以减少国民收入，从而相应地压缩进口。其次，抑制总需求会降低通货膨胀率或使物价水平下降，从而有利于出口并抑制进口。当然，紧缩性财政政策可能促使利率下降和刺激资本流出。但是，政府一般是在充分就业与高通货膨胀情况下推行紧缩性财政政策，因此，它的基本作用方向是减少国际收支逆差。

（二）货币政策

宏观货币政策指一国政府和金融当局通过调整货币供应量实现对国民经济需求管理的政策。在发达资本主义国家，政府一般通过改变再贴现率、改变法定准备率和进行公开市场业务来调整货币供应量。由于货币供应量变动可以改变利率、物价和国民收入，启动国际收支的货币和收入调节机制，所以货币政策成为国际收支调节手段。

财政政策和货币政策作为国际收支调节手段具有明显的局限性。这主要表现在为解决国际收支失衡问题而采取的财政或货币政策可能同国内经济目标发生冲突。因此，政府选择财政货币政策实现国际收支平衡，必须注意时机。

（三）汇率政策

汇率政策指一国通过调整本币汇率来调节国际收支的政策。当一国发生国际收支逆差时，政府实行货币贬值可以增强出口商品的国际竞争力并削弱进口商品的竞争力，从而改善该国的贸易收支。当一国长期存在国际收支顺差时，政府可以通过货币升值来促使国际收支平衡。这种政策一般在固定汇率制度下使用。前者为“法定贬值”，后者为“法定升值”。为了保证国际间汇率相对稳定，国际货币基金组织曾规定各会员国只有在国际收支出现基本不平衡时才能够调整汇率。汇率政策除了影响国际收支之外,还会影响国民经济的诸多方面。

在第二次世界大战之后,不少发展中国家选择了本币定值偏高的汇率政策。这种政策使进口技术设备和原材料的本币价格较低,从而有助于进口替代战略的实现。但是,现在人们从实践中发现这种政策总体而言弊大于利。此类弊端具体表现在:(1)本币定位偏高抬高出口商品的外币价格,从而不利于该国出口产业的发展,不利于该国在国际分工中发挥比较优势。(2)这种汇率政策引发的外汇缺口只能通过借债来弥补,从而加剧了发展中国家的债务负担。(3)这种政策特别明显地压低了进口粮食的本币价格,从而沉重地打击了发展中国家的农业,迫使农民加速离开土地,使人口压力问题更加突出。(4)这种政策人为加速了进口设备对国产设备的替代,这既不利于本国技术力量的成长,又由于进口设备采用节约劳动型技术而不利于增加本国就业。(5)为了缓解廉价进口商品对国内市场的冲击,政府只能高筑贸易壁垒,由此又派生出扭曲价格信号、滋生寻租行为、削弱竞争机制等一系列问题。

(四) 直接管制政策

直接管制政策指政府直接干预对外经济往来实现国际收支调节的政策措施。上述国际收支调节政策都有较明显的间接性,更多地依靠市场机制来发挥调节作用。直接管制可分为外汇管制、财政管制和贸易管制。

1. 外汇管制

外汇管制指一国政府通过有关机构对外汇买卖和国际结算进行行政手段干预。外汇管制机构通常是中央银行,有些国家由财政部或外汇管理局进行外汇管制。

2. 财政管制

国际收支的财政管制指政府通过有关机构管制进出口商品的价格和成本从而调节国际收支的政策手段。财政管制机构包括财政部、海关、官方金融保险机构等。

3. 贸易管制

贸易管制指政府直接限制进出口数量的政策手段。政府可以通过加强贸易管制来缓和国际收支逆差。

直接管制成为政府调节国际收支的基本手段是由于它具有一些明显的优点:(1)它在调节国际收支上见效较快,较少通过市场机制的中间环节。(2)由于它对市场机制依赖程度较低,市场发育程度较低的发展中国家可以有效地采用这种国际收支调节手段,即它具有可操作性。(3)直接管制的效力容易测定,从而政府可以较好地控制国际收支调节的力度。(4)直接管制对国内经济的影响面较小,政府在使用这种调节手段时具有更大的灵活性。

(5)直接管制使政府对经济的调节深入到微观领域,它可以克服财政货币政策等宏观调节手段的某些局限性。

第四节　国际收支调节理论

按照贸易收支、经常账户、资本与金融账户等不同国际收支口径衡量,一国国际收支不平衡是经常发生的。巨额的、持续的国际收支逆差或顺差均不利于经济稳定和发展,政府有必要采取措施减少不平衡程度、调整不平衡方向,从而产生了国际收支的调节问题。国际收支的调节大体可分为两类,一类是自动调节,另一类是人为的政策调节。

一、国际收支的自动调节机制

国际收支自动调节是指由国际收支不平衡引起的国内经济变量变动对国际收支的反作用过程。在商品经济条件下,一国国际收支不平衡时,受价值规律的支配,一些经济变量就会出现相应变动,这些变动反过来又会使国际收支不平衡自动得到一定程度的矫正。在不同的货币制度下,自动调节机制也有所差异。

(一) 国际金本位制下的自动调节机制

在国际间普遍实行金本位制的条件下,一个国家的国际收支可通过物价的涨落和现金(即黄金)的输出输入自动恢复平衡。这一自动调节规律称为“物价—现金流动机制”(Price Specie-Flow Mechanism)。它是在1752年由英国经济学家休谟·大卫(Hume David)提出的,所以又称“休谟机制”。

“物价—现金流动机制”自动调节国际收支的具体过程如下:一国的国际收支若出现顺差,则本币供不应求,外汇汇率下降,本币升值;在黄金流动没有管制的条件下,若本币升值超过了黄金输送点,则外国进口商不再用外汇购买出口国本币付给出口商,而是直接用黄金支付给出口商,这样黄金就大量流入。黄金流入导致本国货币供给量增加,信用扩张。在充分就业的条件下,国内物价上涨;物价上涨使得出口成本上升,本国商品的出口竞争力减弱,进口增加,出口减少,国际收支顺差减小甚至趋于逆差。这样,国际收支的不平衡完全能够自发调节,无需任何人为干预。如果一国国际收支出现逆差,其自动调节过程完全一样,只是各经济变量的变动方向相反而已。上述自动调节过程可用图 5.1 表示。

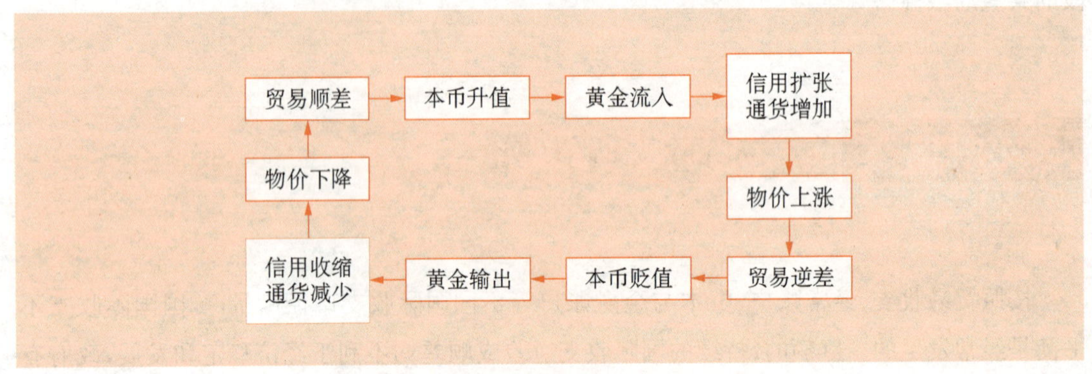

图 5.1 休谟的“物价—现金流动机制”

休谟的“物价—现金流动机制”在理论上分析存在着一系列缺陷：第一，他是以货币数量论为依据的，因而得出物价仅因货币数量变化而变化；第二，在金币流通的情形下，黄金流动不一定会引起物价变动，因为金属货币可以自发调节到必要的数量；第三，他强调相对价格的变动，而忽视了产量和就业的变动；第四，黄金流动同恢复国际收支平衡自动联系起来，金融当局没有进行干预的余地。正是因为休谟忽略了上述四方面的情况因而过高估计了“物价—现金流动机制”对国际收支不平衡的调节作用。

（二）纸币流通条件下的国际收支自动调节机制

1. 价格的自动调节机制

当一国的国际收支出现顺差时，由于外汇支付手段的增多，容易导致国内信用膨胀、利率下降、投资与消费相应上升、国内需求量扩大，从而对货币形成一种膨胀性压力，使国内物价与出口商品价格随之上升，从而削弱了出口商品的国际竞争能力，导致出口减少而进口增加，使原来的国际收支顺差逐渐消除。该调节机制的过程如图 5.2 所示。

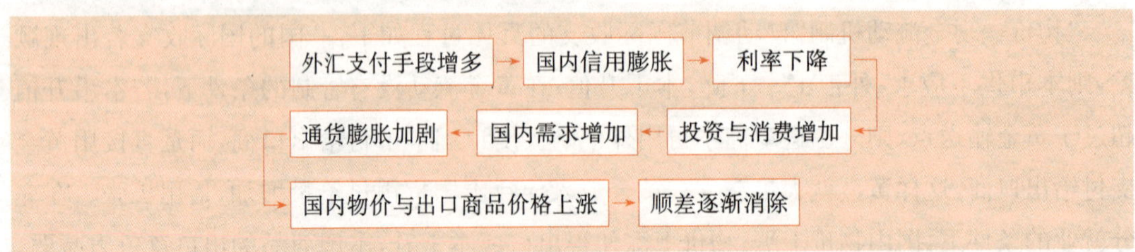

图 5.2 国际收支顺差时价格的自动调节机制

如果一国的国际收支出现逆差时，由于外汇支付手段的减少会导致国内信用紧缩、利率上升、国内总需求量减少、物价下跌，使出口商品成本降低，从而增强了其在国际市场上的竞争能力。与此同时，进口商品在国内相对显得昂贵而影响其进口，于是，国际收支的逆差逐渐减少，恢复平衡。该调节机制的过程如图 5.3 所示。

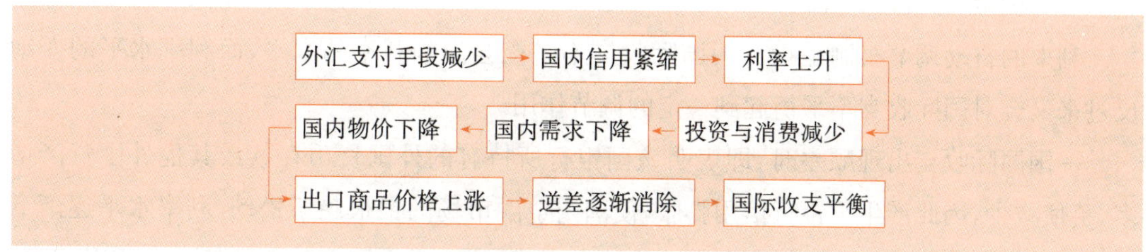

图 5.3　国际收支逆差时价格的自动调节机制

2. 汇率的自动调节机制

汇率调节国际收支是通过货币的升值、贬值消除顺差或逆差，从而恢复国际收支平衡的。

当一国国际收支出现逆差时，外汇需求大于外汇供给，本币汇率下跌，出口商品的价格以外币计算下跌，而以本币计算的进口商品的价格上升，于是刺激了出口，抑制了进口，贸易收支逆差逐渐减少，国际收支不平衡得到缓和。当一国国际收支出现顺差时，外汇供给大于外汇需求，本币汇率上升，进口商品以本币计算的价格下跌，而出口商品以外币计算的价格上涨，因此，出口减少，进口增加，贸易顺差减少，国际收支不平衡得到缓和。以出现逆差为例，调节过程如图 5.4 所示。

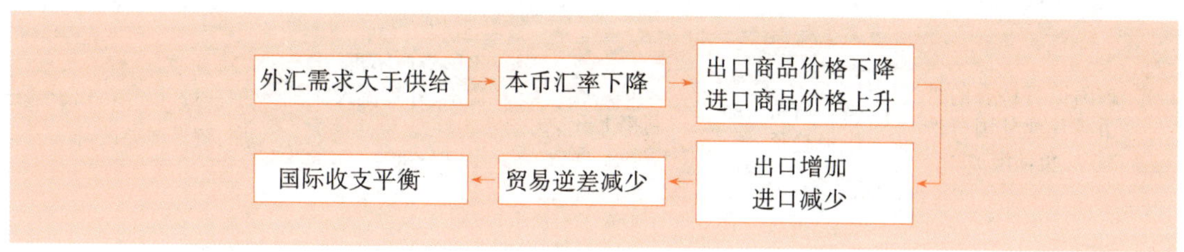

图 5.4　汇率的自动调节机制

3. 国民收入的自动调节机制

国民收入的自动调节机制是指在一国国际收支不平衡时，该国的国民收入、社会总需求会发生变动，而这些变动反过来又会减弱国际收支的不平衡。

当一国国际收支出现顺差时，会使其外汇收入增加，从而产生信用膨胀、利率下降，总需求上升，国民收入也随之增加，因而导致进口需求上升，贸易顺差减少，国际收支恢复平衡。

当一国国际收支出现逆差时，会使其外汇支出增加，引起国内信用紧缩、利率上升，总需求下降，国民收入也随之减少，国民收入的减少必然使进口需求下降，贸易逆差逐渐缩小，国际收支不平衡也会得到缓和。

4. 利率的自动调节机制

利率的自动调节机制是指一国国际收支不平衡会影响利率的水平，而利率水平的变动反过来又会对国际收支不平衡起到一定的调节作用。

一国国际收支出现顺差时，即表明该国银行所持有的外国货币存款或其他外国资产增多，负债减少，因此产生了银行信用膨胀，使国内金融市场的银根趋于松动，利率水平逐渐下降。而利率的下降表明本国金融资产的收益率下降，从而对本国金融资产的需求相对减少，对外国金融资产的需求相对上升，资本外流增加、内流减少，资本与金融项目顺差逐渐减少，甚至出现逆差。另一方面，利率下降使国内投资成本下降，消费机会成本下降，因而国内总需求上升，国外商品的进口需求也随之增加，出口减少，这样，贸易顺差也会减少，整个国际收支趋于平衡。

反之，当一国国际收支出现逆差时，即表明该国银行所持有的外国货币或其他外国资产减少，负债增加，于是就会发生信用紧缩，银根相应地趋紧，利率随市场供求关系的变化而上升，利率上升必然导致本国资本不再外流，同时外国资本也纷纷流入本国以谋求高利。因此，国际收支中的资本与金融项目逆差就可以减少而向顺差方面转化；另外，利率提高会减少社会的总需求，进口减少，出口增加，贸易逆差也逐渐改善，国际收支逆差减少。国际收支逆差的调节过程如图 5.5 所示。

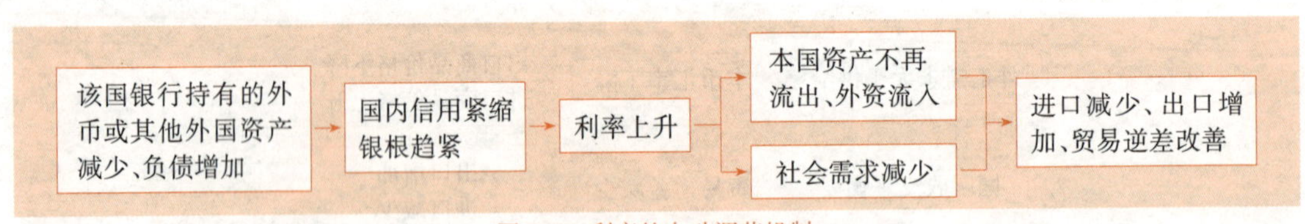

图 5.5 利率的自动调节机制

5. 对纸币流通条件下的国际收支自动调节机制的评价

在纸币流通条件下，国际收支自动调节机制的正常运行具有很大的局限性，往往难以有效地发挥作用，因为它要受到各方面因素的影响和制约。

(1) 国际收支的自动调节只有在纯粹的自由经济中才能产生作用。政府的某些宏观经济政策会干扰自动调节过程，使其作用下降、扭曲或根本不起作用。自西方国家盛行凯恩斯主义以来，大多数国家都不同程度地加强了对经济的干预。

(2) 自动调节机制只有在进出口商品的供给和需求弹性较大时，才能发挥其调节的功能。如果进出口商品供给、需求弹性较小,就无法缩小进口、扩大出口,或扩大进口、减少出口,改变入超或出超状况。

(3) 自动调节机制要求国内总需求和资本流动对利率升降有较敏感的反应。如果对利率变动的反应迟钝,那么,即使信用有所扩张或紧缩,也难以引起资本的流入或流出和社会总需求的变化。对利率反应的灵敏程度与利率结构相关联,也与一国金融市场业务的发展情况息息相关。

由于自动调节机制充分发挥作用要满足上述三个条件,而在当前经济条件下,这些条件不可能完全存在,导致国际收支自动调节机制往往不能有效地发挥作用。因此,当国际收支不平衡时,各国政府往往根据各自的利益采取不同的经济政策,使国际收支恢复平衡。

二、当代国际收支调节理论

国际收支调节理论主要包括国际收支的弹性分析和吸收分析。在传统上具有三层含义:(1)从实践上看,它是指 20 世纪 60 年代之前的国际收支调节理论。(2)从考察对象来看,它只考察贸易收支的调节;因为在当时,资本流动主要派生于国际贸易中的贸易融资,自发性资本流动规模较小。(3)从分析方法来看,它进行的是短期流量分析,而不涉及存量分析。广义的国际收支调节理论也包括市场自发调节机制理论。

(一) 国际收支弹性分析法

国际收支弹性分析法(Elasticity Approach)产生于 20 世纪 30 年代大危机和金本位制度崩溃时期,由英国剑桥大学著名经济学家约翰·罗宾逊夫人(John Robinson)最先提出。

1. 马歇尔—勒纳条件

该弹性论的理论根据是由马歇尔提出,并经勒纳发展而起,简称马歇尔—勒纳条件(Marshall-Lerner Condition)。理论围绕进出口商品的需求弹性展开,着重讨论的是货币贬值成功的条件以及对贸易收支和贸易条件的影响。

弹性论的前提假设有:(1)不考虑资本流动,贸易收支即为国际收支;(2)运用局部均衡分析,使进出口商品供求价格产生变动,以此来影响出口总值和进口总值,从而调节贸易收支不平衡;(3)假设非充分就业,贸易商品的供给弹性无穷大。

为便于本节的分析,首先引入四个价格弹性,分别是出口商品需求价格弹性、出口商品供给价格弹性、进口商品需求价格弹性、进口商品供给价格弹性。

(1) 出口商品需求价格弹性

出口商品需求价格弹性界定为出口量变动率除以出口商品外币价格变动率，其定义方程式可表示为：

$$E_{Xd}=-(dX/X)/(dP_X^*/P_X^*) \tag{5.1}$$

式中，“ * ”表示外币，该式前面加上负号，说明这里定义的是出口需求弹性的绝对值。在一般情况下，出口量和出口商品外币价格变动方向应是相反的。如果出口需求弹性大于1，那么，货币贬值引起的出口商品外币价格下降幅度就会小于出口量的增加幅度，从而贬值会使该国出口的外汇收入增加。反之，若出口需求弹性小于1，贬值会使外币表示的出口额减少。

(2) 出口商品供给价格弹性

出口商品供给价格弹性是指出口商品本币价格变动率所导致的出口量变动率，其定义方程式可表示为(其中 e 表示直接标价法下的汇率水平)：

$$E_{Xs}=\frac{dX/X}{dP_X/P_X}=\frac{dX/X}{d(eP_X^*)/(eP_X^*)}=\frac{dX/X}{(de/e)+(dP_X^*/P_X^*)} \tag{5.2}$$

该式表明出口供给弹性是出口商品本币价格变动率所导致的出口量变动率。出口供给的主体是本国出口商，它关心的是出口本币价格。由于 $P_X=eP_X^*$，即出口本币价是汇率与出口外币价之积，该式的展开也可以反映出口供给弹性与出口外币价 P_X^* 的关系。

(3) 进口商品需求价格弹性

进口商品需求价格弹性表示进口商品本币价格变动率所导致的进口量变动率，其定义方程式可表示为：

$$E_{Vd}=-(dV/V)/(dP_V/P_V) \tag{5.3}$$

式中，V 表示进口。如果进口需求弹性绝对值大于1，那么货币贬值引起的进口商品本币价格上升幅度就会小于进口量的下降幅度，二者的乘积将会变小，即本币贬值会使进口本币支出减少。反之，若进口需求弹性的绝对值小于1，本币贬值会使本国进口额(本币价值)增加。

(4) 进口商品供给价格弹性

进口商品供给价格弹性是指进口商品外币价格变动率所导致的进口量变动率，其定义方程式可表示为：

$$E_{Vs}=(dV/V)/(dP_V^*/P_V^*) \tag{5.4}$$

式中，P_V^* 为进口商品的外币价格，因为进口供给的主体身处国外，关心的是外币价格。

(5) 外汇弹性与商品进出口价格弹性

本币贬值(汇率上升)改善贸易收支的条件是

$$NX^* = P_X^* \cdot X - P_V^* \cdot V > 0 \tag{5.5}$$

对等式两边求微分可以得到

$$dNX^* = P_X^* dX + XdP_X^* - (P_V^* dV + VdP_V^*) \tag{5.6}$$

$$dNX^* = P_X^* X(dX/X + dP_X^*/P_X^*) - P_V^* V(dV/V + dP_V^*/P_V^*) \tag{5.7}$$

已知本币贬值,则 de/e 为一个已知数,符号为正。联立式(5.1)和式(5.2),可得

$$\frac{dP_X^*}{P_X^*} = \frac{-E_{Xs}}{E_{Xs}+E_{Xd}}\frac{de}{e} \tag{5.8}$$

$$\frac{dX}{X} = \frac{E_{Xs} \cdot E_{Xd}}{E_{Xs}+E_{Xd}}\frac{de}{e} \tag{5.9}$$

它们反映出口商品外币价格变动率以及出口量变动率与出口商品供给弹性、需求弹性之间的关系。同理,联立式(5.3)和式(5.4)可得

$$\frac{dP_V^*}{P_V^*} = \frac{-E_{Vd}}{E_{Vs}+E_{Vd}}\frac{de}{e} \tag{5.10}$$

$$\frac{dV}{V} = \frac{-E_{Vs}E_{Vd}}{E_{Vs}+E_{Vd}}\frac{de}{e} \tag{5.11}$$

它们反映进口商品供求弹性与进口商品外币价格变动率以及进口量变动率之间的关系。将式(5.8)、式(5.9)、式(5.10)、式(5.11)代入式(5.7),可得

$$dNX^* = \frac{de}{e}\left[\frac{E_{Xs}(E_{Xd}-1)}{E_{Xs}+E_{Xd}}P_X^* X - \frac{E_{Vd}(1+E_{Vs})}{E_{Vs}+E_{Vd}}P_V^* V\right] \tag{5.12}$$

该式表明本币贬值($(de/e) > 0$)改善贸易收支($dNX^* > 0$)的条件是,

$$\frac{E_{Xs}(E_{Xd}-1)}{E_{Xs}+E_{Xd}}P_X^* \cdot X > \frac{E_{Vd}(1+E_{Vs})}{E_{Vs}+E_{Vd}}P_V^* \cdot V \tag{5.13}$$

根据马歇尔—勒纳条件,进出口供给弹性无穷大的前提下,如果进出口需求弹性之和大于1,则本币贬值可改善贸易收支。

在需求约束型经济中,只要经济未实现充分就业,且工资具有弹性,就可以认为供给弹性是无穷大的。在这种新增假设前提下,式(5.12)可以简化为

$$dNX^* = (de/e)[P_X^* X(E_{Xd}-1) - P_V^* VE_{Vd}] \tag{5.14}$$

若进一步假设期初贸易收支平衡，则该式变为

$$dNX^{*}=(de/e)P_{X}^{*}X(E_{Xd}+E_{Vd}-1) \tag{5.15}$$

本币贬值即外币升值，$de/e>0$，改善贸易收支表现为 $dNX^{*}>0$，这就要求

$$E_{Xd}+E_{Vd}>1 \tag{5.16}$$

该式为马歇尔—勒纳条件的数学表达式。需要注意的是：(1)该式以期初贸易平衡为条件。(2)它不考虑资源约束和工资刚性，以供给弹性无穷大为条件。(3)贬值针对的是有效汇率，它未考虑钉住汇率制下的锚币可能发生的浮动。一般说来，该条件主要适用于发达国家汇率政策调节效率分析。

马歇尔—勒纳条件是在假设贸易收支平衡时推导出来的。但是，政府通常是在贸易收支逆差时，才运用贬值政策的。由式(5.14)可得

$$dNX^{*}=\frac{de}{e}P_{X}^{*}\cdot X\left(E_{Xd}-1+\frac{P_{V}^{*}\cdot V}{P_{X}^{*}\cdot X}E_{Vd}\right) \tag{5.17}$$

逆差意味着 $P_{V}^{*}V/P_{X}^{*}X>1$。这样，即使 E_{Vd} 与 E_{Xd} 之和略小于 1，贬值都可能使 $dNX^{*}>0$。同理，在顺差条件下，$P_{V}^{*}V/P_{X}^{*}X$ 小于 1，贬值改善贸易收支对于进出口需求弹性的要求也会相应变严。

2. 本币贬值的 J 曲线效应(J-Shaped Curve Effect)

J 曲线效应指贬值对贸易收支的影响存在滞后性。在本币贬值的初期，虽然出口商品外币价格和进口商品本币价格已经变化，但是，出口量的增加和进口量的减少都是不明显的。这是因为搜寻商品信息，寻找新的贸易伙伴，组织谈判，调整生产和装船等业务活动都需要时间。因此，图 5.6 中所示的 t_1 以前的时间，该国净进口反而扩大(B 点低于 A 点)。贬值之后签订新的合同并履约时才导致出口商品额增加和进口额减少(其条件是马歇尔—勒纳条件成立)，使该经济逐步改善贸易收支。在某一时点(t_2)，当该国实现贸易收支平衡时，贬值对净出口的促进作用开始减弱。这是因为之后的贸易收支顺差会推动该国发生通货膨胀，而物价上升会部分抵消贬值作用。针对这种情况，多恩布什提出以紧缩性财政政策配合贬值的汇率政策，以解决贸易逆差和避免通货膨胀。

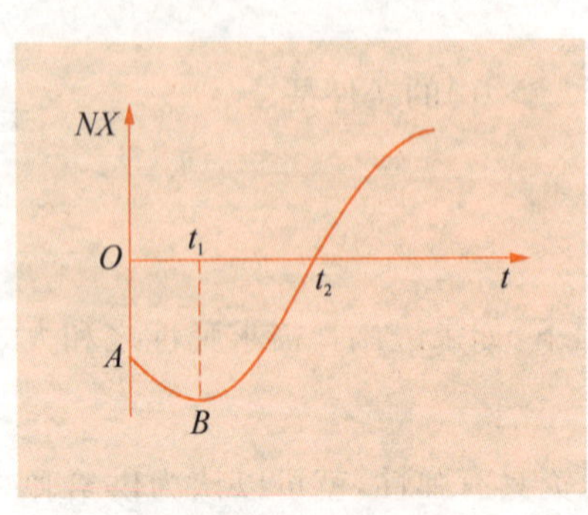

图 5.6 J 曲线效应

（二）吸收分析法

20 世纪 50 年代初期，西德尼·亚历山大（Sidney Alexander）和詹姆斯·米德（James Meade）等经济学家以凯恩斯宏观经济理论为基础提出了国际收支的吸收分析法（Absorption Approach）。吸收论从凯恩斯的国民收入方程式入手，着重考察总收入与总支出对国际收支的影响，在此基础上提出了国际收支调节的相应政策主张。

1. 国际收支不平衡的实质

吸收是指本国居民的支出，其定义方程式为

$$A = C + I + G \tag{5.18}$$

按照凯恩斯宏观经济理论，由开放经济的国民收入核算方程，可得到

$$Y = C + I + G + X - V = A + NX \tag{5.19}$$

该式表明实际国民收入 Y 是吸收 A 与净出口 NX 之和，根据该方程，国际收支平衡意味着总收入等于总吸收，国际收支逆差意味着总收入小于总吸收，国际收支顺差意味着总收入大于总吸收。该式移项可得

$$NX = Y - A \tag{5.20}$$

$$\Delta NX = \Delta Y - \Delta A \tag{5.21}$$

该式即吸收分析的基本方程。它说明收入在经历吸收之后仍有剩余，即 $Y > A$ ，才能支持净出口，即 $NX > 0$ 。如果政府要运用本币贬值政策改善贸易收支，即争取 $\Delta NX > 0$ ，那么，其条件是贬值能够增加收入，即 $\Delta Y > 0$ ；或者贬值能够减少吸收，即 $\Delta A < 0$ 。

根据吸收论的基本公式，国际收支调节政策只有改变总收入 Y 和总吸收 A，即支出增减和支出转换政策。对于已经实现充分就业的经济而言，贬值已经无法增加实际收入，于是该政策改善贸易收支的条件是其必须能够减少吸收，从而能够使一些资源转移到净出口。如果调节国际收支逆差，可以采用紧缩性财政政策和货币政策来减少对进口商品的需求，同时运用支出转换政策消除紧缩性政策降低总收入的负面影响，使进口需求减少的同时收入能增加，从而达到内外平衡的目标。

2. 本币贬值的效果分析

（1）贬值对于收入的直接影响

闲置资源效应（Idle-Resource Effect）指对出口和进口替代的需求增加会产生使收入增加的效应。但是，该国经济中存在闲置资源是这一效应发生作用的前提。同时，国民收入的增加会增加本国投资和消费支出，使总吸收水平上升。所以贸易收支恶化与否，取决于边际

吸收倾向。

建立在凯恩斯主义基础上的哈罗德—多马模型认为,储蓄率与收入增长率有正比关系。在此基础上提出的闲置资源效应是指本币对外贬值能够动员闲置资源用于储蓄,从而能使实际收入增加,并使利用起来的闲置资源用于支持净出口。

在说明闲置资源效应时,我们首先令吸收的行为方程式为

$$A = A_a + A_Y(1-t)Y \tag{5.22}$$

式中,A_a 为自发性吸收,即与收入无关的国内支出;$A_Y = \Delta A/\Delta Y$,表示边际吸收倾向;t 为税率;$A_Y(1-t)Y$ 为引致吸收,即收入所带动的国内支出。对该式取一阶差分

$$\Delta A = A_Y(1-t)\Delta Y \tag{5.23}$$

该式表明吸收是收入的增函数($A_Y>0$)。由该式可得,

$$\Delta Y - \Delta A = \Delta Y[1 - A_Y(1-t)] = S_Y \Delta Y \tag{5.24}$$

式中,$S_Y = \Delta S/\Delta Y$,表示边际储蓄倾向,当它不变时亦等于平均储蓄倾向 S/Y。社会的可支配收入 $(1-t)Y$ 是吸收与储蓄之和,或者说储蓄定义为可支配收入扣除国内支出的差额。因此,储蓄倾向与针对可支配收入的吸收倾向之和等于 1。根据式(5.21),该式可写成

$$\Delta NX = S_Y \cdot \Delta Y = S \tag{5.25}$$

该式表明储蓄与净出口的变动相等。如果本币贬值能够动员闲置资源用于储蓄,它就能通过收入增加改善贸易收支。

贬值动员闲置资源,一方面是由于它扩大了出口需求,从而派生出对资源的需求;另一方面它压缩了进口需求,并使相应资源转变为储蓄,并用于支持净出口。

贸易条件效应(Terms of Trade Effect)是指贬值通过贸易条件恶化而减少实际收入,从而恶化贸易收支的效应。亚历山大等经济学家认为,一国出口比进口更加专业化,货币贬值导致以外币计算的出口价格下跌[如式(5.8)所示],而以外币计算的进口价格上升,所以贸易条件恶化[如式(5.10)所示]。

首先讨论贬值与贸易条件的关系。贸易条件定义为出口价与进口价的比值

$$TT = P_X^* / P_V^* \tag{5.26}$$

$$\frac{dTT}{TT} = \frac{dP_X^*}{P_X^*} - \frac{dP_V^*}{P_V^*} \tag{5.27}$$

式中,TT 为贸易条件,* 表示外币。根据弹性分析小节的式(5.8)和式(5.10),得到

$$\frac{dP_X^*}{P_X^*}-\frac{dP_V^*}{P_V^*}=\frac{de}{e}\left[\frac{-E_{Xs}}{E_{Xs}+E_{Xd}}-\left(\frac{-E_{Vd}}{E_{Vs}+E_{Vd}}\right)\right] \tag{5.28}$$

在理解该式时，需要注意到，当本币贬值时（$de/e>0$），出口商品的外币价格 P_X^* 和进口商品的外币价格 P_V^* 都是下降的。前者较为直接，后者则经过进口商品本币价格上升，到进口量减少，再到进口商品外币价下降的较间接的途径。如果进口商品外币价格下降幅度更大，即 $|dP_V^*/P_V^*|>|dP_X^*/P_X^*|$，也可能出现贸易条件的改善。但是，在通常情况下，$|dP_X^*/P_X^*|>|dP_V^*/P_V^*|$，即出口商品外币价格下降幅度更大，从而贬值引起贸易条件恶化。

式(5.28)显示的贸易条件因贬值而恶化的条件可归纳为

$$\frac{-E_{Xs}}{E_{Xs}+E_{Xd}}-\frac{(-E_{Vd})}{E_{Vs}+E_{Vd}}<0,\ E_{Xs}E_{Vs}>E_{Vd}E_{Xd} \tag{5.29}$$

该式表明只要进出口供给弹性之积大于进出口需求弹性之积，本币贬值就会使贸易条件恶化。

贸易条件恶化意味着在国际贸易中资源向国外转移。这必然使国内用于经济发展的资源相应减少，从而使其实际收入减少。这又使该国缺乏用于支持净出口的资源，导致净出口的减少。

(2) 贬值对吸收的直接影响

现金余额效应(Real Cash Balance Effect)又称庇古效应，指价格变动通过其对金融资产实际价值的影响，而对支出产生的影响。本币贬值会使该国物价水平上涨，如果货币供给不变，人们持有的现金余额的实际价值就会减少。为了将实际现金余额恢复到原有的持有水平，人们被迫减少对商品和劳务的支出，消费水平下降，利率水平提高，投资水平下降，总吸收继而减少。因此，现金余额效应通过总吸收的减少会使贸易收支得到改善。

图 5.7 中，期初该经济处于 E 点，支出和实际产出为 A_0，利率为 i_0。当政府让本币对外贬值后，本国物价将会上升，从而货币和政府债券等金融资产的实际价值下降。出自储蓄的需要，私人部门会相应减少消费和投资。这在图中表现为 IS_0 曲线向左移到 IS_1 的位置，该经济由 E 点移到 F 点，利率由 i_0 下降到 i_1。同时，实际支出由 A_0 减少到 A_1。这里的隐含条件是，政府没有因贬值和物价上升导致的财产

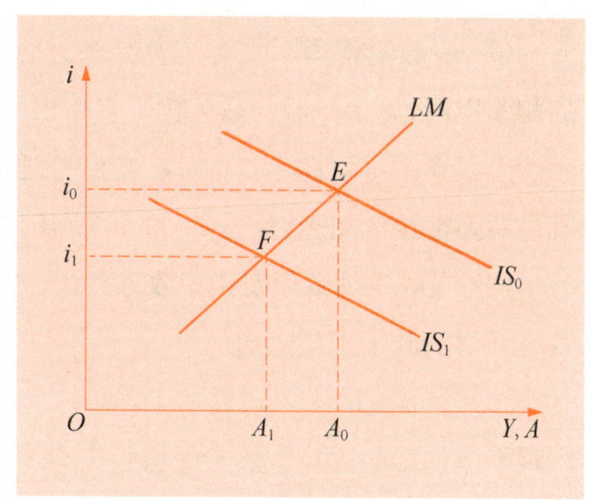

图 5.7　现金余额效应

转移而增加政府支出。

收入再分配效应(Redistribution Effect)是指贬值和随后的物价上涨会通过下述三种途径引发收入再分配,使收入分配向边际支出倾向较低的集团倾斜,从而具有减少吸收和刺激净出口的作用。

第一,在贬值和物价上涨过程中,固定货币收入集团,如退休者和工会力量薄弱的部门中的雇佣劳动者,会蒙受实际收入下降的损失;而非固定收入集团可通过工会的工资谈判减少这种损失。

第二,贬值引发的物价上升先于物价上升引起的工资调整,这使收入由工资收入集团向利润收入集团转移。

第三,贬值和物价上涨给政府带来通货膨胀税,使分配向有利于政府的方向转变。

由于贬值和物价上涨打击的固定收入集团、工资收入集团和非政府部门的边际支出倾向较高,政府支出作为外生变量其短期可不变,因此,贬值会减少吸收,从而有助于节约资源以支持净出口。

货币幻觉效应(Money-Illusion Effect)是指人们对货币名义价值和实际价值的混淆,忽视价格变动对实际价值的影响而减少实际支出的现象。如本币贬值会使物价上涨,当价格和名义收入同等增加时实际收入并未改变,但是由于存在对物价的货币幻觉,就会减少消费,总支出减少;如果存在对工资的货币幻觉,就会增加消费,使总吸收增加。

其他直接效应(Miscellaneous Direct Absorption Effects)涉及对价格进一步上升的预期(因此人们会增加现期支出,增加总吸收)、进口的投资品价格上升对投资产生的负面影响、进口商品的价格上涨对消费这些商品的支出施加抑制性作用。

3. 对吸收论的评价

(1) 吸收论将国际收支作为宏观变量,把它和整个国民经济连接起来,考虑到多种因素的相互作用,属于一般均衡分析。它指出了弹性论所忽视的国际收支失衡的货币方面,强调了货币因素的重要性。在国际收支调节理论的发展过程中,吸收论起到了承前启后的作用,既是对弹性论的超越,又是 20 世纪 70 年代以后货币分析法的先驱。

(2) 吸收论从贬值对国民收入和国内吸收的相对影响中来考察贬值的效应,因此吸收论具有强烈的政策搭配意向。

(3) 吸收论的主要缺点在于:第一,它忽略了国际资本流动在国际收支中的地位及其对宏观经济的影响;第二,假定贬值是出口增加的唯一原因,以及生产要素的转移机制顺畅,与现实具有较大的差距;第三,它没有阐明收入和支出与贸易收支之间的因果关系,也没有考虑相对价格变动在调整过程中的作用。

（三）货币分析法

国际收支的货币分析法(Monetary Approach)是20世纪70年代凯恩斯主义陷入困境的情况下提出的，是当代国际收支调节理论中最流行的一种，其代表人物是哈里·约翰逊(H. Johnson)、罗伯特·蒙代尔(R. Mundell)、雅各布·弗兰克(Jacob Frenkel)，他们将货币主义理论和方法应用于国际收支领域的研究，认为国际收支本质上是货币现象。

1. 货币理论基本假设

货币理论研究的假设前提主要有：第一，充分就业的均衡状态下，一国货币需求是收入、利率等变量的稳定函数，从长期看，货币需求稳定；第二，货币供给量变动不影响实际变量，即货币中性；第三，购买力平价说长期成立，国际间套利活动能保证同一商品在各国间有同一价格，即贸易品价格外生；第四，各国货币当局不对国际资本流动采取“冲销”(Sterilizing Policy)政策，这意味着货币供给和国际储备同方向变动。

2. 货币分析法主要内容

由于货币需求是收入和利率的稳定函数，所以：

$$M_d = PF(y,\ i) \tag{5.30}$$

其中，M_d 是名义货币需求量，P 为本国的价格水平，F 为函数关系，y 为国民收入，i 为利率，$F(y,\ i)$表示对实际货币量的需求。一国名义货币供给量可用公式表示为：

$$M_s = m(D+R) \tag{5.31}$$

其中，D 为银行基础信贷，也就是名义货币供给量，R 为外汇储备，m 为货币创造乘数。从长期来看，$M_s=M_d$，不妨令 $m=1$，则

$$R = M_d - D \tag{5.32}$$

上式为货币分析法的基本公式，它包含以下内涵：

首先，国际收支本质上是与货币供求相联系的一种货币现象。国际收支的不平衡产生于国内货币存量的供给和需求的不协调：当一国国内的名义货币供应量超过了名义货币需求量时，国际收支会出现逆差；当一国国内的名义货币存量供应小于名义货币需求量时就会出现国际收支盈余。当国际收支发生逆差时，采取国内信贷紧缩，使 D 下降，使 R 大于 0。因此，国际收支的失衡，都可以由国内的货币政策来解决。

其次，国际收支的不平衡反映了实际货币余额与理想货币余额的不一致。当本国国内

名义货币供给量超过名义货币需求量时，由于货币供应不影响实物产量，在价格不变情况下，多余的货币需要寻找出路。对个人和企业来说，会增加货币支出，重新调整实际货币余额；对整个国家而言，表现为货币外流，即国际收支逆差；反之，当国内名义货币供给量小于名义货币需求时，国际收支为顺差。

再次，国际收支的调节是实际货币余额对名义货币供应量的调整过程。国际收支不平衡只是暂时现象，市场调节机制可以自发使之恢复平衡。货币政策和汇率政策是调节国际收支的直接手段。

可见，货币论主要用国内货币政策来调节国际收支不平衡，膨胀性货币政策可以减少国际收支顺差，紧缩性货币政策可以减少逆差。而如果采用贬值、外汇管制等措施改善国际收支，则必须注重信贷紧缩，其结果是用牺牲内部平衡的方式来实现外部平衡。货币论的主要精髓，后来被波拉克(J. Polak)应用于国际货币基金组织的国际收支调节规划中，受到了很多发展中国家的指责。

3. 对货币论的评价

国际收支货币论较以前的国际收支理论前进了一大步，它引入了金融市场，补充了货币调节机制，这是前几种国际收支理论所没有的。但是，货币论同样存在着不少缺陷，主要表现在：(1)货币论过分强调货币因素而忽视实际因素，将国际收支失衡看作是货币供求失衡的结果，实际上也有可能是因果颠倒。(2)货币论的一些基本假设难以成立，如货币供应量不影响实际产量、一价定律成立等，都与实际情况不符，货币论片面强调了长期均衡，忽视了短期和中期分析。

(四) 政策配合理论

政策配合理论是吸收分析法用以阐述如何采用政策搭配以同时达到一国内部均衡和外部均衡的国际收支调节理论。

1. 政策配合理论的提出

二战后世界经济日趋一体化，西方国家经济内部均衡与外部均衡矛盾日益突出，在这样的历史背景下，西方经济学家基本形成一个共识，那就是实现国际收支平衡不应是各国的最高目标，同时实现内部平衡(Internal Balance)和外部平衡(External Balance)才是其最高目标。詹姆斯·米德和罗伯特·蒙代尔分别于 1951 年和 1962 年提出了将两种独立的政策相互搭配来共同解决内外均衡的问题。

内部平衡是指实现一个较高的总需求与就业水平，这个水平避免了带来难以承受的通货膨胀压力。外部平衡是指国际收支处于平衡时的状态。米德认为,开放宏观经济的运行,经常会使内部平衡与外部平衡产生相互矛盾,要解决这个矛盾,同时实现两个均衡,必须采取两种政策工具,进行适当的配合,一种政策用于实现内部平衡,另一种政策用于实现国际收支平衡。一种政策工具只能用来应对一种目标,若同时应对两个相互独立的政策目标,则两个目标都不能充分实现。因此,要充分实现多种相互独立的政策目标,就要采取多种不同的政策工具。

2. 蒙代尔政策配合理论的主要内容

蒙代尔认为,财政政策和货币政策的适当配合与应用,可以同时达到内部平衡与外部平衡的双重目标。

首先他用总需求 D 与充分就业产量 Q 的相对关系说明国内平衡的概念,即 $D=Q$ 时为内部平衡;$D>Q$ 时有通货膨胀压力;$D<Q$ 时有通货紧缩压力。用经常项目收支余额 R 与资本流出净额 K 来说明外部平衡,即 $R=K$ 时为国际收支平衡,$R>K$ 为国际收支顺差,$R<K$ 为国际收支逆差。

蒙代尔假定:(1)一国出口为定量时,国内支出增加,进口随之增加,使经常收支恶化;反之,国内支出减少,进口也随之减少,使经常收支改善;(2)资本移动对利率有弹性;(3)短期内充分就业产出量为常数,国内支出仅受财政货币政策的影响。蒙代尔用预算和利率分别代表财政政策、货币政策。预算增加为扩张性财政政策,预算减少为紧缩性财政政策;利率下降为扩张性货币政策,利率上升则为紧缩性货币政策。具体如图 5.8 所示。

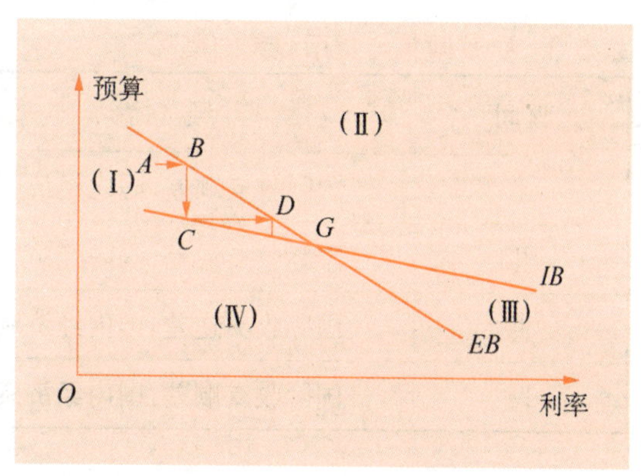

图 5.8 财政政策与货币政策的政策调节配合图

图 5.8 中 EB 为外部平衡曲线(Foreign-balance Schedule),线上任意一点表示实现对外平衡时预算与利率的组合,EB 曲线的右上方为逆差,其左下方为顺差。IB 为国内平衡曲线(Internal-balance Schedule),线上任意一点为实现国内平衡时预算与利率的组合。IB 的右上方为通货膨胀,左下方为经济衰退。沿利率轴线向右移,表示货币政策的扩张,银根放松;向左移,表示货币政策的紧缩,银根收紧。沿预算轴向上移,表示财政政策的扩张,预算增加;向下移,表示财政政策的紧缩,预算减少。IB 曲线和 EB 曲线的斜率都为负,表示当一种政策扩张时,为达到内部平衡或外部平衡,另一种政策必须紧缩;或一种政策紧缩时,另一种

政策必须扩张。EB 曲线比 IB 曲线更陡峭,因为蒙代尔认为,相对而言,财政政策(预算)通常对国内经济活动的作用大,而对国际收支的作用小,因为它倾向刺激、抑制企业投资、个人消费。另一方面,货币政策(利率)则对国际收支的作用较大,若假定资本移动对利率有弹性,图中 G 点为两线的交点,即为国内外平衡点。

蒙代尔认为,当国内宏观经济和国际收支都趋于不平衡状态时,分配给财政政策以稳定国内经济的任务和分配给货币政策以稳定国际收支的任务(这就是"蒙代尔分配法则"),就可以逐渐缩小国际收支不平衡和国内不平衡,一直达到 G 点。如初始状态在区间Ⅰ的点 A,先采取扩张性货币政策解决顺差问题,使 A 点向 B 点移动,同时采用紧缩性财政政策,减少预算,使 B 点向 C 点移动,如此,扩张性货币政策与紧缩性财政政策反复搭配使用,最终会使 A 点趋近于 G 点,达到国内和国外的同时平衡。上述政策搭配的原理同样可以推广到区间Ⅱ、区间Ⅲ和区间Ⅳ,蒙代尔得出四种不同搭配,如表 5.1 所示。

表 5.1 财政政策与货币政策的搭配

区间	经济情况	财政政策	货币政策
Ⅰ	国际收支顺差,国内经济膨胀	紧缩性的	扩张性的
Ⅱ	国际收支逆差,国内经济膨胀	紧缩性的	紧缩性的
Ⅲ	国际收支逆差,国内经济衰退	扩张性的	紧缩性的
Ⅳ	国际收支顺差,国内经济衰退	扩张性的	扩张性的

3. 对政策配合理论的评价

政策配合理论较系统地分析了政策配合的意义和具体的机制,对一国政府的经济决策有一定的参考价值,但同时也存在缺陷,表现在:(1)该理论的前提假定不现实,忽略了国内支出变化对对外资本输出的影响,从而得出经常项目与国内支出之间的直接关系;(2)简单地认为资本流动只受利率水平的影响,而没有考虑到除利率以外其他因素对资本流动的影响;(3)政策的选择比较单调,仅为财政政策和货币政策,但在实际经济运行中,一国为达到一定目标可采取的政策措施有多种;(4)该理论认为财政政策和货币政策对国内经济和国际收支的相对作用不同,而事实上,两种政策对国内经济、国际收支影响的大小关系不能一概而论,而应根据不同国家及不同时期的实际情况具体分析。

小 结

1. 国际收支是指一个国家或地区所有国际经济活动的收入和支出。随着世界经济的发展,国际经济活动在内容和形式上不断得到拓展,相应地,国际收支的内涵也在不断丰富。

2. 国际收支是一个流量的概念,而与之相关联的国际借贷却是一个存量的概念。

3. 各国国际收支平衡表的内容有所差异,但主要项目基本一致,包括经常项目、资本与金融项目、错误与遗漏项目、官方储备和特别提款权项目等。

4. 国际收支平衡表是各国经济分析的重要工具。分析国际收支平衡表一般可采用静态分析、动态分析和比较分析三种方法。

5. 各国发生国际收支不平衡的原因繁多而复杂,这些原因中既有一般的原因,如周期性的、结构性的、货币性的和季节性、暂时性的原因等,又有特殊的原因。

6. 国际收支不平衡首先可以利用市场的力量自动进行调节,但是,一般来说,这种力量较弱。真正有效的调节要采取政策性措施,如财政政策、货币政策、汇率政策和直接管制政策等。

7. 国际收支弹性分析说从汇率变动对进出口商品的价格效应出发,分析了汇率变动对国际收支不平衡调节的实质,并得出了汇率贬值改善贸易收支的充分条件即马歇尔—勒纳条件。

8. 吸收分析法提出了一个相对较完整的国际收支调节模型,主要内容包括三点:其一,国际收支不平衡的实质是一国总收入不等于该国的总吸收;其二,"两种目标两种工具";其三,汇率贬值调节国际收支是通过改变收入和吸收来起作用的。

9. 政策配合理论认为一种政策工具只能用来应对一种目标,一个国家要想达到内部和外部的同时平衡,就必须采取财政政策和货币政策的适当配合。

思考题

1. 国际收支概念是怎样发展演变的?
2. 国际收支平衡表如何编制? 编制原则有哪些?
3. 国际收支平衡表的项目如何分布?
4. 如何分析国际收支平衡表?
5. 什么是国际收支不平衡? 衡量国际收支不平衡的标准是什么?
6. 国际收支不平衡对一国经济有怎样的影响?
7. 国际收支不平衡有几种类型? 它们各自是如何产生的?
8. 简述国际收支不平衡的自动调节机制。
9. 一国国际收支不平衡的政策调节措施有哪些? 它们分别有什么优缺点?
10. 简评弹性分析说。
11. 简述吸收分析法的主要内容。
12. 简述政策配合理论的主要内容及其发展。

第六章

国际储备

第一节 国际储备概述

一、国际储备的概念

国际储备(International Reserve)是指各国中央政府为了弥补国际收支逆差和保持汇率稳定而持有的国际间可以接受的一切资产。从这个概念可知,作为国际储备的资产必须具备四个特征:第一,官方持有性,即作为国际储备资产,必须是掌握在该国货币当局手中的资产,非官方金融机构、企业和私人持有的黄金和外汇尽管也是流动资产,但不能算是国际储备资产。第二,自由兑换性,即作为国际储备的资产,必须能同其他货币相兑换,并且是国际间能普遍被接受的资产。第三,流动性,即作为国际储备的资产必须是随时可以动用的资产,这样这种资产才能随时用来弥补国际收支逆差或干预外汇市场。第四,无条件获得性,即作为国际储备的资产必须由一国货币行政当局能够无条件地获得,为此该国政府对该类资产不仅要具有使用权,而且要具有所有权。

与国际储备相关的一个概念是国际清偿能力(International Liquidity),它是指一国政府平衡国际收支逆差、稳定汇率而又无须采用调节措施的能力。参照国际货币基金组织关于国际储备的划分标准,国际清偿能力除了包括国际储备的内容之外,还包括一国政府向外借款的能力,即向外国政府或中央银行、国际金融机构和商业银行借款的能力。因此,可以这么说,国际储备仅是一国具有的现实的对外清偿能力,其数量多少反映了一国在涉外货币金融领域中的地位;而国际清偿能力则是该国具有的现实的对外清偿能力与可能具有的对外清偿能力的总和,它反映了一国货币当局干预外汇市场的总体能力。

国际储备的具体内容,在不同的历史时期有所不同。在国际金本位制时期,黄金是一国国际储备的主要内容,随着英镑地位的加强,英镑逐渐成为各国国际储备的主要组成部分,形成了黄金—英镑储备体系。第二次世界大战后,根据布雷顿森林会议建立的国际货币基金组织的协定规定,黄金是国际储备的基础,美元按照黄金官价自由兑换黄金,并赋予国际储备货币的特殊地位,形成了黄金—美元储备体系。20 世纪 70 年代初期,布雷顿森林货币体系崩溃后,美元继续作为国际储备货币,但由于浮动汇率制取代固定汇率制,美元汇率极不稳定,世界各国为减轻持有单一货币外汇资产的风险,逐步代之以采取分散持有几种相对稳定的货币作为外汇储备,从而进入了一个国际储备多元化的时期。

二、国际储备的作用

持有国际储备是以牺牲储备资产的生产性运用为代价的,然而,一国持有适度的国际储备并非一种非理性的行为,因为持有国际储备会给该国带来一定的收益,其收益主要是通过国际储备的作用体现出来的。

第一,弥补国际收支差额,维持对外支付能力。一国在对外经济交往中,不可避免地会发生国际收支不平衡,如果这种不平衡得不到及时弥补,将不利于本国国内经济和对外经济关系的发展,为此政府必须采取措施予以纠正。如果国际收支不平衡是暂时性的,则可通过使用国际储备予以解决,而不必采取影响整个宏观经济的财政货币政策来调节;如果国际收支不平衡是长期的、巨额的或根本的,则国际储备可以起到一种缓冲作用,它使政府有时间渐进地推进财政货币政策,避免因猛烈的调节措施可能带来的冲击。

第二,干预外汇市场,稳定本国货币汇率。当本国货币汇率在外汇市场上发生剧烈动荡时,该国政府就可动用国际储备来缓和汇率的波动,甚至改变其变动的方向。各国用来干预外汇市场的储备基金,称为外汇平准基金,它由黄金、外汇和本国货币构成。当外汇汇率上升,超出政府限额的目标区间时,就可通过在市场上抛出储备购入本币缓和外币升值;反之,当本币升值过快时,就可通过在市场上购入储备放出本币方式增加本币供给,抑制本币升值。不过,国际储备作为干预资产的职能,要以充分发达的外汇市场和本国货币的完全自由兑换为其前提条件。而且外汇干预只能对汇率产生短期影响,无法根本改变决定汇率的基本因素。

第三,信用保证。国际储备的信用保证包括两层含义:其一,它是债务国债务到期还本付息的基础和保证,它是一国政府在国际上资信高低的标志。如果一国国际储备雄厚,则该国的国际信誉就高,在国际上借债就比较容易,成本也较低;反之,一国国际储备枯竭,则其国际信誉较低,难以在国际上筹集资金,即使能筹到资金,条件也较苛刻;其二,它可以用来支持对本国货币价值稳定性的信心,持有足量的国际储备无论从客观上还是心理上都能提高本国货币在国际上的信誉。因此,比较充足的国际储备有助于提高一国的债务的信誉和货币稳定性的信心。

三、国际储备的构成及其发展变化

目前,根据国际货币基金组织的表述,一国的国际储备包括黄金储备、外汇储备、会员国在国际货币基金组织的储备头寸和基金组织分配给会员国尚未动用的特别提款权等四个部分。

(一) 黄金储备

黄金储备是指一国货币当局持有的作为金融资产的货币黄金(Monetary gold)。并非一国所拥有的全部黄金都是国际储备资产,据统计,目前世界黄金储量中,饰品占50%,工业占15%,牙科占5%,货币使用占15%,其他用途占15%。

黄金作为国际储备资产已有较长的历史。从19世纪初到第一次世界大战爆发,在国际金币本位制下,资本主义国家一直把黄金作为官方储备,同时,黄金也是一国国际支付的最后平衡手段。从1936年荷兰等最后一批国家放弃金币本位制而实行金汇兑本位制以后,黄金仍然是国际储备资产和国际清算的重要手段。第二次世界大战结束后,随着布雷顿森林货币制度的建立,规定美元与黄金挂钩,其他货币与美元挂钩,再一次肯定黄金是国际货币制度和国际储备的基础。但是,战后黄金在国际储备中所占的比重,则呈现不断下降趋势,如表6.1所示,1950年为69.1%,黄金在国际储备中占主导地位;进入20世纪70年代,黄金已成为次要的国际储备,到20世纪80年代,黄金储备在国际储备总额中的比重已不足10%,进入21世纪则几乎降到1%以下。

表6.1 国际储备结构表 (单位:亿SDR)

	国际储备总额		黄金储备		外汇储备		在IMF中储备头寸		SDR	
1950	484.4	100	334.4	69.1	133.3	27.5	16.7	3.4	—	—
1970	931.8	100	370.27	39.7	453.33	48.6	96.97	8.3	31.24	3.4
1985	4 385	100	332.29	7.6	3 483.25	79.4	387.31	8.8	182.13	4.2
1995	9 800.26	100	317.62	2.86	8 958.31	91.4	366.73	3.74	197.73	2
2000	15 784.67	100	332.72	2.1	14 794.05	93.7	473.77	3	184.89	1.2
2005	30 003.39	100	307.65	1	29 208.17	97.3	285.61	1	214.7	0.7
2006	34 144.07	100	303.8	0.9	33 479.15	98	175.07	0.5	214.73	0.6
2007	41 108.96	100	298.55	0.7	40 485.13	98.5	137.33	0.3	214.76	0.5
2010	62 991.34	100	300.96	0.48	60 159.44	95.5	488.08	0.8	2 042.86	3.2
2011	69 747.92	100	249.20	0.36	66 473.29	95.3	982.62	1.4	2 042.81	2.9

续 表

	国际储备总额		黄金储备		外汇储备		在 IMF 中储备头寸		SDR	
2012	74 567.27	100	232.06	0.31	71 260.99	95.6	1 032.44	1.4	2 041.77	2.7
2013	79 104.28	100	223.96	0.28	75 863.46	95.9	975.08	1.2	2 041.77	2.6

注：1. 五大项目中每一项右边一列数字表示该项占当年国际储备总额的百分比

2. 黄金按每盎司 35 特别提款权计算

资料来源：2010～2013 年数据来源于 IMF《国际金融统计》(IFS)，http://elibrary-data.imf.org/；其余来自 IMF《国际金融统计》1995 年、2002 年、2004 年年报、2009 年 2 月刊

黄金储备的国际地位迅速下降的原因首先是由于布雷顿森林货币制度瓦解后，黄金由直接弥补国际收支逆差变为备用的二级储备，即通过将黄金卖为外汇才能用来弥补国际收支逆差。黄金储备作用的降低，导致黄金的国际储备地位下降。其次是黄金"非货币化"政策。1978 年 3 月 31 日国际货币基金组织正式宣布从 1978 年 4 月 1 日起基金组织协定中取消黄金条款，其目的是要人为地削弱以至于取消黄金在国际货币制度中的作用，要使黄金与货币完全脱离关系，成为与普通商品一样的商品，这在很大程度上削弱了黄金的储备作用。再次，黄金储备本身的一系列缺陷也是促使各国不愿持有过多黄金的原因。这些缺陷有：(1)黄金产量有限。黄金是大自然的产物，产量和产区的地理分布存在极大的局限，无法满足储备和各方面的需求。1950 年世界黄金产量 1 011 吨，到 1988 年世界黄金产量才增长到 1 803 吨，其中南非占 48.7%，前苏联占 16%，加拿大占 6.2%，美国占 5.7%，中国占4.8%，巴西占 4.6%，澳大利亚占 4.1%，这些国家的黄金产量就占了世界黄金产量的92.8%。(2)黄金的占有和掌握极不平衡。根据国际货币基金组织的统计资料，1950 年 20 个发达国家持有黄金储备总额的 90.56%，其余 121 个国家和地区只占 9.44%。截至 1996 年 9 月，发达工业国家在黄金储备总额中的比重有所下降，其余国家和地区则略有上升，但前者仍达到 84.44%，后者为 17.51%，其中美国一个国家就占 28.82%。(3)黄金价格波动频繁。自布雷顿森林国际货币制度瓦解以来，黄金市场价格一直处于波动之中，1980 年 1 月世界黄金价格曾上升高达每盎司 870 美元的创纪录高峰，后来逐步下跌到 1985 年 11 月每盎司 327 美元的谷底，1987 年黄金市价又上涨到每盎司 482 美元的高峰，随后又不断下滑，90 年代徘徊在 350 美元左右；进入 21 世纪，黄金价格又开始回升，尤其是在美国"9·11"事件之后，截至 2004 年 4 月 1 日，黄金价格升至 432 美元。(4)黄金天然缺乏盈利能力。持有黄金储备，不仅不能生息，而且还要支付保管费用。

但是，黄金作为国际储备的历史使命将还会有相当长的一个时期，目前世界各国仍把黄

金作为国际储备构成的重要组成部分，这主要是因为它有高于其他任何储备资产的安全性，这表现在两个方面，一方面在纸币本位制下，黄金是一种最可靠的保值手段，因为它可以避免通货膨胀带来的贬值风险，每当国际金融市场上某种货币疲弱或危机时，有关国家都争相抛售疲弱的货币，购进黄金或其他较坚挺的国际货币进行保值。另一方面，黄金直接就是一种价值实体，所以可以完全不受任何超国家权力的支配和干扰，持有黄金储备就成为维护本国主权的一个重要手段，这就是所谓的"弹药库"动机(War-chest Motive)。"欧洲货币市场"的出现固然有其深刻的政治、经济背景而具有其必然性，但其直接的触发因素则是冷战时期，前苏联和东欧国家为防止美国冻结或没收而试图将美元转移到美国管辖范围以外。可想而知，若以黄金作为储备资产，则可避免上述顾虑。

（二）外汇储备

外汇储备是目前国际储备中最主要、最活跃的部分，同时也是各国国际储备资产管理的主要对象，它是指一国政府所持有的可以自由兑换的外币及其短期金融资产。

在金本位制下，外汇储备处于极其次要的地位。在布雷顿森林货币制度创立以后，外汇储备的地位虽有提高，但同黄金储备相比，直到 1960 年它仍处于次要地位，仅占总额的 30.8%，黄金储备占 63.2%。之后，外汇储备在国际储备总额中的比重迅速提高，1970 年达 48.6%，超过黄金储备的比重而占首要地位。1985 年扩大至 79.4%，1995 年为 91.4%，见表 6.1。截至 2013 年底外汇储备的占比达到了 95.9%。外汇储备迅速增长的原因主要有三点：

(1) 为了满足国际贸易增长的需要。随着黄金储备地位的下降，外汇储备已成为各国国际收支主要的支付和调节手段，必须同国际贸易保持相应的增长速度。以 1978～1987 年间的情况为例，国际贸易总量从 24 841 亿美元，增加到 47 685 亿美元，增加将近一倍(世界劳务交流不包括在内)；同期，外汇储备从 2 240.44 亿 SDR 增长到 4 547.59 亿 SDR，增长幅度为 1.052 倍，与世界贸易的发展速度大致相同。

(2) 外汇市场汇率波动频繁，各国政府为了提高外汇市场的干预能力，不断扩大外汇储备的规模，同时对于货币汇率持续上涨的国家来说，频繁干预外汇市场抛出本币，购入外币，从而产生新的储备。

(3) 外汇储备的迅速增长还同国际信贷总额的迅速膨胀有主要联系。国际信贷的迅速膨胀与辗转存贷所产生的派生存款，使世界外汇储备总额急剧扩大。如在 1970～1980 年期间，国际信贷总额年平均增长率高达 25.7%，远远高于此前的任何时期，相应地，其间外汇储备的年平均增长率也特别高，为 22.5%；1980～1985 年期间，国际信贷总额年平均增长率仅为 12.3%，同期外汇储备也增长缓慢，平均增长率为 3.5%。

另外，在外汇储备的发展过程中还呈现一个显著的特点，那就是储备货币多元化，关于这个特点在下一节将作具体分析。

(三) 在国际货币基金组织中的储备头寸(Reserve Position in IMF)

国际货币基金组织中的储备头寸也称普通提款权(General Drawing Rights)，它指国际货币基金组织的成员国按规定从基金组织提取一定数额款项的权利，它是国际货币基金组织最基本的一项贷款，用于解决成员国国际收支不平衡，但不能用于成员国贸易和非贸易的经常项目支付。

国际货币基金组织犹如一个股份制性质的储备互助会，当一个国家加入基金组织时，必须按一定的份额向该组织缴纳一笔钱，作为入股基金，我们称之为份额。按该组织现在的规定，认缴份额的 25%必须以可兑换货币缴纳，其余 75%用本国货币缴纳。当成员国发生国际收支困难时，就有权向国际货币基金组织申请普通贷款。普通贷款有以下几个特点：

(1) 贷款的方式是换购，即成员国以本国货币向基金组织申请换购所需的外币款项；还款方式是购回，即成员国再以外汇买回本国货币。

(2) 贷款对象限于基金组织的成员国政府或政府财政、金融部门，如财政部、中央银行、外汇平准基金组织等。

(3) 贷款额度大小与成员国所缴份额成正比，但最高额度不能超过所缴份额的 125%。

(4) 贷款条件随贷款额度的增加而越来越严格。基金组织把成员国可申请的贷款额分为五档，每档占其认缴份额的 25%。由于第一档提款额等于该成员国认缴的可兑换货币额，因此条件最宽松，在实践中，只要提出申请，便可提用这一档。我们称这一档提款权为储备部分提款权，其余四部分为信用提款权，贷款条件逐档严格，利率逐档升高，年限为 3～5 年，多采用备用信贷方式提供。即成员国与国际货币基金组织事先商定不将款项全额立即提用，而是在规定的有效期内，也就是备用信贷安排期内(一般为 1 年)，按实际需要随时提用。

(四) 特别提款权(Special Drawing Rights)

特别提款权是国际货币基金组织创设的无偿分配给各成员国用以补充现有储备资产的一种国际储备资产。

基金组织于 1969 年创设特别提款权，并于 1970 年按成员国认缴份额开始向参加特别提款权部的成员国分配特别提款权。迄今为止，基金组织已分配约 214 亿特别提款权。特别提款权作为各国国际储备资产的补充，较其他储备资产具有以下几个特点：第一，特别提款权获得更为容易。普通提款权的获得要以成员国的缴足摊额(份额)为条件,而特别提款权是由基金组织按参加国的摊额予以“分配”,不需缴纳任何款项,且这项权利的动用也不必事先定什么协议或事先审查。第二,普通提款权的融通使用需要按期偿还,而特别提款权无需偿还,是一种额外的资金来源。第三,特别提款权是一种有名无实的资产,虽然被称为“纸黄金”,但不像黄金那样具有内在价值,也不像美元、英镑那样以一国政治、经济实力作为后盾,而仅仅是一种用数字表示的记账单位。第四,特别提款权仅仅是一种计价结算工具,不能直接用于流通手段。

为了更具体地了解特别提款权,下面从几个方面逐一分析。

1. 特别提款权的定价

特别提款权的定价经历了三个时期:

第一个时期是创立初期,特别提款权的定价方法是:1 特别提款权等于当时的 1 美元,或 35 特别提款权等于 1 盎司黄金。

第二个时期是 1974 年 7 月 1 日到 1980 年底,随着 20 世纪 70 年代初黄金与国际货币制度的脱钩以及美元币值的不稳定,国际货币基金组织采用了一种加权平均的方法来确定特别提款权的价值。基金组织选择了在过去 5 年中出口贸易占世界出口贸易比重超过 1%的 16 个国家的货币,以 16 国各自对外贸易在 16 国总贸易中的百分比作为权数,分别乘以 16 国货币计算当日(或前一天)在外汇市场上对美元的比价,来求得特别提款权当天的美元价值,然后再通过市场汇率,套算出特别提款权同其他货币的比价。

第三个时期是 1981 年一直到现在。为了简化特别提款权的定值方法,扩大商业应用,改用世界贸易中 5 个主要国家(美国、德国、日本、英国、法国)的货币来定值,各种货币的权重由这些国家的商品、劳务出口数值和基金组织各成员国官方持有这些货币的总额来确定,并规定每 5 年的第一天对各种货币权重修改一次,至今已修改 6 次,其中从 2001 年开始,以欧元替代了德国马克和法国法郎,如表 6.2 所示。此后特别提款权的价值将继续基于由美元、欧元、英镑和日元组成的一篮子货币的价值的加权平均值。

表 6.2 特别提款权的计算权数变化表

	美元	德国马克	法国法郎	日元	英镑
1981 年 1 月 1 日	42%	19%	13%	13%	13%
1986 年 1 月 1 日	42%	19%	12%	15%	12%
1991 年 1 月 1 日	40%	21%	11%	17%	11%

续 表

	美元	德国马克	法国法郎	日元	英镑
1996年1月1日	39%	21%	11%	18%	11%
2001年1月1日	45%	29%(欧元)		15%	11%
2006年1月1日	44%	34%(欧元)		11%	11%
2011年1月1日	41.9%	37.4%(欧元)		9.4%	11.3%

资料来源:2011年数据来源于IMF、IFS,http://elibrary-data.imf.org/,其余来自www.imf.org

2. 特别提款权的利率和用途

由于特别提款权的价值是用四种主要货币汇率加权平均后求得的,因此,与之对应,特别提款权资产的利率也是用这四种货币的市场利率经加权平均后求得。特别提款权的持有人分为两类,一类是法定持有人,是指国际货币基金组织成员国的各国政府,到1993年3月底已达到175个国家和地区。另一类是指定持有人,是指国际货币基金组织特别指定可以持有和使用特别提款权的区域性或国际性金融机构,包括国际清算银行、世界银行和开发协会、亚洲开发银行、瑞士国民银行等16个。

特别提款权的使用仅限于政府之间,具体来说有两类用途。

第一类,出于平衡国际收支的需要,成员国可以动用特别提款权与基金组织指定的另一个成员国交换外汇。基金组织在考虑各成员国国际收支大小和储备状况的原则上指定成员国提供货币交换特别提款权。不过,一个成员国提供货币的义务,在其特别提款权持有量达到累计分配份额的3倍时便终止。

第二类,国际收支平衡的成员国也有资格在各种支付转移中随意使用特别提款权,这些情况包括各成员国之间以及与指定持有人之间的各种协议交易和融资,如:(1)通过与其他成员国签订协议以换购外汇;(2)按交易双方协定的利率和期限发放特别提款权,本息偿还可采用特别提款权;(3)以特别提款权清偿债务;(4)以特别提款权作为债务履行的担保;(5)使用特别提款权可进行捐赠或赞助。

根据以上分析可知,特别提款权是一种依靠国际纪律而创造出来的储备资产,它的分配是无偿的,它具有价值尺度、支付手段、储藏手段等职能,但不具备流通手段的职能,不能被私人直接用于国际商品的流通,因此,它还不是一种完全的世界货币。

四、国际储备在不同类型国家的分布格局

近几十年来国际储备在不同类型国家的分布格局发生了一些变化，具体如表6.3所示。

表6.3　国际储备分布　（单位：亿SDR）

	所有成员国		发达国家		发展中国家	
1970年	931.8	100%	725.3	77.8%	206.5	22.2%
1980年	3 548.7	100%	2 145.3	70.5%	1 403.4	29.5%
1990年	6 686.9	100%	446.5	65.9%	2 276.4	34.1%
2000年	15 784.67	100%	6 775.55	42.92%	9 009.12	57.08%
2005年	30 003.39	100%	14 825.06	49.41%	15 178.33	50.59%
2006年	34 144.07	100%	15 185.74	44.48%	18 958.33	55.52%
2007年	41 108.96	100%	15 527.57	37.77%	25 581.39	62.23%
2010年	62 991.34	99.94%	22 016.09	34.95%	40 937.94	64.99%
2011年	69 747.92	99.95%	24 431.31	35.03%	45 279.48	64.92%
2012年	74 567.27	99.95%	26 345.21	35.33%	48 184.54	64.62%
2013年	79 104.28	99.96%	27 019.92	34.16%	52 048.79	65.80%

注：1. 每一类型国家右边数字为该类型国家占当年储备总额的百分比

2. 黄金按每盎司35特别提款权计算

资料来源：2010年后的数据源于IMF，IFS，http://elibrary-data.imf.org/，其余根据IMF《国际金融统计》1996年、2002年、2004年年报、2009年2月刊资料计算和编制

从表6.3可看出，在20世纪90年代以前，发达国家持有的国际储备占世界所有国家的国际储备总额的大部分，广大发展中国家持有的国际储备只占国际储备总额的不足三成。但在之后，发展中国家持有的国际储备迅速提高，至2000年底，其占国际储备总额已超过57.00%，2013年已超过65%。其中主要原因是类似中国大陆、中国香港、中国台湾地区等一些发展中国家和地区的外汇储备都有大幅度的增长。

第二节 储备货币多元化

一、国际储备货币多元化的发展趋势

储备货币(Reserve Currency)是各国用于外汇储备的可自由兑换货币。作为储备货币必须具备以下条件:(1)必须是自由兑换货币,并具有充分的流动性;(2)人们对其购买力的稳定具有信心;(3)发行该货币的国家必须具有较强的政治与经济实力。

在第二次世界大战后建立的布雷顿森林货币制度下,美元作为"关键货币"占了各国官方外汇储备的绝大部分,这是建立在当时美国经济居世界经济绝对地位的基础之上的。进入20世纪70年代以后,随着美国经济、政治地位的相对削弱和布雷顿森林货币制度的崩溃,国际储备货币开始由单一美元储备过渡到多种货币储备,出现了储备货币多元化的发展趋势,这种发展趋势的表现之一就是德国马克(当时是联邦德国马克)、日元、瑞士法郎等储备货币地位迅速提高,美元的储备货币地位降低。第二个表现则是出现了特别提款权和欧洲货币单位(European Currency Unit, ECU)。关于国际储备货币多元化的发展趋势具体可用表6.4和表6.5体现出来。

表6.4 外汇储备中的货币构成表(%)

	1973年	1980年	1985年	1991年
美元	78.4	68.6	64.9	55.6
英镑	7.0	2.9	3.0	3.6
德国马克	5.8	15.2	15.2	18.3
法国法郎	1.0	1.7	0.9	3.3
日元	—	4.3	8.0	6.4

资料来源:《国际货币基金组织年报》,1988年;《国际清算银行第62届年报》,1992年

表 6.5 外汇储备中的货币构成表(百万美元)

	2011 年	2012 年	2013 年
总外汇储备	10 205 445	10 952 222	11 685 791
已报告储备	5 652 649(55.39%)	6 085 883(53.68%)	6 224 671(50.98%)
美元	3 525 135(34.54%)	3 525 135(32.19%)	3 525 135(30.17%)
英镑	216 769(2.12%)	245 951(2.25%)	248 992(2.13%)
日元	203 876(2.00%)	248 780(2.27%)	239 712(2.05%)
瑞士法郎	4 369(0.04%)	12 943(0.12%)	16 741(0.14%)
加元	—	86 757(0.79%)	116 039(0.99%)
澳元	—	88 609(0.81%)	113 221(0.97%)
欧元	1 394 071(13.66%)	1 474 434(13.46%)	1 522 124(13.03%)
其他货币	308 431(3.02%)	196 941(1.80%)	175 292(1.50%)
未报告储备	4 552 795(44.61%)	4 866 338(44.43%)	5 461 120(46.73%)

资料来源:IMF 数据,IFS,http://elibrary-data.imf.org/。括号内是相应数据占当年总外汇储备的比重

二、国际储备货币多元化形成的原因

20 世纪 70 年代以来,国际储备货币多元化产生的原因是多方面的,主要有以下几点。

(一) 国际间经济往来的不断发展对国际支付手段的需求也不断增加,客观上要求储备货币多元化

根据国际货币基金组织统计,世界总储备量中的外汇储备已从 1970 年的 2 928.5 亿特别提款权,增加到 1994 年底的 7 652.15 亿特别提款权,2013 年达到 76 327.83 亿特别提款权,比 1994 年增长了近 9 倍,比 1970 年增长了 25 倍![①] 如此大量增加的外汇储备增量,单靠美元一种货币的供应量是不可能满足的。另外,即使能够满足,也是不可行的,因为它会使美元陷入一个"两难困境"[②],即为了对世界提供快速增长的国际清偿能力,满足世界各国迅速增长的美元需求,美国就必须长期保持巨额国际收支逆差。事实上,作为国际流通手段的

① 根据 IMF 的国际金融统计数据(IFS),2013 年底,世界总外汇储备达到 116 857.91 亿美元,按照 2013 年美元与 SDR 之间的汇率 1.531 0,可间接计算出 76 327.83 亿 SDR。http://elibrary-data.imf.org/。

② 由于该"两难困境"是由美国著名经济学家特里芬(R. Triffin)提出来的,故学术界又把它称为特里芬难题。

美元是历年美国国际收支赤字累积的结果，而这样又会动摇储备货币的可兑换性，最终影响其主要储备资产的地位。因此，这种扩大支付手段的需求，客观上要求建立与发展多种货币的储备体系。

（二）美国和其他国家相对经济地位的变化是储备货币多元化的根本原因

一国在选择储备货币时，一般都要权衡货币汇率和利息的关系，并且总是希望储备资产的收益大而风险小。20 世纪 60 年代以来，由于美国经济实力相对下降，国际收支大量逆差，致使美元的购买力很不稳定。进入 20 世纪 70 年代以后，美元的信用继续恶化，尤其是 1971 年 12 月和 1973 年 2 月美元两次贬值，对许多国家特别是发展中国家造成重大损失：(1)各国美元储备的购买力下降；(2)以日元和当时的联邦德国马克等升值的通货为票面的债务负担加重；(3)相对发展中国家出口货物的美元收入来讲，从货币升值国进口的货物变贵。1973 年石油提价后，美元汇率再次猛跌，美元不断贬值，美元的平均总收益成为负数，如表 6.6 所示。

表 6.6 1975 年第一季度到 1979 年第四季度各种储备资产的平均收益率(%)

	平均汇率变动率	平均利息收入	平均总收入
特别提款权	−8.26	5.54	−2.72
美元	−9.48	7.36	−2.12
联邦德国马克	−2.69	4.74	2.05
瑞士法郎	1.68	1.93	3.61
日元	−3.88	7.29	3.41
黄金	15.18	—	15.18

注：平均汇率变动率按加权平均世界消费物价指数计算
资料来源：《欧洲货币》，1980 年 9 月

从表 6.6 中可看出，美元的平均总收益率是−2.12%，联邦德国马克是 2.05%，瑞士法郎是 3.61%，日元是 3.41%，黄金是 15.18%。因此，许多国家唯恐美元储备因跌价而遭受损失，便将储备中美元换成联邦德国马克、瑞士法郎和日元等硬通货，甚至抢购黄金，使储备分散化，以使储备中各种货币的升值和贬值可以互相抵消，从而保持外汇储备的价值。

（三）主要工业国家的态度转变也是储备货币多元化很重要的一个原因

首先看美国。战后美国一直坚持美元的霸权地位，但后来由于美元危机日益恶化，美国的态度也开始软化。美国当局屡次表示，它不打算人为地长期保持美元的储备作用，在各国协作的情形下，它准备使美元的支配地位下降，并同各国分享储备中心的利益和负担。

再看当时的联邦德国、日本、瑞士等国，它们由原先不愿本国货币变为储备货币转为积极推动本国货币国际化，成为储备货币。尽管 20 世纪六七十年代之后，这三种货币在国际上一直就是硬通货，但这些国家都不愿使它们的货币成为储备货币，其原因主要有三点：其一，储备中心通常要发挥"国际银行家"的作用，包括外国人可以不受阻碍地进入国内资本市场，导致国际资本的大进大出，所以担任储备货币的国家很难控制它们的国内货币政策；其二，成为储备货币会使国际社会对这种货币的需求量增长，可能导致该种货币币值上浮，从而削弱出口商品的竞争能力，进而影响到本国经济的发展；其三，储备货币会增加本国货币汇率的不稳定性。当它们的货币坚挺时储备作用就提高，疲软时储备作用就减少，这种储备作用的变化会引起国际市场对它们货币需求的变化，而引起汇率的忽升忽跌。因此，这些国家以控制资本流动来限制外国人持有联邦德国马克、瑞士法郎和日元，反对本国货币国际化。1979 年联邦德国财政部长马迪荷弗还公开声明："联邦德国是一个中等大小的国家，不想在国际货币事务中居领导地位，这一地位理所当然应属美国。"①但后来，这些国家由于国际收支状况的恶化和贸易竞争的尖锐化，先后改变了它们各自的货币政策，支持本国货币的储备作用。因为本国货币成为储备货币最重要的一个利益就是可以以极低的成本弥补其国际收支逆差，因为逆差可用本币来偿付，即所谓的铸币税（它是指储备货币发行者凭借其发行特权获得的货币面值与发行成本之间的差额）。100 美元的纸币，其印刷和发行成本几乎为零，但通过输出这 100 美元，美国便可得到相当于这 100 美元的实际财富。战后以来，美国通过国际收支逆差来维持其在全世界政治、经济和军事的国际地位，攫取实际收益，就是铸币税应用的一个典型例子。

（四）国际经济金融组织创设的"篮子货币"使国际储备资产更加多元化

为了缓和美元危机，弥补国际清偿能力的不足，国际货币基金组织创设了"特别提款权"。此后，欧洲共同体为了推进欧洲货币的一体化进程创设了"欧洲货币单位"。这些"篮子货币"的出现使国际储备资产更加多元化。

---

①《金融时报》，1979 年 10 月 4 日。

三、国际储备货币多元化的利弊

国际储备货币多元化是国际金融关系发展的一个新特点，目前世界上对这种发展趋势的利弊评价各执一词，概括起来有以下几点。

（一）国际储备货币多元化的有利方面

（1）储备货币多元化可以摆脱对美元的过分依赖。如前所述，多元化储备的产生是缘于美元本位制的缺陷。在现行体制下，各国的外汇储备在美元和其他各种储备货币之间有了选择机会，这就减少了汇率变动的风险，美国经济形势的变化不再完全左右各国外汇储备的价值。

（2）容易调节外汇储备。在美元本位制下，各国调节外汇储备只是在外汇市场上通过抛售或收购美元来完成。在需要调节时，不管美元汇率偏高或偏低，也只能进行。在多元化储备条件下，则可以根据需要和市场汇率的变化，及时合理地进行调整。

（3）储备货币多元化使国际金融具有较强的独立性，可以促进国际合作与协调几个国家同时成为储备中心，可以避免某一国家操纵国际金融领域的武断情况。

（二）国际储备货币多元化的不利方面

（1）国际货币制度更加不稳定。国际储备分散化后，可以调换的资金就增多，因而国际货币制度的稳定，就不仅取决于美国的经济发展，而且还取决于其他储备中心的经济情况。一种依赖几个储备中心的经济和政治稳定的制度是更加脆弱的。如果一个储备中心管理不好，整个国际货币制度就将遇到巨大的困难。

（2）国际储备货币多元化加剧了外汇市场的动荡。在1973年初，西方国家实行浮动汇率制以后，各国货币当局为减缓和避免外汇风险，而将其外汇储备从一种货币转换为另一种货币。这不仅直接影响着外汇市场的供求并使之发生变化，而且还诱使私人银行和私人投资者以及外汇投机者追随货币当局购买或卖出某种货币，从而加剧了汇率的波动。比如，1995年春美元发生危机，日元大幅度升值，曾一度突破1美元兑80日元大关，波动幅度如此之大，很重要的一个原因就是各国政府尤其亚洲国家和地区，大量抛售美元，抢购日元，改变了国际储备结构。

（3）国际储备货币多元化将导致国际资本大进大出，不利于经济的稳定发展。国际储备货币多元化是促成大量资本在国际间流动的重要因素之一，而大量资本在国际间流动会对资本流出国与资本流入国造成紧缩性与膨胀性的经济影响，比如，某种储备货币坚挺，外国货币当局会将其外汇储备转换成这种货币，这将促使该国货币更加坚挺，而对这样的形势，该国货币当局将会采取卖出本国货币和买进外国货币的干预措施，其结果一是增加了这个国家的货币流通量，二是使这个国家的外汇储备增加。这两个后果都会形成膨胀性经济影响。如果某种储备货币疲软，将会产生同上述相反的情况，给该国带来紧缩性的经济影响。

(4) 储备分散化是加剧世界性通货膨胀的一个重要因素。在多种货币储备体系下，一些硬通货和传统的储备资产一道被广泛地用作国际储备，国际流通手段正以一种无计划的方式不断增长，这会加剧世界性通货膨胀。因为世界性通货膨胀决定于各个国家货币数量的增长率，而各国货币数量的增长又同其国际储备的增加相联系。事实也完全证明了这一点，经济合作与发展组织(OECD)各国的通货膨胀率在 20 世纪 60 年代平均不过 2%～3%，到 70 年代平均增加到两位数。不可否认，通货膨胀同储备分散化有着十分密切的关系。

(5) 储备货币多元化不利于各国贯彻有关货币数量和利息水平的金融政策。例如，某国为了控制通货膨胀而实行紧缩信贷政策，提高利息率，然而，利率提高却会促使资本流入，产生膨胀性经济影响。这就削弱甚至抵消了本国政府经济政策的效力。相反，某国为刺激经济增长而降低利率，又会促使资本流出，从而与降低利率刺激经济增长的效果相冲突。因此，储备货币多元化会破坏一些国家的经济稳定和发展。

第三节 国际储备管理

近年来，随着国际储备规模的不断扩大，以及国际储备在国际经济活动中作用的加强，各国已愈来愈重视对国际储备的管理，并根据各国不同的具体情况，采取不同的管理措施。但总的来说，国际储备管理不外乎两个方面：一是量的管理，即国际储备适度规模管理；二是质的管理，即国际储备资产的构成和营运管理。

一、国际储备适度规模的管理

(一) 国际储备适度规模管理的必要性

国际储备适度规模管理的必要性可以从规模失当对一国经济的不利影响中体现出来。

国际储备作为一国调节国际收支逆差、稳定外汇市场的现实能力的标志，其规模不能过小，因为那样容易发生支付危机、经济脆弱，不利于一国经济的稳定增长。同时，国际储备的规模也不宜过大，否则将产生以下不利的影响：

(1) 国际储备过多将人为地减少本国国民经济对其资源、物资的有效利用。从国际储备的来源来看，主要是出口商品换取的外汇资金，这部分储备资产实质是国内的物资以资金形式存放在国外。因此，外汇储备越多，意味着从国内抽出的物资越多，这是一种变相的物资闲置，是资源的浪费。

(2) 国际储备过多将对一国的通货膨胀带来压力。如上一节所述，一国的国际储备增加将导致该国货币发行量的扩大，因而必然对其通货膨胀产生压力。

(3) 国际储备过多对于发展中国家来说尤其不利，因为它让国际社会认为该国具有充裕的资金，这样该国就可能失去享受国际金融组织低利息优惠贷款的机会，从而难以借助国际力量加快经济发展。

(4) 由于国际储备的构成中外汇储备占大部分，因此国际储备过多，其实质往往就是外汇储备过多，而外汇储备是一国存放在其他国家银行的国外资产，因此，难免要受到外汇汇率波动的冲击。

在实践中，因国际储备规模失当对一国经济带来不利影响的例证比比皆是，如 20 世纪 80 年代初期，非洲和拉丁美洲国家地区因国际储备不足，不具备充足的对外支付能力，而引发债务危机；再如我国台湾地区，由于国际储备过多，一直面临巨大的通货膨胀压力，同时经常性受到外汇汇率波动的冲击，仅 1995 年春的美元危机，中国台湾的外汇储备就损失近 20 亿美元。

（二）国际储备适度规模的确定

一国的国际储备究竟以多少为宜？各国没有统一的标准，因为一个国家在不同的发展阶段、不同国家在相同发展阶段的不同情况下，对国际储备的需求都会不同。因此，各国必须根据本国的具体情况决定适度的储备量。

一般来说，决定一国储备水平的主要因素是该国的经济发展水平。由于国际储备是用于弥补国际收支逆差，特别是贸易收支逆差，因此，国际储备规模的下限是能保证该国最低限度进出口贸易总量所必需的对外支付要求的储备资产量，低于这一水平就要引发国际支付危机。它的上限应是可以应付该国最高经济发展速度、缓和任何偶发事件对国际储备资产需求时的规模。下限又称经常储备量，是国民经济发展的临界制约点，上限也称作保险储备量。在上下限之间，便构成了一国适量的国际储备区间，如图 6.1 所示。

图 6.1 中，a 点为经常储备量，b 点为保险储备量，c 点是在特定条件一国的最适量国际储备。c 点是一动点，它是由影响一国对国际储备需求的一系列因素共同决定的，这些因素包括以下几个方面。

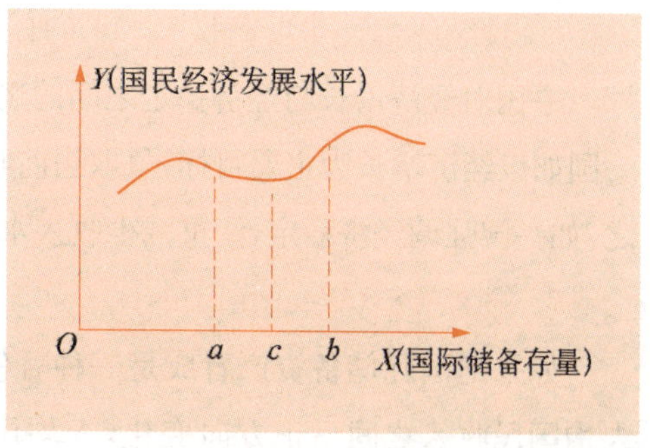

图 6.1　国际储备适度规模与国民经济发展水平的关系

1. 国际收支逆差的规模和发生频繁性

一国的国际收支状况对该国储备要求具有决定性影响，两者呈正方向变化：国际收支逆差差额越大，出现的频率越高，对储备需求量就越大；反之，对储备需求量就会相应减少。

2. 国际收支调节政策的成本和效率

一国持有国际储备最重要的作用是可以避免或缓冲其采取不利于本国经济发展的国际收支调节政策，如削减进口、提高利率、法定贬值等。这些政策调节代价（即成本）越高，持有储备的收益就越大，该国对储备的需求也就越大。而储备需求与调节效率则呈反方向变化，这些政策调节国际收支差额的效率越高，储备需求就越小，反之，这些政策的效率越低，储备需求就越高。

3. 汇率制度的选择

储备需求同汇率制度有密切的联系。如前所述，国际储备的首要作用就是干预汇率。如果一国采取的是固定汇率制，并且政府不愿意经常性地改变汇率水平，那么相应地讲，它就需要持有较多的储备，以应付国际收支可能产生的突发性巨额逆差或外汇市场上突然的大规模投机。反之，一个实行浮动汇率制的国家，可以对外汇市场的汇率波动不予理睬，即对汇率波动的容忍程度大，其国际储备的持有量就可相对较低。

4. 融资能力

一国在国际金融市场上的融资能力与储备需求有密切联系，两者呈反方向变化。因为融资能力强，其潜在的国际清偿能力就越多，从而可减少对国际储备的需求；相反，则国际清偿能力主要由国际储备构成，弥补国际收支逆差主要依靠国际储备，这样，对国际储备的需求就大。

5. 对外经济合作和国际政策协调

一国与其他国家如能正常开展广泛的国际经济合作和政策相协调，显然有益于国际收支不平衡的调节，可适当降低国际储备的持有量；反之，对国际储备的需求就会增加，因此这两者之间呈反方向变化。

6. 对经济增长和当期收入水平的偏好

一国对经济增长与经济稳定之间的选择偏好也会对其国际储备的需求产生重要的影响，即一国如以经济增长为主要目标，争取当前收入水平的提高，则必定会限制其国际储备的需求，反之，如一国强调经济稳定，注重减少收入水平的波动，则必会扩大对国际储备的需求。

7. 财富效应（Wealth Effect）

如果把国际储备资产看成是一种奢侈品，储备需求方面就存在财富效应，即储备需求与人均国民收入之间呈正方向变化，人均国民收入低，则收入的边际效用较高，对作为奢侈品的储备将有较低的需求。反之，则相反。

上述我们列举了影响一国国际储备适度规模的种种因素，这些因素有政治的、社会的，也有经济的，这些因素有的可以较为确切地用量来描述，有的则很难准确地量化，只能用经济估算的方法确定，并且各种因素交织在一起，相互影响的程度不断变化，因此很难用一个固定的模式进行准确计算。

目前，理论界或各国政府在确定国际储备适度规模时，基本做法是根据经验确定一个大概数，即利用国际储备与一些经济指标之间的比例来判断国际储备的适度水平，主要有三种方法。

1. 国际储备/进口的比例分析法

这种方法是由美国著名经济学家特里芬对 1950～1957 年 12 个主要国家的储备变动情况进行实证研究后提出的。特里芬认为，一国的国际储备应与它的贸易进口额保持一定的比例关系，这种比例一般以 40%为适度，低于 30%需要采取调节措施，而 20%则为底限，如按全年储备与进口额的比例计算，约 25%为宜，即满足 3 个月的进口为宜。这个方法简单易行，并且进口额与储备额的相关分析已证实两者之间存在一种稳定关系，因此，在 1960 年之后，它已成为一种标准方法，得到了普遍运用。

2. 国际储备/国民生产总值的比例分析法

在开放体制下，各国之间的相互联系更加密切。一般来说，一国的经济规模越大，发展速度越快，对市场的依赖程度也就越大，因此需要更多的国际储备作为后盾。反之，要求的国际储备量就少。当然这项指标是以实现国内平衡为出发点的。

3. 国际储备/外债的比例分析法

这是反映一国对外清偿能力和资信的指标之一，这项指标是从满足国际社会对国内经济的要求角度设计的。

上述三种方法分别从不同角度测定国际储备的适度规模，但正如美国经济学家马克卢普（P. Machlup）所说的那样，从理论和实证的角度来看，没有什么证据可以说明储备与任何变量之间的直接联系。因此,比例分析法对国际储备规模的测算只能作为一种参考数据,在具体估测一国的国际储备适度规模时,还应根据该国经济发展的实际情况、经济的政策目标作出相应的调整。

(三)国际储备适度规模的实现

国际储备适度规模的确定是国际储备规模管理的前提和基本环节,各国如何根据自身条件,疏通和改变以至于开拓国际储备供应渠道,从而实现国际储备的适度规模,这才是国际储备适度规模管理的核心内容。

国际储备的供应包括两个方面:外部供应和内部供应。从国际上看,国际储备的供应取决于国际储备货币国家的国际收支的逆差规模及其持续时间;国际货币基金组织分配给成员国的特别提款权数额;国际资本市场提供的资金等,这些方面一般认为对一国来说具有充分的弹性,同时也是在该国的政策影响范围之外,因此一国实现国际储备适度规模主要考虑其内部供应方面。

从国内来看,国际储备的供应主要有以下几个渠道:

1. 国际收支的顺差是国际储备最主要和最直接的来源

显然,如果一国的经常项目为顺差,而资本净流出较少或是资本净流入,则必然形成该国的国际储备增加;反之,当一国的经常项目为逆差,又没有资本净流入来补偿,则必然使其国际储备减少。

2. 国家干预外汇市场时买进的外汇会增加外汇储备存量

在外汇市场上外汇供应过多,外汇汇率有下跌趋势,而本币汇率有上升势头时,货币行政当局为了维持本国货币汇率,可以抛出本国货币收买外汇,这部分外汇就可列入外汇储备中,增加国际储备。但需要说明的是,靠这种渠道增加储备的只是少数硬通货国家,大多数国家的货币经常处于币值下浮境地,不大可能靠这种渠道增加储备。

3. 一国政府持有的货币黄金的增加可以扩充国际储备

作为国际储备的黄金是货币黄金,其增加主要来自国内收购和在国际黄金市场的购买。20 世纪 70 年代以来,随着黄金非货币化的推进,黄金的地位不断削弱,黄金在国际储备总量中的比重不断减少。从世界范围看,黄金产量有限而黄金其他用途的需求又在逐步增加,因而利用黄金补充国际储备的余地不大。

4. 国际货币基金组织成员国按规定运用普通提款权所得到的贷款也是国际储备的一个重要来源

不过,相对而言,这个部分所占的比重较小而且稳定,因而也很难通过这种渠道来改变国际储备的持有规模。

5. 国际储备的最后一个来源是国际储备资产自身的增值

一国所拥有的外汇及黄金储备资产在国际金融市场上的汇率或金价发生变动时，其价值也将相应发生变化。通过恰当地安排调换外汇储备资产中不同货币的比重，以及根据黄金价格的变动适时地购入和抛出黄金，可以保持国际储备的增值。不过，采取这种方法增加国际储备风险大、可控性差，往往适得其反。

综上分析，一国实现国际储备适度规模的有效途径是调节一国经常项目和资本项目的收支状况，需要扩大国际储备规模时，则采取鼓励出口、限制进口、吸引外资流入的经济政策；反之，则采取膨胀性的经济政策，刺激国内有效需求，鼓励对外投资。

二、国际储备结构的管理

（一）国际储备结构管理的必要性

国际储备资产的管理早已有之，但随着布雷顿森林货币制度的崩溃和浮动汇率制的实行，国际储备管理问题对于各国货币当局或中央银行变得更为突出和重要了。国际储备结构管理的必要性表现在三个方面：

（1）单一的固定汇率制度转变为多种的管理汇率制度，使储备货币的汇率波动频繁，各国金融当局被迫注意货币汇率的变动，采取相应的措施，以避免本国储备资产的损失。

（2）储备资产从单一的美元转变为美元、欧元、日元、英镑等多种储备货币同时并存的局面。不同储备货币汇率趋势与波动不一样，利率水平也高低不同，还有通货膨胀率也存在较大差异，在这种情况下，就必须恰当调度和搭配储备资产的币种构成，以减少损失，增加收益。

（3）随着国际货币制度发生重大变化，国际金融市场也获得长足发展，各种新的金融工具和投资工具层出不穷，这为国际储备资产营运的选择提供了更多的机会，但同时也加大了储备资产管理的难度和复杂性。

（二）外汇储备的币种结构管理

国际储备结构管理包括安排好合适的储备构成和对储备资产进行合理的营运两个方面，这里先分析前面一个问题。如前所述，储备资产主要包括货币黄金、外汇、各成员国在基金组织的储备头寸和特别提款权等四个部分，其中，后两个部分各国无法自主增加，况且它们各自在国际储备中的比重较低，起的作用也较弱。而黄金储备虽然一直是国际储备的主要组成部分，但由于产量低、持有成本高和流动性差等因素，它在国际储备中所占比重有不断下降的趋势，加上各国的黄金储备政策基本上比较稳定，因此，各国安排合适的国际储备构成，实际上主要是外汇储备的币种结构管理问题。

可以肯定的是，对于一国而言，储备货币的多元化是一种趋势，因为只有币种分散化、多元化才能减少甚至避免由于持有单一货币所遭受的汇率变动带来的损失。问题是在多元化的前提下，各国如何将各种货币按其汇率的升降变动加以合理搭配，才能保证外汇储备较高的收益，把风险降低到最低限度。

一般来说，各国在确定外汇储备币种结构时应该遵循或参考以下原则：

(1) 及时了解储备货币发行国的经济、金融状况，包括该国经济、金融实力、货币供给量、经济发展趋势、国际收支动态等。这是因为，一国货币的汇率主要受这些因素影响。通过了解上述因素的发展状况，就可以较准确地预测各储备货币汇率变动的中、长期趋势。

(2) 从短期来看，汇率受利率以及政治、经济等偶发事件的影响很大，因此应注意主要储备货币发行国家的利率动向，同时也应密切注视世界上“热点”地区事态的发展，这对避免某些储备货币的贬值风险有重大意义。

(3) 根据本国对外贸易的地区结构及其金融支付对储备货币的需求作出选择。国际储备是国际收支的准备金，因此，分析外贸商品的流向、数量及历来的支付惯例，力求使外汇储备币种结构与国际支付所使用货币的结构相一致。

(4) 选择储备货币的结构还应考虑在外汇市场上为支持本国货币汇率，实行干预时所需货币的类型和规模。国际储备的作用之一就是干预外汇市场，尤其是在本国货币受到某种储备货币的冲击、汇率趋于下跌时，为了使本币汇率趋于稳定，金融当局必须抛售该种储备货币换购本国货币以支持本币的汇率，这就要求一国在外汇储备中该储备货币应保持一定的存量。

(5) 储备货币的持有除了追求安全因素之外，还需使之尽可能有盈利，即尽可能多地持有一些盈利性较高的储备货币。而在现实情况下，高收益和低风险往往是不相容的。那么如何在收益和风险之间确定一个最佳的币种结构呢？下面我们将利用美国经济学家托宾(Tobin)提出的资产选择理论对此作一分析。

(三) 确定外汇储备币种结构的“均值—方差”分析法(Mean-Variance)

“均值—方差”分析法是托宾提出的资产选择理论应用的基本方法之一。托宾的资产选择理论所要解决的问题是：在众多金融工具和投资方式的前提下，人们应以何种方式持有手中的资产才能达到风险最小、收益最大的效果。其基本思想是:为了降低资产的风险,必须将资产在多种有价证券之间进行分散,实现最优的资产组合。具体我们可以用图 6.2 简要说明资产选择理论的原理。

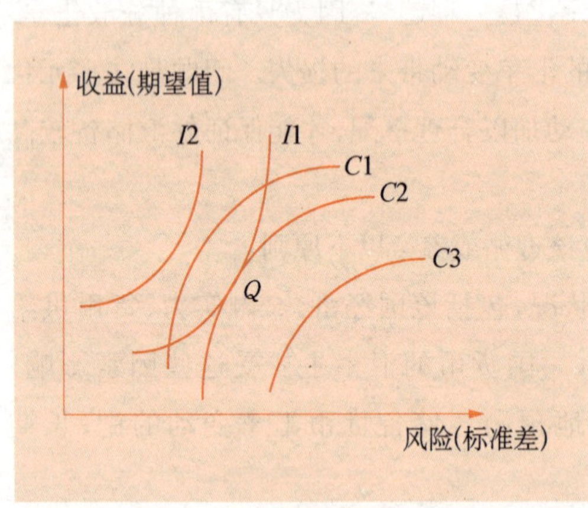

图 6.2 资产选择图

图 6.2 中,$I2$、$I1$ 为收益—风险无差异曲线,表示在同一条线上任何一点的效用相等,$I2$ 的效用高于 $I1$。$C1$、$C2$ 为有效资产曲线,表示在给定的一定资本的条件下,可能得到的各种资产的组合。按照资产选择原理,经济主体选择的最适点便是无差异曲线与有效资产曲线的相切点 Q,Q 点所代表的资产组合表示在一定资本总额条件下效用达到最高的资产结构组合。

资产选择理论中最常用和最主要的方法是"均值—方差"分析,在这一分析法中,资产组合的预期收益以每一种资产预期收益的加权平均表示,即:

$$Ep = \sum_{i=1}^{n} WiEi \tag{6.1}$$

其中,Wi 为第 i 种资产在整个资产组合中的比重,Ei 为第 i 种资产的预期收益,Ep 为资产组合的预期收益。资产组合的风险则由预期收益的方差表示:

$$Vp = \sum_{i=1}^{n} \sum_{j=1}^{n} WiWjCij \tag{6.2}$$

这里,Vp 为资产组合的风险,Cij 为第 i 种资产预期收益与第 j 种资产预期收益之间的协方差:

$$Cij = E\{[i-E(i)][j-E(j)]\} = E(ij) - E(i)E(j) \tag{6.3}$$

为了确定各种资产在总资产中所占的比重 Wi,我们引进条件极值函数,即拉格朗日函数:

$$L = Vp + \lambda_1(1-\sum_{i=1}^{n} Wi) + \lambda_2(Ep - \sum_{i=1}^{n} WiEi) \tag{6.4}$$

根据拉格朗日函数求极值的方法,只要对函数求偏导并令其分别为 0,得到:

$$\begin{cases} \dfrac{\partial L}{\partial Wi} = 0 \\ \dfrac{\partial L}{\partial \lambda_1} = 1 - \sum_{i=1}^{n} Wi = 0 \\ \dfrac{\partial L}{\partial \lambda_2} = Ep - \sum_{i=1}^{n} WiEi = 0 \end{cases} \tag{6.5}$$

以上三个公式组成方程组(6.5),有 $n+2$ 个方程,$n+2$ 个未知数,可联立求出唯一解(W_1, …, Wn, λ_1, λ_2),从而确定出各种资产在总资产中所占的比例。

假若把每种储备货币看作一国持有外汇储备可选择的资产,则我们可以应用上述"均值—方差"分析法来确定合理的外汇储备币种分配。例如,假定有五种可供选择的储备货币:美元、日元、欧元、瑞士法郎和英镑。根据"均值—方差"分析的基本思想,首先必须确定这五种储备货币各自的收益率。我们知道,外汇储备的具体形式很多,包括政府在国外的短期存款或其他可以在国外兑现的支付手段,如外国有价证券、外国银行的支票、期票、外币汇票等。如果要对这各类资产的收益进行精确计算,这不可能也无必要,由于外汇储备多以短期资产的形式持有,我们可分别用三个月伦敦市场同业拆放利率(LIBOR)来表示这五种外币资产的名义收益率。用 LIBOR 这一有代表性的利率反映每种外币资产的名义收益率,既能较为准确地反映外币资产短期内的收益趋势,又为建立模型带来了方便。

但是对于外币资产而言,实际收益率还受汇率波动的影响,即在"均值—方差"分析法中,收益指标还必须纳入汇率变动因素,那么怎样反映汇率变动呢?众所周知,特别提款权是一种篮子货币,币值相对较稳定,因而,我们可将这五种货币的汇率分别用特别提款权来表示,然后计算出汇率变动率,这样得到的汇率变动率具有可比性。

假定各种货币的 LIBOR 为 $I(i)$,汇率变动率为 $r(i)$,则储备货币的实际收益率 $R(i)$ 为:

$$R(i) = I(i) + r(i) \tag{6.6}$$

这样就可得出每种货币在某一时期的实际收益情况,根据资产选择理论的"均值—方差"分析法,我们建立一套模型,在计算机的帮助下,求出这五种储备货币在资产组合中所占的大致比例。

利用"均值—方差"分析决定的外汇储备币种分配组合将使整个外汇储备资产的风险降至最低,实现最优资产组合。当然这个结果的科学性有待验证,根据不同的统计数据,利用不同的处理方法和技术,有可能得出相差很大的比例数据。另外,从理论上说,根据"均值—方差"分析所确定的外汇储备币种分配组合应该对世界各国都适合,但从目前各国中央银行持有的储备资产币种分配的资料来看，各国外汇储备的币种分配差异很大，也几乎没有任何国家是完全按照资产选择理论的要求来分配其外汇资产份额的，这主要是因为，各国在确定储备币种分配时并不把风险和收益放在首要地位，而主要是从本国的内外部经济状况出发，尤其是从储备执行的职能方面进行考虑。我们知道，外汇储备的主要职能在于清偿国际收支逆差和干预外汇市场以维持本国货币的汇率，因此，中央银行持有外汇储备进行资产分散的目的主要在于能够迅速方便而有效地实现储备的职能，降低风险和扩大盈利只是属于次要的考虑，这就使得中央银行不可能完全按照纯粹的资产选择模式进行外汇储备的币种分配。

（四）国际储备的营运或资产形式管理

一国在已确定外汇储备的币种分配组合以后，接下来需要考虑的就是，对所选择的任何一种储备货币的资产采取何种方式来持有（或投资）。我们知道，一国的外汇储备资产的保存一般并非在国内，而是体现在国外银行存款、股权及其他有价证券等外币资产上，一国采用何种组合的保值投资方式将直接关系到该国储备资产的盈利与风险，因而，20 世纪 70 年代以来，随着国际金融的动荡不定，外汇储备资产营运管理也成为国际储备管理中越来越主要的内容。

外汇储备资产营运管理的关键在于如何权衡流动性、安全性和盈利性。一般情况下，任何一种投资方式都不能同时具备较高的流动性、安全性、盈利性。如将外汇储备资产存放于国外银行的活期账户，虽能使外汇储备资产有较强的流动性，但却达不到盈利性的要求，因为活期账户存款一般没有利息或只有低息。再如，将外汇储备资产运用在收益较高的证券投资上，虽能获得较多的盈利，但证券投资与活期存款比较起来，流动性较差，风险较大。因此，在外汇储备存量一定时，应在流动性、安全性和盈利性之间作出利弊得失的权衡，如图 6.3 所示。

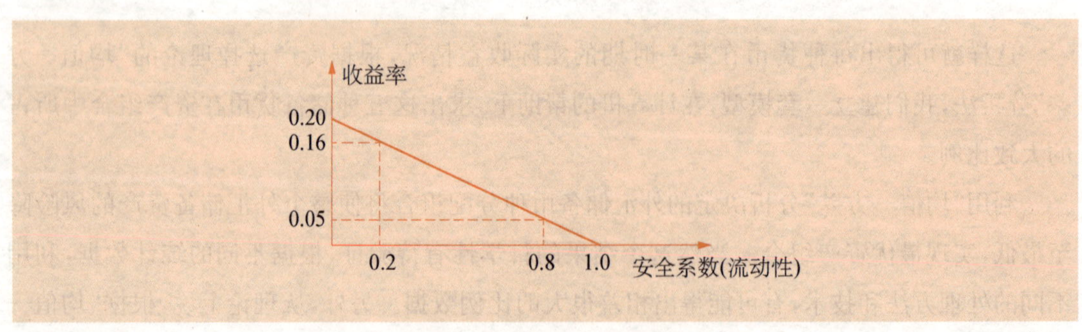

图 6.3 储备资产的流动性、盈利性关系图

图中 X 轴为安全性系数（或流动性系数），其最大值约为 1，Y 轴为盈利性系数。资产组合轨迹是一条斜率为负值的曲线，表明流动性、安全性与盈利性呈反方向变动的关系。当收益率达到最高时，安全系数为零；反之，当安全系数为最大值时，收益率为零。在这两个极端之间的任何一点，都不同程度地兼顾了流动性、安全性和盈利性。一个国家采取哪种组合，要依照具体情况而定，如该国的生产季节性对进出口的影响、国际借贷市场的发达程度、证券投资的选择对象、比例，以及该国的资信等。

另外，值得一提的是，上述的"均值—方差"分析法同样也适用于外汇储备资产的营运管理中，具体从略。

第四节　中国的国际储备问题

一、中国国际储备的发展及其构成

在改革开放之前，我国对外实行闭关锁国，对内实行高度集中的计划经济体制，既无内债，又无外债；对外贸易坚持进口与出口平衡并略有盈余的政策，因此，国际储备在我国经济生活中的重要性不大。党的十一届三中全会以后，我国开始实行改革开放政策，对外经济贸易往来和吸收利用国外资金不断扩大，国内的外贸体制和外汇管理体制不断推进，国际储备在国民经济建设中的重要性日益突出。1980 年 4 月 17 日，我国恢复在国际货币基金组织中的合法席位。1981 年我国正式对外公布国家黄金外汇储备，其中以国家黄金库存中划 400 吨（约含 1 267 万盎司）黄金作为国际储备中的黄金储备部分，外汇储备则由国家外汇库存和中国银行外汇结存两部分构成。国家外汇库存是指国家通过中国银行的运营资金，即中国银行的自有外汇资金，加上它在国内外吸收的外汇存款与对外借款，再减去它在国内外的外汇贷款与投资之后的余额。为同前述国际货币基金组织关于外汇储备的概念接轨，我国从 1993 年起将外汇储备的统计口径改为仅指国家外汇库存。

我国国际储备的构成，同国际货币基金组织的其他成员国一样，包括黄金储备、外汇储备、在基金组织的储备头寸和特别提款权等四个部分。具体如表 6.7 所示。

表 6.7 中国的国际储备构成

	黄金储备（万盎司）	外汇储备（亿美元）			在 IMF 的储备头寸（亿 SDR）	SDR 的余额（亿 SDR）
		国家外汇库存	中国银行外汇结存	总额		
1979 年	1 280	8.4	13.14	21.54	—	—
1980 年	1 280	−12.96	35.58	22.62	1.5	0.72
1981 年	1 267	27.08	20.65	47.73	—	2.36
1982 年	1 267	69.86	41.39	111.25	—	19.4
1983 年	1 267	89.01	54.41	143.42	1.68	3.20
1984 年	1 267	82.20	62.00	144.20	2.61	4.14
1985 年	1 267	26.44	92.69	119.13	3.03	4.40
1986 年	1 267	20.72	84.42	105.14	3.03	4.65
1987 年	1 267	29.23	123.13	152.36	3.03	4.51
1988 年	1 267	33.72	141.76	175.48	3.03	4.36
1989 年	1 267	55.50	114.72	170.22	3.03	4.11
1990 年	1 267	110.93	175.01	285.94	3.03	3.95
1991 年	1 267	217.12	209.53	426.25	3.03	4.04
1992 年	1 267	194.43	—	194.43	5.51	3.05
1993 年	1 267	211.99	—	211.99	5.13	3.52
1994 年	1 267	516.20	—	516.20	5.19	3.69
1995 年	1 267	735.97	—	735.97	8.185	3.92
1996 年	1 267	1 050.49	—	1 050.49	9.71	4.27
1997 年	1 267	1 398.90	—	1 398.90	16.82	4.47
1998 年	1 267	1 449.60	—	1 449.60	25.23	4.80
1999 年	1 267	1 546.75	—	1 546.75	16.84	5.40
2000 年	1 267	1 655.74	—	1 655.74	14.62	6.13
2001 年	1 608	2 121.65	—	2 121.65	20.61	6.77
2002 年	1 929	2 864.07	—	2 864.07	31.88	8.2
2003 年	1 929	4 032.51	USD/SDR	4 032.51	22.56	7.41

续　表

	黄金储备（万盎司）	外汇储备（亿美元）			在 IMF 的储备头寸（亿 SDR）	SDR 的余额（亿 SDR）
		国家外汇库存	中国银行外汇结存	总额		
2004 年	1 929	6 099.32	1.535 9	6 099.32	21.62	8.10
2005 年	1 929	8 188.72	1.419 3	8 188.72	9.80	8.80
2006 年	1 929	10 663.44	1.481 3	10 663.44	7.29	7.51
2007 年	1 929	14 969.06	1.584 6	14 969.06	5.30	7.52
2008 年	1 929	19 460.30	1.476 9	19 460.30	13.75	8.12
2009 年	3 389.00	23 991.52	1.602 7	23 991.52	27.34	78.05
2010 年	3 389.00	28 473.38	1.552 0	28 473.38	41.21	79.54
2011 年	3 389.00	31 811.48	1.556 2	31 811.48	62.88	76.18
2012 年	3 389.00	33 115.89	1.525 5	33 115.89	53.59	74.44
2013 年	3 389.00	38 213.15	1.531 0	38 213.15	46.11	72.98

注：由于外管局的数据都是以美元为单位的，且只有 2004～2013 年的数据，为了和前面的数据吻合，笔者把头寸和 SDR 的美元数据转换成以 SDR 为单位。USD/SDR 的数据也源于外管局。用以美元为单位的数据除以“USD/SDR”，得到 2004 年以后的以 SDR 为单位的头寸和 SDR 余额数据

资料来源：2004 年之前的数据源自《2008 年中国统计年鉴》、IMF《国际金融统计》2008 年年报；2004 以后的数据依据中华人民共和国国家统计局、国家外汇管理局的数据整理

从表 6.7 中可以看出，我国的国际储备具有以下几个特点：

（一）黄金储备的数量较稳定

我国的黄金储备除 1979 年和 1980 年为 1 280 万盎司外，1981～2000 年均为 1 267 万盎司，之后略有提高，2009 年我国的黄金储备达到 3 389 万盎司，有较显著的增加，至今仍维持这个数值。这表明，我国执行的是稳定的黄金储备政策。

（二）外汇储备的增长呈现曲折和迅猛的特点

在 1979 年时，我国国家外汇库存只有 8.4 亿美元，到 1983 年迅速增长到 89.01 亿美元。之后由于国内学术界掀起一场讨论所谓“储备过多”的热潮，我国金融当局在储备政策上出现失误，导致我国外汇储备迅速递减，到 1986 年只有 20.72 亿美元，从 1987 年又开始逐渐上升，1989 年时达 55.5 亿美元；1990 年开始猛增，跃升为 110.93 亿美元，到 1991 年达 217.12

亿美元。从 1994 年开始，我国外汇储备直线增长，从 1993 年底的 212 亿美元，增至 2003 年的 4 032.51 亿美元和 2013 年的 38 213.15 亿美元，分别增长了 18 倍和 170 倍。导致 1994 年以来外汇储备剧增的原因主要在于外汇体制改革。在新的外汇体制下，企业外汇实行结售汇制度，外汇储备的增减是通过结售汇差额、资本项目差额和中央银行在外汇市场的买卖活动所决定。近几年来，国内外汇市场基本出现外汇供大于求的局面，人民币处于缓慢升值通道，中国人民银行为了稳定人民币汇率，在外汇市场大量地买进外汇，缓和外汇市场外汇供给过多的状况，我国的外汇储备也因此急剧增加。

（三）在国际货币基金组织的储备头寸和特别提款权在我国的国际储备中不占重要地位

这种状况的形成主要是因为目前我国经济实力还不够强大，向国际货币基金组织缴纳的份额也不多，从而决定了我国持有的在国际货币基金组织的储备头寸与分配的特别提款权数量不大。

二、中国国际储备的管理

从 20 世纪 50 年代到 70 年代，我国的国际储备管理十分简单，当时国内实行"大一统"的金融体制，黄金和外汇储备全部由中国人民银行统一管理。

我国实行改革开放政策后，国内经济形势发生了重大变化，对外经济往来迅猛发展，国际收支规模逐年扩大，我国的国际储备管理体制也相应地发生了一些变化，对于黄金储备、特别提款权和普通提款权由中国人民银行集中管理并经营；对于外汇储备，由中国人民银行统一管理，其中的主要部分由中国银行负责经营，另外的一小部分由国家外汇管理局负责经营。

国际储备管理的重要内容包括建立健全的国际储备管理体制、国际储备水平的管理和储备资产的管理三个方面。在我国的国际储备中，黄金、特别提款权和普通提款权在一定时期内是比较固定的，对国际储备管理的重点在于外汇储备部分。

（一）外汇储备水平的管理

如前所述，在测定一国国际储备的适度水平时，最基本的方法是比率分析法。以 2001 年为例，根据特里芬的进口比例分析法：一国的国际储备应与它的贸易进口额保持 25%的比例水平，可以得出中国 2001 年外汇储备应维持在 680 亿美元左右，但我国的外汇储备水平仅仅 680 亿美元水平是远远不够。因为特里芬所选择的国家样本大都属于没有外债的，而我国属于发展中国家，利用外资是一项基本国策，因而我国外债规模也连年扩大。2001 年我国外债余额已达 1 701 亿美元，为了避免偿还债务危机的出现，按外债余额的 10%计算，中国至少还应增加170亿美元的额外储备。如果再考虑到2010年左右实现人民币在一定程度上的可自由兑换，在这个战略前提下，我国外汇储备还应再大一些。因为一国要保证某货币的自由兑换必须具有强大的外汇储备，没有一个足够的外汇储备很难保证币值的稳定。

（二）储备资产的管理

长期以来，我国储备资产结构很不合理，它表现在两个方面：一是外汇储备币种构成不合理。中国选择外汇储备的币种尽管也采取国际上通用的“一篮子货币”法，但在具体操作中，由于长期购买力平价的影响，选择货币时忽视了其他因素的作用，而在复杂的国际金融机制作用下，货币汇率的升降往往受制于多种因素，单一的购买力因素决定汇率论所选择的外汇储备货币，往往带有极大的不合理性。目前，我国外汇储备币种，美元占的比重过大，而其他币种如日元、欧元、英镑等所占比重极小，一旦国际外汇市场稍有风吹草动，我国储备资产就面临亏损的风险。二是国际储备资产的营运缺乏流动性、增值性。目前，我国的黄金储备基本上以一种物资形式储藏在中央银行金库中，既无自然损耗，又无流动，也没有增值。数以亿计的外汇储备存在国外银行，获取微不足道的利息。进入21世纪以来，整个国际金融市场动荡频繁，这使得加强对我国国际储备资产结构的管理变得越来越重要。

加强对我国国际储备结构的管理，主要可以从以下两个方面入手：

1. 采用“通蓝货币”方式，优化外汇储备币种构成

为了优化外汇储备币种构成，我们应借鉴国际上通用的“通蓝货币”法，根据要求保值的程度，排除单一结构，建立以较坚挺货币为主的多元货币储备结构，并根据不同时期，不同国家的不同情况，适当调整货币权数，把中国与对外贸易国、举债国的数量、付汇情况和货币储备当量结合起来，把币种构成与储备币种国家的经济、金融、汇率、利率等变动趋势结合起来。同时加强调研、情报搜集预测工作，建立币种构成灵活调整运行机制。

2. 合理搭配外汇储备的有价证券和其他金融资产的结构

对有价证券，要注意其票面币种构成，出证人的资信情况，及时评估证券市场行情，适时适度调整有价证券与其他金融资产的结构，使其分属多个国家、多家公司、多种币种，以形成多元结构，从而分散风险，确保结构处于优化状态。

（三）建立健全国际储备管理体制

目前，我国国际储备管理体制很不完善，主要表现在：缺乏统一、集中的管理机制，国际储备几个组成部分分属不同的管理主体，内容关系复杂（如图6.4所示），缺乏科学的总量目标和随机管理；过去多年来外汇储备管理具有外汇管理色彩，国际储备资产管理水平落后，

这种管理体制致使我国的国际储备管理一管即死，一放就乱，有待于改善。

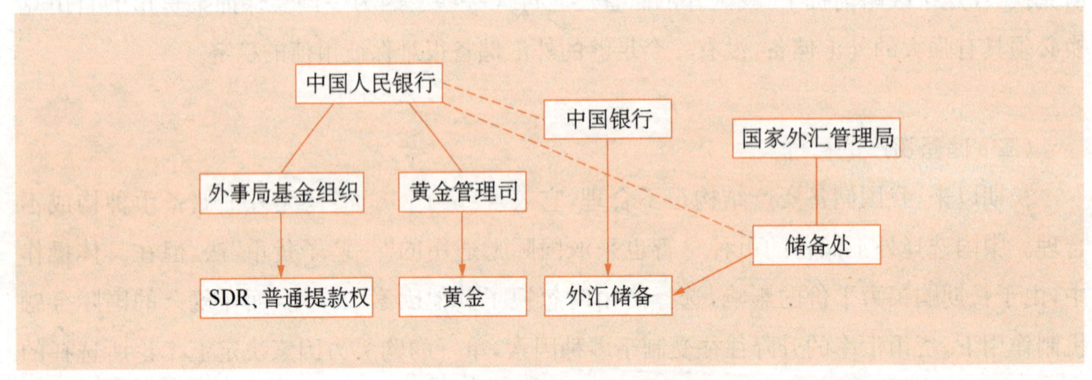

图 6.4 中国国际储备现行管理体制

注：实线代表从属关系，虚线代表间接关系

建立完善的国际储备管理体制，应根据世界各国国际储备管理的惯例和我国的具体情况，从以下几方面着手：由中国人民银行成立国际储备处或类似机构，集中对储备资产进行管理；实行外汇移存制度，使外汇储备最终集中在中国人民银行；以国家外汇库存为核心，逐步建立国家外汇储备基金；国家外汇储备由中国人民银行统一管理，但可以指定专业银行代理和经营外汇储备；中国人民银行负责决定中国国际储备规模、各种储备资产的比例、储备币种分配及国家动用和经营国际储备的原则；扩大外汇储备的投资范围，但要注重防范投资风险；扩大外汇储备使用领域；外汇储备投资要配合国家经济金融政策。

小 结

1. 国际储备是一国具有的现实的对外清偿能力，而国际清偿能力则是该国具有的现实的对外清偿能力与可能具有的对外清偿能力的总和。

2. 货币黄金作为国际储备的地位逐步下降，但完全退出国际储备的历史舞台还有一个相当长的时期。

3. 特别提款权是一种依靠国际纪律而创造出来的储备资产，它的分配是无偿的，它具有价值尺度、支付手段、储藏手段等职能，但不具备流通手段的职能。

4. 储备货币多元化既是世界经济发展的必然，也是 20 世纪七八十年代以来发展中国家和发达国家态度转变的结果。

5. 国际储备适度规模的管理包括适度规模的确定和适度规模的实现。

6. 国际储备合理结构的确定可利用“均值—方差”分析法。

思考题

1. 什么是国际储备？它与国际清偿能力是怎样的关系？
2. 简述国际储备的作用。
3. 简述国际储备的构成及其发展变化。
4. 简析国际储备货币多元化形成的原因。
5. 简述国际储备货币多元化的利弊。
6. 为什么一国的国际储备水平必须保持适度？
7. 简述影响一国国际储备适度规模的因素。
8. 简述一国国际储备结构管理应遵循的原则。
9. 简述我国国际储备管理中存在的问题及改进的措施。

第七章

国际金融市场

第一节 国际金融市场概述

一、国际金融市场的概念

金融的核心是资金融通,也就是资金的借贷关系,资金借贷的结果便会产生货币借贷关系,因经常发生多边资金借贷关系而形成的资金供求市场,就是金融市场。如果金融市场上的资金借贷发生在本国居民之间,而不涉及其他国家居民,就是国内金融市场;如果资金借贷涉及其他国家,超越国境而以国际性规模进行,这就是国际金融市场。由此可见,国际金融市场就是居民与非居民之间,或者非居民与非居民之间进行国际借贷的信用市场,比如伦敦市场、香港市场、东京市场都是非居民可以参加的国际金融市场。

国际信贷关系,是借贷资本国际运动的表现形式和结果,因此,在国际金融市场上,国际信贷关系的产生意味着借贷资本在国际间进行着移动。国际金融市场为这种国际资本移动服务,并由此促进着国际信贷关系的发展。所以,国际金融市场实质上是国际信贷关系产生和国际借贷资本移动的中介。

国际金融市场绝大多数是一个没有固定地点的市场,即无形市场,这个市场由众多经营国际货币金融业务的机构组成,业务活动一般都是通过电话、电报、电传等现代化的通信工具来进行。当然,国际金融市场也有有形市场,譬如各国的证券交易所等。

二、国际金融市场的产生及发展

国际金融市场是在资本主义国际经济关系的发展中产生和发展起来的。在资本主义初期,由于资本主义商品生产和交换的发展,国际贸易逐渐成为资本主义国际经济关系的重要组成部分。随着资本主义各国对外贸易的不断发展,产生了各国铸币的兑换业,后来又产生了汇兑银行。马克思曾经指出:“货币经营业,即经营货币商品的商业,首先是从国际交易中发展起来的。自从各国有不同的铸币以来,在外国购买货物的商人,就得把本国铸币兑换成当地铸币和把当地铸币兑换成本国铸币;或者把不同的铸币同作为世界货币的、未铸币的纯银或纯金相交换,由此就产生了兑换业,它应被看作是近代货币经营业的自然基础之一。汇兑银行就是从兑换业发展而来的。"[①]但是,由于当时的资本主义国家经济关系仅仅是贸易关系,还不存在国际经济合作与技术合作,资本的国际移动尚在萌芽时期,资本积累规模较小,因而还不具备产生国际金融市场的客观条件,即资金的国际借贷在当时一般说来是不存在的。

18世纪中期以后,资本主义工业革命在英国和其他资本主义国家先后发生,工业革命的直接后果是资本主义生产方式的最终确定和商品生产的急剧扩大,推动了资本主义国际贸易的迅速发展;同时,借贷资本大量过剩,国际借贷获得大规模发展,形成了像伦敦、纽约等这样的国际金融中心。

但是,直到第二次世界大战以前,各国金融市场实际上都是国内市场,它们受各国政府政策、法令的管辖,即使像伦敦和纽约这样的国际金融中心,外国人可以在这里发行债券,筹集资金,但是这种市场上的借贷关系,通常是国内贷款人与外国借款人之间的交易,本质上是一种资本输出的形式,只是在外国人可以筹款这一点上它是国际性的,因此,这种金融市场还不能说是真正的国际金融市场。

真正的国际金融市场是在第二次世界大战以后产生的。战后,资本主义世界经济发生了深刻的变化,经济国际化获得了巨大发展。首先,战后兴起的科学技术革命和生产力的发展,把资本主义生产的社会化提高到一个新的阶段,即生产国际化的阶段,生产的国际化使资本主义生产越出国界,在世界范围内实行广泛的国际生产专业化和协作。其次,随着战后资本主义国家生产和消费间矛盾的发展,市场问题日趋严重,垄断资本争夺销售市场的斗争不断激化,促进了市场国际化的迅速发展。再次,生产国际化和市场国际化,又推动了资本国际化的迅速发展,国外投资和国际流动资本达到前所未有的巨大规模,这在客观上就需要一个发达的、有效的国际金融市场融通资金。

战后资本主义经济国际化的巨大发展,加深了各国经济的互相依存,进一步密切了各国的经济关系。不论是生产国际化的发展还是市场国际化的发展,都促进了国际贸易和各个领域经济关系的发展,在资本主义制度下,一切经济关系都是资本关系的体系,一切经济贸易关系最终都要通过货币进行结算和支付,因此,各国经济关系越是密切,越是相互依赖,其金融货币关系必然越是发展。生产国际化要求增加国外投资,这就促进了国际资本的流动;市场国际化引起国际贸易的巨大发展,从而不可避免地导致对贸易融资需求的急剧增加,生产领域和流通领域的这种要求,必然促进金融领域资金借贷的增长。因此,生产国际化、市场国际化和资本国际化就成为金融市场国际化的客观基础。战后,以欧洲货币市场为主体

① 马克思:《资本论》第三卷,《马克思恩格斯全集》第25卷,第354~355页。

的国际化的金融市场正是适应资本主义经济国际化的客观要求而成长起来的。

20世纪50年代末期欧洲货币市场的产生，标志着金融市场国际化进入最新阶段。这种新型的国际金融市场突破了传统国际金融市场受到的所在地区政府法令的约束，也不局限于国际贸易和国际清算业务汇集地的条件限制，它使许多原来并不重要的地区发展成为重要的国际金融中心，如卢森堡、拿骚、巴拿马、巴林和开曼群岛等。由于欧洲货币市场的业务活动不受任何一国法令的限制和约束，因而被称为境外金融市场或离岸金融市场(off Shore Market)。20世纪60年代末期亚洲美元市场的形成，使欧洲货币的业务范围从欧洲、北美洲扩大到亚洲。

三、国际金融市场的结构

国际金融市场是国际间各种金融业务活动的领域，国际金融业务活动十分广泛，它包括长短期资金的借贷，外汇、证券与黄金的买卖，以及各种票据的贴现，国际间债权债务的清偿等一系列经济交易。随着世界经济和国际金融的发展，国际金融市场也发生了很大变化，国际金融市场是由不同内容的市场所构成的，它们可分为传统的国际金融市场和境外国际金融市场两种类型。其构成按不同的标准分成以下几类。

(一) 按照资金融通期限长短，可分为货币市场和资本市场

货币市场又称资金市场，它指资金借贷期限为1年和1年以内的短期资金交易市场，它包括银行短期信贷市场、贴现市场和短期票据市场。资本市场是指借贷期限为1年以上的长期资金交易市场，它包括银行中长期贷款市场和证券市场。

(二) 按照经营业务的性质和种类，可分为货币市场、资本市场、外汇市场和黄金市场

严格地讲，国际金融市场与外汇市场是不同的，外汇市场经营外汇的买卖，而国际金融市场则主要是进行外币的存放借贷业务，它是信用市场，但是这种国际信贷活动，往往又同外汇交易紧密地交织在一起，所以广义地说，国际金融业务活动就不仅包括资金借贷，而且包括外汇、证券和黄金的买卖等。

四、国际金融市场的作用

国际金融市场是世界经济的重要组成部分，它对世界经济的发展既有积极作用，也有消

极作用。国际金融市场对世界经济主要有以下几点积极作用。

（一）促进生产国际化的进一步发展

这是因为国际金融市场为跨国公司的跨国经营提供了各种各样的便利，具体表现在：(1)国际金融市场是跨国公司获取外部资金的最主要来源。(2)国际金融市场为跨国垄断组织进行资金调拨提供了便利条件。(3)国际金融市场是跨国公司存放暂时闲置资金的场所，也为跨国银行进行贷款活动和获取丰厚利润提供了条件。

（二）促使国际金融渠道畅通，为各国经济发展提供了资金

由于世界各国经济发展的不平衡，一方面有的国家产生了大量的闲置资本和货币储备，需要理想的生息获利的投资场所，另一方面有的国家资金严重短缺，需要利用市场来筹集资金，引进先进技术和设备，发展本国经济。国际金融市场的存在，促使国际金融渠道畅通，成为了国际借贷资本理想的集散地，同时满足上述两类国家的需求，从而推动了整个世界经济的发展。

（三）在调节国际收支方面具有不可忽视的作用

战后国际金融市场日益成为各国外汇资金的重要来源，不仅私人企业、跨国公司经常利用国际金融市场融通外汇资金，而且国际收支出现逆差的国家也越来越多地利用国际金融市场的贷款来弥补赤字。这虽然不能从根本上解决一国的国际收支失衡问题，但可以缓和该国国际收支调节政策对其经济的冲击。另一方面，国际金融市场还可通过汇率变动来影响国际收支，因为国际收支不平衡会引起外汇供需的变化，从而造成外汇汇率变动，而外汇汇率的变动又可以调节国际收支，使之恢复均衡。当然，国际金融市场对国际收支的这种均衡作用，是一个缓慢的过程。

（四）促进银行信用国际化的发展

国际金融市场的主要参加者由世界各国经营外汇业务的银行以及其他金融机构组成，国际金融市场通过各种业务活动，把各国的金融机构有机地组合在一起，使世界各国的国内银行信用发展成为国际间的银行信用，推动了银行国际化的进程。

（五）为贸易双方融通资金，促进国际贸易的发展

国际贸易双方通过国际金融市场进行外汇买卖、国际结算、证券交易，既可以管理各自

可能遇到的汇率变动的风险，又为贸易双方融通了资金，促进了国际贸易的发展。

但是，国际金融市场对世界经济的发展也有消极作用，主要表现在：导致汇率波动，为货币投机创造了条件；大量资本在国际间流动，不利于有关国家执行自己制定的货币政策；造成国际储备的自发增长，使得官方清偿能力的数量和构成更加难以控制；它还会加剧世界通货膨胀。

总之，国际金融市场作为国际信贷中介，对世界经济有着复杂的影响，它的作用既有积极的一面，也有消极的一面，这种两重性，随着欧洲货币市场的产生和发展出现了更加复杂的情况，为此，近几年来西方国家逐渐加强了对国际金融市场的管理。

第二节　欧洲货币市场

一、欧洲货币市场的概念

欧洲货币市场(Euro-Currency Market)是当前国际金融市场的核心，其实质是以欧洲银行为中介的资金存放行为，即银行之间和银行与非银行之间的借贷市场，其一般含义是指货币在原发行国领土以外流通、交换、存放、借贷和投资的国际资金市场，欧洲货币市场非常复杂，它涉及许多概念，为了能更好地理解欧洲货币市场的概念，先作几点说明：

(1) 欧洲货币市场产生于欧洲，但并不仅限于欧洲，现在已扩展到亚洲、北美洲、拉丁美洲，例如日本、加拿大、巴林、新加坡、中国香港、巴拿马等离岸金融中心也经营欧洲货币的借贷业务。目前，欧洲货币市场已不再是一个地区性市场，实际上已成为全球性的货币市场。所以，国外有人称它为“国际货币市场”(International Money Market)、“境外货币市场”(External Money Market)、“超级货币市场 ”(Super Money Market)和“外币借贷市场”(Lend—Currency Market)等，不过大多数人习惯上还是用欧洲货币市场或欧洲市场(Euro Market)。

(2) “欧洲货币”(Euro Currency)表示在发行国以外银行中存贷的、以相应货币命名的资金。如欧洲日元是指在日本以外银行中存贷的日元，不论这些银行是外国人开设的，还是日本银行的国外银行。同样，欧洲英镑是指在英国以外银行中存贷的英镑，其余依此类推。欧洲美元是最先出现的一种欧洲货币，由于这类美元的存贷业务最初出现在欧洲市场上，并且不受美国金融法令的管辖，为了区别一般美元，便称为“欧洲美元”。可见，任何一种欧洲货币与其原币种是相同的，只是存贷地点不同。“欧洲货币”中“欧洲”(Euro)一词，其实质是指“非国内的”或“境外的”。欧洲货币显然也不一定是欧洲国家发行的货币。

(3) 欧洲货币市场是由众多的欧洲银行经营欧洲存贷款业务而形成的信贷市场。它同其他信贷市场一样不同于外汇市场，外汇市场是买卖不同国家货币的市场，例如，用美元购买欧元，或用日元购买美元等。而货币市场是一种借贷市场，发生关系的是存款人(通过银行)和借款人，使用的货币通常是一种货币，如存款人存入美元，借款人借取的也是美元。当然欧洲货币市场与外汇市场有着密切的联系。

(4) “欧洲银行”(Euro Bank)是指经营所在国货币以外的一种或几种货币存贷款业务的银行，它是经营欧洲货币业务的银行的总称。例如，设在伦敦的某家银行，如果它是在经营英镑以外的其他货币，如日元、美元等存款、贷款业务，那么，它便是一家“欧洲银行”。因此，“欧洲银行”既不一定是欧洲人开设的银行，也不一定是指开设在欧洲地区的银行。当然，一般来说，任何银行的业务都不是单一的。所谓“欧洲银行”，更确切地说，是银行中经营欧洲货币业务的部、处、分行等的总称。

二、欧洲货币市场的形成和发展

欧洲美元市场是最早出现的欧洲货币市场，一般认为，欧洲美元市场是 1957 年开始在伦敦出现的。因为，从这一年起伦敦银行开始有系统地经营美元的存款和放款业务，1957 年英镑发生危机，英格兰银行为了保卫英镑，宣布把利率提高到 7%，同时加强外汇管制，禁止伦敦商业银行把英镑借给英镑区以外的国家作为外贸筹款之用，伦敦商业银行为了牟利，开始系统地吸收美元存款，并把它借给那些需要贸易资金的人，这样，一个在美国以外的美元信贷市场就在伦敦出现。

在欧洲货币市场产生的初期，它的规模不大。1957 年底，欧洲美元存款大约只有 10 多亿美元，1959 年底也不超过 15 亿美元。到了 20 世纪 60 年代，欧洲货币市场才开始迅速发展起来。20 世纪 60 年代中后期，欧洲货币市场的借贷活动已超出了美元的范围，陆续出现了当时的联邦德国境外马克、瑞士境外法郎、英国境外英镑和法国境外法郎等。同时，市场范围也不断扩展，它的地区分布在 20 世纪 70 年代发生了很大的变化，除了伦敦、巴黎以外，已扩大到欧洲以外的其他地区，如巴拿马、巴林、新加坡、中国香港等。到了 20 世纪 80 年代，欧洲货币市场的规模已十分巨大。据美国摩根保证信托公司的统计，1981 年底，欧洲货币市场的规模已经达到了 19 540 亿美元，1988 年底达到 27 320 亿美元。这里所谓的市场规模是指某一时点(譬如年底)未清偿的欧洲货币放款或其他金融资产的存量，在实际统计时，人们一般以银行的欧洲货币负债额而不以资产额来测定欧洲货币市场的规模。目前,欧洲货币市场已成为规模巨大、跨地区、经营业务范围广泛的国际性金融市场。

欧洲货币市场的产生和迅速发展是战后垄断资本主义经济国际化的产物,是货币和资本市场国际化的体现,应该说,这是欧洲货币市场产生和发展的内在原因,当然,还有许多外在因素也促使了欧洲货币市场的形成和发展。主要有以下几个方面。

(一) 西欧国家的货币政策为欧洲货币市场的形成和发展提供了良好环境

欧洲货币市场的存在和发展必须具备一定的条件,即对外币存款没有准备金要求;对非居民的外汇交易没有外汇管制;宽厚的税收和利率制度;发达的基础设施等。战后初期,西欧国家由于外汇短缺,都几乎曾实行过外汇管制,禁止自由买卖外汇,后来,随着外汇储备的增加,许多国家逐渐放松了外汇管制,到 1958 年底,基本取消了外汇管制,实行货币自由兑换,允许资本自由流动,对非居民的外币存款不加干预,并免交存款准备金,这就为欧洲货币市场的发展铺平了道路。此外,西欧各国银行实行的优惠利率制度也吸引了大量的欧洲美元。西欧各国银行为了吸引外币存款,对于存款利率的最高限制也无任何规定,存款利率都普遍高于各国国内市场。下面用图 7.1 来描绘美国国内存贷款利率与欧洲存贷款利率之间的关系。

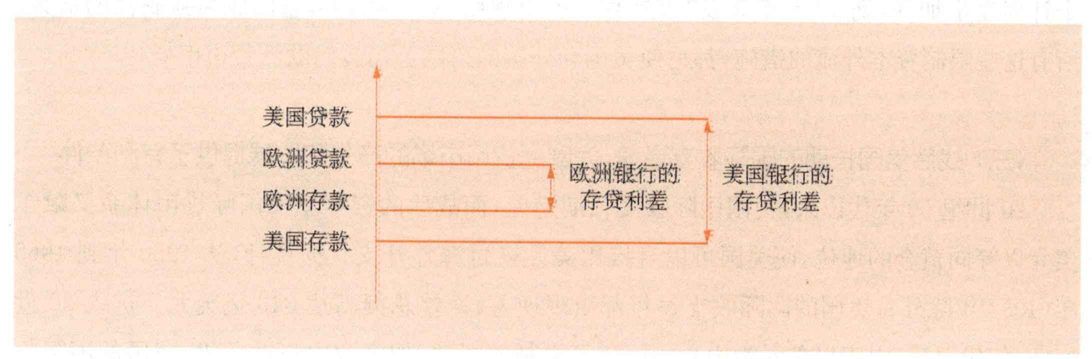

图 7.1 美国国内存贷款利率与欧洲银行存贷款利率图

从图 7.1 可以看出,美国的存贷利差超过欧洲银行的存贷利差,欧洲银行能提供比美国竞争者低的美元贷款利率和高的美元存款利率,这样,欧洲货币市场无疑有很强的吸引力。

(二) 美国政府的货币金融政策也刺激了欧洲货币市场的发展

从 20 世纪 30 年代经济危机以后,美国商业银行付给定期存款的利率就由美国联邦储备委员会和美国联邦存款保险公司规定最高限度,即所谓《Q 项条例》。根据此项条例,美国银行定期存款的利率不得超过联邦储备当局规定的水平。20世纪60年代中期以前，由于市场利率水平一直比较低，这种限制对于存款没有什么影响。20世纪60年代中期以后，市场利率开始上升，当时联邦储备当局规定的定期存款利率为4%，而市场利率已上升到5%～6%，这使银行的存款利率缺乏吸引力，于是大批存款人从银行提出存款，并转存到欧洲货币市场，而国内银行为了国内贷款业务，不得不到欧洲货币市场借取资金，调回国内使用。美国银行在欧洲市场的借款行动，又刺激了欧洲美元利率的上涨，这就诱使越来越多的美元存款从美国转移到欧洲市场，这又进一步刺激了欧洲货币市场的发展。

刺激欧洲货币市场发展的另一项美国货币政策是《M项条例》。该条例规定美国商业银行需要交纳存款准备金比例。该条例仅仅限制了国内银行的业务，对外国银行和美国的国外分行并不产生影响。因此，在欧洲分行的欧洲美元存款没有准备金要求，在那里分行可以使用总行的资金为客户提供贷款，以增加银行的盈利。

此外，20世纪60年代美国政府限制资本外流的政策，也促进了欧洲货币市场的发展。1963年7月，美国实行的利息平衡税(Interest Equalization Tax)，规定美国人购买外国有价证券所获得的高于本国证券利息的差额，必须作为税款缴纳，实际上这是对外国公司关闭了美国资本市场。1965年1月，美国为改善国际收支状况，实行了"自愿限制贷款计划"(Voluntary Foreign Credit Restraint Guidelines)，限制美国银行对外国人扩大信贷额度。这个计划逐步加强，到1968年颁发"国外直接投资规则"后，事实上，它已成为强制性的措施。所有这些限制资本外流的措施，都迫使美国和外国的跨国公司转向欧洲货币市场。

(三) 战后美国长期的国际收支逆差，为欧洲货币市场的产生和发展提供了有利条件

20世纪50年代以来，美国国际收支长期逆差，而战后的资本主义国际货币体系又赋予美元以等同黄金的地位，使美国可以直接用美元支付海外开支。据统计，从1950年到1965年(1957年除外)，美国的国际收支每年都出现逆差，逆差总额高达340亿美元。进入20世纪70年代以后，由于以美元为中心的固定汇率制的瓦解，加之两次石油危机，美国的国际收支逆差更加严重，几乎陷于不可收拾的地步。巨额的国际收支逆差产生了以下几个方面的影响：(1)一些西欧国家的国际收支出现顺差，改善了它们的外汇状况，促使它们逐渐放松并最后取消外汇管制，实行了货币自由兑换。(2)美元的大量外流，增加了国外美元的供应，为货币市场的美元交易创造了条件。(3)积存了大量美元储备的国家，把美元投入欧洲货币市场生息获利。(4)美国长期的国际收支逆差，导致20世纪60年代美国政府采取了限制资本外流的措施。所有这些影响，都间接地推动了欧洲货币市场的形成和发展。

（四）石油美元的大量流入，也在一定程度上促进了欧洲货币市场的发展

1973年10月以来，随着石油价格的大幅度提高，石油输出国组织各成员国的经常项目出现巨额顺差，即石油美元。据统计从1973～1980年，这些国家经常项目顺差达3 490亿美元。它们把大量石油美元存入欧洲货币市场生息获利，促使欧洲货币市场存款总额急剧上升，欧洲货币市场的规模不断扩大。

三、欧洲货币市场的性质和特点

欧洲货币市场是国际金融市场，它不同于各国的国内金融市场。国内的金融市场是由国内金融机构组成，为本国的投资者和借款者服务。因此国内金融市场上的交易只有一种类型，即国内投资者为本国借款人提供资金（通过国内金融机构，包括银行和证券市场）。国际金融市场则不同，它不仅为本国的投资者和借款人服务，而且为外国的投资者和借款人服务。在国际金融市场上可以发生三种类型的业务：第一是外国投资者和国内借款人之间的交易，即在国际金融市场上，外国投资者或存款于银行，由银行贷给国内借款人；或在证券市场上投资购买各种国内证券，这种类型的交易表现为资本输入。如我国证券市场上发行的B类股票，就是外国投资者和国内借款人（企业）之间通过证券市场的间接交易。第二是国内投资者和外国借款人之间的交易。如我国的投资者把资金存入银行，通过银行中介贷给国外借款人，或者在证券市场上购买外国的证券、企业的股权等，这种类型的交易表现为资本输出。第三是外国投资者和外国借款人之间的交易。如在伦敦国际金融中心，日本贷款人通过银行中介，或者通过证券市场向美国借款人提供资金，这种类型的交易，国外有人称之为离岸金融交易。

欧洲货币市场不仅不同于国内的金融市场，同传统的国际金融市场相比，也不尽相同，具体表现在：

（1）基本上摆脱各国金融当局的干预，在更大程度上由市场机制起作用。欧洲货币市场上的信贷活动基本上不受本国金融当局的控制和影响。例如，设在西欧各国的欧洲美元市场，就不受美国政府有关银行法令的约束，而西欧各国政府对于上述市场也基本上放任不管。事实上任何一个国家也不可能单独管制这一市场。

（2）这个市场上的借贷关系，是外国贷款人（投资者或存款人）与外国借款人之间的关系，它们的国籍几乎包括世界上所有的国家。

（3）欧洲货币市场的借贷货币，不是各离岸金融中心所在地的货币，而是境外货币。其货币种类，差不多包括了所有主要资本主义国家的货币。

(4) 欧洲货币市场形成了一种相对独立和灵活的国际利率结构制度。欧洲货币市场是世界范围内的国际金融市场，因此，其利率水平和利率变动受世界范围资金供求及其变动的制约，但不受一国金融当局的影响；而且由于欧洲货币市场没有规定存款准备金的要求，也不受利率最高限度的限制，因而该市场的利率比国内金融市场和传统的国际金融市场利率更具竞争力。

(5) 欧洲货币市场是“批发市场”，因为大部分借款人和存款人都是一些大客户，每笔交易数额很大，一般少则数万美元，多则达到数亿甚至数十亿美元，规模大，周转快，调拨迅速，反应灵敏。

(6) 欧洲货币市场主要是银行间的市场，银行同业间的交易占很大比重，由于有一系列银行中介，最初贷款人的资金，可迅速达到最后资金需求者那里。

(7) 欧洲货币市场的经营范围，包括了资本主义世界所有的国际离岸金融业务中心。在这个市场上，投资者和借款人可以任意选择投资和借款地点，借款人可以任意选择借取美元、日元、英镑、瑞士法郎等。很显然，和传统的国际金融市场相比，欧洲货币市场是国际化的金融市场，是一种真正的新型国际金融市场。

四、欧洲货币市场的构成

欧洲货币市场按业务性质的不同，可分为欧洲短期资金借贷市场(Money Market)、欧洲中长期信贷市场(Capital Market)和欧洲债券市场(Bond Market)。现分述如下。

(一) 欧洲短期资金借贷市场

欧洲短期资金借贷市场又叫欧洲资金市场或货币市场，该市场的业务活动主要是进行1年以内的短期资金拆放。欧洲短期资金市场形成最早、规模最大，其余两个市场都是在短期资金市场发展的基础上衍生形成的。

1. 欧洲短期资金市场的资金来源和要求

欧洲短期资金市场的资金来源主要有：

(1) 银行间同业存款。来自欧洲货币市场以外银行的非本地区货币的存款是欧洲短期资金市场资金的主要来源。因为它来自发行该货币的国内市场，从非欧洲货币转化为欧洲货币，实际地增加了欧洲短期资金市场的资金。

(2) 非银行的存款。它包括来自跨国公司、其他工商企业、个人以及非银行金融机构的境外货币存款。这些资金有的来自货币发行国的现有存款，有的来自销售货物、劳务和资本财产的可兑换货币。

(3) 一些西方国家和发展中国家(主要是石油输出国组织的国家)的中央银行为获取利息收入或保持储备货币的多样化,将其一部分外汇储备存入欧洲货币市场,也是构成短期资金的一个主要来源。

(4) 国际清算银行的存款。国际清算银行是西方主要资本主义国家的联合金融组织,它除了办理西方国家多边清算外,还接受各国中央银行的存款等业务。因此,它手里有大量的各国中央银行的存款。这些存款投入短期借贷市场,构成该市场的另一主要资金来源。

欧洲短期资金市场资金的去向和使用相当复杂,因为市场获得的短期资金不仅用于提供短期信贷,而且越来越多地用来提供中长期贷款。这使得欧洲市场成了国际货币流通的"变压器",即把短期存款转化为中长期贷款。对于中长期信贷,我们将在后面论述,这里先介绍一下短期信贷的去向。

(1) 商业银行是短期资金最大的借款人。欧洲货币短期资金市场基本上是一个银行间市场,欧洲银行不仅是市场的存款人,也是市场的主要借款人。世界上少数较大的商业银行统治着欧洲货币市场,特别是银行间信贷市场。因为这些大银行能够吸收大部分的现金存款,然后再转借给其他欧洲银行;而较小的欧洲银行由于难以得到最初来源的存款,也不得不向大银行转借,再贷给最终用户。因此,大商业银行与中小商业银行之间的转贷款在短期资金借款市场上占有相当大的比重。

(2) 跨国公司和其他工商企业是短期资金主要的最后使用者。欧洲短期资金市场对跨国公司等工商企业有着很大的吸引力,这是因为:一是市场规模大,任何时候都可以获得足够的资金,而且成本低;二是贷款的使用不受限制,借款的使用方向无须经过信贷机构的认可;三是欧洲市场对于公司借款人来说,在期限、条件、合同等方面非常灵活。因此,20 世纪 70 年代以来,随着工商企业对欧洲市场日益广泛的了解,越来越多的公司、企业进入了欧洲短期信贷市场,成为这个市场最主要的资金需求者,也是贷款投放的最终使用人。

(3) 西方国家的地方市政当局和公用事业单位也是欧洲短期资金的最后使用者。一些国家的地方当局为弥补财政收入的暂时短缺,公用事业和国营企业为筹集短期资金的需要,也从这个市场取得贷款,成为贷款的投放对象。

2. 欧洲短期资金市场的特点

(1) 期限短。短期信贷顾名思义是短期的,大多数信贷的期限为 1 天、7 天、30 天、90 天。少数期限为半年或一年,最长的期限也不超过一年。

(2) 批发性质。一般每笔短期信贷金额都比较大,通常起点为 25 万美元和 50 万美元,但一般为 100 万美元,1 000 万美元以上的交易也较多,有时甚至达 1 亿美元,所以该市场参加者多为大银行和企业机构，很少有个人参加。

（3）条件灵活。这是欧洲货币市场对借款人的最大吸引力之一。这个市场无论在借款期限、借款货币种类以及借款地点等方面，都有较大的选择余地。借款期限自不必说，完全可以由借款人自己决定，可长可短；借款的货币种类也可自行挑选，既可以根据支付需要选择，也可以根据成本高低挑选；由于欧洲市场范围广阔，借款地点也可以任意选择，既可以根据支付地点选择，也可以根据利息率高低进行挑选。而且，市场的资金数量充沛，能满足大规模借贷的需要。

（4）存贷利差小。市场对任何期限的存款都支付利息，不管是存 1 天还是存 1 年。欧洲市场的存款利率一般说来略高于国内，这一方面是由于欧洲银行为吸引存款，对存款利率没有最高限度的限制；另一方面在国外存款的风险比在国内要大一些。与存款利率的情况相反，欧洲银行的贷款利率通常略低于国内市场，其原因一方面是由于免税和没有存款准备金，成本低，另一方面主要是为了招徕顾客，"薄利多销"，所以，欧洲货币市场对于借款人和贷款人来讲都富有吸引力。

（5）无须签订协议。短期借贷通常发生于素有交往的银行与企业或银行与银行之间，它们彼此了解，信贷条件相沿成习，双方均明悉各种条件的内涵与法律责任，不需签订书面贷款协议，一般通过电讯联系，双方即可确定贷款数额与主要贷款条件。

（二）欧洲中长期信贷市场

欧洲中长期信贷市场又称欧洲资本市场，主要业务活动是进行期限在 1 年以上至 10 年左右的中长期欧洲信贷。美国摩根保证信托公司曾给欧洲信贷下了一个定义：在某个国家的银行办事处以非所在国的货币提供的贷款。例如，在欧洲资本市场的英国银行提供的是欧洲美元的贷款。欧洲信贷的主要贷款人是银行，与短期信贷不同的是，借款人不是银行，而是大的跨国公司、国际组织和政府。

1. 欧洲中长期信贷的产生和发展

欧洲中长期信贷可以说是同欧洲短期信贷差不多同时产生的。但是在整个 20 世纪 60 年代，欧洲中长期信贷发展缓慢，20 世纪 70 年代初，每年也只是 30 亿～40 亿美元，数目不大。从 1973 年以后，欧洲中长期信贷获得了急剧的发展，根据美国摩根保证信托公司的资料，欧洲中长期信贷规模在 1972 年为 69 亿美元，1973 年猛增至 293 亿美元，1977 年达 418 亿美元，到了 20 世纪 80 年代初期已经超过了 1 500 亿美元。20 世纪 70 年代欧洲中长期信贷规模急剧发展是由许多原因引起的，主要包括：

（1）资金供应增加。由于石油美元存款的大规模增长，以及美国取消资本输出的限制，使得流入欧洲银行的资金有了很大增加，这为扩大欧洲中长期信贷规模提供了可能。

(2) 对中长期资金的需求增加。由于两次石油危机，石油进口国普遍出现巨额的国际收支逆差，它们为了解决国际收支问题，不得不在欧洲信贷市场上借取中长期贷款。

(3) 巨大的国际银行辛迪加以及专门的国际联合或国际银团分散了提供中长期信贷的风险，提高了欧洲银行提供中长期信贷的积极性，从而促进了欧洲信贷的发展。

(4) 转期信贷(Revolving Credit)技术的发展，为欧洲中长期信贷的大规模发展提供了方便。所谓转期信贷，就是中长期贷款的利率，每隔一定时期(一般为 6 个月)根据市场利率重新商订一次。如果借贷双方达成协议，信贷可以继续下去；如果达不成协议，贷款可以终止。转期信贷实际上是一种浮动利率贷款，它主要是在利息率不稳定的情况下，可以使借贷双方避免损失。因为，固定利率的中长期信贷，当市场利率上涨时贷款人会蒙受损失，而利率下跌时，借款人会有所亏损。为了避免这种情况的出现，银行就逐渐同借款人商定，根据市场利率的变化定期调整利率。

2. 欧洲中长期信贷资金的来源

欧洲中长期信贷资金的来源主要有以下几个方面：

(1) 吸收短期欧洲货币存款。这部分存款中包括石油输出国短期闲置的石油美元、跨国公司或一般企业在资本循环中暂时闲置的欧洲货币资金以及一些国家中央银行的外汇储备。

(2) 发行欧洲票据(Euro-Note)筹集到的短期资金。欧洲票据的期限均在 1 年以下，票面利率略高于 LIBOR；票据期限虽短，但到期后可续发新票据，偿还旧票据，由于能够流动发行，可以获得持续的资金来源，从而用于中长期贷款的投放。

(3) 发行金额不等、期限不同的欧洲货币存款单 Certificates of Deposit, CDs)也是中长期借贷资金的来源。

(4) 银行本系统的分支行或总行的资金调拨。在欧洲货币市场或离岸金融中心的本国银行和外国银行的分支行网络密布，一旦本身资金不能满足中长期贷款需要时，可以从总行或分支行临时调拨资金，也是发放贷款的主要资金来源。

3. 欧洲中长期信贷的特点

由于中长期信贷的期限长，金额大，世界性政治经济变动对其影响较为敏感，贷款银行存在的潜在风险较大，因此欧洲货币市场中长期贷款与国际金融市场中长期贷款具有相同的特点，即：(1)签订贷款协议；(2)政府担保；(3)联合贷放，即银团贷款(Consortium-loan)由十余家、甚至数十家银行联合起来提供贷款；(4)浮动利率，即在贷款期内每 3 个月或半年根据市场利率的实际情况，随行就市，调整利率。

4. 欧洲中长期信贷的方法

欧洲货币银行提供中长期贷款的方法主要有两类：一类是个别银行提供的，一类是国际银团提供的。

个别银行提供的贷款数量一般比较小。个别银行提供贷款的优点是比较灵活方便，贷款利息也略低一些。对银行自身来说，个别银行信贷也有些好处，它有利于加强同借款人的联系，并能给它带来一些附带的业务，使银行增加利润。而且，个别银行提供信贷可以减少一些管理费用，降低信贷成本。为此，个别银行提供的贷款在欧洲信贷中一直占有相当大的比重。

但是，欧洲中长期信贷额一般很大，期限又长，个别银行往往在财力上难以承担，更不愿意独自承担巨额的贷款风险，所以金额大的贷款常常都分散到许多银行中去，在银行间分散贷款，即通过组织银行辛迪加或国际银团提供贷款。

凡属欧洲银行的中长期贷款，借贷双方一般都必须签订贷款协定。有的协定（合同）还需要借方国的官方机构或政府担保。

（三）欧洲债券市场

欧洲债券市场是欧洲货币市场的一个重要组成部分。据文献记载，菲利浦公司 1949 年和 1951 年在荷兰发行的两笔美元债券可以看作是最早的欧洲债券发行，到 1963 年 1 月正式形成。但是，欧洲债券市场在最初的十多年中发展不快，一直到 20 世纪 70 年代后半期才获得了迅速发展，目前它已经成为国际债券市场的主要内容。欧洲债券市场的中心是卢森堡。

1. 欧洲债券的概念

欧洲债券是指在欧洲货币市场上发行的以市场所在国家以外的货币所标示的债券，进行欧洲债券交易的场所即为欧洲债券市场。欧洲债券与传统的外国债券不同，它不在面值货币国家的债券市场上发行。比如，面值为美元的欧洲债券，是在美国以外的其他几个国家中同时发行。它通常由一些国家的银行和金融机构建立的国际承销辛迪加出售，并由有关国家向投资人提供担保，因此，欧洲债券市场对借贷双方都具有国际性。

2. 欧洲债券的发行

为了尽可能利用更广大的市场，发行欧洲债券一般都是通过国际联合银行办理，所以借款人不管是政府还是大公司，通常都要求主要的国际银行筹办发行。经办的银行一般至少由四五家主要银行牵头，然后它们再安排组织一个世界范围的发行辛迪加，一般是由主要的银行和证券商参加，这种辛迪加叫承保辛迪加（Underwriting Syndicate）。组织好承保辛迪加以后，辛迪加向借款人（即债券发行人）提供一个实盘，债券即可发行，借款人就可以获得资金。承保辛迪加还往往组织一个更大的认购集团，通过这样一个更大的银行、经纪人和证券商集团，安排发行销售。债券上市后，这些银行首先认购进大部分，然后再转移到二级市场上出售。在进入二级市场以前，欧洲债券的发行不公开进行，主要是通过个别提供的方式，一般是在公开发行以后才公开宣传。

3. 欧洲债券的种类

欧洲债券的品种众多，按其发行条件的不同可划分为以下五种：

(1) 固定利率债券(Straight Bonds)

顾名思义，固定利率债券是指利率固定的债券。这是一种传统的债券，它在利息率相对稳定的情况下比较通行，但是当利息率不断发生急剧变化时，它的发行就会受到影响。20世纪70年代末期之后，由于西方利率波动很大，固定利率债券的发行呈现相对减少的趋势。

(2) 浮动利率票据(Floating Rate Note, FRN)

浮动利率票据就是利息率可以调整的票据，一般是根据短期存款利率的变化每6个月调整一次。其利息率的确定往往是以某些参考利率(例如LIBOR等)为基准再加上一定的百分点。浮动利率票据的实际期限在5～15年之间，但也有期限更长者，甚至还出现了没有最终期限的永久性浮动利率票据(Perpetual Floater)。大多数浮动利率票据在进入市场一段时间后，由发行者用借新还旧法(Roll-Over)提前赎回。大多数浮动利率票据以美元标值，其他也有以加拿大元、欧元、英镑、港元以及特别提款权等标值。

(3) 可转换债券(Convertible Bonds)

可转换债券是债券市场上得到广泛接受的一种创新，它向债券持有人提供了在未来某个时日或时期得以根据事先确定的条件把债券转换成另一种证券或资产的选择权。所以，它综合了债券和股票的特点。

可转换债券的利率要低于其他固定利率债券，因为持有人获得了选择转换的权利。其次，可转换债券的面值货币常常会不同于借款人股票的面值货币，这又会影响债券未来的价值，因为其中必须考虑到外汇风险的因素。

(4) 授权证债券(Bonds With Warrants)

授权证债券是作为可转换债券的一种竞争物而在国际债券市场上出现的。授权证(Warrant)的功能是授予持票人一种权利(但不是责任)，根据协定的条件可购买某些其他资产，所以它实际上类似于一份对有关资产的买入期权(关于期权将在“国际金融创新”一章中介绍)。

授权证债券的有效期通常是1年，但期限幅度可在6个月至5年之间。由于授权证的灵活性，国际债券市场上的借款者在发行固定价格债券、零息债券以及浮动利率票据时都可以附上授权证。

(5) 合成债券(Synthetic Bonds)

合成债券是一种把固定利率债券和互换交易(关于“互换交易”将在“国际金融创新”一

章中介绍)一类的变形工具结合起来的金融产品。合成债券在近几年的欧洲债券市场上得到广泛应用,尤其是日本借款人。据美国摩根保证信托公司的统计,日本人发行的不附授权证债券中约有80%～90%在二级市场交易时带有合成债券特征。合成债券技术尤其适合信用评级较低的借款者使用,因为他们本来难以进入固定利率债券市场,但通过合成债券形式却可以实际利用固定利率市场。

4. 欧洲债券市场的特点

50多年来,欧洲债券市场得到了迅猛发展,这同该市场的一些特点是分不开的:

(1) 欧洲债券市场管制较松,审查不严。在这个市场上发行债券无须官方批准,因而可以回避一些限制,这在外国债券市场是不可能的。而且,欧洲债券的发行是由国际辛迪加承担,由各主要金融中心的金融机构组成,因此不会由于某一个国家的限制而影响债券的发行。

(2) 发行费用和利息成本比较低。欧洲债券的发行费用大约是该债券面值的2.5%;利息成本也较低,欧洲美元债券的利息成本可以同纽约竞争,美国跨国公司常常能够以比美国国内市场稍低的费用在欧洲债券市场上筹集资金。

(3) 税款和不记名。欧洲债券的利息通常免除所得税,或者不预先扣除借款国家的税款。另外,欧洲债券是以不记名的形式发行,并可以保存在投资者的所在国之外,从而使投资者可以逃避国内所得税。这两种情况,对于投资者具有极大的吸引力。

(4) 安全。欧洲债券市场的主要借款人,是大跨国公司、各国政府和国际组织。这些借款人一般来说都有极好的资信,因而对于投资者来说比较安全。

(5) 货币选择性强。欧洲债券市场的一个重要特点就是它可以不限于发行某一种货币的债券。在这个市场上,发行哪一种货币的债券,可以任由借款人选择;购买哪一种货币的债券,则可以任由投资者选择。借款人可以根据各种货币的汇率、利率与需要,选择发行欧洲美元、英镑、日元、瑞士法郎等任何一种货币或几种货币的债券。投资者也可以根据各种债券的收益情况,选择购买任何一种债券。这在任何一个国家的外国债券市场上是无法做到的。

(6) 流动性强。欧洲债券市场有一个有效的和富有活力的二级市场,可使债券持有人比较容易地转让债券取得现金。而且,欧洲市场的金融机构在场外交易中,也都愿意为它们自己的账户或代表它们的客户买卖欧洲债券。1968年以来,欧洲债券的国际交易,由摩根保证信托公司在布鲁塞尔建立的欧洲清算体系(Euro-Clear)提供了更大方便。参加欧洲清算体系可以通过账面完成交易,而不必花费大量时间转移证券。这就消除了二级市场交易的主要障碍,这些障碍曾使按时移交债券无法兑现。

5. 欧洲债券市场与欧洲中长期信贷市场的区别

欧洲债券市场和欧洲中长期信贷市场同属于欧洲货币市场,都具有"欧洲"(境外)的性质，在期限上也很相近，因此，许多人搞不清楚这两个市场之间的区别，其实二者有很大区别：

（1）欧洲债券市场的机制与欧洲信贷市场不同。欧洲债券发行以后，投资者持有的是借款人直接发行的债券；而在欧洲信贷市场上，投资者持有的只是对欧洲银行的短期债权，欧洲银行则把这些短期存款转变为具有更大风险的中长期贷款借给最后借款人。因此，在欧洲债券市场上，尽管债券的发行是通过银行等金融机构实现的，但在投资者和借款人之间没有中间人介入，投资者对借款人直接拥有债权，而借款人对投资者直接负有债务，而在欧洲信贷市场上，投资者与最后借款人之间没有直接的债权、债务关系，在它们中间有银行的中介活动。

（2）欧洲债券有活跃的二级市场，债券可以自由转让和买卖。而在欧洲信贷市场上，除了一部分可转让存款单外，一般的存款都不能自由转让。固定利息率的欧洲债券的价格，随着市场存款利率的变化而变化，其计算公式与股票价格的计算公式相同：

$$\text{欧洲债券价格} = \frac{\text{欧洲债券利息收入}}{\text{银行存款利率}}$$

（3）欧洲债券的发行单位如因故延期还款，在债券未到期前可再发行一种更换续债的债券，如果持有人愿意更换时，给予一定的优惠，如果不换也可。这比中长期贷款到期后，重新展期的条件更为有利。

（4）通过欧洲债券发行筹集到的资金，其使用方向与目的一般不会受到干涉与限制，而利用中长期贷款筹集到的资金，由于贷款银行比较集中，对借款人资金的使用方向比较关注，资金使用要符合原定的方向。

第三节 亚洲货币市场

一、亚洲货币市场的产生和发展

亚洲货币市场是指亚太地区的银行用境外美元和其他境外货币进行借贷交易所形成的市场。由于这个市场最初进行借贷的货币中美元约占 90%，故也称为亚洲美元市场（Asian Dollar Market）。它实际上是欧洲货币市场的进一步扩展和延伸，是欧洲货币市场的一个重要组成部分。

亚洲货币市场是以新加坡为中心发展起来的。1968 年 10 月 1 日，美国银行新加坡分行获准在银行内部设立一个亚洲货币经营单位(Asian Currency Unit)，它受新加坡金融当局监督并服从新加坡银行法，但不受银行法中某些条款的约束，例如最低现金余额和法定清偿能力的规定。亚洲货币经营单位的主要业务是吸收非居民的外币存款，为非居民进行外汇交易、从事资金借贷以及开立信用证、经营票据贴现等各种境外金融业务服务。为了使境外货币业务不致冲击国内金融体系，新加坡政府规定亚洲货币经营必须另立账户，并且不能参与新加坡国内金融活动。1970 年，新加坡政府共批准花旗、麦加利、华侨、汇丰等 16 家银行经营境外货币业务，这 16 个单位共吸收存款 3.9 亿美元，初步形成了亚洲货币市场。此后，该市场迅速发展，据新加坡金管局统计，从 1989 年到 2013 年，ACU 业务资产规模从 3 366 亿美元发展到 11 805 亿美元，增长了近 2.5 倍。

面对新加坡亚元市场的飞速发展，港英当局痛感 20 世纪 60 年代失去成为亚洲货币市场中心的机会，认识到发展国际金融业是经济结构多元化的重要一环，从而加速了金融业国际化的步伐。从 1978 年起，政策逐渐放宽。1978 年 3 月，港英政府取消了 1965 年以来禁止外国银行进入香港的限制。到 1980 年，商业银行从 74 家增加到 115 家，外币存款总额近 300 亿美元。到 1985 年 8 月，仅持牌银行就达 142 家，分行共 1 500 多家。1982 年 2 月，港英政府决定取消对外币存款利息收入征收的 15%预扣税，这对吸收美元存款是有利的。中国香港在发售浮动利率美元可转让存款单和亚元债券方面虽然落后于新加坡，但在亚洲金融市场活动的另外一些领域居首位，其中包括辛迪加贷款、资金经营以及地方股票市场投资等。如 1981 年香港经手了 115 笔离岸外币贷款，资金额达 55 亿美元，超过同期巴黎的经营额。

马尼拉离岸金融业务到 1977 年 7 月 7 日才开始正式开业，菲律宾政府放宽了外汇管制，对外币存款免征所得税，只对离岸金融业务征收 15%的利得税，1981 年 4 月降为 5%，比新加坡还低 5 个百分点。创办初期，发展就十分可观，到 1978 年 6 月，设立离岸金融机构 18 家，存款总额达 11.91 亿美元。1981 年 3 月，离岸金融机构增加到 24 家，存款总额达 40 亿美元。

除香港、马尼拉以外，东京也被认为是一个经营亚洲美元的基地。东京原是亚洲的金融中心，1975 年东京就有 200 亿美元的外汇资金，1980 年大约有 300 亿美元，目前已成为仅次于伦敦、纽约的第三大国际金融中心。但它传统上属于欧洲美元市场，它的业务重点在欧洲。不过，近年来它也积极参与新加坡、中国香港亚洲美元市场的借贷活动。

二、亚洲货币市场磅礴发展的原因

亚洲货币市场之所以发展起来，主要由于以下四方面的原因：

第一，这同其优越的地理位置有重要的关系。亚洲货币市场处于美国西海岸和欧洲中间。开辟亚洲货币市场，能保证国际货币市场一天 24 小时不间断地营业。新加坡上午开市后，它可与远东的中国香港、东京和悉尼等金融市场交易，下午收市前，可与刚开市的欧洲货币市场中心伦敦及其他欧洲金融市场交易，从而使欧洲货币市场成为一个以伦敦为中心的有机整体。

第二，它是生产和资本国际化进一步发展的市场。从 20 世纪 60 年代后半期起，跨国公司的战略重点向第三世界转移，而越南战争又加速了西方跨国公司向东南亚的投资。1967 年外国在亚洲的直接投资近 81 亿美元，1977 年达到 240 亿美元。随着外国直接投资的迅速增长，亚洲各国生产国际化的程度也大大提高，对资金的要求也大大增加，因而国际资金借贷活动日趋扩大，正是在这种背景下，美国银行筹划建立一个境外美元借贷中心，亚洲货币市场应运而生。

第三，亚洲货币市场的形成还同这个地区一些国家和地区实行的鼓励性政策措施有重要的关系。这以新加坡最为典型，新加坡在 1965 年立国之后，鉴于本国没有雄厚的资源与强大的经济实力作为依托，便制定了发展金融业，带动经济贸易发展的经济战略，先后采取了一系列相应的政策措施，如：允许外国银行在当地的分行经营对非居民的存放款业务，废止非居民外币存款的利息税，取消外币存款预交存款准备金，经营境外货币业务的所得税率从 40%降为 10%，允许新加坡居民投资亚洲货币市场，取消外汇管制等。这些政策措施的出台，使新加坡市场具备了大体上相当于欧洲货币市场业务经营的条件，再加上大力改善基础设施，吸引了大量的国际资金和跨国银行的涌入，从而推动了亚洲货币市场的发展。

第四，亚洲货币市场的形成，还同美元危机频频爆发的历史背景有一定的联系。在美元危机频频爆发的形势下，美国为挽救美元和改善国际收支，采取了限制资金外流的政策措施。美国的这类政策措施，促使美国在亚洲的跨国公司将资金存放在亚洲地区的银行，以便随时调用。

三、亚洲货币市场的特点

亚洲货币市场的业务活动与欧洲货币市场大同小异，分为短期资金交易、中长期资金交易和亚洲债券（Asian Bonds，它在性质上同于欧洲债券）交易。亚洲货币市场的资金来源为：外国中央银行的储备资产或财政盈余，跨国公司的闲置资金，东南亚国家各大公司外流的资金，外国侨民、进出口商等非银行客户的外币存款。在资金运用方面，银行同业贷款一直占 70%以上，对非银行客户的贷款主要贷给亚洲国家的政府、企业以及其他金融机构，很少放给个人。从地区流向看，亚洲货币市场贷款的重点是“四小龙”和东盟国家，而流向欧洲货币市场的资金仅占20%左右。亚洲货币市场对亚太地区经济的迅速发展起了积极作用，这不仅因为它集中了亚太地区的外汇盈余资金，而且还因为它集中了大量欧洲货币市场(其中包括其他金融中心)的资金，贷给经济增长最快、经济效益最好和资金相对缺乏的国家及地区。

小结

1. 国际金融市场就是居民与非居民之间，或者非居民与非居民之间进行国际借贷的信用市场，国际金融市场可以是有形的，也可以是无形的。

2. 欧洲货币市场是当前国际金融市场的核心，是真正意义上的国际金融市场。

3. 欧洲货币市场分为欧洲短期资金借贷市场、欧洲中长期信贷市场和欧洲债券市场。

4. 亚洲货币市场实际上是欧洲货币市场的进一步扩展和延伸，是欧洲货币市场的重要组成部分。

思考题

1. 简述国际金融市场的构成及其作用。
2. 欧洲短期资金借贷市场有哪些特点?
3. 欧洲中长期贷款的特点有哪些?
4. 亚洲货币市场迅速发展的原因是什么?

第八章

国际金融创新

第一节　国际金融创新概述

一、国际金融创新的概念

“创新”(Innovation)一词首先见于西方著名经济学家熊彼得(J. A. Schumpeter)的理论之中。他对创新所下的定义为新的生产函数的建立，也就是企业家对生产要素和生产条件实行新的结合，包括五种情形：(1)新产品的出现；(2)新的生产方法或技术的应用；(3)开辟新的市场；(4)发现新的原料供应来源；(5)推行新的管理方式或组织形式。引用这一概念，我们可以把金融创新定义为在金融领域内建立“新的生产函数，它是各种金融要素新的结合，是为了追求利润机会而形成的市场改革”。它泛指金融体系和金融市场上出现的一系列新事物。

金融创新并不是最近几十年才有的，整个金融业的发展史就是一部不断创新的历史。例如，古罗马货币的发明，12 世纪意大利商业银行的出现，18 世纪英国中央银行的建立，19 世纪支票的广泛应用，都可以成为历代金融创新的里程碑。金融创新是一个连续不断的过程，但又带有突发性，会在某个时期集中出现，20 世纪 70 年代中期以后的创新浪潮就是如此。

二、国际金融创新的主要类型及其内容

当代金融活动的创新种类之多、范围之广、速度之快令人目不暇接。分类方法也多种多样。有的按创新的程度划分为对传统业务活动、管理方式、机构设置的变革和新业务、新方式、新机构的创造两类；有的按与现有金融制度的关系分为回避性创新和自发性创新两类；如此等等。常用的分类方法有两种：

第一种是按熊彼得的创新分类法，可将金融创新粗略分为五大类，第一类是新技术在金融业的应用；第二类是国际新市场的开拓；第三类是国内、国际金融市场上各种新工具、新方式、新服务的出现；第四类是银行业组织和管理方面的改进；第五类是金融机构方面的变革。

第二种是按金融创新工具所起的金融中介作用来分类，可以把金融创新工具分为以下四类：第一类是风险转移型金融创新，其主要功能是使得经济人可以在相互之间转移金融头

寸中的价格和信用风险;第二类是流动性增强型金融创新,其主要功能是增强金融工具的可流通性或可转让性;第三类是引致债权(或债务)型金融创新,其主要功能是帮助经济人增加获得信用的机会;第四类是引致股权型金融创新,其主要功能是帮助经济人获得股权式融资的机会。

综合以上两种分类方法,20 世纪 70 年代以来国际金融创新的内容主要包括以下几个方面:

(一) 新市场的不断出现

在从与贸易融资相联系的外汇市场到信贷市场、债券市场的国际化,20 世纪 80 年代出现的最主要的新市场是国际股票市场(或欧洲股票市场),它同业已存在的债券市场相结合形成一个完整的国际证券市场。

20 世纪 60 年代和 70 年代,美国银行在世界各地建立分支机构,进行国际贷款、支付、清算和外汇交易,此后美国的证券公司纷纷在国外设立分支机构进行国际证券交易,带动了全球性证券市场的逐渐形成,这个市场的实质是跨越边境的股票和债券交易与在其他国家发行本国的债券和股票。欧洲债券大规模地在全球进行交易已超过 50 多年了。20 世纪 80 年代的主要创新是国际股票市场的建立。具体而言,国际股票市场的创新经历了三个阶段:首先,复合证券如可兑换债券、附有认股权证的发展,使得债券和股票在国际金融市场的联系加强,差别减少,这样国际性股票发展已初见端倪;第二阶段,带有股票性质的金融工具的创新,使得各国的许多投资机构和个人进入外国股票市场。如美国养老基金对外国股票的投资总额从 1977 年 20 亿美元增加到 1987 年 580 亿美元,到 1989 年达 680 亿美元;第三阶段,把欧洲债券发行技巧广泛应用于股票发行上,形成欧洲股票市场。从欧洲股票发行规模看,1985~1988 年分别为 23 亿美元、8 亿美元、15.5 亿美元、45 亿美元,再加上其他形式的国际股票发行,到 1988 年总额达到 177 亿美元。

第二个新市场是在商品期货基础上发展起来的国际性金融期货市场。20 世纪 70 年代初金融期货首先在芝加哥商品交易所推出,到 20 世纪 80 年代已形成伦敦、新加坡、东京、巴黎等全球性的金融期货市场,它主要包括利率期货、货币期货和股票指数期货三种形式。因为它能将未来的风险和收益率锁住,因而被广泛用于国际金融市场套期保值。

还有一个新市场是在原有欧洲辛迪加信贷市场和欧洲债券市场的基础上形成的把信贷和债券流动性结合起来的欧洲票据市场,它逐步取代了 20 世纪 70 年代欧洲大额存单而成为短期借贷活动的主要方式,因为它在某种程度上兼有短期银行贷款和流动性有价证券两方面的属性。

（二）金融工具和融资技术的创新

金融工具是表示债权债务关系的一种凭证。金融工具的创新是 20 世纪 70 年代以来国际金融创新的核心内容。它包括三种类型。

1. 传统金融工具和融资技术不断推陈出新

20 世纪 60 年代，随着银行的国际化，银行经营战略也更趋国际化，其国际业务的重点已从传统的贸易融资转向直接进行大规模的境外贷款活动，从而创立了欧洲辛迪加贷款市场。20 世纪 70 年代，这个市场最主要的创新是把循环技术与辛迪加技术结合起来，使国际信贷得以飞速发展。循环技术是指在银行参加的贷款中，承诺在一个给定的阶段提供资金，它可以延续 10～12 年，而贷款的利率每隔一个阶段都进行调整，通过这种方法使得银行在长期贷款时最大限度地降低融资的利率风险。

但到了 20 世纪 80 年代，由于国际金融市场利率和汇率的激烈变动，发展中国家的债务危机加上来自其他金融机构的竞争，促使欧洲信贷市场朝着加强流动性方面创新。其中主要的两项创新工具是贷款出售和可转让贷款。贷款出售创新于 1983 年，它是 20 世纪 80 年代国际金融市场走向证券化时大银行为了夺回它们失去的份额而进行的创新。到 1984 年，在欧洲信贷市场上可销售贷款的概念已发展成为可转让贷款，它包括基于转让基础上发展起来的可转让贷款工具（TLIF）和基于新基础上的可转让贷款存单（TLC），前者给予贷款人在贷款全部发放后可以把贷款转成可转让贷款文据（TLIs）的权利，而后者给予贷款人在将来某一时间可以把它的贷款面额变成可转让贷款证书（TLCs）出售给他人的权利，而借款的债务关系也相应发生变化。

近几年来，随着信贷市场的再次复兴，多种选择贷款正取代传统的信贷方式，成为银行信贷的又一创新。而且许多贷款是作为商业票据发行活动的备用贷款，它带有的选择包括商业票据发行、银行承兑、贷款承诺等，当然它并不需要包括所有这些形式，其主要的目的是把多种融资技术最大限度地结合在一起。

传统的可转让性工具也在不断创新，其中欧洲可转换债券使股票与债券之间的差别不断减少；另外一种把股票与债券结合起来的创新工具就是认股证书，这种认股证书是一种按照固定价格在未来某一时间购买一定数量股票的权利，它本来是附在债券上，但由于它本身具有市场价值而分离开来进行单独交易。

2. 新的金融工具与融资技术的出现

20 世纪 80 年代之后，资产价格、信用风险普遍扩大，所以就自然产生了以避免或转移价格风险、信用风险的一些新的金融工具和融资技术。比如，期货、期权、互换等。

3. 综合性金融工具不断推出

20 世纪 80 年代之后，单纯的信贷、债券在国际金融市场上所占的份额越来越少，新的综合金融工具不断被创造出来。这些工具的主要特征是将现存的金融工具和融资技术综合起来，为了适合不同投资者的需要而特别创造出来。它们种类繁多，主要有：(1)与认股证书相联系的金融工具(Warrant-Linked Instrument)。其特点是把现有的金融工具与选择权认股书联系起来，给予投资者在将来某一时间以某一固定价格购买另一种资产的权利。(2)与期权相关的工具(Option-linked Instrument)。其特点是将金融工具的发行与期权联系起来，在将来的一定时间投资人可以进行利率或货币的期权交易，如期货期权、调换期权等。(3)与调换联系的工具(Swap-linked Instrument)。其特点是带有调换业务，它可以进行利率、汇率等调换业务。如它是按浮动利率发行的工具，投资人可以将它与另外一种固定利率的金融工具进行调换。(4)复合证券(Hybrid Securities)，其特点是将不同货币的不同金融工具复合成一种证券，如双重货币债券以一种货币发行而以另一种货币赎回；可转换股票债券使得债券可以在一定时期转成股票。(5)指数债券(Index-Linked Bond)，其特点是将债券的本金及利率和某一商品或股票的价格指数联系起来，使得这类债券的投机性增加。

(三) 金融交易过程的创新

计算机广泛运用于金融服务业大大提高了金融市场的效率，使电脑代替传统电话成为主要的交易手段。这一电子化过程在国际金融市场上首先伴随着银行的国际化发展起来。它表现在通过计算机终端把各个银行联系起来，形成银行的电子计算机网络，并成为银行同业交易的最重要工具。它主要有“奇普斯系统”(Chips)，连接这些银行的 358 台计算机终端，平均每天完成 46 000 笔交易，全世界用美元结算的交易额 90%以上是通过它来结算的。另外一个世界性银行通信网络是 SWIFT 系统，它在 50 多个国家和地区拥有 1 000 多家银行成员。与此同时，电脑在各国的证券业和证券交易所广泛应用，形成了以电脑屏幕为基础的交易过程而逐步代替了在交易大厅公开竞价的方法，如美国的纳斯达克(NASOAQ)、英国的证券交易所自动报价系统(SEAQ)。在此基础上，各个市场的交易所正在逐步向外建立正规的电脑网络系统，促进金融产品交易的国际化，从而使它们适用于不同时区的投资者的需求，这也使得全球性 24 小时证券交易市场正在形成。

最著名的金融交易方式的改变是欧洲债券灰色市场(Grey Market)的建立，这种形式的金融过程创新使得证券正式发行前有一个前市场，它可以使债券等金融工具的发行有一个适应的价格水平，使债券供给与现有的需求达到均衡。

(四) 组织机构和管理方法的创新

在国际金融市场传统金融机构之间的界限由于新金融机构的不断进入和竞争的日益激

烈而日益被打破，金融组织机构正朝着“非专业化”和联合化方向发展。这不仅仅体现在银行之间的联合，而且体现在银行与非银行金融机构之间的联合以及非金融机构如跨国公司进入国际金融机构，形成了国际性的金融联合体或金融超级市场。这种金融联合体打破了传统的业务界限，使业务不断综合化，它们在货币市场与证券市场、中长期与短期市场、债券与股票市场、现货与期货、期权市场、资金与外汇市场上同时经营。

随着业务的综合化，伴随着欧洲货币市场的产生而产生的负债管理方法也逐渐改变为现行的资产负债管理。20 世纪四五十年代金融机构的管理方式多采用资产管理，到了 20 世纪 60 年代改为负债管理为主，而进入 20 世纪 80 年代，通货膨胀、利率与汇率的大幅波动以及金融工具与融资技术的创新使得资产与负债双方都必须注意，这种管理方法的实质是管理资产负债表上积累的总风险，所以又称基金管理。

三、国际金融创新的原因

20 世纪 70 年代中期国际金融创新浪潮的突然兴起，不是任何一国政府主管部门行政命令的结果，而是金融市场在发展过程中本身体现出来的内在要求。从 20 世纪 60 年代开始，在金融市场上从事经营的个人和机构就面临经济环境的巨大变化：通货膨胀和利率都急剧上升且难以预料，同时，计算机技术得到了迅速发展。金融机构发现许多旧的经营方式不再有利可图，传统金融产品卖不出去，资金筹集不到，金融活动难以展开。为了在新的经济环境中求得生存、发展，金融机构就必须研究和开发有利可图的新品，刺激了创新浪潮的兴起。

（一）规避风险是金融创新的主要原因

同过去相比，20 世纪 70 年代和 80 年代的金融市场变得更具风险，这首先突出表现在利率风险上。在 20 世纪 50 年代，3 个月期的美国政府国库券的利率在 1%和 3.5%之间波动，而在 20 世纪 70 年代，它的利率在 4%和 11.5%之间波动，80 年代更达到在 7%和 15%之间波动。利率的剧烈波动造成了巨额的资本溢价或资本损失，并使投资收益具有极大的不稳定性。为了减少或避免这种风险，投资者们热衷于在能使其利率风险降低的金融市场上从事交易。由此造成的大规模交易将产生可观的经纪人手续费，并给这些市场的组织者带来巨额利润，这为这些市场的发展提供了刺激。20 世纪 70 年代以来有许多金融创新的事例证实了这一点，比如可变利率债务工具（存款单和抵押贷款）的发展。在 1977 年以前，所有的存款单（CDs）都是以固定利率发行的，如果你购买了 1 万美元 3 年期的存单，利率为 10%，则在 3 年中的每一年里，你都会得到 10%的利率。如果在你购买存单的 2 个月后，利率提高到

12%，你可能愿意把资金从存单上抽出，再投资于利率更高的债务工具上去，然而，你或许不会这样，因为损失太大。因此，利率波动较大时，固定利率存单将缺乏吸引力。美国纽约摩根保证银行于1977年开办了第一张可变利率存单，其利率钉住国库券利率，当利率上升时，投资者可在可变利率存单上获得较高的利率收益，因而大受投资者欢迎，它使摩根保证公司和其他发行这种存单的银行得到了较多的资金并获得了较高的利润。

同其他投资者一样，金融机构在利率波动频繁时也不想发放固定利率的抵押贷款而承担利率风险。为了降低利率风险，加利福尼亚的储蓄贷款协会于1975年开始发放可变利率抵押贷款，这是一种当市场利率(通常是国库券利率)变动时其利率也随之变动的抵押贷款。由于可变利率抵押贷款允许抵押贷款的发放机构在利率上升时获得较高的利率收益，因而鼓励发放抵押贷款的机构去发放初始利率低于传统固定利率抵押贷款利率的抵押贷款，这使得可变利率抵押贷款也深受借款者欢迎。

在20世纪70年代中后期开始的金融创新中，上述规避价格风险型创新一直是市场上最为流行和受欢迎的创新工具。另外一类规避风险型创新是规避信用风险的创新。进入20世纪80年代，信用风险变得非常突出。例如，在世界石油市场上，以往的石油供给短缺现象一下子变成石油供给过剩，其背景当然是由于20世纪70年代一再出现能源危机后一些主要工业国能源政策变化的结果。但石油市场供求状况这种出人意料的变化使得一些产油国金融资产的信用状况突然恶化，相应的信用风险也增大了。再如1982年8月爆发的发展中国家债务危机，其直接后果之一是使一大批国际债权的信用状况突然恶化。这两个著名事件都不是与周期性的经济衰退和繁荣直接相联系的，这使得资产信用状况"不正常"地大幅度恶化，它们的影响却又是全球性的，而且是长期性的。例如一大批受影响的美国国际大银行至今仍元气大伤，在国际竞争中不仅无法与日本银行抗争，甚至不敌欧洲大陆的一大批银行。

正是出于对信用问题严重性的认识，对规避信用风险型创新的需求才会迅速发展起来。例如，著名的互换交易(Swaps)在调整债务危机后遗症时起到了独到的转移风险作用。

(二) 回避既有的管理法规也是导致国际金融创新的一个主要因素

由于金融市场和金融体系关系到一个社会经济的支付制度问题，它的外在性因素很大，即银行等金融机构倒闭的社会效果要比其他大企业、大公司大，所以二战结束后各国对金融市场和金融体系都实行了严格的监管，这一现象一方面保证了金融市场、金融体系的稳定发展，另一方面限制了金融机构、工商企业的赚钱能力，这就必然刺激金融机构、工商企业去回避它们，于是发生了金融创新。西方经济学家德华·凯恩把这一回避管理法规的过程描述为"发掘漏洞"。

当时主要有两项银行法规严重地限制了银行赚取利润的能力：一是强迫银行将其存款的一部分作为法定储备上交中央银行；二是对存款可支付利率的限制。这些法规成为国际金融创新的主要力量，其原因如下：

法定储备要求事实上起到了对存款征税的作用。由于各国中央银行对储备是不付息的，持有储备的成本就是银行将这些储备贷放出去可得的利息。对每 1 美元存款来说，法定储备要求强加给银行的成本等于贷出储备可得利率(i)乘以法定储备比率(rd)。强加给银行的成本($i\times rd$)正如同对银行存款课以($i\times rd$)的税。只要可能便设法逃税，这是亘古不变的惯例。银行也不例外，力图通过发掘漏洞和从事金融创新来逃避由法定储备要求加在它们存款之上的税，增加利润。

对存款可支付利息率的限制同样也刺激了金融创新。截至 1980 年，美国银行法是禁止银行对支票账户存款付息的(少数州除外)，同时通过 Q 项条款对定期存款可付的利率规定了最高限额。如果市场利率上升到高于银行支付利率，存款者就会从银行提取资金，并将资金投放于较高收益的证券上，这样，银行系统存款减少，利润也随之下降，银行等金融机构就极力寻求绕过利率限制的创新，以使它们能获得资金而获得较高的利润。

以欧洲美元和商业票据为例：在 20 世纪 60 年代末期，通货膨胀加速，利率也开始上升。对存款的储备“税”($i\times rd$)也开始增大，逃避这种税的动力也在增大。此外，利率上升意味着市场利率高过了 Q 项条款规定的可对定期存款支付的最高利率，因而，当利率于 1969 年上升到空前水平时，投资者为了向收益更高的证券进行投资，减少了他们的定期存款。为此，在 20 世纪 60 年代末商业银行急切需要寻找这样一种新的资金，它们一方面不受制于法定储备要求，因而无须支付储备的“税”($i\times rd$)；另一方面不受 Q 项条款利率上限的限制。努力的结果，银行发现了两类满足上述条件的资金来源——欧洲美元和商业票据。由于欧洲美元(存于美国以外的美元存款)是从美国之外的银行借入的，它们既不受法定储备要求，也不受 Q 项条款制约。同样，由银行控股公司的母公司发行的商业票据是不作为存款看待的，因而也不受上述法规的限制。

逃避存款利率限制和储备“税”的这种需要也导致了货币市场互助基金这种出售新的金融工具的新金融机构的发展。货币市场互助基金发行一种股份，这种股份可按固定价格(通常为 1 美元)以开支票的方式兑现。例如，如果你购买了 5 000 股(即 5 000 美元)这种股份，货币市场互助基金利用这些资金投资于可向你提供利息的短期货币市场证券(国库券、存款单和商业票据)。此外，你还能对你在货币市场基金中以股份形式持有的 5 000 美元签发支票。由于货币市场互助基金是崭新的名称，政治家们还没有决定用法令束缚它们，这样，货币市场互助基金可以自由地提供竞争性市场利率且不受法定储备要求的限制。第一家货币市场互助基金于1971年由华尔街的布鲁斯·本特和亨利·布朗创设。然而,1971年至1977年间由于市场利率很低,使得它们并不比银行存款有特别有利之处。但20世纪70年代末期开始,国际资本市场利率迅速提高,并大大超过Q项条款利率上限,因而货币市场互助基金也开始得到快速发展。1977年,货币市场互助基金的资产只有不到40亿美元,1978年增至接近100亿美元,1982年则已超过了2 300亿美元。

(三)技术革命大大促进了国际金融市场的创新

技术一贯对变革有刺激作用,它在金融市场和在其他地方一样具有强大的力量。电讯、信息处理以及计算机领域的技术进步被普遍认为是促进国际金融市场创新的主要因素。这表现在以下三个方面:

1. 技术革命是导致国际金融一体化的一个主要因素

在国与国之间地理、技术、信息等因素构成了它们之间的"经济距离"。而如今电脑和远程通信设备的广泛使用大大缩短了这种经济距离,使许多国际金融交易成为可能。

2. 金融服务业现代技术的利用大大降低了各种金融交易的成本

金融机构从事金融交易成本的降低在国际金融市场创新中扮演了至关重要的角色。技术革新减低了提供新的金融服务的成本并使向公众提供此类服务变得有利可图,这就能刺激金融创新。银行信用卡就是这样一个典型的例子。信用卡在第二次世界大战以前就已经存在,但全国性的信用卡是二战后美国就餐俱乐部首次开办的,后来美国捷运公司和全权委托公司也开始搞了相同的信用卡方案,由于经营成本甚高,信用卡仅仅向那些经过选择的能负担起昂贵买价的人们和工商业发行。

发行信用卡的企业从它提供给信用卡持有者的贷款和利用信用卡进行营业的商店付款中获得收入,贷款违约、信用卡被盗以及处理信用卡交易的花费构成了信用卡方案的成本。

银行家看到了就餐俱乐部、美国捷运公司和全权委托公司的成功,也想跻身于这个行业,但由于经营这些方案的成本太高,致使它们的早期尝试都归于失败。到了20世纪60年代后期,改进了的计算机技术降低了提供信用卡服务的费用,使得银行信用卡方案看起来有利可图。银行再次尝试参与这个行业,它们的努力导致了下面两种信用卡方案的产生:美洲银行信用卡(美洲银行)和通用信用卡(银行同业信用卡协会)。这些方法的成功使得人们现在广泛使用信用卡,并超过支票的规模。

另外,技术革命也为其他新加入者的进入降低了进入成本,这表现在越来越多的机构(不仅仅是金融机构)加入国际金融市场进行国际金融活动,这使得国际金融市场更具竞争性。竞争在很大程度上促使不同的金融机构进行创新以保证自己的市场份额。

3. 技术革命扩大了金融业规模经济的潜力

许多大的金融机构为了降低成本、提高效率，必须不断扩大自身规模来充分利用规模经济，一个大的金融机构只有多国经营才能生存，同时又必须使金融资产和服务不断分散到足够利用范围经济。

规模经济扩大表明技术进步使得金融机构可以不断扩大而不至于导致边际收益小于边际成本，因为技术进步使得进入国际金融市场的成本降低，从而使得许多经济机构不断扩大它们的国际金融活动，同时国际金融市场又是一个不完全的可竞争市场，进出成本是由监管和技术因素形成的。在既定的监管机构下，假设金融机构原先主要从事 $X1$ 产品的经营，如 $X2$ 是其他产品，其他市场的或被法律或管制所不允许经营的，共同经营 $X1$、$X2$ 的成本为 $C(X1, X2)$，而单独经营的成本是 $C1(X1)+C2(X2)$，范围经济在 $C(X1, X2)<C1(X1)+C2(X2)$ 的情况下存在。技术进步降低了进入国际金融市场的成本或逃避现有管制的成本，从而提高了范围经济的价值，这样 $X1$ 与 $X2$ 市场随着时间的推移变得越来越可竞争。其结果是传统金融产品的界限不断被打破，金融机构的差异性减小，更多的金融机构进入国际金融市场而成为金融复合企业。

（四）20 世纪 80 年代西方主要资本主义国家的金融自由化措施加速了国际金融创新

前一时期国际金融创新浪潮使各国的金融管理法规越来越失效，各国金融机构参与国际金融市场的竞争也愈演愈烈，而金融管制过多不利于本国金融机构参与国际竞争，因此，进入 20 世纪 80 年代后，西方各国政府纷纷放松管制，形成了全球性的金融自由化趋势。

金融自由化或放松管制包括四个方面的内容：

（1）价格自由化，即取消利率限制、放开汇率、消除证券交易中的固定佣金制度，让金融价格重新发挥其市场调节作用，这是金融自由化的主要内容。其中，放松利率管制最为重要。

（2）扩大各类金融机构的业务范围和经营权力，使它们能够公平竞争。

（3）改革金融市场，放松各类机构进入金融市场的限制，丰富金融工具和融资技术，放宽和改善金融市场的管理。

（4）资本流动自由化，允许外国资本、外国金融机构更方便地进入本国市场，同时也放宽了本国资本和金融机构进入外国市场的限制。

这些金融自由化措施势必加速国际金融创新的进程。因为，在各国金融管制较严的条件下，不仅经济距离阻碍了国际金融活动，而且政府政策因素也阻碍了跨越边境的资金转移，事实是各国政府都设置各国金融市场的“分离篱笆”。各国的金融自由化措施显然不同程度地拆除了这种“篱笆”，这样，各国金融市场之间的阻碍减少了。到目前为止，一个以纽约、伦敦、东京为中心的全球性国际金融市场正在形成，在这个市场上国家之间的障碍已经全部或大部分拆除，主要的金融机构可以进行一星期 7 天，一天 24 小时的金融交易，这样，在任何一段时间内金融债权债务都可以在多个不同的金融中心进行。这样一个全球性金融市场显然可以大大加速国际金融创新，因为不同国家的不同金融资产可以更加容易地进行比较，新的金融工具、金融过程、组织管理方式等可以在世界范围内迅速传播。

（五）金融创新过程自身的内在动力也会推动新的金融创新

从金融创新的具体内容可以看出，许多金融创新工具是在原有创新的基础上涌现出来的。比方说，互换、期权、远期利率协定、票据发行设施等可以说是新近流行的创新，但它们与原有的一些创新工具如期货、信用证、浮动利率票据、回购协定等都有一定的血缘关系。例如，期权的使用一般都是与期货合同联系在一起，而不是和初次发行的证券相联系，因为一般来说期货市场的流动性更大，因此，期权市场的发展是与期货市场密切相关的。

第二节 货币期货交易

一、货币期货交易的基本概念

期货交易是与现货交易相对的一种交易方式，其实质就是交易双方对一个统一的标准合同（期货合约）进行买卖，期货合同的买方名义上同意按照期货合约的规定在将来的某一时间以一定的价格购买一定数量的某种商品，而合约的卖方则名义上同意在将来的某一时间以约定的价格卖出这种商品。将这种商品期货交易的方法运用于货币、证券及股票指数等金融商品的期货交易，即为金融期货交易。其中，以货币为交易对象的期货交易，称为货币期货交易(Currency Future Trading)。

货币期货交易出现于 20 世纪 70 年代初期，芝加哥商业交易所(Chicago Mercantile Exchange，CME)在美国经济学家弗里德曼的鼓吹下，鉴于汇率的巨幅波动，认为可将行之多年的商品期货交易技巧应用于金融业。于是，1972 年 5 月 16 日，在该交易所内，另设一个专门交易金融期货的部门，称为国际货币市场(International Monetary Market，IMM)，开办货币期货契约，创立了世界上第一个能够转移汇率风险的集中交易市场，使期货交易的对象从农产品、初级原料及金属等实物扩展到金融商品。1975 年 10 月 24 日芝加哥交易所(Chic-Ro Board of Trade Exchange, CBOT)首次使用金融工具的期货交易。英国在 1982 年 9 月成立伦敦国际金融期货交易所(London International Financial Futures Exchange, LIFFE),正式开始做金融及货币期货交易。目前,澳大利亚、加拿大、荷兰和新加坡都有金融期货交易所。

货币期货合约的买卖完全基于市场参与者对该种货币价格走势的预测。如果购买一张标准货币契约后,货币价格上升,那么投资者就获利;否则若价格下跌,则投资者蒙受损失。也就是说,若投资者的货币期货状况是买进头寸,则他是预期价格将上涨;反之,投资者是卖出头寸,则他是预期价格将下跌。

二、货币期货交易的基本特征

(一) 货币期货交易是在固定的交易场所集中进行,而且只有交易所会员才有资格进行期货交易的直接操作

期货交易属于场内交易,目前世界上著名的金融期货交易所有芝加哥国际货币市场(IMM)、伦敦国际金融期货交易所(LIFFE)、新加坡货币期货市场(SIMEX)等。

在期货交易中,并不是每一个想进行期货交易的人都能在交易所内直接进行期货合约的买卖,只有会员才能进入交易所进行交易。如果你不是交易所的会员,你必须委托作为会员的经纪公司(Member Firms),才能出售和购买期货合约。为此,期货交易呈现如下两个特点:

(1) 期货交易双方并不直接接触,也无需了解对方的身份、资信等。所有成交的交易专门有一个清算中心负责结账。

(2) 相对远期外汇市场来说,货币期货市场是一个活络而有效率的市场。从事远期外汇交易虽无资格限制,但实际上远期外汇市场参与者大多为专业化的证券交易商或与银行有良好往来关系的大厂商,没有从银行取得信用额度的个人投资者与中、小企业极难有参与机会;而在期货市场上,任何投资人只要依规定缴存保证金,均可通过经纪商来进行期货交易,这促使期货交易成为一个活络而有效率的市场。

(二) 标准化的期货合约

期货交易是通过买卖期货合约进行的,期货合约是一份高度标准化的书面合同。其高度标准化主要体现在:

(1) 数量的标准化。每份货币期货契约的交易量都为固定的标准数量,通常是以各货币

的一定金额作为交易的订约单位，交易是以这个单位或其整数倍数进行的，有尾数的金额不得交易。以日元为例，最低的订约单位，1 张契约若为 1 250 万日元，因此 5 000 万日元、1 亿日元的交易为其整数倍数，就没问题，但 6 000 万日元、1.2 亿日元则不能交易。

(2) 标准的交割日期。外汇市场上远期交易规定固定的交割期限，而货币期货交易一般规定固定的交割日期。比如，芝加哥国际货币市场把每年的 1 月、3 月、4 月、6 月、7 月、8 月、9 月、10 月、12 月作为交割月份，2 月、5 月、8 月和 11 月只有当月交割的现货交易；伦敦国际金融期货交易所则为 3 月、6 月、9 月和 12 月 4 个月份。芝加哥国际货币市场把各交割月份的第三个星期六作为交割日，而伦敦国际金融期货交易所则把交割月份的第二个星期六作为交割日。

(三) 期货交易的价格

期货交易的价格是通过公开叫喊方式确定。交易市场上的价格通过相互竞争而定出来，同时场上的价格又随时公开报道，进行交易的人可以根据场上价格的变化随时调整他们的要价、出价，但也不能漫天开价。为了避免货币期货参与者在单一交易日内承担过高的风险，并防止期货市场发生联手操纵的不法行为，通常期货交易所对各类期货价格的波动不仅有上限的控制，而且有下限的规定，如例 8.1。

例 8.1

若英镑的现在报价为£1：US $1.662 0，依据 IMM 的规定，每次波动的最小幅度[又称刻度(Tick)]为 0.000 2 美元，而每张英镑期货合约的单位为 62 500 英镑，则每张期货合约最低波动价格或刻度值为 12.50 美元(US $0.000 2×62 500)。若最大波动幅度为 200 点，则价格波动上限为 12.5×100=1 250 美元。

(四) 保证金制度

严格地说，期货交易并不是实际商品的交易，而只是合约的买卖。在交易中，合约买方承担在未来某一时间以一定价格买下某商品的义务，而合约的卖方承担到时以约定价交割此种商品的义务，双方并不需要付现款或现货。为了保证这种涉及价值较大的商品买卖，期货交易实行保证金制度。

保证金是期货交易的最大特色之一，它是交易者通过经纪人存入清算所的一笔资金，以确保交易者有能力支付手续费和可能的亏损。交易货币不同、市场不同，保证金都会有所差异，即使同一市场、同一货币也会因市场情况变化而改变，具体由清算所和交易所共同决定，一般为合约总值的5%到15%。保证金一般要求以现金形式存入清算所账户，但在美国也可以把某些证券如国库券作为部分保证金。

保证金的功能(作用)主要有两方面：一方面，正如前述是为了保护经纪人的利益，防止交易者违约赖账；另一方面，控制投机活动，当投机活动太多时，可以提高保证金比率以压抑交易活动。更进一步，一国中央银行可通过变化证券保证金比率来控制银行信贷规模，从而达到控制市场货币供应量的目的。提高证券保证金比率意味着商业银行向中央银行申请以证券为担保的贷款比率缩小了，从而可达到减少整个社会信贷规模的目的。目前证券保证金比率已成为各国中央银行货币政策中的选择性政策工具之一。

保证金包括两个部分：初始保证金(Initial or Original Margin)和维持保证金(Maintenance Margin)。初始保证金是交易开始时缴纳的保证金，维持保证金是指给账户增加货币以前允许保证金下降的最低水平，增加的部分称为变值保证金(Variation Margin)。例如，按IMM的规定，每张英镑期货合约的初始保证金为2 800美元，维持保证金为2 000美元。

(五) 期货交易具有一套独特的结算系统和独特的结算方式

每个交易所都有一个清算所负责期货契约的交易与登记工作，清算所可以是独立组织，也可以是交易所的附属公司。清算所是一所营利性机构，交易所的会员要想成为清算会员必须单独申请，每笔期货契约交易的登记与清算需要另外付费。若非清算会员的交易所会员必须与清算会员有账户关系，通过清算会员清算，并缴纳一定的佣金，有时清算中心的规模甚至大于交易所的规模。

期货交易的结算方式是每天结算，这种方法称为“逐日盯市”(Mark-to-the-market)，即每个交易日市场收盘后，清算所将会对每个持有期货合约者确定其当日的盈亏，这些盈亏都反映在保证金账户上，由于期货合约实行逐日盯市的每日结算制度，而期货交易的维持保证金总是高于期货价格每日涨跌的最大可能性，因而保证金制度大大保证了期货交易所更为安全、更为正常地运行。这里，我们用一具体实例来分析期货交易中的具体结算过程。

例　8.2

假定每张美元期货合约的单位为10万美元，交易者甲某日以US$1:RMB¥6.308 0的价格买入一张美元期货合约，合约价值为630 800元人民币，初始保证金为5万元人民币，维持保证金为37 500元人民币(一般占初始保证金的75%)。另外相对应的交易者乙卖出一张上述合约，几天后假定甲、乙两人都未平仓，则他们的保证金变化情况如表 8.1。

表 8.1 期货交易者甲、乙的保证金变化情况

时间	期货价	甲保证金变化	乙保证金变化
第一天	6.3180	+1 000 元	−1 000 元
第二天	6.3280	+1 000 元	−1 000 元
第三天	6.3080	−2 000 元	+2 000 元
……	……	……	……

例 8.2 中的“期货价”是期货交易清算所根据一天的期货交易价格状况所得出的，用于计算当日具有未平仓期货头寸的客户的盈亏结算价格。结算价格的确定方法在各个期货交易所可能不一样，有些期货交易所以一天所有交易成交价的加权平均为结算价，有些期货交易所则以一天的收盘价为结算价，还有些期货交易所以收盘前一段时间(一般为 5 分钟或 10 分钟)成交价的加权平均来确定等。

另外，由于期货交易采用“逐日盯市”的结算方式，在期货合同有效期间，参加交易者有可能赚到额外的利息收益或遭受额外的利息损失。如例 8.2，初看起来，甲、乙两人在头三天收益状况一样，既没盈利，也没亏损。但在这三天中，甲得到额外的利息收益，第一天的 1 000 元盈利让其获得两天的利息收入，第二天的 1 000 元盈利又使其得到一天的利息收入。相反，乙却遭受了额外的利息损失。

三、货币期货交易的功用

货币期货交易具有两大功用，一是套期保值，二是投机，下面我们将分别给予分析。在此之前，有必要先介绍一个在期货交易中最重要的技术指标——基差。

(一) 基差

所谓基差是指当时市场上商品现货价格与同种商品期货价格的差额。它有两种表达方式，一种是用现货价格减去期货价格，得出的基差称现货—期货基差(Spot-Future Basis)；另一种是用期货价格减去现货价格，称为期货—现货基差(Future-Spot Basis)。一般情形，基

差指前者。

基差(同一市场)反映了持有或储存某商品从某一时间到另一时间的成本,它包括储存费用、利息、保险费、耗损等,其中利率变动对持有成本的影响很大,其他三项较稳定,所占比例也不大。

对于货币期货市场来说,由于货币期货价格反映的是远期货币的供求双方对远期货币价格的预期,因此期货价格变动一般具备两个特性:一是平衡变动性(Price Parallelism),即期货价格必与现货价格朝同一方向变动。二是合二为一性(Price Convergence),货币期货契约越接近到期日,期货价格与现货价格的差距越小,乃至期货契约最后交易日(Last Trading Date)收盘时,现货与期货间的基差必等于零,若不等于零,则投机者可套取其间的利益,即到交割日,卖方可以从现货市场购入即期外汇,交给买方以履行交割的义务;或相反。

(二) 套期保值(Hedging)

套期保值又称对冲,指交易者目前或预期未来将有现货头寸,并暴露于汇率变动的风险中,在期货市场做一笔与现货头寸等量而买卖方向相反的交易,以补偿或对冲因汇率波动而可能带来的损失。

套期保值是期货最重要的操作之一,一般来说交易者通过套期保值可以达到两个目的:一是锁定资金成本,二是保护资金的收益。相适应地,套期保值也就有两种类型:买入对冲(Long Hedge or Buying Hedge)与卖出对冲(Short Hedge or Selling Hedge)。买入对冲是指交易者预期未来将在现货市场购入某金融资产,乃先于期货市场买入与该类资产相同或相关的金融期货合约,到时在现货币场买入该类资产的同时,再将原先买入的期货合约在期货市场结清。卖出对冲是买入对冲的相反模式,它是指交易者预期未来将在现货市场售出某类金融资产,而先在期货市场售出与该类资产相同或相关的金融期货契约,到时在现货市场售出该类资产时,再将原先已售出的期货契约在期货市场结清。下面分别举例说明买入对冲和卖出对冲的操作原理。

例 8.3 买入对冲

某美国进口商按合同将于 3 个月后支付 125 000 英镑的货款。若签约当日英镑的即期汇率为£1=US$1.567 8,而 3 个月英镑远期汇率则高达£1=US$1.600 0,如此进口商预计 3 个月后英镑即期汇率将升值,为规避英镑升值的汇兑损失,乃进行买入套期保值,具体如表 8.2。

表 8.2 买入对冲状况

	即期市场	期货市场
今日	当日即期汇率£1＝US$1.567 8，预计3个月后英镑即期汇率为：£1＝US$1.6	买入3个月后交割的英镑期货125 000英镑，价位£1＝US$1.6，即预计3个月后英镑即期汇率价格将在此上下波动
3个月后	当时即期英镑汇率升值至US$1.645 0/£，美国进口商到即期市场买£125 000以备支付	当日英镑期货成交汇率随即期汇率同步升至£1＝US$1.650 0，变卖后可盈利US$6 250

美国进口商成本：1.645 0×US$125 000－US$6 250＝US$199 375

单位成本：199 375/125 000＝US$1.595，固定了进口成本在US$1.6水平以下。

例 8.4 卖出对冲

一家日本公司在6个月后有5 000万英镑收入，目前汇率£1＝J¥150，为防止6个月后英镑贬值，该公司决定采用卖出套期保值以避免风险，操作过程如下表8.3。

表 8.3 卖出对冲状况

	现货市场	期货市场
今日	当日即期汇率£1＝J¥150，6个月后将收入5 000万英镑，按目前汇率水平将收入75亿日元	以£1＝J¥152卖出期货合同5 000万英镑，花费76亿日元
6个月后	6个月后£1＝J¥140，实际收入70亿日元，亏损5亿日元	£1＝J¥140，买进5 000万英镑期货合同，花费70亿日元，盈利6亿日元

如表8.3，这家日本公司在6个月后在现货市场出售5 000万英镑得到70亿日元，期货市场获利6亿日元，两者合计76亿日元，超过了该公司在签约时该笔5,000万英镑折合75亿日元的金额，即该公司利用卖出对冲固定了未来货款收入的实际价值。

（三）投机(Speculation)

期货交易除可用作套期保值外，也可进行投机。这些投机者在本身目前或未来并无现货头寸的情况下进行期货交易，其参与期货交易的目的是想从期货价格变动中获取利润。

1. 头寸交易者(Position Trader)

这种投机者以取得交易部位的方法从明显的价格变化中获利。他们认为期货价格会涨时便买入合约，看跌时便卖出合约。前者称多头部位，后者称空头部位。由于头寸交易者一般关注于合约的大势利益，他们通常要把自己的期货部位保持较长时间，即进行长线交易。

2. 抢帽子者、池中交易者、日交易者

这三种投机者注意价格波动中的较小利益。

抢帽子者(Scalpers)：整日以极微小的波动买进或卖出，赚取一个刻度或两个刻度，此类交易者数量较大，为市场提供流动性。一般来说，他们一天要签约、平仓几百次，而手中的合约时间一般也不会超过几分钟。

池中交易者：指那些保持合约时间相对长于抢帽子者(几分钟至几小时)的交易厅内的交易者。

日交易者：指那些保持合约时间从几小时到整个交易日的厅内交易者。

固然，期货市场与其他证券市场一样，交易者盈利的可能与亏损的可能一样大。但是，期货市场吸引了大量的投机者，其主要原因在于期货交易的杠杆作用。在期货交易市场上，交易者并不被要求缴纳全部的期货价值，而只要缴纳相当于期货价值5%～15%的保证金就可取得对于相应期货商品的要求权。这些少量的保证金要求是投机者在期货交易中取得巨大可能利润的根本所在。

对于期货市场及其整个经济市场来说，投机者也起了很多积极的作用。首先，期货市场中套期保值者所转移的风险是由投机者承担的。众多的投机者成了套期保值者的中介力量。其次，投机者促进了市场的流动性。无论怎样，如果没有投机者的加入，期货市场的运转肯定是相当困难和不可想象的，正是这些根据自己分析而在期货市场上不断改变自己交易部位的投机者使得套期保值者随时能够进行风险转移，尤为重要的是，大量投机者在期货市场的频繁活动，起到了一种价格发现的功能。即在期货价格围绕价值运动过程中，一旦价格过于偏高或偏低，投机者就会利用这些机会进行投机，使期货价格的波动能最大限度地反映其价值，从而有利于市场的稳定。

第三节 外汇期权

一、外汇期权的产生

期权(Option)又称选择权,它最早是从股票期权交易开始的,直到 20 世纪 80 年代才产生外汇期权。第一批外汇期权是英镑期权和德国马克期权,由美国费城股票交易所(Philadelphia Stock Exchange)于 1982 年承办,它是已建立的股票期权交易的变形。

外汇期权的产生归因于两个重要因素:国际金融市场日益剧烈的汇率波动和国际贸易的发展。随着 20 世纪 70 年代初期布雷顿森林货币体系危机的出现到最终崩溃,汇率波动越来越剧烈。例如,1959～1971 年期间联邦德国马克对美元的日均波动幅度 1 马克为 0.44 美分,而 1971～1980 年增长了近 13 倍,1 马克达 5.66 美分。同时,国际间的商品与劳务贸易也迅速增长,越来越多的交易商面对汇率变动甚剧的市场,开始寻求避免外汇风险更为有效的途径。

在远期外汇和货币期货这两种保值交易的基础上,期权的产生不仅具有能避免汇率风险、固定成本的作用,而且克服了远期与期货交易的局限,因而颇得国际金融市场的青睐。对于那些应急交易(Continent Transaction),诸如竞标国外工程或海外公司分红等不确定收入或投资保值来说,期权交易尤其具有优越性。

二、外汇期权的概念及分类

外汇期权(Foreign Exchange Option)又叫外币期权(Foreign Currency Option),它是一种选择权契约,其持有人即期权买方享有在契约届期或之前以规定的价格购买或销售一定数额某种外汇资产的权利。当行市有利时,他有权买进或卖出该种外汇资产,如果行市不利时,他也可以不行使期权。而期权的卖方则有义务在买方要求履约时卖出或买进该种外汇资产。

一般来说,外汇期权可以按下面两个标准来划分种类:

(1) 按照行使期权的时间是否具有灵活性可以分为美式期权(American Option)和欧式期权(European Option)。在到期日之前可以行使的外汇期权为美式期权,只能在到期日行使的期权为欧式期权。

(2) 按照期权方向不同分为买方期权(Call Option)和卖方期权(Put Option)。买方期权又称为看涨期权或购买选择权，其购买者(Call Buyer)支付期权费并取得以某预定汇率购买特定数量外汇的权利，其发售者(Call Seller 或 Writer)取得期权费并有义务应购买者的要求交投外汇。卖方期权又称看跌期权，其购买者(Put Buyer)支付期权费并取得以既定汇率出售特定数量外汇的权利，其出售者(Put Seller 或 Writer)取得期权费并有义务应购买者的要求购买其出售的外汇。

根据上述分类，外汇期权共有四种基本类型：美式买方期权、美式卖方期权、欧式买方期权和欧式卖方期权。这些基本类型的期权对象都是外汇现货。随着期权的发展，为了适应各类客户的需要，期权开始与期货结合起来，产生了外汇期货期权(Option on Foreign Currency Futures)和期货式期权交易(Futures-style Option)两种新型期权类型。

外汇期货期权交易是指期权买方有权在到期日或之前，以协定的汇率购入或售出一定数量的某种外汇期货。

例 8.5

某交易商买入一份欧元 9 月份期货的看涨期权(合同金额 100 000 欧元)，协定价为 US $1.200 0/EUR，此后期货行市上涨到 US $1.210 0/EUR，期权买方看行市有利，就行使期权，从中获利：

$$\begin{aligned} \prod &= (\text{US\$}1.2100/\text{EUR} - \text{US\$}1.2000/\text{EUR}) \times 100\,000 \\ &= \text{US\$}1\,000 \end{aligned}$$

期货式期权是以外汇期权行市(指期权权利金或期权价格)作为商品来从事期货交易，又称期权期货，与一般期货合同相似的特点是交易双方盈亏取决于期权行市变动方向，且合同双方都必须缴存保证金，并且按每天期权收市价结清，即按每天收市的期权清算价对期权合同价的变动差额进行盈亏计算。当人们预计期权行市上涨时就会买入看涨期权期货，取得多头地位，如果期权行市果然上涨，买入者获利，出售者亏本。若期权行市下跌，则买入者亏损，出售者盈利。而当人们预计期权行市下跌时，就会买入看跌期权期货，日后果然下跌，则多头者获利，空头者亏损。

三、外汇期权的基本特征

(一) 外汇期权形式多样

外汇期权既有场外交易期权(OTC 期权，Over the Counter Option)，也有交易所场内期权(Exchange Traded Option)。场外交易期权与远期性外汇交易类似,其金额、期限和履约价格均由买卖双方根据需要斟酌商定。目前,具有代表性的场外交易期权市场是以伦敦和纽约为中心的银行同业外汇期权市场;交易所场内期权类似于期货交易,期权规格固定划一,在交易所内集中买卖,并可在市场上转让出售。目前,具有代表性的交易所场内期权市场主要集中在费城、芝加哥、伦敦等地。通常情况下,场外交易金额比交易所场内交易金额大得多,也不仅限于几种货币,甚至还包括交叉货币的期权。另外,场外交易期权在期限、交易时间等各方面都具有弹性,因而更适合于那些有特殊需要的客户。

(二) 期权业务下的保险费或期权费不能收回

无论是履行合约或放弃履行合约,期权业务的买方所交付的保险费均不能收回。

(三) 外汇期权具有执行合约与不执行合约的选择权,灵活性强

相比较而言,采用期权业务来规避风险要比远期、期货交易彻底得多。比如,买入一笔远期外汇能避免该外汇汇率升值的风险,但当汇率贬值时,它不仅不能回避风险,反而产生了风险,而期权能同时规避汇市升值的风险和享受贬值所带来的好处。

(四) 金融机构是期权交易的主要参与者

各主要商业银行、投资银行等金融机构通过场外期权交易向企业出售外汇期权,同时再从交易所购入相似期权以对冲或规避风险,从而充当了客户之间的桥梁,从中赚取期权费差价利润,同时也使交易所场外期权和场内期权得到同步发展。

四、四种基本期权交易的收益和风险

一般来说,进出口商、金融机构从事期权交易有四种基本方法:买入买方期权、卖出买方期权、买入卖方期权和卖出卖方期权。

下面具体分析各种不同期权交易方法随汇率变化的收益和风险状况。

(一) 买入买方期权(Buying a Call Option)

买入买方期权使买入者或期权持有者获得了在到期日以前按协定价格(Exercise or Strike Price)购买合同规定的某种外汇的权利(不是义务)。为了获得这种权利,购买者必须付给出售者一定的期权费。购买买方期权合同者通常预测外汇汇率将要上升,当市场汇率

朝着预测方向变动时，购买者的收益不封顶；但当市场汇率朝着预测相反方向变动即市场汇率趋跌时，购买者的损失是有限的，最大损失就是支付的期权费，如图 8.1。

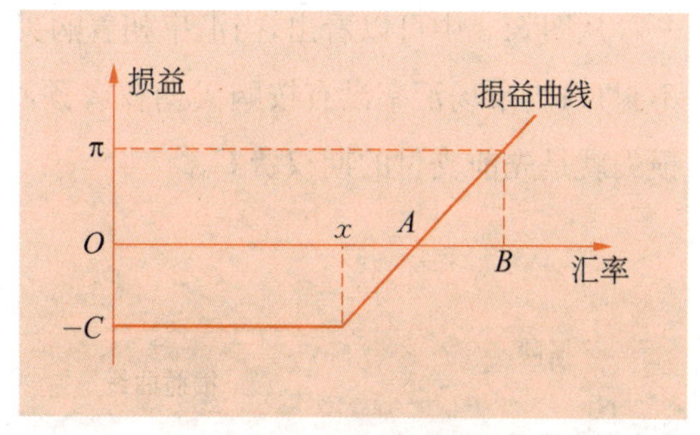

图 8.1　买入买方期权的损益图

从图 8.1 中可以看出，期权买入方的最大损失不会超过期权费的 OC 水平，随着汇率上升，其收益也递增。如果市场汇率升至 OB，买方期权的购买者就可获得 Oπ 的收益，这里的 Oπ 是市场汇率 OB 高出协定汇率 OX 的部分给期权的购买者带来的收益减去已付出的期权费 OC 后的净收益。如果汇率升至 OA，期权的购买者履行权利的收益正好等于支出的期权费 C，此时称为盈亏平衡点(Break-Even Point)。

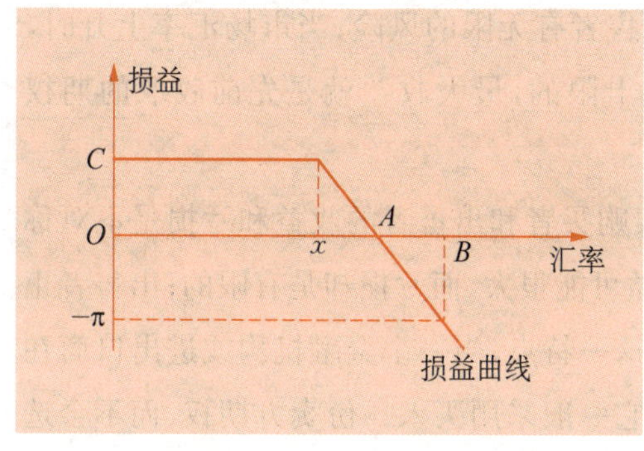

图 8.2　卖出买方期权的损益图

(二) 卖出买方期权(Writing or Selling Call Option)

卖出买方期权是指如果买入方执行合同，出售者就有义务在到期日之前按协定汇率出售合同规定的某种外汇，作为回报，期权的出售者可收取一定的期权费。期权卖方的损益与汇率之间的关系可用图 8.2 来表示。

当市场汇率朝着出售者预测方向变动即下跌时，出售者获得的收益就越大；不过其最大收益就是收取的期权费 C；但当市场汇率看涨时，出售期权者的收益将递减，在汇率超过 OA 水平时，出售期权者就从收益转为亏损，而且随着汇率的继续上升，亏损将越来越大，而且不封顶。

(三) 买入卖方期权(Buying Put Option)

买入卖方期权使得买入者获得了在到期日以前按协定汇率出售合同规定的某种外汇的权利(而不是义务)。为了获得这种权利，买入者必须支付给出售者一定的期权费。卖方期权的买入者的损益随汇率而变化的情况如图 8.3。

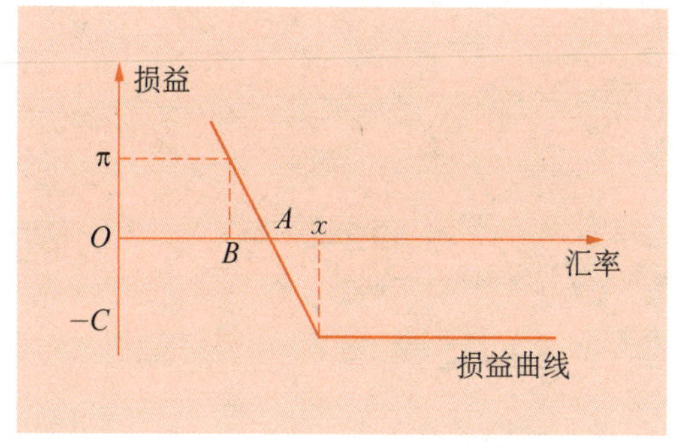

图 8.3　买入卖方期权的损益图

从图 8.3 中可以看出,当汇率朝着购买者预测方向变化即下跌时,他的收益越来越大且不封顶;当市场汇率没有按购买期权者预测方向变化而是上升时,他的损失是有限的,最大损失就是先前支付的期权费 C。

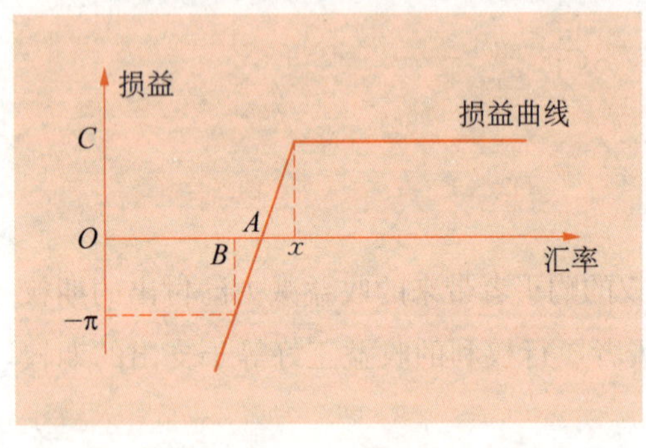

图 8.4 卖出卖方期权的损益图

(四) 卖出卖方期权(Writing or Selling Put Option)

卖方期权的售出者售出一份期权合同后可以获得一笔期权费,同时承担了一种义务,即当买入卖方期权者选择行使权利,他就有义务在到期日之前按协定汇率买入合同规定的某种外汇。卖方期权的售出者的损益状况可用图 8.4 来表示。

从图 8.4 中可看出,当汇率下跌时,期权的出售者有无限的风险;当市场汇率上升时,期权的出售者可获得收益,但其所得的收益是有上限的,最大收益就是先前收取的期权费 C。

从上述四种期权交易的损益曲线可看出:期权购买者和出售者的收益和亏损是不对称的,即不管是买方期权还是卖方期权,购买者的收益可能很大,而亏损却是有限的;出售者正好相反,亏损可能很大,而收益却是有限的。基于这一特点,当一个金融机构或进出口商在外汇现货中处于多头地位时,为了避免汇率风险,它一般采用买入一份卖方期权,而不会选择卖出一份买方期权。这两种避险方法的效果如图 8.5 和图 8.6 所示。

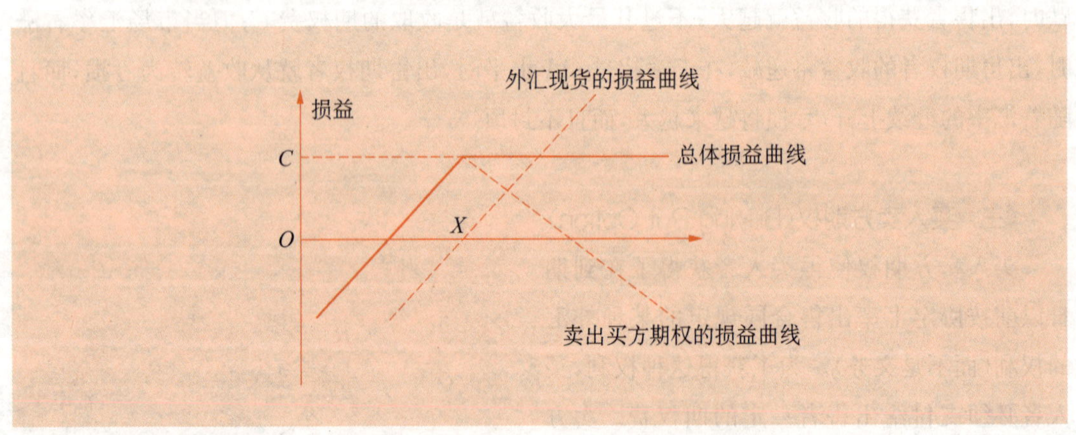

图 8.5 卖出一份买方期权的总体损益效果图

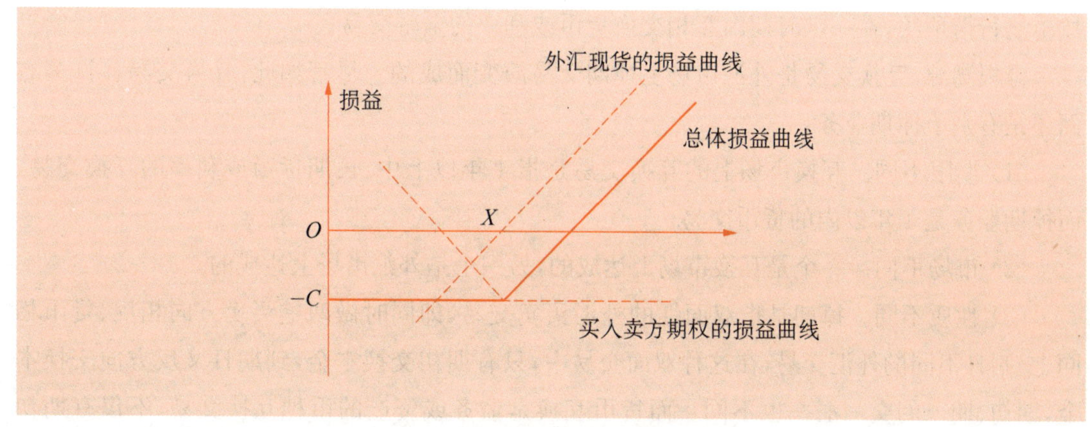

图 8.6 买入一份卖方期权的总体损益效果图

从图 8.5 可以看出，金融机构或进出口商卖出一份买方期权，在市场汇率上涨时，外汇现货可获得高汇率的收益，这种收益被卖出的买方期权的亏损所抵消；但当市场汇率下跌时，金融机构或进出口商售出买方期权所得的收益不足以抵消外汇现货的汇率损失，因为出售买方期权的最高收益不会超过所收取的期权费，说明卖出一份买方期权并不能完全避免该金融机构或进出口商的汇率风险。

相比较而言，买入一份卖方期权能让金融机构或进出口商处于一种较有利的地位，如图 8.6 所示，当汇率下跌时，外汇现货的汇率损失为买入一份卖方期权的收益所抵消；当汇率上升时，外汇现货可获较高汇率的收益，而买入卖方期权的亏损却是有限的，因而，该金融机构或进出口商仍处于有利地位。

同样的道理，当金融机构或进出口商在外汇现货中处于空头地位时，为了避免汇率风险，一般会采用买入一份买方期权，而不会选择卖出一份卖方期权。

第四节 互换交易

一、互换交易的概念

互换交易(Swap Transaction)是降低长期资金筹措成本和资产债务管理中防范利率和汇率风险的最有效的金融工具之一。它也是 20 世纪七八十年代以来国际金融创新中最重要的工具之一。一般情况下，它是交易双方(有时是两个以上的交易者参加同一笔互换交易)

按市场行情预约，在一定时期内互相交换货币或利率的金融交易。

寻根溯源，互换交易是外汇市场上掉期交易演变而成的。尽管如此，互换交易在许多方面还是有别于掉期业务：

(1) 期限不同。互换市场上的互换交易是指 1 年以上中、长期货币或利率的互换交易，而掉期业务是 1 年以内的货币交易。

(2) 市场不同。一个是互换市场上达成的，另一个是外汇市场上达成的。

(3) 性质不同。掉期是指双面性的外汇买卖交易，即同时做两笔买卖方向相反、货币相同、交割日不同的外汇交易，在这种双面交易中，只有期初交换本金，到期日又反方向交换本金，期初、期末的交割汇率也不同。而货币互换是债务或资产的币种互换交易，不仅有期初和期末本金不同的货币交易，而且还有一连串的利息互换，另外前后交割的汇率也是一样的，一般均采用交易时的即期汇率。

(4) 目的不同。互换市场的互换交易是管理资产、负债及筹措外资时运用的金融工具，而外汇市场上的掉期主要用于资金头寸上的管理。

互换交易开始成为一个独立的市场是在 20 世纪 70 年代之后的英国，其最初的形式是平行贷款(Paraller Loan)或背靠背贷款(Back to Back Loan)。在背靠背贷款的贷款做法中，处于两个不同国家的双方互相提供一笔价值相等、期限相同、以放款人所在国货币标价的贷款，其目的是为了绕过当时英国政府所实行的外汇管制。比如有两家公司(美国公司和英国公司)各自面临一个困境：美国公司在英国的子公司获取英镑资金较困难，而英国公司在美国的子公司获取美元资金成本较高，为此有些银行或证券经纪人就安排了平行贷款(背靠背贷款)，即英国公司贷英镑给这家美国公司在英国的子公司，相应地，该美国公司也贷款给英国在美国的子公司，以此贷款来投资美国，具体流程如图 8.7 所示。

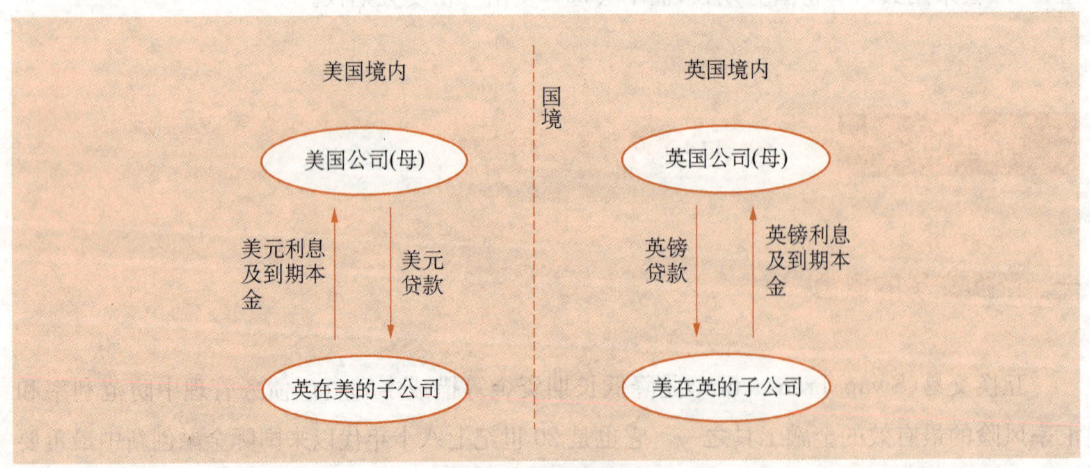

图 8.7 平行贷款示意

1979年英国取消外汇管制后，平行贷款便作为一个金融创新或在国际金融市场上作为长期外汇有效的保值工具而继续流行，慢慢演变为后来的货币互换交易。货币互换交易在两个方面改进了背靠背贷款，一是在背靠背中，每笔贷款在资产负债表上都反映为一笔新的债务，而互换交易作为表外科目，通常不影响资产负债表上的资产或负债。二是在对外贷款中，借款人常涉及退税问题，而互换则避免了这方面问题。

互换可以分为货币互换和利率互换两种，利率互换的出现晚于货币互换，利率互换是在1981年才出现的，这是一种5年至7年期的以6个月LIBOR为基准的浮动利率对固定利率的互换。1983年初，利率互换开始作为一种标准的"国际性"交易，在美国市场进一步得到发展。

二、货币互换

（一）货币互换的内涵及主要作用

货币互换(Currency Swap)是指交易双方互相交换不同币种、相同期限、等值资金债务或资产的货币及利率的一种预约业务。具体而言，就是双方按固定汇率在期初交换两种不同货币的本金，然后按预先规定的日期进行利息和本金的分期互换，在某些情况下，期初可以不交换本金，到期日也可以不交换本金。

最著名的一笔货币互换交易是1981年8月在世界银行与国际商业机器公司(IBM)之间进行的。在这次交易中，世界银行将2.9亿美元金额的固定利率负债与国际商业机器公司已有的瑞士法郎和德国马克的债务互换，互换双方的主要目的是：世界银行希望筹集固定利率的德国马克和瑞士法郎低利率资金，但世界银行无法直接通过发行债券来筹集德国马克和瑞士法郎，而世界银行具有3A级的信誉，能够从市场上筹措到最优惠利率的美元借款。

正好相反，国际商业机器公司需要筹集一笔美元资金，由于数额较大，集中于任何一个资本市场都不妥，而它在筹集德国马克和瑞士法郎资金方面具有较大的优势，为此，它希望利用自己的优势筹集德国马克和瑞士法郎资金以后，通过互换从世界银行那里换得优惠利率的美元。

可见，货币互换最主要的作用就是能够让交易双方扬长避短，最大限度地降低筹集资金成本。

（二）货币互换的具体操作过程

货币互换交易的具体操作过程包括三个步骤：第一，本金的期初互换，其主要目的是确定交易双方各自本金的金额，以便将来计算应支付的利息和再换回本金。第二，利息的互换，即交易双方按议定的利率，以未偿还本金额为基础，进行利息支付。第三，本金的再次互换，即在合约到期日，双方换回交易开始时互换的本金。现举例说明这一过程。

例 8.6

有一家美国公司 A 需要筹集一笔日元资金，但该公司筹集美元的能力比筹集日元的能力强，因此采用先发行欧洲美元债券，然后向某家银行调换获得日元资金。假设 A 公司发行欧洲美元债券的条件如表 8.4 所示。

表 8.4 甲公司发行欧洲美元债券的条件

期限	5 年
金额	US$1 亿
票息率	9.5%（每年）

该银行为了抵补外汇风险，同时安排一笔与 A 公司所处情况正好相反的 B 公司的“资产互换”交易，即以那笔从 A 公司互换而来的美元资产交换 B 公司的日元资产，假定此时货币互换的汇率为 1 美元＝100 日元，日元利率为 7.5%，互换开始日为 2008 年 1 月，每年支付一次利息，为期 5 年，具体流程如下：

第一步，期初相互交换本金，如下图：

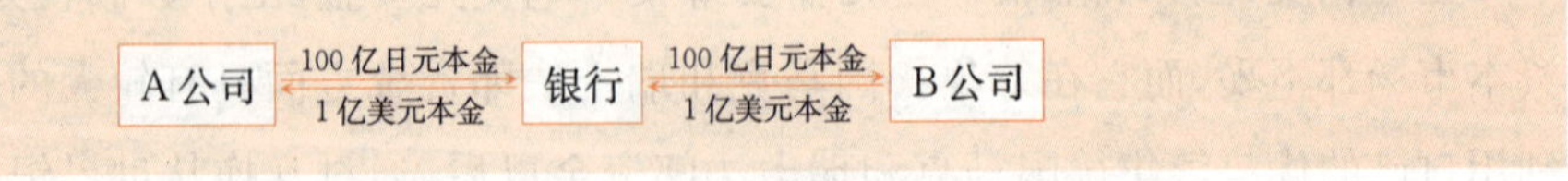

第二步，互换期间每年年初各方进行利息互换，如下图：

第三步，期末各方进行利息和本金互换，如下图：

A公司	10 750 000 000 日元本息 → ← 109 500 000 美元本息	银行	10 750 000 000 日元本息 → ← 109 500 000 美元本息	B公司

这样，A公司通过货币互换以较低的筹资成本(7.5%)筹集到100亿日元资金，相反B公司把日元债务调换成了美元债务，避免了日元升值而导致的债务负担加重的风险。

三、利率互换

利率互换(Interest Rate Swaps)指两笔债务以利率方式互相调换，一般期初和到期日都没有实际本金的交换。在利率互换中，本金被作为计算利息的基础，而真正交换的只是双方不同特征的利息。利率互换主要有三种形式：

(1) 同种货币的固定利率与浮动利率互换。

(2) 以某种利率为参考的浮动利率与以另一种利率为参考的浮动利率互换。

(3) 某种货币固定利率与另一种货币浮动利率的互换。

相比较而言，利率互换的出现比货币互换晚，资本市场债券发行中最著名的首次利率互换发生在1980年8月。当时德意志银行(Deutsche Bank)发行了3亿美元的7年期固定利率的欧洲债券，并安排与三家银行进行互换，换成以伦敦银行同业拆放利率(LIBOR)为基准的浮动利率。在该项互换中，德意志银行按低于伦敦同业拆放利率支付浮动利息，得到了优惠，而其他三家银行则通过德意志银行很高的资信级别换得了优惠的固定利率美元债券。由于利率互换双方能够互相利用各自在金融市场上的优势获得利益，因而这次利率互换交易的成功，推动了利率互换市场很大的发展，这也标志着互换交易工具的应用已从货币市场转到信贷市场。

以下用具体的例子来说明利率互换的操作过程。这里我们暂且考虑利率互换的第一种形式。

例　8.7

甲乙两公司在欧洲美元市场上固定利率和浮动利率的借款成本如表8.5。

表 8.5 甲、乙公司欧洲美元借款条件

	甲公司	乙公司	相对优势
资信等级	AAA	BBB	
直接筹集固定利率资金成本	12%	13%	1%
直接筹集浮动利率资金成本	LIBOR 利率	LIBOR+0.25%	0.25%

从表 8.5 中可以看出，甲公司无论在固定利率资金市场上还是在浮动利率资金市场上的资信均高于乙公司，从而具有绝对优势，但是相比之下，甲公司在固定利率资金市场占有较大的相对成本优势，而乙公司在浮动利率资金市场相对劣势较小，双方就可按照著名的“比较利益”原则，分别在各自具有比较优势的市场上筹集资金，然后进行利率互换交易，就可以使双方都能以更低廉的成本获得各自所需的资金。

具体操作过程如下：甲公司在欧洲美元市场上借固定利率为 12%的借款，乙公司在浮动利率市场上筹措成本为 LIBOR+0.25%的资金，然后通过一个中间人(Intermediary)进行互换交易。显而易见，甲公司为了获得那笔浮动利率资金，愿意支付成本在 LIBOR 以下的任何代价，乙公司为了获取那笔固定利率资金愿意支付 13%以下的任何代价。根据比较利益原则，双方都可以在一定的幅度内商谈互换成交的价格。假定中间人要收取 0.25%的中介费用，这里最后商定的结果假设为：甲公司向中间人支付的利率为(LIBOR−0.25%)，中间人对其支付 12%的利率；乙公司向中间人支付 12.5%的固定利率，同时由中间人对其支付 LIBOR 水平的浮动利息。这个过程可由图 8.8 表示。

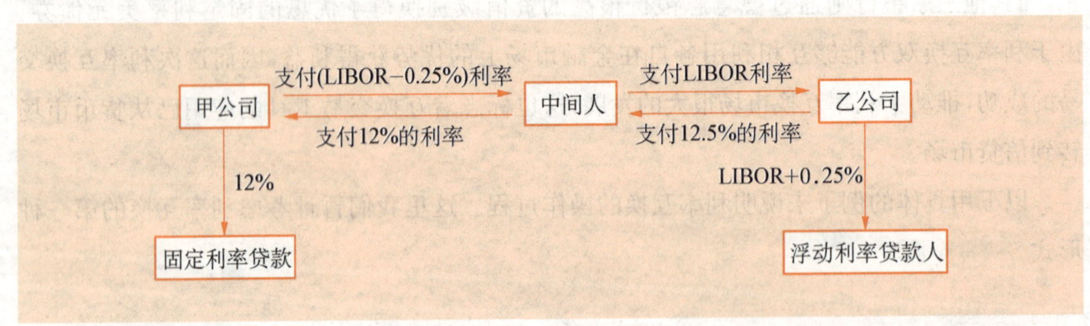

图 8.8 利率互换示意

由图 8.8 可以看出：经过互换交易后，甲方得到那笔浮动利率资金的实际成本为(LIBOR−0.25%)，节约了 0.25%的浮动利率借款成本；乙公司得到那笔固定利率资金的实际成本为 12.75% = 12.5% + (LIBOR + 0.25% − LIBOR)，也节约了 0.25%，另外 0.25%

为中间人所得，中间人同时承担了对甲、乙公司的风险。

小　结

1. 金融创新是指在金融领域内建立"新的生产函数"，它是各种金融要素新的结合，是为了追求利润机会而形成的市场改革。

2. 国际金融创新包括新市场的不断发现、金融工具和融资技术的创新、金融交易过程的创新以及组织机构和管理方法的创新等四个方面。

3. 20 世纪 70 年代国际金融创新浪潮的兴起是需求和供给两方面共同作用的结果。需求方面的因素主要指企业规避风险、发掘漏洞。供给方面主要是指技术革命的进步使金融机构提供金融创新服务变得有利可图。

4. 相对远期外汇市场来说，货币期货市场是一个活络而有效率的市场。

5. 期货交易实行保证金制度，使得期货交易者能以小搏大。

6. 期货交易的结算方式是每天结算，在期货合同有效期间，参加交易者有可能赚到额外的利息收益或遭受额外的利息损失。

7. 期权是"变色龙"，当市场行情对行使期权有利时，执行期权；当市场行情对行使期权不利时，则放弃期权。

8. 一般而言，为避免汇率风险，企业总是选择买进一份期权。

9. 互换是商品贸易在金融领域中的推广，其最大功能是让交易双方扬长避短，最大限度地降低筹集资金的成本。

思考题

1. 简述国际金融创新的主要内容。
2. 简析 20 世纪 70 年代中期国际金融创新兴起的原因。
3. 简述外汇期货的基本特征。
4. 比较分析四种基本期权策略的收益与风险状况。
5. 举例说明外汇期权的优越性。
6. 简述互换交易与掉期交易的区别。
7. 举例说明货币互换与利率互换的操作过程。

第九章

国际资本流动

第一节 国际资本流动概述

一、国际资本流动的含义

国际资本流动(International Capital Movements)是指一个国家(或地区)的政府、企业或个人与另外一个国家(或地区)的政府、企业或个人之间，以及国际金融组织之间资本的流入和流出。它是国际间经济交易的基本内容之一。

国际资本流动是资本跨越民族国家的界限而在国际范围内运动的过程，是资本要素在不同主权国家和法律体系管辖范围之间的输出与输入。资本的本质决定了资本跨国流动的本质，是居民的一部分储蓄或社会剩余劳动积累在不同社会再生产体系、不同社会经济分配体系、不同政府宏观决策体系之间的运动。

国际资本流动不同于以所有权的转移为特征的商品交易，它是以使用权的转让为特征的，但一般仍以营利为目的。一国(或地区)的国际收支平衡表中的资本与金融账户，集中反映了该国(或地区)在一定时期内与他国(或地区)的资本流动的综合情况。

在把握“国际资本流动”的含义时，还必须清楚地界定几个与其相关的概念关系。

(一) 国际资本流动与资本输出入的关系

资本输出入是一般只与投资和借贷等金融活动相关联，并且以谋取利润为目的的资本流动，因而它不能涵盖国际资本流动的全部内容，也就是说，国际资本流动不一定就是资本输出入。比如一国用黄金外汇来弥补国际收支赤字，属于国际资本流动，而不属于资本输出，因为这部分黄金外流不是为了获取高额利润，而只是作为国际支付的手段以平衡国际收支。

(二) 国际资本流动与资金流动的关系

资金流动是指一次性的、不可逆转的资金款项的流动和转移，相当于国际收支中经常账户的收支。资本流动即资本转移，是可逆转的流动或转移，如投资或借贷资本的流出伴随着利润、利息的回流以及投资资本和贷款本金的返还。由此，是否具有可逆转性是这组概念的主要区别所在。

（三）国际资本流动与国内资本流动的关系

国际资本流动与国内资本流动的差异性最主要体现在资本拥有者和使用者的居民属性上。首先，国际资本流动是资本拥有者和使用者出现跨越国界的分离情况下出现的；其次，国际资本流动表现为资金形式的跨国运动，而金融资本流动的结果必然导致以商品和服务为主要内容的实际资源的移动，即实际资本在国家间的流动。

二、国际资本流动的分类

国际资本流动主要包括：(1)资本流动方向：流入与流出；(2)资本流动规模：总额与净额；(3)资本流动的期限：长期与短期；(4)资本流动的性质：政府与私人；(5)资本流动的方式：投资与贷款。因此，这也就决定了国际资本流动的分类有很多种办法。本书主要考察以下两种分类：

（一）按照资本跨国界流动的方向，国际资本流动可以分为资本流入和资本流出

资本流入是指外国资本流入本国，即本国资本输入，主要表现为：(1)外国在本国的资产增加；(2)外国对本国的负债减少；(3)本国对外国的债务增加；(4)本国在外国的资产减少。

资本流出，指本国支出外汇，是本国资本流到外国，即本国资本输出。主要表现为：(1)外国在本国的资产减少；(2)外国对本国的债务增加；(3)本国对外国的债务减少；(4)本国在外国的资产增加。

（二）按照资本跨国流动时间的长短，国际资本流动可以分为长期资本流动与短期资本流动

1. 长期资本流动

长期资本流动是指使用期限在1年以上，或者规定使用期限的资本流动。它主要包括三种类型：国际直接投资、国际证券投资和国际贷款。

(1) 国际直接投资(International Direct Investment)。它是指一个国家的企业或个人对另一国企业部门进行的投资。直接投资可以取得某一企业的全部或部分管理和控制权，或直接投资新建企业。按照国际货币基金组织的定义，通过国际直接投资而形成的直接投资企业是“直接投资者进行投资的公司型或非公司型企业，直接投资者是其他经济体的居民，拥有(公司型企业)的10%或10%以上的流通股或投票权，或拥有(非公司型企业)相应的股权或投票权”。其特点是指投资者能够控制企业的有关设施，并参与企业的管理决策。直接

投资往往和生产要素的跨国界流动联系在一起，这些生产要素包括生产设备、技术和专利、管理人员等。因而国际直接投资是改变资源分配的真实资本的流动。

国际直接投资一般有五种方式：一是在国外创办新企业，包括创办独资企业、设立跨国公司分支机构及子公司；二是与东道国或其他国家共同投资，合作建立合营企业；三是投资者直接收购现有的外国企业；四是购买外国企业股票，达到一定比例以上的股权；五是以投资者在国外企业投资所获利润作为资本，对该企业进行再投资。

(2) 国际证券投资(International Portfolio Investment)。它也称为间接投资，是指通过在国际债券市场上购买外国政府、银行或工商企业发行的中长期债券，或在国际股票市场上购买外国公司股票而进行的对外投资。证券投资与直接投资存在区别，主要表现在：证券投资者只能获取债券、股票回报的股息和红利，对所投资企业无实际控制和管理权。而直接投资者则持有足够的股权来承担被投资企业的盈亏，并享有部分或全部管理控制权。

(3) 国际贷款(International Loans)。它是指一国政府、国际金融组织或国际银行对非居民(包括外国政府、银行、企业等)所进行的期限为 1 年以上的放款活动。主要包括政府贷款、国际金融机构贷款、国际银行贷款。

2. 短期资本流动

短期资本流动是指期限在 1 年或 1 年以内即期支付的资本流动。它主要包括如下四类：

(1) 贸易资本流动。是指由国际贸易引起的货币资金在国际间的融通和结算，是最为传统的国际资本流动形式。国际贸易活动的进行必然伴随着国际结算，引起资本从一国或地区流向另一国或地区。各国出口贸易资金的结算，导致出口国或代收国的资本流入；各国进口贸易资金的结算，则导致进口国或代付国的资本流出。随着经济开放程度的提高和国际经济活动的多样化，贸易资本在国际流动资本中的比重已经大为降低。

(2) 银行资金调拨。银行资本流动，是指各国外汇专业银行之间由于调拨资金而引起的资本国际转移。各国外汇专业银行在经营外汇业务过程中，由于外汇业务或谋取利润的需要，经常不断地进行套汇、套利、掉期、外汇头寸的抛补和调拨、短期外汇资金的拆进拆出、国际间银行同业往来的收付和结算等，都要产生频繁的国际短期资本流动。

(3) 保值性资本流动。又称为“资本外逃”(Capital Flight)，是指短期资本的持有者为了使资本不遭受损失而在国与国之间调动资本所引起的资本国际转移。保值性资本流动产生的原因主要有国内政治动荡、经济状况恶化、加强外汇管制和颁布新的税法、国际收支发生持续性的逆差，从而导致资本外逃到币值相对稳定的国家，以期保值，免遭损失。

(4) 投机性资本流动。是指投机者利用国际金融市场上利率差别或汇率差别来谋取利润所引起的资本国际流动。具体形式主要有：对暂时性汇率变动的投机；对永久性汇率变动的投机；与贸易有关的投机性资本流动；对各国利率差别作出反应的资本流动。由于金融开放与金融创新，国际间投机资本的规模越来越庞大，投机活动也越来越盛行。

三、国际资本流动的根本原因与具体影响因素

（一）国际资本流动的根本原因

国际资本流动的形成，是一种供给与需求关系产生的结果。正因为存在这样的一种供求关系，才从根本上导致了国际资本流动。

1. 资本供给——谋利与规避风险的权衡

在国际资本流动中，长期资本与短期资本流动的具体原因各不相同，但从总体上看，其动因都不外乎两个：其一是追求利润，其二是规避风险。二战后，由于世界经济发展的不平衡，各国资本的预期收益率必然会形成差异。资本追逐利润最大化的本性驱使它从一国流向另一国。若一国资本的预期收益率高于他国，在其他因素相同的情况下，他国资本便会流入该国；反之，若一国资本的预期收益率低于他国，或者在相同收益率下风险高于他国，不仅外国资本会从该国抽走，而且本国资本也会存在外逃现象。

在国际资本流动中，追逐利润并非单纯的唯一动机。对投资者来说，还要考虑资本的相对安全性。在某国或地区风险因素超过投资者所能承受的范围时，资本外流也就产生了。因此，任何国际资本的流入流出，都是追求利润和规避风险的权衡结果。也正是因为存在这两个原因，谋求流动的国际资本始终存在，从而产生资本供给。

2. 资本需求

资本需求是多方面的，但是发展中国家的资本需求最为明显。在发展中国家，由于国内储蓄不足以支持经济发展或起飞阶段所需要的投资需求，收入不足以支付进出口所需要的资金，为了开发本国资源、本国新产品、扩大生产能力以及引进先进技术和先进的管理经验，需要利用外资弥补经济发展的资金缺口，从而形成了对国际资本的持续需求。同时，国际投机者，尤其是以对冲基金为代表的机构投机者，在进行投机交易时，需要动用巨额资金，对国际资本的投机性需求也是非常大的。

（二）具体影响因素

在基本原因之外，国际资本流动还受到很多具体因素的影响，主要有以下几个因素：

1. 利率

利率水平的高低不仅制约着资本的收益率，而且也直接影响着资本流动的方向。当今

世界各国经济发展与富裕程度不一，各国之间的利率水平不同，因而存在利差。这样资本就会在利润机制的驱动下，从利率较低的(可能资本比较充裕)的国家或地区流向利率较高(可能资本比较短缺)的国家或地区，直到利差消失为止，投资的利润在这个过程中达到最大化。

2. 汇率

汇率的高低和稳定与否也决定着资本的流动，尤其是短期资本的流动。20 世纪 70 年代初以来，世界普遍实行浮动汇率制，各国货币汇率经常波动，且幅度较大。一些国家把本币币值定得过高。如果一国汇率不稳定，本国资本所有者可能预期到所持的资本价值将发生贬值，就会把手中的资本或货币资产转换成另一种货币资产而存于国外，从而使资本向汇率较为稳定的国家或地区流动。因此，为了避免贬值所造成的损失或为了获得升值所带来的收益，投资者会根据自己对汇率的预期，将自己的资金进行不同货币之间的转换，从而使资本在国际间发生流动。

3. 财政赤字与通货膨胀

财政赤字和通货膨胀在一定条件下是相通的，这两者都会引起国际资本流动。如果一国发生财政赤字，而赤字又以发行纸币来弥补，这必然造成通货膨胀压力。一旦发生严重通货膨胀，居民为避免持有的资产贬值，减少通货膨胀所带来的损失，就会把国内资产转化为外国债券。如果财政赤字是以出售债券或向外国借款来弥补，也可能导致国际资本流动。因为居民可能预期到在将来某个时期，政府又会靠发行纸币来抵偿债务或征收额外赋税来偿付债务，这样又会促使居民把手中的资产从国内转移到国外。

4. 政府的经济政策

一国的国际资本流动与该国的宏观经济政策有着很大的关系。例如，当一国采取金融自由化政策时，意味着对资本的流入流出不加过多干预，此时国际资本对该国的流出与流入往往比较频繁，规模也较大。如今，许多发展中国家为了弥补本国储蓄不足，制定了许多鼓励外资流入的政策，这对于加快国际资本流动产生了极大的影响。在世界经济处于萧条或国际经济关系不稳定的时候，国家经济政策对国际资本流动的影响作用就更加明显了。

5. 政治、经济以及战争风险的存在

政治风险是指由于一国的投资气候恶化而可能使投资者所持有的资本遭受损失。这里所指的投资气候，是针对被投资国的政局是否稳定、法律是否健全以及政治态度是否友好等方面而言的。投资气候好坏是判断政治风险程度的一个重要标准。经济风险是指由于一国投资条件发生变化而可能给资本所有者招致的损失。这里所指的投资条件涉及被投资国的经济状况是否良好、经济前景是否广阔、基础设施是否完善、居民与非居民的资产是否安全等方面的内容。投资条件的好坏，是判断投资经济风险大小程度的一个重要标准。战争风险,是指可能爆发或已经爆发的战争可能对资本造成的影响。例如海湾战争就使国际资本流动发生了重大变化,在战争期间许多资金流往以美国为主的几个发达国家,战后又使大量资本涌入中东,尤其是科威特等国。

第二节 国际资本流动的经济影响

国际资本流动在资本输入国、资本输出国以及国际金融市场上都存在着广泛的影响,与利益的分配、风险的产生都有密切的关系。本节主要从国际资本流动所带来的效益与风险危害来考察其所产生的经济影响。

一、国际资本流动产生的正效应——经济效益分析

(一) 国际资本流动有利于促进国际贸易的发展

随着国际资本流动在国际间越来越频繁,规模越来越庞大,国际金融活动的角色已经从国际贸易活动的附属物转变为其基础。国际资本流动,特别是国际投资,对国际贸易产生了巨大的影响。

(1) 对外援助和投资,有利于促进接受国的经济发展,改善其国民经济的薄弱环节,加速基础设施建设,使其发展对外贸易的基础与能力扩大。同时这也改善了直接投资的环境,以吸引更多的资金流入。

(2) 对外援助和投资,有利于改善投资国的政治、经济与贸易环境,有利于其贸易的扩大,同时带动其商品输出。此外,通过对外投资,便于投资者更好地吸收商业情报,提高产品的竞争能力,从而进入东道国的贸易渠道。

(3) 对外直接投资部门对国际贸易的商品结构起着优化作用。国际直接投资转向制造业、商业、金融、保险业,尤其是新兴工业部门,使贸易商品结构出现以下变化:第一,国际服务业在迅速发展;第二,国际贸易中间产品增多;第三,发达国家和发展中国家出口商品结构进一步优化,发展中国家出口制成品所占比重大大提高。

(4) 国际资本流动有利于贸易方式的多样化。随着各大跨国公司的对外投资日益扩大,许多跨国公司纷纷设立自己的贸易机构甚至贸易子公司,专营进出口业务,从而有效地降低了贸易成本。这种做法打破了传统的贸易由商人作为生产者和消费者中介人的形式,降低

了贸易中间商和代理商的地位。

(5) 国际资本流动推动了战后贸易的自由化。对外直接投资的发展加速了生产国际化的进程,跨国公司在世界各地组织生产,其内部贸易也不断扩大。因此,产品的国际间自由流动对于跨国公司的国际经营活动是十分必要的。这种切身利益决定了跨国公司的贸易自由化程度。

(6) 另外,以出口信贷形式存在的国际资本流动,有利于出口商资金周转与进口商解决支付困难,从而直接推动了国际贸易的扩大。

(二) 国际资本流动有利于促进国际金融市场的发展

1. 国际资本流动加速了全球经济和金融的一体化进程

所谓一体化,就是指若干部分按照一定的方式有机地联系在一起。当前世界经济金融一体化已经成为不可抵挡的潮流,国际资本流动既随着一体化的发展而壮大,也对世界经济金融一体化产生了巨大的推动作用。主要体现在以下方面:(1)国际资本流动在一定程度上促进了贸易融资,推动了国际贸易的发展,并进而推动了世界经济和金融一体化;(2)国际投机资本在世界各主要金融市场的套汇、套利活动,使国际金融交易中存在的汇率差异和利率差异被迅速拉平,导致世界主要金融市场的价格呈现一体化趋势;(3)国际流动资本在世界各金融市场之间追逐高额利润的流动过程,使得一国的经济、金融与世界经济和金融的相关性增强,从而加速了世界经济金融一体化的进程。

2. 国际资本流动极大地增加了国际金融市场的流动性

利用现代化的通信和交易手段,国际资本迅速地从一国流向另一国,可以有效地满足国际金融市场的资金需求尤其是短期资金需求,并能降低国际金融交易成本。此外,随着保证金交易、透支交易以及金融衍生工具的广泛运用,国际资本流动对国际金融的影响日益扩大。在获取巨额利润的同时,国际资本流动在客观上增加了国际金融市场的流动性。事实上,国际资本流动在得益于金融衍生工具的同时,也推动了金融衍生工具的创造和运用。

3. 适量的金融投机有利于增强金融市场的稳定性

适量的金融投机有利于减少金融商品的价格波动幅度,确保市场价格的稳定性;投机者进入金融市场承担并分散了原始金融市场的价格风险,使真正建立风险规避为主的理性金融投资市场成为可能;投资者进入金融市场,大大提高了金融市场的流通性和资金营运率。

(三) 国际资本流动有利于促进不发达国家的资本形成

不发达国家在经济增长过程中面临的最突出的困难是资本不足,因此资本形成问题是不发达国家经济发展的核心问题。不发达国家贫穷的恶性循环是阻碍其资本积累的最主要的循环关系。资本的供给取决于储蓄能力与储蓄愿望,资本的需求取决于投资的需求。在不发达国家,资本形成的供求两方面都存在着恶性循环关系。对不发达国家来说,影响资本形成的市场需求不足,是实际购买力的不足,而不是"有效需求"的不足,这种实际购买力的不足压制了对个人投资的刺激。

因此,不发达国家往往以引进外资作为其自身资本形成的一条有效途径。巨额资金流入不发达国家,为其发展本国经济、增加出口贸易和提高国民收入产生了积极作用。对外资的引进和有效利用,可以拉动对不发达国家本地区的人力资源和自然资源的需求,提高这些资源的利用程度和利用需求,拓展不发达国家的市场,提高其市场化程度,这不仅对引进外资的不发达国家而言是有利的,对作为主要资本输出国的发达国家也是有利的。

一般来说,不发达国家引进外资的形式主要有外国直接投资、国际借款(官方和非官方)以及赠予,其中以外国直接投资为主。外国直接投资的投资决策由外国投资者作出,虽然不同于直接以国内发展为目的的资本形成,但也还是直接用在资本形成上,因为它总会给生产产品的国家增添真正的新的生产力。国际借款和国际捐款作为一国的外国投资,可以由不发达国家统筹使用,建设公共服务事业和作为社会经营资本,从而奠定一国经济发展的基础。

但是,以外资代替国内储蓄总会相应地引起消费的增加。国际投资和捐赠若用于消费,则是无益于不发达国家的资本形成的,因此不发达国家对外资和本国资源的利用必须作出全面的计划和预算,以保证在分配国内外全部可用资源时首先用于资本形成。

(四) 国际资本流动会引发财富效应

对于资金富裕的单位,金融工具提供了一个资产保值增值的方式。人们可以将资金用实物的形式保存下来,但往往会因为折旧等种种因素贬值,从而带来损失。但是以股票、债券和其他金融工具的形式进行保存和流通的资金则不会随着时间而贬值,反而通常会创造收入、增加财富。这里的财富是指个人、企业和政府所有的资产总值,净财富则是其所有的资产总额与负债总额之差。在数值上,财富总量等于当前存款以及其他金融资产加上因此而产生的收益(利息、股息、债息等)。目前世界范围内以股票、债券和其他金融工具形式持有的财富是巨大的。财富的持有量代表着人们当前和未来的购买力,是衡量社会福利状况和国民生活水平的重要指标。由于国际资本在各国金融市场之间的流动会使单个国家的证券市场的财富效应扩散,所以重要的金融市场所在国的经济增长通常会通过财富效应推动整个世界经济的繁荣。

（五）国际资本流动在一定程度上有利于解决国际收支不平衡问题

国际收支不平衡的国家，因国际金融市场的发展而得到了利用其国内盈余资金或弥补国际收支赤字的便利条件。据世界银行统计，广大非石油输出国的不发达国家、中等发达国家甚至发达国家的国际收支赤字，大部分是通过从国际金融市场筹集资金来弥补的。而像石油输出国、日本等国际收支顺差的国家，也是由于国际金融市场的发展才得到了利用其巨额黑字的机会。

二、国际资本流动产生的负效应——风险和危害分析

国际资本流动固然能够为世界各国和国际金融市场带来便利和经济效益，但是伴随着国际资本流动也产生着种种风险，这些风险一旦处理得不好，可能会引起危害和损失。

（一）国际资本流动中的外汇风险

外汇风险是指一个经济实体或个人，在涉外经济活动中因外汇汇率的变动，使其以外币计价的资产或负债发生变化而蒙受损失的可能性。根据外汇风险的表现形式，我们又可以将外汇风险分成以下五类，即外汇买卖风险、交易结算风险、会计风险、经济风险和外汇储备风险。

从微观上看，国际资本流动中的外汇风险，通过汇率的不正常波动，加大企业成本与收益核算的难度，从而影响企业的涉外业务；通过改变企业债权债务的外汇价值，加大企业的偿债负担，从而造成企业不能按时偿还到期债务的风险。通过上述两方面的影响，外汇风险可能最终影响到企业的经营战略。

从宏观上看，国际资本流动中的外汇风险可能会因改变贸易商品的国际价格而造成一国贸易条件的恶化。由于汇率的变化，外汇风险会造成一国旅游业的大幅波动，影响一国资本流动的状况，改变一国经常项目状况，影响一国货币当局外汇储备的结构和数量，从而影响一国的国际收支，最终对一国国民收入和国内就业及经济发展造成不良影响。

（二）国际资本流动中的利率风险

国际资本流动中，利率是国际货币使用权的价格。国际资本流动中的利率风险，总的来说就是由于国际金融市场的利率变动使借贷主体遭受损失的可能性。国际银行贷款和国际债务是涉及利率风险的国际资本流动的两种主要形式。

1. 国际银行贷款

在国际银行贷款中，对借款方而言，若借款方按照固定利率从国际商业银行借款，在国

际商业银行贷款借入日到贷款偿清日的整个借款有效期内，如果国际市场上商业银行贷款利率下跌，则借款方按照固定利率支付的利息额，必定高于逐期按市场利率所可能支付的利息总额；相反，若借款人是按照浮动利率从国际商业银行借款，在整个借款的有效期内，若国际市场利率上涨，则借款方按照浮动利率逐期支付的利息总额，就会高于按照贷款发放日利率水平所确定的利率所可能支付的利息额。这就是借款方所面临的利率风险。

对贷款方而言，若国际商业银行以固定利率发放贷款，但日后市场利率上升，则按其固定利率所收取的利息总额会低于按浮动利率所可能收取的利息总额；若国际商业银行以浮动利率发放贷款，但日后市场利率下降，则其按浮动利率所收取的利息总额会低于按发放日当天利率可能收取的以固定利率计算的利息总额。除此之外，由于国际商业银行的资金往往来源于吸收存款或发放金融债券所获得的借款，在其借款和对外放款之间存在利率不匹配的问题。这种不匹配，表现在浮动利率与固定利率的不匹配，也表现在利率期限的不匹配。市场利率的变化，可能造成国际商业银行在支付借款利息和收取贷款利息两方面同时蒙受损失。因此，作为贷款方的国际商业银行，它所面临的利率风险要比借款方更为复杂。

2. 国际债券

对债券的发行方来说，它面临着与国际银行借款方类似的风险。如果国际债券发行方以固定利率发行国际债券，在债券有效期内，若市场利率下降，发行方将不能享受这种利率下降带来的好处；相反，若发行方以浮动利率发行国际债券，如果市场利率在债券有效期内上升，发行方将不得不按不断上涨的利率支付债券利息，其支付额将大于按发行日以固定利率发行所可能发生的支付额。

对债券投资者来说，若投资者将债券持有到期，其面临的风险与发行方类似。但是，如果投资者在债券未到期时在市场上将债券出售变现，如果是固定利率债券，那么在国际债券购买日到转让日的时间里，市场利率的上涨将会造成两个方面的损失：一是购买者将要蒙受在此期间内由于少收利息而带来的经济损失；另一方面由于市场利率上涨，国际债券的流通价格会下跌，低于债券的发行价格，投资者在变现时会遭受由于债券价格下跌而带来的损失；两种损失之和就是投资者所蒙受的利率风险。如果是浮动利率债券，在购买日到转让日之间，市场利率的下跌也会造成两方面的影响：一方面，购买者要蒙受在此期间少收利息的损失；另一方面，市场利率的下降会造成债券流通价格的上升，债券投资者在转让债券时会获得价格收益；两者之差就是投资者面临的利率风险。

此外，国际金融市场利率的变动还会对国际股票市场、国际金融衍生品市场产生影响，这种影响也是利率风险的一部分。

（三）国际资本流动对流入国银行体系的冲击

在大多数欠发达国家和发展中国家，银行机构作为金融中介占有优势地位。流入这些国家的国际资本，有相当部分会首先流入这些国家的银行体系。进入 20 世纪 90 年代，国际资本大量流入发展中国家，对这些国家的银行体系造成巨大影响，并由此带来相当大的风险。

对资本流入国的商业银行来说，巨额国际资本的流入，最直接的影响有两个方面，一是商业银行的规模得以扩大；二是商业银行对这些资本的运用使得其资产负债表的结构发生变化。

资本流入有不同的目的。当资本流入是用于弥补相应的经常账户逆差时，即当一个非居民从居民那里购买了国内资产后，居民又反过来利用这些外汇收入去进口国外商品，外汇收入又流入本国，这就不导致银行信贷的扩大。当本地银行贷款给进口商时，他同时在进口商的账户上贷记外币借款和借记外币存款两笔账。本地银行通过外在外国银行提取存款完成这一交易。交易最后，本地银行发生了对外国银行的负债和给进口商的贷款，但其国内资产并不增加。另一种情况下，资本净流入完全由中央银行进行中和。不管在哪种情况下，资本净流入都不会影响到本币私人部门的信贷水平。

当国际资本以增加国内银行对外负债的形式流入一国时，对银行资产最直接的影响是，国内商业银行的外币负债增加，同时该银行在某外国银行的外币存款增加。如果本国中央银行从接受资本流入的商业银行购入外汇资产，则本币的银行储备相对于本币储蓄会增加。如果中央银行没有针对这种流动性的增加而采取措施中和其基础货币，商业银行便会利用其在中央银行的超额准备金增加贷款，这种贷款的增加在货币乘数的作用下会创造出数倍于其超额准备的货币。对于商业银行来说，表现为资产的增加；对于中央银行来说，表现为流通中货币的增加，国内通货膨胀的压力加大。

国际资本的流入在影响流入国商业银行资产规模的同时，也会通过一些较重要的渠道使银行的资产负债表结构发生变化。资本流入国的银行会更加依赖于外国资本，并利用这些资本扩大其国内贷款和证券投资。具体分析流入国资产负债结构的变化，有着更为重要的意义。

商业银行对外负债的增加如果只导致国外资产的增加，即银行投资于国外证券或把资金贷给国外，那它的扩张效果将较小。但实际上这种情况很少发生。分析一些发展中国家商业银行的资产负债表不难发现，绝大多数国家商业银行的外币负债要比外币资产增加得更快。与此同时，其国内非政府存款也急剧上升。这些现象表明，对国外的净负债并没有被中和，这将直接或间接地导致国内贷款、消费或投资的增加。

在这种情况下，银行部门是否可靠、银行贷款或投资的决策过程是否完善，将直接影响到国际资本流入对当事国的经济效应。在不断变化的环境下，许多国家银行系统的问题往往是低劣的贷款决策和对贷款风险管理不当造成的。如果银行过分地陷入这种风险，有可能导致较大的亏损。

总的来说，国际资本流动对流入国商业银行资产负债表的影响可以归纳为：(1)高资本净流入时期往往与银行部门负债的增加一致，银行负债的增加往往是由外国资金的介入导致的；(2)在中央银行进行中和操作的前提下，虽然在商业银行资产负债表上来自中央银行和政府的资金有所下降，但银行仍然能够扩大其业务规模；(3)国际资本的流入使商业银行增加的资金，大部分变成了国内贷款，对私人部门的证券投资也有所增加。

国际资本流动所含有的风险和危害中还包括对一国证券市场的巨大冲击，而这主要是指国际投机资本，这部分内容详见本章第三节。

第三节 国际投机资本

从20世纪70年代以来，国际金融市场危机不断，而在每一次金融危机中，国际投机资本都起到了推波助澜的作用。很多人认为国际投机资本的炒作是多次金融危机的导火线。因此，有必要对国际投机资本作进一步的分析。

一、国际投机资本的含义

国际投机资本，是指那些没有固定的投资领域，以追逐高额短期利润而在各市场之间流动的短期资本。这一定义至少从四个方面界定了它的内容。

第一，从期限上看，国际投机资本首先是指那些“短期资本”，也就是说，国际投机资本必然是短期资本。由于其投机和飘游不定的特点，许多人还将国际投机资本称为“投机性国际短期资本”、“热钱”或“游资”。但是国际短期资本并不一定就是国际投机资本。正如我们在本章第一节中指出的，国际投机资本只是短期资本流动中的一部分，还有其他几类是伴随着其他目的的短期资本流动。国际投机资本只是短期资本中逐利性最强、最活跃的一部分，但二者并不完全等同。

第二，从动机上看，国际投机资本追求的是短期高额利润，而非长期利润。短期和高利是国际投机资本的两大“天性”，其中短期只是它运行的一种时间特征，而高利才是它的最终目的。而这种高利基本上是指那种通过一定的涨落空间和市场规模而获得的“高利”，或者说,国际投机资本一般都伴随着较大的“行情”而存在。

但值得注意的是,近十年多来,不少投资基金也参与到了投机中,使得国际投机资本的构成复杂起来了,因为投资基金平时一般从投资的角度进行操作,追求的是“稳定收益”;但是这些投资基金在投机条件成熟的情况下随时可能转变为“投机资本”。因此,很多投资基金的操作风格让人很难掌握,但有一点是可以确定的:在存在高利的地方,投资基金也一定不会放过获取高额利润的机会。

第三,从活动范围上看,国际投机资本并无固定的投资领域,它是在各金融市场之间迅速移动的,甚至可以在黄金市场、房地产市场、艺术品市场以及其他投机性较强的市场上频繁转移。

第四,国际投机资本特指在国际金融市场上流动的那部分短期资本,而不是那些国内游资。从实际情形上来看,目前的国际投机资本主要来自欧美发达国家和日本,而来自广大的发展中国家则很少。

二、国际投机资本的产生与发展

近年来,国际投机资本频繁运动于国际金融市场,其中有着重要的政治与经济原因。冷战结束后,世界各国纷纷转向发展国家经济,造成国际资本供给与需求失衡。从供给方面来看,发达市场经济国家普遍存在着资本过剩,由于西方世界经济衰退,投资机会萎缩,造成大量游资急于寻求保值、增值的场所。从需求方面看,由于大多数发展中国家和地区(包括处于经济转型期的原计划经济国家),国民经济结构严重失调,经济市场化的重要课题之一就是加快经济结构的调整。长期的“金融压抑”,造成这些国家资金短缺,因此通过制定优惠政策吸引外资就成为各国政府的共同选择。在巨大利益的吸引下,国际短期资本大量流入发展中国家和地区进行套利和套汇投机。此外,国际金融交易网络的迅速发展为短期资本的跨国流动提供了有利条件,现代金融交易几乎成为了“即时”交易,“钞票正以光速移动”,蓬勃发展的技术革命使全球经济走向一体化。

一般而言,国际投机资本的来源可以归结为以下几个方面:

(1) 社会资本。这主要是由私人和企业将自身积累或闲置的部分货币资金直接转化为投机资本,参与到国际金融投机活动中来。

(2) 投资基金。投资基金的产生本是投资者出于取得稳定收益而选择的一种理财工具,但是随着国际金融市场的日益全球化以及投机市场的日益成熟,绝大部分投资基金都身不由己地投身于投机活动中。

（3）银行资金。这又包括三方面来源：一是各种投资银行及其他非银行金融机构的庞大的自有资本金、历年盈余资产等；二是投机者从银行处取得的融资贷款；三是银行自身的外汇业务。

（4）国际黑钱。国际黑钱有相当一部分通过国际金融市场"清洗"之后，转入合法的流通，其中有相当一部分长期作为国际投机资本停留在投机市场上。

近年来，国际短期投机资本流动有以下几个值得注意的动向：

（1）投机资本大量流入发展中国家，主要是亚洲和拉美国家。据国际货币基金组织资料显示，1990～1993 年流入环太平洋国家和地区的资本比 80 年代增加了 5 倍。

（2）流向发展中国家的资本构成或形式与过去相比有很大变化。主要表现在证券投资比例迅速上升，在总量中已经超过直接投资。据《华尔街日报》分析，1990～1993 年底，仅美国一个国家的投资者就在亚洲 10 个股票市场、拉美地区 9 个股票市场净购入价值达 1 270 亿美元的股票。

（3）机构投资迅速发展。今日"游资"不再是"散兵游勇"，而是名副其实的"强力集团"，分散投资向以投资基金为代表的机构投资组合发展是世界金融市场的重要发展趋势。并且近几年西方发达国家人口老龄化趋势日益严重，大量储蓄流入养老基金、保险公司和其他投资机构，养老基金民营化意味着投资于证券市场的资金大量增加，如英国养老基金投资于证券市场的比例就已经由 20 世纪 60 年代的 25%上升到目前的 80%。由于基金规模庞大，基金管理人员知识和技术非常雄厚，以基金为代表的机构投资对市场的影响已经日益引起广泛的注意。

（4）以套利、套汇为主要目的。金融投机的主要动力来自不同市场和不同的金融产品之间存在的利益级差。哪里利率高、利差大，巨额国际投机资本就会迅速通过现代化国际金融交易网络向哪里转移。由于国际投机资本规模大、移动速度快，一旦在外汇市场造成汇价的剧烈波动，政府动用有限的外汇储备进行干预只能是杯水车薪。例如 1995 年欧洲货币市场上，西班牙、葡萄牙、瑞典和意大利等国家的货币对德国马克的汇率纷纷下跌，下跌幅度几乎逼近《马约》为各成员国规定的新的波动下限，欧洲各国央行被迫出面干预，但都没有能够阻止其本国货币下跌的趋势。

三、国际投机资本的流量与流向

根据国际货币基金组织的估计，目前活跃在全球金融市场上的国际投机资本达 72 000 亿美元，相当于全球国民生产总值的 20%，相当于实物交易的近百倍。国际投机资本普遍使用杠杆原理，在进行大规模投机活动时，总是以较少的"按金"买卖几十倍甚至上百倍于其按金合约的金融商品。正是金融交易的杠杆化，使得一家金融机构的少量交易就可以牵动整个金融市场。按此推算，国际投机资本在实际运作时的数字还会更大。尽管这不一定会转化为实际，但国际资本市场确实具有此种潜力。这里还不包括许多在房地产、商业、娱乐业等行业的国际直接投资，它们大多是潜在的国际游资来源。

从市场的角度看，根据国际清算银行(BIS)的报告(见表 9.1)，仅在新兴市场国家和地区的货币市场，每天的外汇交易数量，1995 年就超过了 310 亿美元，1996 年平均为 460 亿美元，1997 年则高达平均每天约 600 亿美元。

表 9.1 每日外汇交易量 (单位:10 亿美元)

货币 \ 年份	1995 年 4 月	1996 年 4 月	1997 年 4 月	1997 年 10 月
印尼盾	4.8	7.8	8.7	8.5
韩元	3.1	3.2	4.0	3.6
泰铢	2.6	4.0	4.6	2.5
新台币	1.5	1.6	1.7	2.3
印度卢比	1.6	1.2	1.7	2.0
马来西亚林吉特	N. A	1.1	1.2	1.5
菲律宾比索	0.02	0.1	0.2	0.1
总计	>3.6	19.0	22.1	20.5

资料来源:Bank for International Settlement 68th Annual Report, 1998

2000 年以后，新兴市场国家和地区的股票和债券市场也出现了持续、大幅度增长的投机资金流入(见表 9.2)，由于金砖四国(巴西、俄罗斯、印度和中国)经济稳定增长及金融市场的繁荣，较高的投资回报率吸引了投机资本的大力追逐。

表 9.2 股票及债券投资流入量 (单位:亿美元)

国别 \ 年份	1996	1997	1998	1999	2000	2001	2002	2003	2004
中国	12	90	24	−6	72	19	12	87	146
印度尼西亚	56	−19	−45	−22	−31	−9	5	17	37

续 表

国别 \ 年份	1996	1997	1998	1999	2000	2001	2002	2003	2004
菲律宾	46	22	72	56	16	13	10	21	22
印度	38	44	35	12	78	27	8	53	126
巴西	118	63	2	62	63	42	34	108	−24
智利	26	28	13	14	2	13	13	20	15
俄罗斯	22	67	123	NA	−9	−1	54	48	84

资料来源:中经网统计数据库

从国际投机资本所广泛利用的工具——金融衍生工具的名义本金余额来看,无论是在交易所内的衍生工具还是在场外交易的衍生工具,其名义本金余额都有较大幅度的上升,如表 9.3。

表 9.3　部分金融衍生工具名义本金余额(2003～2008 年)　(单位:10 亿美元)

工具 \ 年份	2003	2004	2005	2006	2007	2008
交易所交易工具	36 697	46 519.1	57 251.4	69 390.4	79 077.8	57 864
利率期货	13 058.6	18 164.9	20 708.7	24 476.2	26 769.6	18 732.3
利率期权	20 793.8	24 604.1	31 588.2	38 116.4	44 281.7	33 978.8
货币期货	79.9	103.5	107.6	161.4	158.5	95.2
货币期权	37.9	60.7	66.1	78.6	132.7	129.3
股指期货	501.5	631.2	776.5	1 030.8	1 110.7	655.7
股指期权	2 160.4	2 954.7	4 004.3	5 527	6 624.7	4 272.8
场外工具	197 166.9	258 627.9	299 260.9	418 131.4	595 341.2	591 962.9
利率掉期	111 209.4	150 631.3	169 106.2	229 693.1	309 588.3	328 114.5
货币掉期	6 371.3	8 222.8	8 503.9	10 791.6	14 346.7	14 724.9
利率期权	20 012.2	27 082	28 595.6	43 220.5	56 951.1	51 301.4

资料来源:Bank for International Settlement. Quarterly Review, June, 2009

总之，由于电信和电子设备的飞速发展，国际间各个金融市场的信息迅速传递，各金融市场和各新兴市场的条件不断宽松和开放，这一切使短期资金的流动和出入新兴市场更加自由和迅速，资金量也大得惊人。

从流向看，20 世纪 90 年代以来，国际投机资本大量流入发展中国家，主要是亚洲和拉美国家。这是因为，发达国家和发展中国家的国际金融市场一体化程度不同，在发达国家之间，一体化程度越高，这些国家的实际利差就越小，而发展中国家参与国际金融市场的一体化程度越低，与发达国家之间的利差就较大。为赚取汇差和利差，国际投机资本就热衷于频繁地在一些发展中国家之间流出和流入。许多国家纷纷开放贸易和投资领域，而由于法律及管理不健全，投机机会比发达成熟国家的市场要多得多，投资回报率也高。在投机工具上，主要流向有价证券市场，特别是发展中国家的有价证券市场，因为这样能满足国际游资期限短、逐利性和投机性强的要求。

另外，国际投机资本大量流向发展中国家与国际直接投资有着密切的关系，因为国际直接投资是国际投机资本得以流动的导向力量和支持力量。一个发展中国家的经济发展不可能在封闭的条件下获得较大的提高，只有当大规模的外国直接投资流入后，该国的经济才有可能在资本、技术和产业结构升级等方面取得较大的进步，从而推动经济高速增长，同时也为投机资本的进入打下基础。近 10 多年以来，东亚等地一直保持高速的经济增长，其经济增长率远远高于发达国家，经济增长使潜在的巨大市场日益成为现实，消费品和投资的不断膨胀，产品结构的不断更新，为国际资本提供了大量的机遇。

四、国际投机资本的经济破坏效应

作为流动的资本，国际投机资本对活跃国际金融市场、使资本在全球范围内得到配置作出了贡献，产生了一定的积极作用，但同时，我们应该看到作为具有破坏性的投机活动，更有其负面影响。

第一，国际投机资本极大地增加了国际金融市场的不稳定性。由于国际投机资本在各国间的游动，使得国际信贷流量变得不规则，国际信贷市场风险加大。国际投机资本所推动的金融衍生产品的发展以及汇率、利率的大幅震荡使得金融工具的风险加大，国际金融市场交易者极易在其交易活动中失败。巴林银行就是因为从事金融衍生产品交易损失 10 多亿美元而破产。

第二，有可能误导国际资本资源的配置。国际投机资本的盲目投机性，会干扰市场的发展，误导有限的经济资源的配置，从而相应提高了国际经济平稳运行的成本。国际投机资本在国际金融市场的投机活动会造成各种经济信号的严重失真，阻碍资金在国际间合理配置，不利于世界经济的发展。

第三，国际投机资本的大规模流动不利于国际收支的调节，并有可能加剧某些国家的国际收支失衡。国际投机资本首先体现于一国的国际收支中，其影响主要体现在短期内对一国国际收支总差额的影响。如一国的国际收支基本差额为逆差，那么国际投机资本的流入可在短期内平衡国际收支，使总额为零甚至保持顺差，避免动用国际储备。在一定条件下，利用国际投机资本来达到国际收支平衡而付出的经济代价要小于利用官方融资或国际储备。但如果一国的国际收支顺差是由大量的国际投机资本流入而维持的，那么这种收支结构就是一种不稳定的状态，隐藏着长期内国际收支逆差的可能性。一旦未来该国的经济、政治形势恶化，国际投机资本大量外逃便会造成国际收支的严重逆差，甚至使得一国丧失偿还外债的能力。

第四，国际投机资本的流动不同程度地造成汇率扭曲。国际投机资本从其形态上可分为两种，这两种形态的国际投机资本对汇率的影响的传导途径是不同的。当国际投机资本表现为欧洲货币市场上的资金流动时，它是通过一国货币供给总量的变动来间接影响该汇率的。比如国际投机资本以欧洲美元形态由欧洲货币市场流入美国，则美国的国内货币供给总量将增加，这时美国居民的手持现金实际余额可能大于目标余额，从而造成外汇市场美元供给量增加，短期美元汇率下跌。当国际投机资本以外币形态由一国流出流入时，它对汇率的影响则主要是直接通过外汇市场供求力量对比变化表现出来的。因此，一般认为，国际投机资本对一国汇率的影响主要是造成汇率扭曲，引起汇率的大起大落，严重脱离该国的经济实力。1994、1995 年日元对美元汇率大幅度的先抑后扬，其中国际投机资本起了极其重要的作用。

第五，国际投机资本的流动对流入国证券市场的影响。进入 20 世纪 90 年代以来，国际投机资本以证券投资形式的流动开始扮演越来越重要的角色。由于外国投资者普遍看重流动性，而大多数发展中国家的公司债券市场发育不全，因此国际投机资本对发展中国家的证券投资中，股票投资占绝大多数。

国际投机资本对流入国证券市场的影响表现在三个方面上。

首先是降低了市场的效率。在证券市场上，错误的价格信息会导致资本错误地分配到生产效率低的企业。国际投机资本流入一国证券市场可能会给定价造成一些问题，因为外国投资者的决策会受到其他市场因素的影响，不可能总反映东道国国内市场的经济因素。此外外国投资者对一些上市公司缺乏了解，或者由于他们更加注意流动性，从而导致他们将许多股票排除在资产组合之外，市场价格会由于外国投资者的出现而发生扭曲。

其次，国际投机资本的出现也会增大国内股票市场的波动性。在许多发展中国家，共同基金是国际流动资本进入本地股票市场的主要途径甚至是唯一途径，股票指数的些许下降可能会引起外国投资者从投资于这一股票市场的基金中抽回资金，基金管理者则可能被迫卖掉本地股票市场上的部分股票，从而引起股票价格的进一步下跌。

再次，国际投机资本加大了国内证券市场与国际证券市场的关联性，使得国际证券市场的波动传入国内成为可能。国际证券市场的行情变动，一方面会导致外国投资者相应地调整资金头寸，为满足其他市场对流动性的需求，造成本地股票市场股价的波动；另一方面，国际证券市场的行情变动，也会改变外国投资者的市场预期，导致对于本地股票市场的投资行为的改变而造成股价的波动。

小 结

1. 国际资本流动是指一个国家（或地区）的政府、企业或个人与另外一个国家（或地区）的政府、企业或个人之间，以及国际金融组织之间资本的流入和流出。它是国际间经济交易的基本内容之一。

2. 按照资本跨国界流动的方向，国际资本流动可以分为资本流入和资本流出；按照资本跨国流动时间的长短期限，国际资本流动可以分为长期资本流动与短期资本流动。长期资本流动主要包括国际直接投资、国际证券投资和国际贷款三种类型；短期资本流动主要包括贸易资本流动、银行资金调拨、保值性资本流动、投机性资本流动四类。

3. 国际资本流动的根本原因在于资本供给与需求的相互作用。影响它的具体因素有利率、汇率、财政赤字与通货膨胀、政府的经济政策和政治、经济、战争风险的存在。

4. 国际资本流动在资本输入国、资本输出国以及国际金融市场上都存在着广泛的影响，与利益的分配、风险的产生都有密切的关系，在带来经济效益的同时也带来了一定的风险与危害。

5. 国际投机资本是指那些没有固定的投资领域，以追逐高额短期利润而在各市场之间移动的短期资本。它的主要来源是社会资本、投资基金、银行资金、国际黑钱。

6. 国际投机资本产生不少破坏效应，包括增大国际金融市场的不稳定性，误导国际资源的配置、造成国际收支失衡、汇率扭曲等。

思考题

1. 什么是国际资本流动？请比较国际资本流动与资本输出入之间的关系。

2. 按跨国流动时间长短期限划分，国际资本流动可分为几种类型？请分别作解释。

3. 国际资本流动的根本原因是什么？它又受哪些因素的影响？

4. 国际资本流动产生的正效应包括哪些方面？国际资本流动会产生哪些风险？

5. 什么是国际投机资本？它的主要来源有哪些？

6. 国际投机资本将会产生哪些经济破坏效应？

第十章

金融危机

第一节 金融危机概述

一、金融危机的含义

由于金融危机的内涵极其丰富，而且随着时代的发展，金融危机的内容在不断更新，形式越来越复杂，所以要想给金融危机下一个准确的定义是非常困难的。著名经济学家雷蒙德·戈德史密斯(Raymond Goldsmith)就曾经幽默地指出：金融危机如同美女一样难于定义，可一旦相遇却极易识别。目前，相对较为权威的定义也是由戈德史密斯给出的，他认为金融危机是所有或绝大部分金融指标的一次急剧的、短暂的、超周期的恶化，这些指标包括短期利率、资产（股票、房地产）价格、厂商的偿债能力以及金融机构的破产等①。

凭借为前苏联及东欧国家开出"休克疗法"药方名震全球的哈佛大学教授杰弗里·萨克斯(Jeffery D. Sachs)认为，金融危机不外乎三种形式：其一是财政危机，是指政府突然丧失延续外债和吸引外国贷款的能力，这可能会迫使该国政府重新安排或者干脆不再履行相关义务；其二是汇兑危机，是指市场参与者突然将需求从本币资产向外币资产转换，这在一国采用钉住汇率制度条件下可能耗尽其外汇储备；其三是银行业危机，是指一些商业银行突然丧失延续其市场工具的能力或者遭遇突然发生的存款挤提，从而导致这些银行的流动性下降并最终破产。萨克斯进而指出，尽管金融危机的这三种形式在某些情况下可以被区分得清清楚楚，但是在现实中它们往往以一种混合的形式出现，这是因为有关政府公债市场、外汇市场和银行资产市场的冲击或者预期往往都是同时发生的②。

二、金融危机的分类

按照不同标准，金融危机有不同的分类方法。

---

①《新帕尔格雷经济学大辞典》，中译本，1987年版，第362页。

② Jeffery D. Sachs, Alternative Approaches to Financial Crises in Emerging Markets, 1998。

（一）按金融危机的影响地域来划分

1. 国内金融危机

这一类金融危机往往起因于某些国家的国内经济、金融因素，其影响局限于一国国内，一般通过整顿所在国的经济金融秩序、加强法制或者由政府金融当局出面采取某种形式给予适当救助，就可以得到化解。

2. 区域金融危机

这一类金融危机往往最先爆发于某一体化组织内部的一个成员国，而后即由于高度的经济贸易一体化水平而传染到其他成员国，对一体化组织外的国家没有或者较少有影响。这类危机的化解主要依靠一体化组织内部成员国经济金融当局在政策协调方面的共同努力。

3. 全球金融危机

这一类危机无论首先在哪一地区爆发，其后必然通过某种途径波及全球金融市场，进一步有可能引发世界性经济危机。化解这类危机，世界各国特别是主要发达国家的政策协调，以及有关国际金融机构的努力（尤其是资金支持）都将是重要方面。

（二）按照金融危机的性质、内容划分

1. 货币市场危机

亦称货币危机，其含义有广义与狭义两种。从广义上看，一国货币的汇率变动在短期内超过一定幅度（有的学者认为该幅度为15%～20%）时，就可以称之为货币危机。就狭义来说，货币危机是指在实行固定汇率制或者带有固定汇率制色彩的钉住汇率制的国家，当市场参与者对一国的固定汇率失去信心的时候，通过外汇市场抛售等操作导致该国固定汇率制度崩溃、外汇市场持续动荡的事件。

2. 资本市场危机

这类危机是指某国家的资本市场（主要是股票市场）由于各种各样的原因，出现股票价格在短期内大幅度下跌。资本市场危机和货币危机往往具有联动性。

3. 银行业危机

这类危机是指某些商业银行或非商业银行金融机构由于内部或外部原因，出现大量不良债权或巨额亏损，导致破产倒闭或支付困难，进而引发整个行业系统性危机。

4. 综合金融危机

这类危机往往表现为上述几种危机的混合体，实践中往往是一种危机的爆发引致其他危机的爆发，最终极易升级为经济危机或政治危机。

三、世界重大金融危机的历史回顾

(一) 1637 年郁金香狂热

在 17 世纪的荷兰，郁金香是一种十分危险的东西。1637 年的早些时候，当郁金香依旧在地里生长的时候，价格已经上涨了几百甚至几千倍。一棵郁金香可能是 20 个熟练工人一个月的收入总和。现在大家都承认，这是现代金融史上有史以来的第一次投机泡沫。而该事件也引起了人们的争议——在一个市场已经明显失灵的交换体系下，政府到底应该承担起怎样的角色?

(二) 1720 年南海泡沫

1720 年倒闭的南海公司给整个伦敦金融业都带来了巨大的阴影。17 世纪，英国经济兴盛。然而人们的资金闲置、储蓄膨胀，当时股票的发行量极少，拥有股票还是一种特权。为此南海公司觅得赚取暴利的商机，即与政府交易以换取经营特权，因为公众对股价看好，促进当时债券向股票的转换，进而反作用于股价的上升。

1720 年，为了刺激股票发行，南海公司接受投资者分期付款购买新股的方式。投资十分踊跃，股票供不应求导致了价格狂飙到 1 000 英镑以上。公司的真实业绩严重与人们预期背离。后来因为国会通过了《反金融诈骗和投机法》，内幕人士与政府官员大举抛售，南海公司股价一落千丈，南海泡沫破灭。

(三) 1837 年恐慌

1837 年，美国的经济恐慌引起了银行业的收缩，由于缺乏足够的贵金属，银行无力兑付发行的货币，不得不一再推迟。这场恐慌带来的经济萧条一直持续到 1843 年。

恐慌的原因是多方面的：贵金属由联邦政府向州银行的转移，分散了储备，妨碍了集中管理；英国银行方面的压力；储备分散所导致的稳定美国经济机制的缺失，等等。

(四) 1907 年银行危机

1907 年 10 月，美国银行危机爆发，纽约一半左右的银行贷款都被高利息回报的信托投资公司作为抵押投在高风险的股市和债券上，整个金融市场陷入极度投机状态。

此次危机使新闻舆论导向中开始大量出现宣传新金融理念的文章。当时有一篇保罗的文章，题目是“我们银行系统的缺点和需要”，从此保罗成为美国倡导中央银行制度的首席吹鼓手。

此后不久，雅各布·希夫在纽约商会宣称："除非我们拥有一个足以控制信用资源的中央银行，否则我们将经历一场前所未有而且影响深远的金融危机。"

(五) 1929年至1933年全球性大萧条

1929年经济大萧条的影响比历史上任何一次经济衰退都要来得深远。这次经济萧条是以农产品价格下跌为起点的：首先发生在木材的价格上(1928年)，这主要是由于前苏联的木材竞争的缘故，但更大的灾难是在1929年到来的，加拿大小麦的过量生产，迫使美国压低所有农产品产地基本谷物的价格。不管是欧洲、美洲还是澳洲，农业衰退由于金融的大崩溃而进一步恶化，尤其在美国，一股投机热导致大量资金从欧洲抽回，随后在1929年10月发生了令人恐慌的华尔街股市暴跌。1931年法国银行家收回了给奥地利银行的贷款，但这并不足以偿还债务。这场灾难使中欧和东欧许多国家的制度破产了：它导致了德国银行家为了自保而延期偿还外债，进而也危及了在德国有很大投资的英国银行家。资本的短缺在所有工业化国家中都带来了出口和国内消费的锐减：没有市场必然使工厂关闭，货物越少，货物运输也就越少，这必然会危害船运业和造船业。在所有国家中，经济衰退的后果是大规模失业：美国失业人口1 370万人，德国560万人，英国280万人(1932年的最大数据)。大萧条对拉丁美洲也有重大影响，使得在一个几乎被欧美银行家和商人企业家完全支配的地区失去了外资和商品出口。据估计，大萧条期间，世界的钱财损失达2 500亿美元。

(六) 1994年墨西哥比索危机

墨西哥于1987年采用了大规模的稳定和改革政策，大幅度削减财政赤字和政府债务，同时固定比索与美元的汇率；1989年1月改为爬行钉住汇率制；1991年12月又变为移动目标区域汇率制，以后每年逐渐扩大了允许比索贬值的范围。但是从1994年3月起，由于经济增长的停滞和随之而来的令人震惊的执政党总统候选人遇刺事件，投资者们普遍担心政府会违背承诺宣布贬值，结果墨西哥外汇储备减少和利率上升同时发生。在11月发生第二起政治谋杀和12月1日新总统宣誓就职之后，有关贬值的传闻加剧了，致使利率再次急剧上升，国家外汇储备几乎消耗殆尽。12月20日，墨西哥政府最终不得不宣布比索贬值。然而，贬值后的新汇率立即受到投机性冲击，墨西哥政府不得不转向浮动汇率制。外国投资者极为恐慌，使比索进一步大幅度贬值。到1995年底，比索在外汇市场上连创新低。

(七) 1992～1993年欧洲货币体系危机

欧洲货币体系(EMS)成立于1979年，曾经在整个20世纪80年代带来了成员国货币汇率的相对稳定。不过，东西德国 1990 年的统一引起了经济波动，而欧洲货币体系却很难控制这种波动。两德统一扩大的总需求，给经济带来了通货膨胀的压力。为了防止物价上涨，1992 年德国中央银行把利率调整到历史最高水平，迫使英国、法国和欧洲货币体系其他成员国选择上调利率与德国保持同步来抵制货币贬值。不幸的是，由于欧洲各国经济发展的不平衡，外汇市场参与者认为疲软货币将会出现官方贬值。最先遭受投机性冲击的货币是芬兰马克和瑞典克朗。这两个国家都不属于欧洲货币体系，但它们都希望加入欧洲货币体系并固定本国货币与欧洲货币单位(ECU)的汇率以表明其决心。芬兰迅速放弃了与投机性冲击的斗争，于 9 月 8 日大幅贬值；瑞典以允许短期贷款利率提高到每年 500%才击退投机性冲击。同时，英镑和里拉也持续遭受冲击。到 9 月 11 日，德国中央银行花费了 240 亿德国马克(约 160 亿美元)对外汇市场进行干预以支持里拉后，欧洲货币体系同意里拉贬值 7%。3 天后，里拉撤出欧洲货币体系。9 月 16 日，英格兰银行在为保护英镑而损失数十亿美元之后，被迫允许英镑浮动。

1993 年 7 月底，由于德国和欧洲货币体系其他成员国在利率方面产生新的分歧，法国法郎和欧洲货币体系其他成员国货币在投机性冲击下，再次陷入空前混乱状态。7 月 30 日，德国中央银行出售了 500 亿马克支持法郎，而法国中央银行自己则动用了所有外汇储备。8 月 2 日，欧洲货币体系汇率(德国马克和荷兰盾除外)围绕原来的平价，浮动范围增加到上下 15%。

(八) 1997～1998 年东南亚金融危机

20 世纪 90 年代中期，东南亚国家面临着经济结构调整的压力。为了驱动新一轮经济增长，各国加快了金融自由化的步伐，竞相放松了金融管制，吸引国际资金流入，希望以资本项目顺差来缓解经常项目逆差的压力。据国际金融协会的统计，1996 年国际私人资本流入亚洲新兴国家的净额是 1 418 亿美元，1997 年为 1 071 亿美元。巨额资金流入使这些国家背上了沉重的债务负担。

以泰国为例。1990 年，泰国外债为 280 亿美元，1996 年上升为 900 亿美元，相当于其 GDP 的一半以上；其中，短期外债就高达 400 亿美元，超过了 1997 年初的外汇储备水平。另外，大量外资伙同内资流入房地产后形成大量坏账。1997 年初，泰国金融机构坏账已超过 300 亿美元，其中房地产坏账就高达 170 亿美元。公众及外国投资者对泰国的经济状况和金融状况开始担忧。泰国政府采取了一系列措施解决财政赤字，整顿金融秩序，要求有问题的金融机构增加资本金和坏账准备金。不幸的是，这些措施反而引起恐慌，公众纷纷挤提存款。在金融恐慌的气氛中，市场利率骤然升高。2 月 14 日，泰国中央银行卖出即期泰铢以压低利率，买入远期泰铢以维持未来泰铢的币值稳定。当天中午，泰铢兑美元贬值5%，标志着对泰铢的投机性冲击由隐蔽转为公开。泰铢面临更大的抛售压力，外汇储备节节下降。5月14日，国际投机商再次冲击泰铢，泰铢汇率创11年新低。东南亚国家联合抛售数百亿美元外汇储备购入泰铢，泰国中央银行再度调高短期利率，并抛出50亿美元的外汇储备(5月份)，但仍不能恢复公众信心和击退投机性冲击。

7月2日，泰国中央银行宣布允许泰铢浮动。当天，泰铢兑美元下跌20%。很快，冲击波及菲律宾、马来西亚、印度尼西亚、新加坡及中国的香港和台湾，这些国家和地区也效仿了泰国的一些抵御策略，除中国香港外均以失败告终，并且冲击扩散到了韩国。

第二节 金融危机理论

20世纪70年代末以来，由于经济学家在建模方法上的突破及金融危机的频繁爆发，有关金融危机的文献急剧增加。在短短20年左右的时间里，已经出现了所谓的"四代金融危机模型"：第一代金融危机模型认为金融危机主要源于经济基本面的恶化，可以用来很好地解释20世纪80年代拉美国家的金融危机。第二代金融危机模型用于解释90年代的欧洲货币危机，认为货币危机与投机者预期的突然变化有关，而与经济基本面关系不大，货币危机具有自我实现(self-fulfilling)的特点。但是1997年的亚洲金融危机对这些金融危机理论提出了挑战，第三代金融危机模型应运而生。在第三代金融危机模型的基础上，克鲁格曼(Krugman)等又提出了一些新的解释，认为如果本国企业部门的外债水平很高，出现危机的可能性就越大，由此形成了第四代金融危机模型。但第四代危机模型尚有待完善，比如它没有解决在一个动态模型中企业的外债累积问题以及银行的低效率在多大程度上会影响到危机的程度。

一、第一代金融危机模型

第一代金融危机模型于1979年由克鲁格曼首创，1984年被弗勒德(Flood)和加伯(Garber)完善。该模型的理论源自萨伦特(Salant)(1978)对黄金价格稳定机制[①]的研究。萨

① 所谓黄金价格稳定机制，是指政府为使黄金价格维持在一个适合的水平上，成立一个干预机构，利用其持有的黄金储备在市场上进行买卖活动，来控制黄金的市场价格。

伦特的研究认为，黄金价格稳定机制具有内在的不稳定性，并且很容易受到投机冲击。他将黄金看作一种可耗竭性资源，假设当且仅当其价格将上升到足够高的水平，收益率至少等于或高于其他资产的收益率时，投机者才会继续持有黄金。如果黄金的干预价格高于霍特林(Hotelling)的趋势路径①，投机者必然出售其所持资源而实现盈利，由此政府在黄金价格稳定过程中会被迫大量增持黄金。但是随着时间的推移，黄金的影子价格(Shadow price)必然沿着霍特林的趋势路径上升，并超过干预价格水平，投机者会在市场上购入这种有利可图的资产，为了实现黄金价格的稳定，干预机构不得不出售其黄金储备，直至储备耗尽。因此，当政府试图通过价格稳定机制将黄金价格稳定在一个固定水平时，这种稳定机制会由于投机冲击而失败。该模型很好地解释了 1969 年美国黄金市场的投机冲击。

克鲁格曼将萨伦特的成果应用于对中央银行的汇率稳定机制的研究，假设政府用货币化的手段为财政赤字融资，以保证外汇储备的影子价格向上的趋势路径。在钉住汇率制度下，国内的货币供应量内生于货币需求函数，在财政赤字货币化之后，在国内的货币需求函数不变的情况下，货币的增加将转变为对外汇的需求，因此外汇的影子价格将会上升。当影子价格上升到一定程度时，投机者会纷纷购入外汇，因为持有外汇的收益率要高于持有本币。为了稳定汇率，政府会利用外汇储备在市场上进行干预，当外汇储备耗尽时，本币贬值在所难免。克鲁格曼认为，本币贬值并不一定要在外汇储备耗尽之后发生，因为持有本币的投机者也会承受巨大损失，投机者会在外汇储备耗尽前出售本币以换取外币，本币贬值的预期加速了金融危机的爆发，因此，当外汇储备下降到一定规模时，钉住汇率制度就会失守。

第一代金融危机模型的核心观点是如果一国的中央银行试图运用储备来维持固定汇率，这就好比商品经营机构试图运用存货来维持商品价格一样，在这种情况下，若影子价格存在长期上升的趋势，即使全部卖掉储备或存货也不能维持汇率或商品价格稳定。一旦影子价格超过固定汇率，理智而信息充分的投机者会出售存货，投机者有动力在危机来临前购买储备，这都会推动危机的爆发，因此，这种稳定政策是注定要失败的。

在第一代金融危机模型中，金融危机是利用铸币税解决财政赤字与钉住汇率制度之间不相容的结果，经济基本面的恶化是爆发金融危机的直接原因。从这种角度上说，金融危机的发生是固有的，因为这种政策安排上就存在危机的隐患；另一方面，金融危机发生的时间是确定的。根据第一代金融危机模型，20 世纪 70 年代的金融危机是不可避免的。

---

① 在霍特林(1931)的可耗竭资源定价模型中，可耗竭性资源的价格在长期内存在一个价格趋势路径，价格是以利率的速度上升的，但是当价格上升到某一点时，此时资源被耗尽，便没有任何需求。

二、第二代金融危机模型

1992～1993 年的欧洲货币体系危机与第一代金融危机模型的几个假设存在明显的区别：铸币税不再是关键问题，没有通过货币化手段为财政赤字进行融资；本币已经进入国际资本市场成为国际储备货币，不存在外汇储备是否充足的问题；货币发行取决于经济政策，而不是财政预算，欧洲货币危机中的国家很少有明显不负责任的政策；均衡汇率也没有明显的长期变动趋势。另外，资本逃逸和放弃钉住汇率之间不再是第一代金融危机模型所描述的那种机械式的联系——储备耗费一空的同时汇率发生变动；相反这已成为一个政策选择的问题，在资本外逃时，英国没有采用高利率政策来维持英镑汇率，而法国则采取了相反的政策。

针对第一代金融危机模型无法解释的问题，奥布斯特菲尔德(Obstfeld, 1994)提出了第二代金融危机模型，对欧洲货币危机作出了解释。奥布斯特菲尔德认为，通过在维持钉住汇率制度的成本与收益之间，或者在放弃钉住汇率制度的成本与收益之间进行权衡，若维持钉住汇率制度的成本大于其收益，或者放弃钉住汇率制度的收益大于其成本，则放弃钉住汇率制度是一个合适的选择。货币危机的发生是因为维持钉住汇率制度的成本突然增加。他认为，维持钉住汇率制度的成本在相当大的程度上取决于市场预期的变化，一旦市场形成了本币贬值的预期，则维持钉住汇率制度的成本就大大增加。不过由于钉住汇率有利于政府的政治目标和长期经济目标的实现，只要钉住汇率是可靠的，这些都是为此愿意付出的代价。但是如果钉住汇率丧失了可信性，投资者就需要高利率来维护其本币资产，若政府采用高利率来维持钉住汇率，就会导致高失业以及经济紧缩。由此，即便在没有外部投机冲击的情形下，实行钉住汇率的政府也不愿意面对失业增加，货币危机是信心危机的自我实现。

根据 1992 年 9 月英国的情况，英国将本币汇率钉住在一个不合适的水平，如果一味维持钉住汇率制度，一方面需要投放更多的外汇储备；另一方面要提高国内利率，这会使货币政策受到约束，迫使英国在短期内承受经济紧缩和失业率较高的压力。英国政府意识到，维持钉住汇率制度的成本已经远远大于其收益，唯一的选择就是退出欧洲货币体系，实行浮动汇率制度。

与第一代金融危机模型相比，第二代金融危机模型的不同之处在于：第一，不再将货币危机归咎于不负责任的政府。在第二代金融危机模型中，货币危机的大部分后果与政府行为无关，货币危机的发生并非一定要出现经济基本面的恶化。第二，改变了货币危机的确定性。在第二代金融危机模型中，货币危机是自身信心危机的自我实现，在不存在危机必然性的环境中，也会突然爆发货币危机，而且危机发生的时间是随机的。根据第二代金融危机模型，政府的偏好函数是非线性的：当市场中本币贬值的预期不是足够大时，政府有稳定汇率的信心，但当面临巨大的投机冲击时，政府的偏好函数会出现跳跃性的变化，由原先的维持钉住汇率向放弃钉住汇率逆转。因此，市场表现为多重均衡：如果市场上没有本币贬值的预期，钉住汇率制度得以维持，不会发生货币危机；如果投机者意识到政府的偏好是非线性的，只要进行大规模投机，政府就会放弃钉住汇率制度，从而爆发货币危机。

三、第三代金融危机模型

1997 年亚洲金融危机爆发，传统的理论无法很好地解释其成因，在这种背景下，第三代金融危机模型产生了。在亚洲金融危机爆发前，东南亚各国的财政状况良好，国内的通货膨胀也较为温和，虽然有的国家经常账户存在较大逆差，但是资本账户仍然保持顺差，金融危机被认为无法用财政赤字货币化与钉住汇率制度不相容结果的第一代金融危机模型对其加以很好地解释。第二代金融危机模型认为市场存在多重均衡，钉住汇率制度容易由于受到意外冲击而由常态转向危机，金融危机主要是因为投资者预期的突发性变化导致的。但是，亚洲金融危机前，东南亚各国的经济持续高增长，第二代金融危机模型不能说明导致危机的突发性预期变化来自何处。

第三代金融危机模型主要包括两种假说。一是道德风险驱动假说。道德风险导致外债过度增长，最后使经济崩溃。麦金农（Mackinnon）和皮尔（Pill）（1996）最先对此进行了论述。随着 20 世纪 90 年代各国金融自由化政策的实施以及对金融管制的放松，东南亚各国出现了过度借贷（over borrowing）问题。过度借贷给一国经济带来的危害不仅是信用规模的极度扩张，而且是信用扩张过程中所带来的过度风险。之所以东南亚各国的银行和企业愿意承担过度的风险，米什金（Mishikin，1998）认为，因为在金融自由化过程中，信用规模扩张过快，银行和企业一方面缺乏必要的防范和控制风险的能力和意识，另一方面也缺少高级的金融管理人才来应对信用扩张中所带来的问题。不过这些是任何新兴国家都可能遇到的普遍问题，不足以说明与亚洲金融危机有关。克鲁格曼（1998）及科塞蒂（Corsetti）等（1999）则把金融危机与国内的微观基本面结合起来，认为银行体系缺乏必要的监管，尤其是政府对银行承担显性或隐形担保时，制度上的道德风险[①]问题将会使得金融风险积聚并超过市场所能承

① 道德风险是指一方（代理人）相对于另一方（委托人）在信息方面具有优势，契约订立后，拥有优势信息的一方可能作出不利于另一方的行为。

受的程度。过度积累的金融风险必然增加银行的不良资产，如果不良资产的解决只能依靠财政注资，就会增加财政压力，如果财政赤字过大，而且由于政治压力无法增加税收，那么只有通过铸币税，也就是货币化的方法为财政赤字融资。从这种角度上看，道德风险假说本质上与第一代金融危机模型一致(科塞蒂等，1999)。从表面上看，危机之前虽然各国财政状况良好，但是如果考虑银行体系的不良资产，隐性财政赤字巨大，如果发生危机，这种隐形财政赤字就会转变为显性财政赤字，只要投资者对此有所察觉，也会冲击钉住汇率制度。也就是说，根据道德风险假说，即使在财政状况良好、国内银行体系运行正常的情况下，也有爆发金融危机的可能。

二是开放经济条件下基于戴蒙德-迪布维格(Diamond-Dybvig)模型的流动性不足假说。拉德雷特(Radelet)和萨克斯(1998)以及张(Chang)和维拉斯科(Velasco)(1998)将金融危机归因为市场上恐慌性的投机冲击，而这种投机冲击与以银行流动性不足为主要原因的脆弱的金融体系有关。戴蒙德和迪布维格(1983)研究了封闭经济条件下的流动性不足问题，并建立了危机模型。在该模型中，投资者有两种投资选择：一种是投资项目期限短但收益低；另一种是投资项目期限长但收益高，但是如果资金未到期变现，则收益会很低。同时该模型还假定投资者有随时提现的可能。因此，如果银行吸收存款者的短期资金，将资金贷给需求期限较长的企业，根据大数定律，银行只需要较少的现金储备就可以满足存款者的提现要求，同时可以获得长期投资项目的高回报。但是戴蒙德和迪布维格指出，这样银行很容易遭受恐慌性投机冲击，因为一旦存款者担心损失要求提现，银行在流动性短缺的时候不得不变现长期资产来满足存款者的提现要求，而长期资产的提前变现会造成银行资产价值的大幅下降，可能引发大规模的挤兑，从而危机在所难免。张和维拉斯科(1998)以该模型为基础，考察了开放经济条件下的流动性不足问题。如果一国金融体系中潜在的短期外汇履约义务超过其短期内可能获得的外汇资产规模，就会出现国际流动性不足(international illiquidity)问题，一旦境外投资者和境内外币存款者察觉到银行出现流动性的不足，会将已到期的长期贷款转为短期贷款，或者对短期债务不再展期，甚至开始撤资。在羊群效应(herding effect)的作用下，普通的流动性不足可能导致大规模的金融危机。实质上，开放经济条件下的国际流动性不足假说坚持了第二代金融危机模型的多重均衡假设。

四、第四代金融危机模型

第四代金融危机模型是在上述三代金融危机模型的基础上建立起来的，强调货币贬值对资产负债表的影响(克鲁格曼,1999)。当泡沫破灭时,道德风险所引发的泡沫和资产负债表将一起引发金融危机[施奈德(Schneider)和托内尔(Tornell),2000]。该理论认为,如果一国国内部门的外债水平较高,资产负债表效应就越大,则发生危机的可能性就越大。这是因为国内企业持有大量的外债,会使国外债权人对该国经济产生悲观预期,从而减少对该国企业的贷款,造成本币的贬值和企业财富的减少,进而造成能申请到的贷款减少,全社会投资规模萎缩,经济陷入萧条。

克鲁格曼(1999)的金融危机模型在某种程度上与张和维拉斯科(1998)的模型很相像,也是根据资本从一个经济基本面并不糟糕的经济体中逃逸来解释金融危机的。如果国内部门的外汇负债非常高,在这种情况下,其投资将受到资产负债表的制约。资产负债表效应的重要性将依赖于汇率水平,在合适的汇率水平上,国内部门几乎不会受到资产负债表的牵制,但在非常不合适的实际汇率水平之上,背负过多外债的国内部门将不能投资,大量资本会由于种种原因流出,从而导致本币贬值。

克鲁格曼(1999)还发现金融危机中的每项政策都强调以下几点:第一,国际货币基金组织的资金支持。国际货币基金组织会提供给一个国家额外的资金以干预外汇市场,这是一个具有对冲性质的干预,试图运用这种干预使汇率移开危机均衡。从这种意义上讲,国际货币基金组织是最后的国际贷款者或者是最终对冲式的干预者;第二,贷款展期和停止贷款。投资者将本币兑换为外币,这实际上是对该货币的对冲式干预。如果有一个大的流动资本池,停止贷款所冻结的只是银行贷款或证券持有者的证券,这改变的只是逃逸资本的构成,而不是逃逸资本的数量,经济仍然会进入不良的均衡;第三,财政政策。克鲁格曼认为,从财政政策的作用看,经历第三代金融危机的国家都应考虑扩张性的财政政策。如果财政扩张的规模足够大,就能够消除危机均衡,关键问题在于这些国家是否能够根据所需规模进行必要的财政扩张;第四,货币政策。国际货币基金组织的稳定政策是实行暂时偏紧以维持汇率的货币政策,待对本币的信心有所恢复之后,再实行宽松的货币政策。因为紧缩的货币政策可以防止信心危机的发生,可以消除危机均衡。但紧缩的货币政策会造成实际产出的下降,会引起社会和政治的动荡;第五,结构改革。当发生危机时,政府被迫紧急宣布并进行主要经济部门的改革,如实行私有化、整顿经营困难的银行等。很难讲这是一项有效的化解危机政策,主要原因是许多危机国家的经济体系非常不健全,而不是结构改革不好。

克鲁格曼认为第四代金融危机模型更看重外债水平,除此之外,它在很多方面更像第三代金融危机模型。

第三节 美国次贷危机

一、美国次贷危机的产生与演变

(一) 与次贷危机相关的一些概念

次贷危机(Subprime Mortgage Crisis)是指由于利息上升,导致还款压力增大,很多本来信用不好的用户感觉还款压力大,出现违约的可能,对银行贷款的收回造成影响的危机。

触发 2007～2008 年美国金融危机的导火索是美国房地产的次级抵押贷款。次级抵押贷款(Subprime Mortgage Loan)是相对优质贷款而言的,所谓优质贷款市场主要是面向信用等级高的优良客户;而次级抵押贷款(Subprime Mortgage Loan)是指一些贷款机构向信用程度较差和收入不高的借款人提供的贷款。次级抵押贷款行业是一个高风险、高收益的行业。与传统意义上的标准抵押贷款的区别在于,次级抵押贷款对贷款者信用记录和还款能力要求不高,贷款利率相应地比一般抵押贷款高很多。那些因信用记录不好或偿还能力较弱而被银行拒绝提供优质抵押贷款的人,会申请次级抵押贷款购买住房。

MBS(Mortgage-Backed Securitization),即住房抵押贷款证券化,是资产证券化发展史上最早出现的证券化类型。具体是指金融机构(主要是商业银行)把自己所持有的流动性较差但具有未来现金收入流的住房抵押贷款汇聚重组为抵押贷款群组。由证券化机构以现金方式购入,经过担保或信用增级后以证券的形式出售给投资者的融资过程。这一过程将原先不易被出售给投资者的缺乏流动性但能够产生可预见性现金流入的资产,转换成可以在市场上流动的证券。

CDO(Collateralized Debt Obligation),即担保债务凭证,它是一种固定收益证券,现金流量的可预测性较高,不仅提供投资人多元的投资管道以及增加投资收益,更强化了金融机构的资金运用效率,移转不确定风险。凡具有现金流量的资产,都可以作为证券化的标的。通常创始银行将拥有现金流量的资产汇集群组,然后进行资产包装及分割,以私募或公开发行方式转给特殊目的公司。在这次美国次贷危机的演进过程中,次级抵押贷款、住房抵押贷款证券和担保债务凭证三者之间的关系可用图 10.1 所示。

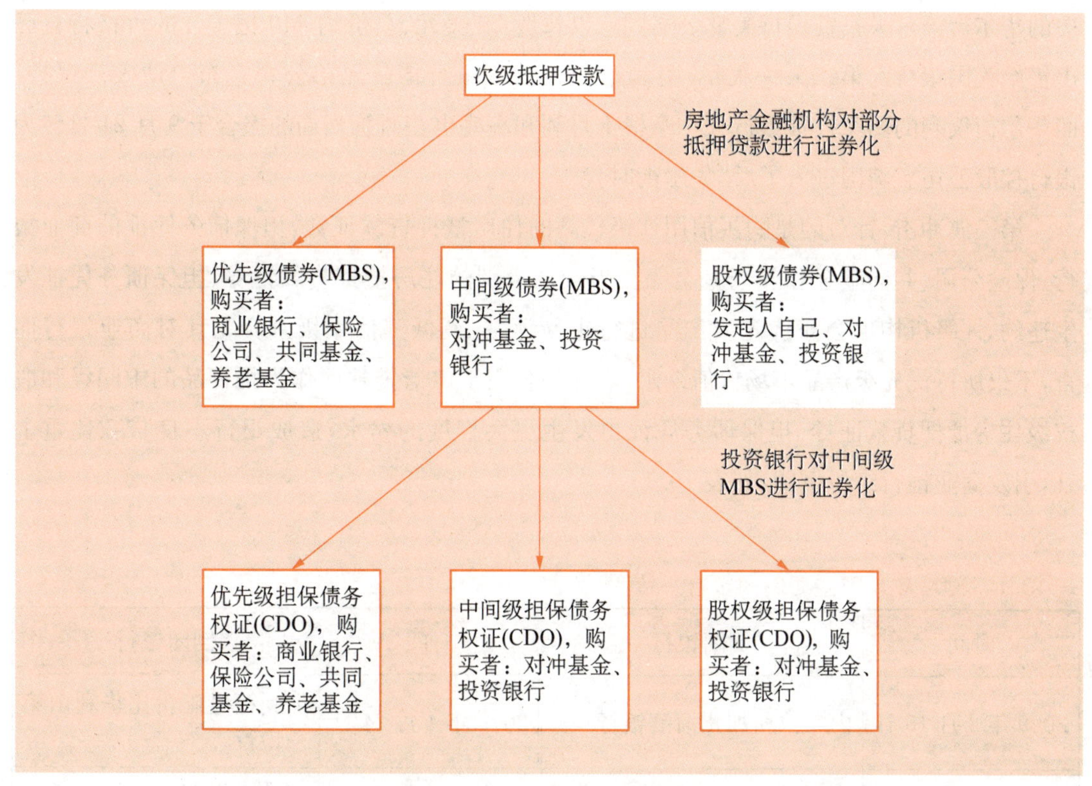

图 10.1　次级抵押贷款、住房抵押贷款证券和担保债务凭证三者的关系图

（二）美国次贷危机的产生和演变

2007 年 4 月 2 日，美国第二大次级抵押贷款公司——新世纪金融公司宣布申请破产保护，由此拉开了美国次贷危机的帷幕。整个次级债危机的进程大致可分为四波：

第一波冲击，针对的是提供次级债的房地产金融机构。房地产金融机构不可能将所有抵押贷款证券化，它们必须承受违约成本，因为债权停留在自己的资产负债表上而未实施证券化。以 2007 年 4 月美国第二大次级债供应商新世纪金融公司申请破产保护为代表，大量的次级债供应商纷纷倒闭或申请破产保护。

第二波冲击，针对的是购买信用评级较低的住房抵押贷款证券、担保债务凭证的对冲基金和投资银行。抵押贷款违约率上升导致中间级或股权级住房抵押贷款证券、担保债务凭证的持有者不能按时获得本息偿付，造成这些产品的市场价值缩水，恶化了对冲基金和投资银行的资产负债表。对冲基金面对投资人赎回、商业银行提前回收贷款的压力，以及中介机构追加保证金的要求，被迫抛售优质资产，甚至破产解散。

2008 年 3 月 17 日美国第五大投资银行贝尔斯登破产。2008 年 9 月 14 日，具有 94 年历史的华尔街第三大投资银行美林公司同意以每股 29 美元、总价约 440 亿美元的价格将自己出售给美国银行。第二天一大早，美国第四大投资银行雷曼兄弟公司宣布申请破产保护。而华尔街仅剩的两家投资银行——摩根士丹利和高盛也在监管当局的撮合于 9 月 21 日转为银行控股公司。美国进入了后“华尔街时代”。

第三波冲击，针对的是购买信用评级较高的住房抵押贷款证券、担保债务凭证的商业银行、保险公司、共同基金和养老基金等。当较低级别的住房抵押贷款证券、担保债务凭证发生违约，评级机构也会对优先级产品进行重新评估，调低其信用级别。尤其对商业银行而言，不仅所持优先级产品市场价值缩水，对冲基金用于申请贷款而作为抵押品的中间级和股权级住房抵押贷款证券、担保债务凭证也发生更大程度的缩水，造成银行不良贷款比重上升，引发商业银行纷纷倒闭，如表 10.1。

表 10.1　2009 年美国主要倒闭银行一览

时间	倒闭银行	时间	倒闭银行
2009 年 2 月 15 日	内布拉斯加州河滨银行	2009 年 4 月 24 日	加利福尼亚州比华利山第一银行
2009 年 2 月 15 日	佛罗里达州玉米种植带银行	2009 年 4 月 24 日	密歇根州 Heritage 银行
2009 年 2 月 15 日	俄勒冈州谢尔曼县银行	2009 年 4 月 24 日	佐治亚州美国南方银行
2009 年 2 月 15 日	伊利诺伊州 PINAKL 银行	2009 年 5 月 1 日	犹他州 America West Bank
2009 年 2 月 27 日	伊利诺伊州 Heritage Community Bank	2009 年 5 月 1 日	新泽西州 Citizens Community Bank
2009 年 2 月 27 日	内华达州 Security Savings Bank	2009 年 5 月 1 日	佐治亚州 Silverton Bank
2009 年 3 月 6 日	佐治亚州 Freedom Bank	2009 年 5 月 21 日	佛罗里达州 BankUnited
2009 年 3 月 20 日	佐治亚州 FirstCity 银行	2009 年 8 月 14 日	阿拉巴马州 Colonial 银行
2009 年 4 月 10 日	科罗拉多 New Frontier Bank	2009 年 8 月 28 日	马里兰州 Bradford Bank
2009 年 4 月 10 日	北卡罗来纳 Cape Fear Bank	2009 年 8 月 28 日	加利福尼亚州 Affinity Bank
2009 年 4 月 24 日	爱达荷州第一银行		

第四波冲击，针对的是美国实体经济。金融危机肆虐华尔街之后，世界各国实体经济开始遭遇阵痛：通用汽车这样的百年老店破产，房地美、房利美作为美国最大的抵押贷款公司被接管，芝加哥太阳时报集团倒闭。还有更多企业尽管生存了下来，但它们开始经历利润大幅下滑，甚至转为亏损，如表 10.2。为了缩减开支以应对收缩的经济形势，它们不得不大幅裁减员工，如表 10.3。

表 10.2　世界各国巨额亏损的企业一览

公司	亏损	公司	亏损	公司	亏损
美国铝业	4.54 亿美元	Palm	1.05 亿美元	瑞士再保险	3.04 亿瑞郎
房地美	250 亿美元	荷兰国际集团	4.78 亿欧元	哈利法克斯银行	27 亿英镑
安联集团	20 亿欧元	房利美	290 亿美元	CBS	124.6 亿美元
通用汽车	25 亿美元	黑石集团	5.09 亿美元	摩托罗拉	3.97 亿美元
美国国际集团	245 亿美元	福特汽车	1.29 亿美元	东芝	269 亿日元

表 10.3　世界各国大规模裁员的企业一览

公司	裁员数	公司	裁员数	公司	裁员数
沃尔沃	3 400 人	花旗集团	5.2 万人	高盛	3 200 人
美国运通	7 000 人	瑞银	3 000 人	北电网络	1 300 人
雅虎	1 500 人	通用汽车	1 900 人	戴姆勒	3 500 人
丰田	2 000 人	法国航空	1 500 人	惠而浦	1 100 人
美国邮政	3 万人	IBM	1 万人	大陆航空	1 700 人

二、美国次贷危机的成因

（一）美国宏观经济形势和宏观经济政策的变化

2001 年，美国经济跌入了近 10 年来的低谷，为了扭转经济的不景气，美国政府采取了大幅度减税和降低利率的做法来刺激经济，并期望通过大力发展房地产市场来带动相关行业的复苏。

为刺激消费，美国房地产按揭市场通过放松个人信用政策，包括对“没有正常信贷能力”

的人提供按揭贷款等，与此同时，美国联邦储备银行开始不断降低联邦基金利率，2001 年 1 月至 2003 年 6 月，美联储连续 13 次下调联邦基金利率，该利率从 6.5%降至 1%的历史最低水平，而且在 1%的水平停留了一年之久。这直接刺激了次级抵押贷款需求量的上升，而次级抵押贷款的增加又直接拉动了美国房地产市场，推动了美国经济的增长。

然后，流动性资金过剩导致美元的大幅贬值，促使房地产市场异常火爆。从 2000 年起，美国房价每年以 10%以上的幅度上涨，2005 年更是达到 17%的涨幅。

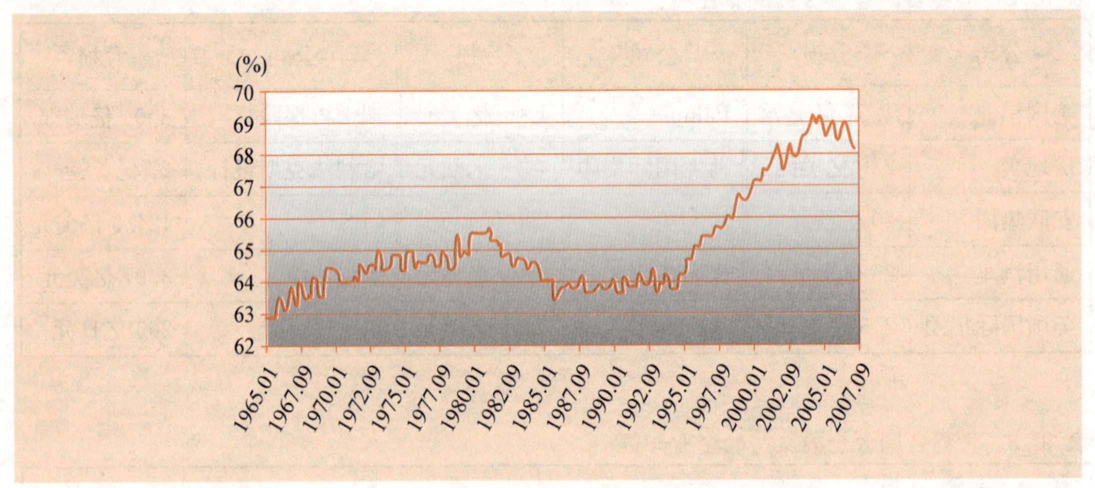

图 10.2 住房拥有比例在 2005 年达到最高点

为分散美国抵押贷款机构的信用风险以及流动性风险，美国的投资银行通过资产证券化这一金融创新工具，将同类性质的按揭贷款处理成债券形式在次级债市场出售。一般来说，次级债的利息要高于政府债券或普通企业债券，由此成了众多银行、共同基金、对冲基金、投资机构在资产组合中高风险资产的配置。

然而，当物价水平不断攀升时，为抑制通货膨胀，美联储又不得不连续提高利率水平。自 2004 年 6 月至 2006 年 6 月美联储已 17 次提高利率，借款人的融资成本增加，特别是那些签订浮动利率贷款和只支付利息贷款的借款人。随着美联储不断加息，美国房价开始出现下跌，由于炒房者们的持有成本升高，他们开始大量抛售手中的住房套现，致使房价不断下挫，导致市场恐慌，并形成房价会继续下跌的预期。而那些用于自住的贷款购房者们，由于利息增加、房价下跌，原来通过抵押再融资还贷的设想破灭，越来越多的次级抵押贷款者不堪重负，无力还贷，导致大量的逾期违约现象出现，危机由此而生。2006 年和 2007 年上半年的跌势最终引发次级房贷难以偿还和债券信用危机。

也有学者将此次危机归咎于美联储的货币政策。他们认为，格林斯潘奉行“货币政策应当用于挽救泡沫破裂带来的后果”，在1987年美国股灾、1998年长期资本管理公司倒闭风波以及“9·11”事件后均采取注入流动性和降息等策略。低利率、注入流动性等措施，虽然令美国摆脱经济衰退、经济持续增长，但这主要是由美国家庭更多地贷款买房和负债消费支撑的，美国金融市场的道德风险因而也在不断累积，并最终爆发。

(二) 次级抵押贷款产品设计的不足

在美国，次级贷款(Subprime Mortgage)的贷款对象是指信用评分低于620分的客户，他们甚至不用提供任何收入证明，并且其还款额与收入比(PTI)超过了55%，或者贷款总额与房产价值比(LTV)超过了85%。除了贷款标准低以至于信用风险明显高于最优贷款之外，次级贷款的另一个重要特点就是以浮动利率贷款为主。根据房地美公司(Freddie Mac)调查，2005～2006年90%的次级抵押贷款是可调整利率贷款，大部分的可调整利率贷款是浮动利率和固定利率的结合体，例如，大约有2/3的可调整利率贷款是“2/28”固定利率和浮动利率的混合体，该种贷款起初两年是固定利率，两年之后转化为浮动利率。次级贷款的违约风险高，因此，次级贷款的利率一般比优质贷款产品高出2～3个百分点。次级按揭贷款还采取了灵活多样的还款方式。多数创新的抵押贷款产品都有一个特点，就是在还款的前几年内，还款额很低而且金额固定。大部分次级贷款和可调整利率的中级贷款由“仅有利率贷款”和“本金负摊还贷款”构成。“仅有利率贷款”是指借款者在最初几年里只需要付贷款利息而不用偿还本金。“本金负摊还贷款”是指当本期的预付款项不足以偿还贷款利息或低于完全按市场利率变动应计的月还款额时，将其差额计入下一期贷款余额的行为。当累积的未还利息额超过原始本金的15%～25%限额时，贷款转化为月度全部偿还利息贷款，本金负摊还贷款每5年重新计算贷款额，由于未还的利息累积，所以5年后借款者将会面临更大的贷款额。此外流行的还有“备用选择权可调整利率贷款”，是指借款人在月度还款时在仅有利率贷款和本金负摊还贷款之间选择的权利，当然备用选择权可调整利率贷款对未偿还利息占本金的比例有上限规定。由此可见，美国住房抵押贷款产品设计旨在通过降低借款人初期偿付额而诱惑低收入家庭借款买房。次级贷款产品的设计存在诸多问题：

第一，贷款对象信用差，没有可靠的收入来源，信用风险大。

第二，还款方式设定不合理，还款的起初几年，每月按揭支付很低而且固定，到后期则加收比普通房贷高出2%～3%的利息。这样的设计使很大的还款压力都集中在以后年度，一旦以后年度的利率上升，则进一步加重贷款者的还款压力，加上此种贷款又是“零首付”、“无抵押无担保”的，使得违约对借款人造成的损失很小，从而贷款违约率大大上升。

第三，贷款还款来源和贷款担保不合理，贷款机构把抵押住房未来增值作为主要的还款来源，而忽视了贷款者现在和未来的收入状况。在贷款担保上，只看重所购住房作为抵押担保，而没有增加其他的担保措施，因此其存在先天性风险。

（三）美国按揭法律结构中的缺陷

美国住房按揭贷款的设置上虽有担保的存在，但其法律结构上存在重大缺陷，使得这种担保不具有实际意义，也就使得金融风险从源头上没有得到有效的控制。

这是因为购房者对于用来担保的房产并不享有完全的所有权，只是对已付款的部分享有所有权，而在美国次级按揭贷款中很多购房者的付款都很低，其享有的所有权程度也就很低，这样，以没有所有权或者很少所有权的财产去担保导致的后果就是：一旦贷款无法偿还，房产的所有权只能由银行收回，而银行收回后仍需出售，此时房产市场已经发生重大变化，且大部分消费者也无力购买，不能吸收这些资产，银行的流动性剧烈收缩，危机就爆发了。尤其是在美国前几年的房地产价格大幅上涨时期，大量的次级贷款采取“仅有利率贷款”和“本金负摊还贷款”的政策，这样就通过降低借款初期的偿还额而诱惑低收入者借款买房。所以购房者的首付率是非常重要的，这实际上体现了购房者对房产所享有权利的“程度”，这个程度决定了担保的可靠性。也就是说只有购房者自己付款的部分对于担保才是有意义的，否则一旦违约，银行只能收回房产，就使得整个精巧的设计失去了实际意义，因为银行的目的是通过贷款获取收益，而不是想拥有房产的所有权。

而在美国，次贷危机中首付款都很低，使得按揭这种担保变得非常脆弱，金融风险也就变得更容易发生。有数据显示，2006年美国发放的次贷平均只有6%的首付款比例。这样，购房者对于所购房产只有很少甚至没有自己付款，全部以银行的贷款购买房产，然后再以该房产做还款的担保。

从这样的担保结构中可以看出，担保人的担保物虽然具有法律形式上的所有权，但就实质而言并不具有真正的交换价值意义上的“所有权”。

实际上，英美财产法中本身就没有明确的“所有权”概念，有的只是对财产进行利用的相关概念，这通常被理解为灵活并能适应社会的发展，而按揭这样一种交易—担保模式在高房价时代确实为普通人购房提供了一种可能，适应了经济迅速发展下的社会需求。但是，法律作为对社会经济进行最本质、最深刻描述的工具，在所有权归属这样重大的问题上是不能含糊其辞的，否则会造成严重的后果。

所以在大陆法系国家，对于“无权处分”之类问题的研究汗牛充栋，并一直争论不休，其主要考量于没有所有权而处分财产是法律上一个极为重大的事件，一定要有一个明确的处理机制。这在英美法看来也许过于迂腐了，但是当遇到次贷危机的时候就能发现，争执所有权本质的问题其实就能发现它的价值。

(四) 美国资产证券化设计上的法律缺陷

我们知道,金融资产有三个特性,即流动性、收益性和风险性,且流动性与风险性成反比,也就是说流动性越强风险越低。而资产证券化的对象主要是流动性较弱、质量不高的产品。证券化的本质是增加资产的流动性,以此来降低风险。但是,一旦金融资产形成,其风险就是确定的,或者说取决于借款人的偿还能力(即基础资产的质量),而与贷款人是否实行证券化没有关系。也就说,资产证券化实质上并未降低、消灭风险,只是把风险转移给了以贷款为支撑的证券的购买者。

但是,在这个链条上各利益主体的法律激励存在偏差导致了其市场的虚假繁荣,蕴涵着巨大的危机。这主要表现在由于贷款人的收益与贷款数量相关而与贷款质量无关,这就使得贷款者放松了对借款人资质的审查;同时,资产证券化中有相当一部分是高级证券投资者,由于他们对担保资产的现金流享有优先受偿权,他们即使在资产违约率高时也不会蒙受大的损失,所以绝大多数高级证券投资者对信贷资产的监督也缺乏动力。

这种法律缺陷——现代经济学和法学公认的最大难题——的最重要根源是信息不充分和不对称。这表现在资产证券化中各当事人可能都无法获得其他相关当事人的信息,那么道德风险就无法防范。结果就是次级贷款的数量快速上涨而质量却迅速下滑,危机就爆发了。

而且,由于在资产证券化中有所谓"担保"的存在,也没有像资本市场那样对于公开发行证券采取严密的监管措施来矫正这些法律上的失衡。但是,如上文所分析的那样担保并没有解决,且没有对证券相关当事人充分保护的情况下就实施,难怪有学者将资产证券化称为"金融炼金术",把一堆破铜烂铝炼成金子,实际上破铜烂铝是不能成为金子的,要变成金子,肯定就要牺牲某些人的利益。灵活是英美财产法的基本特点,这固然能使其在社会迅猛发展的复杂关系中进行创新,但是在现代社会形式平等而实质并不平等的背景下,可能会过度保护一方的权利,而忽视另一方的权利。这种偏离达到一定程度就孕育着危机。

(五) 金融衍生产品(担保债务凭证)过度的创造

由于担保债务凭证的存在,次级按揭贷款的风险不再单纯地保留在贷款银行内部,而是扩散到不同的金融主体。

首先,整体次级贷款规模因为担保债务凭证的存在而增加。银行本来只是次级按揭贷款的贷款人,即使银行能够通过证券化将贷款转化为住房抵押贷款证券,在没有将住房抵押贷款证券组合成担保债务凭证之前,住房抵押贷款证券信用等级较低,很难出售。以按揭贷款为原始基础资产的担保债务凭证形成以后，由于其分割风险的特点满足了不同投资者需求，整体担保债务凭证市场非常活跃，银行能够容易地将持有的次级按揭贷款证券化，再形成担保债务凭证出售。这样，一方面银行将大部分高风险次级按揭贷款从资产负债表上删除，实现了风险的控制；另一方面，银行也实现了盈利性目标。这一动机促使银行不再关注贷款实际的风险程度，而是鼓励按揭公司（mortgage companies）寻找潜在的低信用等级的借款人，不断扩张次级按揭贷款的规模，使得风险程度和风险涉及面扩大。

其次，担保债务凭证的存在使得间接参与次贷危机的金融主体增加。担保债务凭证实现了不同风险级别的出售，满足了不同风险偏好主体的投资要求，大量原本投资于证券的投资者进入这一市场，市场参与者涵盖了贷款银行、投资银行、对冲基金、养老基金、保险公司等。

表 10.4　各机构购买担保债务凭证的比例

担保债务凭证分层	保险公司(%)	对冲基金(%)	商业银行(%)	资产管理公司(%)
AAA	6.9	12.1	14.5	5.8
AA	1.2	4.0	3.5	4.0
A	0.3	4.6	1.4	2.9
BBB	0.6	4.3	0.3	4.0
BB	0.0	2.3	0.3	0.36
权益级	0.9	19.1	4.9	1.7
总比例(%)	9.8	46.5	24.9	18.8
总金额(亿美元)	2 950	13 960	7 460	5 640

数据来源：Private sector investment bank estimates

然后，担保债务凭证的存在使得次级按揭贷款借款人和担保债务凭证投资者的距离越来越远，信用链过长造成了风险估计的困难。虽然评级公司通过评级部分地减少了这种信息不对称，但是由于评级数学模型运用的困难性和评级机构本身的可靠性，往往不能给投资者正确提供风险的估计。

根据表 10.5，我们发现不同金融主体与危机第二层面影响的关系及其受到的冲击。

表 10.5 不同机构参与担保债务凭证的形式及其受到的冲击

	对危机发生起到的影响	危机发生后受到的冲击
贷款银行	1. 向低信用等级借款人提供贷款 2. 向其设立的投资公司和其他特殊目的机构(SPV)(包括住房抵押贷款证券的 SPV 和担保债务凭证的特殊目的机构提供信用额度; 3. 向对冲基金提供以担保债务凭证为抵押的高杠杆贷款	1. 保留在银行体系内的次级贷款违约损失 2. 对不同特殊目的机构信用额度承诺使其流动性不足,并引起银行间贷款利率的上升
投资银行	1. 设立特殊目的机构,发行担保债务凭证 2. 设立对冲基金,用于购买相对低等级的担保债务凭证	1. 保留的股权等级担保债务凭证损失 2. 被迫出售其他资产获得现金流的损失 3. 其设立的对冲基金的投资损失
评级机构	给住房抵押贷款证券提供评级和担保债务凭证各等级提供评级	评级失真引起的社会信誉问题
投资者	1. 上述贷款银行的投资公司 2. 对冲基金 3. 保险公司 4. 养老基金	投资损失增加

资料来源:史健忠:《担保债务凭证对美国次贷危机影响分析》,《上海财经大学学报》2008 年第 3 期

根据以上说明,我们可以发现担保债务凭证使得次贷危机波及面变大。除了危机广度的加大,担保债务凭证也加深了危机的深度,直接表现为各个主体实际投资损失的加大。我们可以通过合成担保债务凭证模型来分析次级按揭贷款危机给担保债务凭证投资者造成的损失。

担保债务凭证除了一些传统的品种以外,投资银行家还创造出一系列复杂的衍生品,例如合成担保债务凭证以及"担保债务凭证平方"、"担保债务凭证立方"、"担保债务凭证的 N 次方"等新产品。国际清算银行统计显示,2006 年第四季度新发行了 920 亿美元的"合成担保债务凭证",2007 年第一季度发行量为 1 210 亿美元,其中对冲基金占了 33%的市场份额。衍生品结构复杂使美国次贷危机神秘化,在信息不对称的情况下,越来越复杂的交易结构设计使投资者难以真正把握产品的定价,更无法理性判断美国次贷危机的影响力,出现过于悲观的心理预期,传染效应明显。

三、次贷危机对世界经济的影响

美国次贷危机最终演变为“百年一遇”的全球性金融危机。尽管各国政府推出了一系列稳定金融秩序，刺激经济增长的措施，但全球市场信心的恢复还需要一个过程。2008 年 11 月 6 日，国际货币基金组织将 2009 年世界经济增长预期下调至 2.2%，发达国家整体下降 0.3%，这是二战以来首次出现下降，其中美国下降 0.7%，欧元区下降 0.5%，日本下降 0.2%。

美国是世界的龙头，美国次贷危机在国际领域的传染，冲击世界经济的路径主要有四个：

路径一：美国机构投资者收缩在其国外的投资。在这次全球金融危机过程中，许多美国机构投资者在其本国的金融投资面临窘境，甚至发现亏损，为了摆脱困境，这些机构投资者势必收缩其在国外的投资。

路径二：其他国家的公司在美国金融投资蒙受损失。其他国家公司的公司，尤其是一些大型金融机构在美国配置了一些金融资产，在这次金融危机中出现亏损。

路径三：通过实体经济传染。金融危机引发了美国经济衰退，在这样一种大背景下，美国需求疲软，各国出口面临严峻考验。

路径四：心理预期方面。美国金融危机和经济衰退引发市场对未来经济发展悲观的心理预期。

具体而言，美国次贷危机对世界经济的影响表现在以下几个方面：

(一) 次贷危机导致全球金融业收缩

欧洲和日本的金融机构大量持有美国次级抵押贷款债券，所以在次贷危机爆发后，不仅美国华尔街遭到重创，诸如瑞银和瑞穗等跨国金融集团也蒙受了巨额损失，使得次贷危机成为全球金融业的一场大灾难。随着大量注销不良资产，很多金融机构出现了资本金不足的问题。资本金不足迫使各国金融机构收缩业务甚至出售资产，严重限制了信贷活动，提升了借贷成本。

2008 年 1 月在金融机构频频发布巨额亏损的财务报告后，美国股市大跌。1 月 22 日，美国道琼斯指数跌破 12 000 点大关，比年初下降了大约 8%，比 2007 年 10 月创出的 14 164 点历史性高点下降了大约 15%。受美国股市拖累，世界其他主要股市也表现不佳。英国富时 100 指数和德国 DAX 指数等欧洲股指和美国股指走势相似，如图 10.3、图 10.4、图 10.5，明显受到美国股市的影响。

图 10.3　美国道琼斯指数 2008～2009 年走势

图 10.4　英国富时 100 指数 2008～2009 年走势

图 10.5　德国 DAX 指数 2008～2009 年走势

（二）美国经济降温降低全球消费需求

21世纪以来，美国消费增长很大程度上来源于房地产和股票等资产价格上涨所带来的财富效应，财富效应刺激了借贷消费，使借贷消费增长占到消费增长的65%，2007年美国家庭债务达到了可支配收入的133%。美国次贷危机爆发，美国房产和股票价格双双下跌，美国家庭财富缩水，消费必然受到影响，并导致经济增长放缓。

美国是全球最重要的出口市场，美国经济下滑，特别是消费需求下滑，必然导致进口减少，从而影响其他国家的经济增长。次贷危机和美国经济降温还造成美元持续贬值，使其他国家出口商品的国际竞争力降低，特别是欧元区与日本等与美国出口商品呈竞争性关系的国家和地区。从2007年底开始，欧元区和日本的出口都出现放缓迹象。2007年11月，欧元区出口仅增长4%，贸易顺差仅26亿欧元，净出口下滑明显。2007年12月，日本出口仅增长6.9%，其中对美国出口下降4.5%，外部经济放缓的影响显现。而对于依靠净出口拉动经济增长的新兴市场国家和石油输出国，受到美国经济放缓的影响也不可避免。

（三）世界经济将保持温和增长

次贷危机及其带来的美国经济增长放缓对世界经济产生了较大的冲击，全球经济增长放缓，但其对各国经济的影响大小不一。美国经济受到的冲击非常强烈，欧洲经济受到的影响也较明显，日本经济受到的影响则较小。在各国经济表现不一的背景下，出现全球性经济衰退的可能性不大。

欧洲的银行持有大量的美国次贷产品，所以在次贷危机中损失较大，加上美元贬值对德国这个欧洲经济的火车头影响很大，所以欧元区经济已经放缓，经济形势不容乐观。

由于日本金融机构相对保守，投资于美国次贷产品的资金不多，所以金融系统受到的冲击要小于欧美。虽然日本对美国出口已经开始下滑，但由于2007年中国首次超过美国成为日本第一大贸易伙伴，在未来中国经济仍将继续保持较快增长，有利于抵消美国市场不景气的影响，所以预计出口仍将是拉动日本经济增长的一个支柱。

由于亚洲新兴市场国家金融机构购买美国次贷产品较少，次贷危机对亚洲经济的直接影响较为有限。世界经济减速必然降低亚洲的出口，不过在外需减弱时，内需将为这些国家的增长提供动力。亚洲新兴经济体大规模基础设施建设使得内部需求旺盛，有助于亚洲地区承受外部经济带来的负面影响。

对于石油输出国和初级产品出口国来讲，世界经济减速必然导致出口下降。但由于初级产品的需求增长主要来自新兴市场，而不是发达国家，所以只要新兴市场国家的需求，特别是中国的投资不出现大幅度下滑，外需就不会急剧萎缩。除此之外，美元贬值也会推动初级产品价格维持在高位，对这些国家有利。

附录　美国次贷危机全球金融危机大事记

2007 年

4 月 2 日美国第二大次级抵押贷款机构新世纪金融公司向法院申请破产保护。

9 月 18 日美联储决定降息 0.5 个百分点，从此美联储进入“降息周期”。

10 月 30 日全球最大券商美林证券公司首席执行官斯坦·奥尼尔成为华尔街第一位直接受次贷危机影响丢掉饭碗的 CEO。

11 月 4 日全球最大金融机构花旗集团董事长兼首席执行官查尔斯·普林斯宣布辞职。

2008 年

2 月 7 日美国国会参众两院通过了约 1 680 亿美元的经济刺激法案。

3 月 11 日美联储、欧洲央行等 5 家西方主要央行宣布，将采取联合措施向金融系统注入资金。

3 月 14 日美联储决定，让纽约联邦储备银行通过摩根大通银行向美国第五大投资银行贝尔斯登公司提供应急资金。

7 月 13 日美财政部和美联储宣布救助房利美和房地美，并承诺必要情况下购入两公司股份。

7 月 26 日美国参议院批准总额 3 000 亿美元的住房援助议案，授权财政部无限度提高“两房”贷款信用额度，必要时可不定量收购“两房”股票。

9 月 7 日美国联邦政府宣布接管房利美和房地美。

9 月 15 日有着 158 年历史的美国第四大投行雷曼兄弟公司宣布申请破产保护，美国第三大投行美林证券公司被美国银行收购。

9 月 16 日美联储、欧洲央行和日本央行等西方国家主要央行再次同时向金融系统注入大量资金，美国政府接管全球保险业巨头美国国际集团。

9 月 18 日美联储、加拿大银行、欧洲央行、英格兰银行、瑞士国民银行和日本银行同时在各自总部所在地宣布联手救市。

9 月 19 日日本银行再向短期金融市场注资 3 万亿日元，欧洲央行以及英国和瑞士的中央银行共向金融系统注资 900 亿美元。

9 月 20 日美国政府提出 7 000 亿美元的金融救援计划。10 月 1 日和 3 日，美国国会参众两院分别通过了经过修改的大规模金融救援方案，该方案随即获总统签署并生效。

10 月 8 日美联储、欧洲央行、英国央行以及加拿大、瑞士和瑞典等国的央行联合大幅降息 0.5 个百分点。

10 月 12 日欧元区 15 国首脑在欧元区首次峰会上通过行动计划，同意各成员国为银行再融资提供担保并入股银行。

10 月 30 日日本政府公布约 2 730 亿美元的一揽子经济刺激方案。

11 月 9 日中国政府宣布实施积极的财政政策和适度宽松的货币政策，并出台进一步扩大内需、促进经济增长的 10 项措施，两年投资约 4 万亿元人民币。

11 月 15 日二十国集团领导人金融市场和世界经济峰会在美国首都华盛顿召开。

11 月 25 日美联储宣布投入 8 000 亿美元，用于解冻消费信贷市场、住房抵押信贷以及小企业信贷市场，美国财政部也从 7 000 亿美元金融救援计划中拨出 200 亿美元，支持美联储的上述行动。

11 月 26 日欧盟出台总额达 2 000 亿欧元的大规模经济刺激计划。

12 月 4 日欧洲央行、英国央行、瑞典央行分别降息 0.75 个百分点、1 个百分点和 1.75 个百分点。

12 月 16 日美联储将联邦基金利率从 1%降至历史最低点——零至 0.25%区间，这意味着美国已进入“零利率”时代。

2009 年

1 月 19 日英国首相布朗再次宣布推出大规模金融救援计划，以促进银行发放贷款。

2 月 4 日美国总统奥巴马宣布为今后接受政府救援的困难金融企业高管设立 50 万美元的年薪上限。

2 月 17 日美国总统奥巴马签署了总额为 7 870 亿美元的经济刺激计划。

3 月 3 日美国财政部和美联储公布了一项总额为 2 000 亿美元的刺激消费信贷计划。

3 月 5 日英国央行宣布将基准利率从 1%降至 0.5%的历史最低点。

3 月 23 日美国财政部宣布将设立一个“公共—私人投资项目”，以处理金融机构的“有毒资产”问题。

3 月 26 日美国政府公布了金融体系全面改革方案。

4 月 2 日二十国集团伦敦金融峰会召开。

4 月 6 日美联储、欧洲央行、英国央行、日本央行和瑞士央行等西方国家五大央行宣布总额近 3 000 亿美元的货币互换协议。

4 月 10 日日本政府宣布了总额为 56.8 万亿日元的经济刺激新方案，这是日本历史上规模最大的经济刺激方案。

4 月 16 日美国第二大购物中心运营商共同发展房地产公司向联邦破产法庭申请破产保

护,成为金融危机爆发以来倒下的最大一家非金融企业。

4 月 30 日美国第三大汽车厂商克莱斯勒公司发表声明宣布申请破产保护。

5 月 7 日欧洲央行宣布将欧元区主导利率下调 0.25 个百分点至 1%。

6 月 1 日美国通用汽车公司申请破产保护,这是美国历史上第四大破产案,也是美国制造业最大的破产案。

7 月 1 日国际货币基金组织执行董事会通过了发行债券框架方案,这是国际货币基金组织首次对外发行债券。

7 月 2 日欧洲央行宣布,于 7 月 6 日启动 600 亿欧元资产担保债券购买计划,这标志着欧洲央行在应对金融危机的过程中也开始诉诸“量化宽松”这一非常规手段。

小 结

1. 金融危机是指所有或绝大部分金融指标的一次急剧的、短暂的、超周期的恶化,这些指标包括短期利率、资产(股票、房地产)价格、厂商的偿债能力以及金融机构的破产等。

2. 金融危机包括货币市场危机、资本市场危机、银行业危机和综合金融危机等四种。

3. 第一代金融危机模型认为金融危机主要源于经济基本面的恶化,可以用来很好地解释 20 世纪 80 年代拉美国家的金融危机。

4. 第二代金融危机模型用于解释 20 世纪 90 年代的欧洲货币危机,认为货币危机与投机者预期的突然变化有关,而与经济基本面关系不大,货币危机具有自我实现的特点。

5. 第三代金融危机模型是随着 1997 年东南亚金融危机的爆发而产生的,它主要包括两种假说:道德风险驱动假说和开放经济条件下流动性不足假说。

6. 第四代金融危机模型是在上述三代金融危机模型的基础上建立起来的,强调货币贬值对资产负债表的影响。

7. 触发 2007~2008 年美国金融危机的导火索是美国房地产的次级抵押贷款。

8. 美国次贷款危机的成因包括美国宏观经济形势和宏观经济政策的变化、次级抵押贷款产品设计的不足、美国按揭法律结构中的缺陷、美国资产证券化设计上的法律缺陷和金融衍生产品(担保债务凭证)过度的创造等。

思考题

1. 简述金融危机的内涵与类型。
2. 分析四代金融危机模型演变的逻辑。
3. 简述美国次贷危机的产生和演变。
4. 分析美国次贷危机产生的原因及其启示。

第十一章

国际金融机构

第一节　国际金融机构概述

一、国际金融机构的产生与发展

第一次世界大战以前，资本主义国家的货币信用和国际结算制度尚处于建立和形成阶段，虽然它们在货币信用与国际结算领域也存在着一定的矛盾，但还不十分尖锐。一些国家的国际收支都有顺差，资金可以自由调拨，外汇汇率基本保持稳定。

第一次世界大战爆发以后，由于资本主义发展的不平衡加剧，资本主义国家之间的矛盾日益尖锐。最强大的国家不仅运用自己的经济、政治和军事力量，还希望利用国际组织来控制别国，所以就提出设立国际金融机构的问题。同时，由于通货膨胀的急速发展与国际收支逆差严重，多数资本主义国家在货币、外汇和国际结算方面发生了困难，对外部的援助寄予希望，因而产生了设立国际金融机构的要求。

基于上述原因，第一次世界大战以后，资本主义国家召开了一系列国际金融会议，讨论货币、外汇问题。例如，1922 年在热那亚召开的世界金融会议，提出了建立“节约黄金”的金汇兑本位制度问题，并且产生了广泛的影响。1922～1933 年的资本主义世界经济危机爆发后，资本主义国家在货币贬值、外汇倾销、外汇管制、清算结算以及贸易政策方面矛盾重重，斗争尖锐。资本主义国家曾于 1933 年召开世界经济会议，企图对这些问题进行协调，但是，由于它们利益冲突空前激烈，会议未能取得成果。为了处理德国的赔款问题，西方国家于 1930 年成立了国际清算银行，这是设立国际金融机构的主要开端。

第二次世界大战后初期，西方资本主义国家的信用制度与国际收支危机更为加深，困难重重。有些国家只能依赖“外援”来恢复经济，发展生产，因此，它们希望有更强大的国际金融机构对其发放短期或长期贷款，以满足需要。与此同时，亚洲、非洲、拉丁美洲所独立的发展中国家迫切要求发展民族经济，但是，它们在货币信用和国际收支等方面困难也很大，缺乏资本，因而对国际金融机构的“援助”或贷款也寄予较大的期望。当时，在二次大战期间积累了巨额财富的美国在工业生产、对外贸易、资本输出、黄金储备等各方面都夺得了世界霸权。美国一方面依靠自己的经济、政治和军事力量，对外进行扩张，另一方面也打算利用国际金融机构冲破其他国家的防御壁垒，以便进一步在金融贸易领域中扩大市场，称霸世界。基于上述原因，在美国的积极策划下，在联合国先后成立了国际货币基金组织、世界银行等国际金融机构。

目前，国际上众多的国际金融机构可分为三种类型：(1)全球性国际金融组织，如国际货币基金组织，国际复兴与开发银行(简称世界银行)和国际农业发展基金组织等；(2)洲际性(或称“半区域性”)的国际金融机构(因为有区域外国家参加)，如联合国附属的进行区域性货币信贷安排的国际金融机构——亚洲开发银行等；(3)某一地区一些国家组成的真正区域性的国际金融机构，如欧洲投资银行、阿拉伯货币基金组织、加勒比开发银行等。

二、国际金融机构的性质与作用

众多的国际金融机构类型不同，但却有许多共同点：

(1) 政府间国际金融机构。二战前建立的国际清算银行是国有资本和私人垄断资本联合建立的国际金融机构，因而其业务活动范围和所起的作用都非常有限。二战后建立的国际金融机构则不同，它们由各国政府出资建立、委派代表组成国际金融机构的领导机构。

(2) 股份公司式的企业组织。同联合国的其他国际组织不同，各国际金融机构都是经营国际资金信贷的企业。它们的组织原则也不同于联合国所属各国际组织的一国一票的原则，而同股份公司的投票原则非常相似。成员国须按各自经济实力缴纳股金，作为国际金融机构的资本；每个成员国均在理事会(相似于股份公司的股东大会)有投票权，但表决权的大小同出资的多少成正比例关系：出资最多的若干国家各委派代表组成处理该国际金融机构日常业务的执行董事会。

(3) 国际金融机构在处理一些具体事务中呈现明显的不平等性。体现在：第一，几个全球性金融组织都是在大国控制之下，贷款条件比较严格；第二，利息率不断提高，加重了发展中国家的债务负担，加剧了它们的支付困难；第三，国际金融机构往往干预发展中国家的经济政策和发展规划，这在一定程度上也妨碍了这些国家民族经济的自由发展。

这些国际金融机构建立以来，在加强国际合作、发展世界经济方面起了一定的积极作用，最主要的是：(1)提供短期资金，解决国际收支逆差，这在一定程度上缓和了国际支付危机；(2)提供长期建设资金，促使发展中国家的经济发展；(3)调节国际清偿能力，应付世界经济发展的需要；(4)稳定汇率，促进国际贸易的增长。

第二节 全球性国际金融机构

一、国际清算银行

(一) 国际清算银行的建立

国际清算银行(Bank for International Settlements, BIS)是西方国家的中央银行与私营商业银行合办的国际金融机构。1930 年 5 月,根据 1930 年签订的海牙国际协定由英国、法国、意大利、德国、比利时、日本的中央银行,以及美国摩根保证信托公司、纽约花旗银行和芝加哥花旗银行组成的银行团联合组成,地址设在瑞士的巴塞尔。国际清算银行当初创办的目的是用来处理第一次世界大战后德国对协约国赔款的支付和与处理德国赔款的"杨格计划"有关的清算等业务问题,后转而办理各国间的清算业务。

1945 年国际货币基金组织和世界银行成立后,曾通过决议撤消国际清算银行,但美国为了实施马歇尔计划,力主将该行作为欧洲国家之间以及美国与欧洲国家之间国际结算的代理机构,因而得以保留下来。该行的宗旨也改为促进各国中央银行之间合作和提供资金便利,以及接受委托或作为代理人办理国际清算业务等。国际清算银行不是政府间的金融决策机构,也不是发展援助机构,实际上是西方中央银行的银行。

国际清算银行刚建立时只有 7 个成员国,后来发展到 41 个成员国,即澳大利亚、奥地利、比利时、保加利亚、加拿大、捷克斯洛伐克、丹麦、芬兰、法国、德国、希腊、匈牙利、冰岛、爱尔兰、意大利、日本、荷兰、挪威、波兰、葡萄牙、罗马尼亚、南非、西班牙、瑞典、瑞士、土耳其、英国、美国、南斯拉夫、爱沙尼亚、拉脱维亚、立陶宛、中国、巴西、印度、韩国、墨西哥、俄罗斯、沙特阿拉伯、新加坡以及中国香港地区。

(二) 国际清算银行的组织机构

该行组织机构由股东大会(年会)、董事会和经理部组成。股东大会暨最高权力机构,一般在每年 6 月的第二个星期一召开,会上通过年度报告和上一个财政年度(上一年 4 月 1 日至本年 3 月 31 日)的资产负债表、损益计算书和利润分配办法。除成员国外,大会也向所有在该行有存款的中央银行或机构发出邀请,但只有成员有表决权。董事会由 13 人组成,包括创始国的比利时、法国、德国、意大利和英国中央银行各 2 名,瑞士、荷兰和瑞典中央银行各 1

名官员。董事会选举董事长兼行长。董事会每月开一次会，审查银行日常业务。董事会是主要的政策制定者。经理部有总经理和副总经理，下设银行部、货币经济部、秘书处和法律处。

(三) 国际清算银行的资金来源

国际清算银行的资金来源主要有三个方面：

(1) 成员国交纳的股金。国际清算银行建立时，法定资本为 5 亿金法郎(Gold Francs)，1985 年增至 15 亿金法郎，实收资本为 3 亿金法郎。所谓金法郎，原来是 1865 年法国、瑞士、比利时等国成立拉丁货币同盟时发行的一种金币，含金量为 0.290 325 28 克。西方国家放弃金本位制后，金币不再作为货币在市场流通。但国际清算银行仍以金法郎作为记账单位，含金量至今不变。根据 1991 年 3 月 3 日国际清算银行公布的第 61 期年报，该行实缴资本与准备金的总额，在该财政年度为 15.57 亿金法郎，实收资本占 25%，共分成 60 万股，每股 2 500 金法郎。该行资本的 4/5 掌握在各国中央银行手里，1/5 为私股。私股不得参加股东大会，也无表决权。表决权的绝大部分由欧洲各国中央银行掌握。

(2) 借款。国际清算银行可向各成员国员中央银行借款，以补充其自有资金的不足。

(3) 吸收存款。该行也与一些国家大商业银行往来，并吸收客户存款，存款也是该行资金的来源。

(四) 国际清算银行的主要业务

国际清算银行的主要业务包括以下方面：

(1) 在国际货币合作方面该行主要和各国中央银行往来。该行除召开该行董事会外，还召开十国集团成员国(比利时、英国、加拿大、法国、荷兰、日本、意大利、瑞典、德国和美国，连同瑞士共 11 国)中央银行行长会议(每年 10 次左右)，股东大会(年会)和欧共体成员国中央银行行长会议。该行定期召集有关中央银行专家讨论诸如基金与外汇市场、国际金融市场、支付系统、中央银行中电脑的应用、货币与经济数据库问题，以及其他任何在经济、货币、技术或法律方面令中央银行特别感兴趣的课题，并协调向有关中央银行提供的技术援助。该行作为观察员参与国际货币基金组织临时委员会、十国集团正副财长、中央银行正副行长以及经济合作与发展组织各委员会的工作；该行收集关于十国集团所有成员国融资状况的统计信息，并向十国集团所有成员国和经济合作与发展组织第三工作委员会散发、收集和公布外债统计数据。十国集团中央银行行长成立的巴塞尔银行监督委员会的永久性秘书处和欧共体中央银行行长委员会、欧洲货币合作基金(EMCE)理事会及其专家小组的秘书处都设在该行。该行主要定期出版物是年报和关于国际银行业与金融市场发展的季度与半年度报告。这些报告和该行写的各种货币金融调研资料，在国际金融界、学术界享有很高声誉，具有权威性。

(2) 在银行业务方面，该行有权接受各中央银行的黄金或货币存款，买卖黄金和货币，买卖多种可供上市的证券，向中央银行贷款或存款，也可与商业银行和国际机构进行类似业务，但不得向政府提供贷款或以其名义开设往来账户。目前世界上许多中央银行都在该行存有黄金和硬通货。

(3) 作为代理人或受托人，该行代理欧洲货币合作基金与欧洲货币体系(EMS)运行有关的业务以及与欧共体借贷有关的金融业务，代理私人欧洲货币单位(ECU)清算结算。

(4) 1988 年，在国际清算银行的协调下，西方 12 国中央银行行长签署了“巴塞尔协议”，规定国际银行的资本充足比率(即资本与风险加权资产之间的比率)在 1992 年底之前应不低于 8%。巴塞尔协议是主要西方国家的货币管理当局在国际银行业监督领域进行合作所取得的重大成果，它对国际银行业的发展和各国的银行监管已经产生并且将继续产生深远的影响。

(五) 中国与国际清算银行的关系

中国于 1984 年 12 月与国际清算银行建立了正式业务联系，在此之后，每年都派代表团以客户身份参加该行年会。近年来，中国与国际清算银行的关系有了较快发展，1995 年 1 月，国务院副总理朱镕基访问了该行，同年 9 月下旬，该行总经理应中国人民银行的邀请访华。1996 年 9 月 9 日，国际清算银行基金会通过一项决议，决定接纳中国及其他 8 个国家的中央银行和货币当局成为该行的新成员。

中国人民银行加入国际清算银行，标志着我国的经济实力和金融改革开放取得的成就日益得到国际的认可。国际清算银行是中央银行家聚会的重要场所之一，加入国际清算银行有助于及时了解国际金融界主要决策者的政策取向，更好地把握国际金融体系和国际金融市场的重要动态，还能通过加强与设在该行的各专业委员会如巴塞尔银行监管委员会和支付与清算系统委员会之间的联系，扩大我国金融监管人员与国际银行监管人员之间的密切合作，促进我国金融业监管水平的提高。

二、国际货币基金组织

国际货币基金组织是根据参加筹建联合国的 45 国代表于 1944 年 7 月在美国新罕布什

尔州举行的会议及其所通过的《国际货币基金协定》(*International Monetary Fund Agreement*),在1945年12月27日正式成立的国际金融机构,1947年3月开始营业,总部设在华盛顿。

(一) 国际货币基金组织的组织结构

到1993年3月底为止,国际货币基金组织共有175个会员国。会员国分为两类:凡参加1944年布雷顿森林会议,并于1945年12月31日前在协定上签字正式参加国际货币基金组织的国家为创始成员国,在此之后参加的国家为其他成员国。

国际货币基金组织的组织机构由理事会、执行董事会、发展委员会、临时委员会、总裁和若干业务职能机构组成,如图11.1。

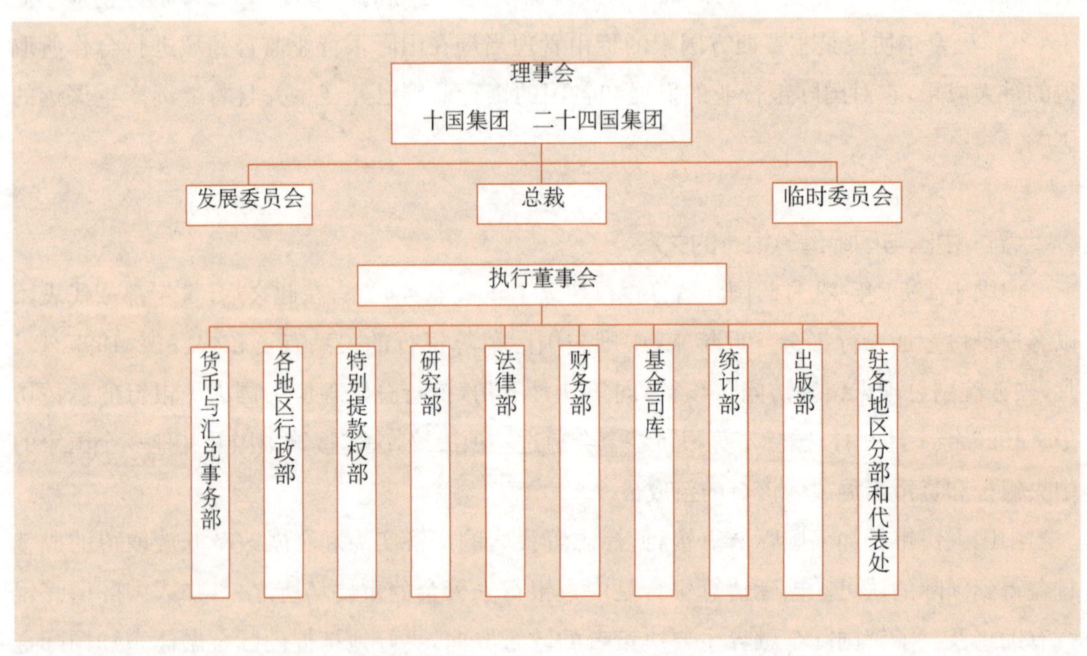

图11.1 国际货币基金组织的组织结构

理事会是国际货币基金组织的最高决策机构,由每个成员国委派理事和副理事各1人组成。理事、副理事任期5年,可以连任。理事会的主要职权是:批准接纳新成员国,批准修改份额,批准成员国货币平价的普遍变动,决定成员国退出国际货币基金组织,以及讨论其他有关国际货币制度的重大问题。理事会每年举行一次会议,必要时可举行特别会议。鉴于理事会的庞大,1974年10月设立了由20个成员国部长级代表组成的附属机构"临时委员会",每年举行3~4次会议。临时委员会的决议在大多数情况下等于理事会的决议,因而成为事实上的决策机构。

执行董事会是常设机构，负责处理国际货币基金组织的日常业务。它由在国际货币基金组织内占有份额最多的 5 个成员国美、英、德、日和沙特阿拉伯各单独指派一名执行董事，其他成员国按地理区域划分 16 个选举集团，各推选一名执行董事，其中我国为一单独选举集团，指派执行董事一名。每名执行董事指派副执行董事一名，在执行董事缺席时代行职权。执行董事不得兼任理事，每两年由成员国指派或改选一次。

理事或执行董事按所代表国家的投票权进行投票；由成员国联合推选的执行董事，则按照这些国家加在一起的投票权进行投票。

总裁由执行董事会推选，总管国际货币基金组织的业务工作，是最高行政领导人。总裁兼任执行董事会主席，但平时无投票权，只有在执行董事会进行表决赞成票和反对票数量相等时，可以投决定票。总裁之下设副总裁 1 人，辅佐总裁工作。

成员国的投票权多少主要取决于它们的份额：(1) 每个成员国都有基本票数 250 票；(2)每10 万美元的份额，在基本票数上增加一票。根据以上两项计算出的票数，还要作以下调整：到投票日为止，国际货币基金组织贷出的成员国的货币，每借 40 万美元，则给该货币发行国增加一票；成员国从国际货币基金组织借款，每借 40 万美元，则将该成员国的投票权减少一票。国际货币基金组织的一切重大问题都要有 80%的票数，有些特大的重大问题要有 85%的多数票才能通过。

（二）国际货币基金组织的宗旨

国际货币基金组织成立时制定了六条宗旨：

(1) 通过设立一个就国际货币问题进行磋商和合作的常设机构，促进国际货币合作。

(2) 促进国际贸易平衡发展，并借此提高和保持高的就业率和实际收入水平，开发所有成员国的生产性资源，以此作为经济政策的主要目标。

(3) 促进汇率的稳定，保持成员国之间有秩序的汇兑安排，避免竞争性通货贬值。

(4) 协助建立成员国之间经常性交易的多边支付体系，取消阻碍国际贸易发展的外汇限制。

(5) 在有充分保障的前提下向成员国提供暂时性资金融通，以增强其信心，使其有机会在无需采取有损于本国和国际经济繁荣的情况下，纠正国际收支失衡。

(6) 根据上述宗旨，缩短成员国国际收支失衡的时间，减轻失衡的程度。

从上述宗旨中可以看出，国际货币基金组织的基本职能是向成员国提供短期信贷、调整国际收支的不平衡、维持汇率的稳定。国际货币基金组织成立以来，已对协定作过三次修改,但是上述宗旨依然如初。由此可见,近半个世纪以来,虽然世界经济和政治格局均发生了巨大变化,但国际货币合作的重要性并未因此而弱化。相反,新成员国的增加正好说明了随着国际经济关系的发展,经济、贸易和投资往来及相互依赖性增加,这种国际货币、汇率政策的合作和协调显得尤为重要。

(三) 国际货币基金组织的资金来源

国际货币基金组织的资金来源主要有两个:普通资金和借款。普通资金包括成员国认缴的份额以及运用这部分资金所产生的未分配净收入。借款指国际货币基金组织根据借款总安排或其他安排向成员国当局或商业机构筹借的款项。

1. 份额

国际货币基金组织的份额是其最主要的资金来源。份额目前以 SDRs 来表示,它相当于股东加入股份公司的股金。成员国的份额是根据一套比较复杂的办法计算出来的。国际货币基金组织成立之时,份额的计算公式为:

$$\text{份额} = (0.02Y + 0.05R + 0.10M + 0.10V)(1 + X/Y)$$

其中,Y 表示 1940 年的国民收入,R 表示 1943 年 7 月 1 日黄金和美元储备,M 表示战前 1934～1938 年期间的年平均进口额,V 为同时期中出口的最大变化额,X 为同时期中的年平均出口额。在实际计算时,由上式计算得出的数额再乘上 90%,以保存 10%作为机动份额。20 世纪 60 年代初期以来,为了使份额计算更加合理,对原有公司的变量和权数作了调整,目前使用的份额计算公式有 5 种,这些公式中的变量包括成员国的国民生产总值、经常账户交易额和官方储备等数据,将计算出的结果进行综合、平均后可为每一个成员国推导出单一的"计算后所得份额",并可用来对成员国在世界经济中所处的相关地位进行广泛的衡量。

成员国缴纳份额的办法是:在 1978 年 4 月 1 日生效的第二次国际货币基金组织协定条款修订之前,成员国缴纳份额的 75%以本国货币支付,其余 25%以黄金支付。第二次修订协定之后,这 25%不再要求以黄金支付,而是以国际货币基金组织规定的储备资产(特别提款权或可兑换货币)缴纳,其余 75%以本国货币缴纳。

根据国际货币基金组织协定,份额需要在"不超过五年的时间里"进行一次普遍的检查(又称普遍增资)。国际货币基金组织理事会可以在任何时候根据各成员国的要求,考虑调整它们的份额(又称特别增资)。国际货币基金组织成立之初(1946 年),份额总额为 76 亿美元,到 2000 年 6 月 30 日,国际货币基金组织份额总计为 2 102 亿 SDRs,约合当时的 2 880 亿美元。

成员国缴纳的份额，除作为国际货币基金组织发放短期信贷的资金来源外，份额的大小对成员国尚有以下两方面作用：(1)决定成员国从基金组织借款数额和定期分配特别权的数额；(2)决定成员国的投票权。由此可见，份额大小是十分重要的，它决定了基金组织的融资能力，决定了各成员国在国际货币基金组织的义务、权利和地位。这也是为什么发展中国家在国际货币改革过程中一再要求国际货币基金组织改变份额的确定方法，增加发展中国家的份额，扩大基金总份额的原因所在。

2. 借款

国际货币基金组织的另一个资金来源是借款，它不仅可以向各成员国官方机构如财政部和中央银行借款，也可以向私人借款，包括向商业银行借款。国际货币基金组织的借款同它的其他业务一样，也以特别提款权计值，大部分期限为4～7年，小部分为1～3年，平均5年左右。国际货币基金组织借款的一大特点是：贷款人除国际清算银行外，如果发生国际收支困难，可以提前收回贷款。因此，国际货币基金组织的借款具有很高的流动性，贷款国往往将这部分贷款视为储备的一部分。这一特点对国际货币基金组织自身流动性的管理也有较大的影响。

(四) 国际货币基金组织的业务活动

一般认为，国际货币基金组织根据协定的条款有监督、协调和融通资金的作用，因此，它的主要活动也紧紧围绕着这三个方面。

1. 汇率监督与政策协调

为了使国际货币制度发挥有效的作用，国际货币基金组织要检查成员国是否与它及其他成员国进行合作，以保证作出有秩序的汇兑安排，并促进建立一个稳定的汇率制度。因此，国际货币基金组织要对各国汇率政策进行监督。

在布雷顿森林制度下，成员国如果想改革其货币汇率，需要事先同国际货币基金组织进行磋商，并取得它的批准。在当前浮动汇率制度下，尽管成员国调整其货币汇率不需国际货币基金组织的事先批准，但国际货币基金组织仍对汇率实施监督，它主要通过下述办法来实行：(1)如果国际货币基金组织提出要求，成员国需向它提供必要的资料，并同它就汇率政策问题进行磋商；(2)国际货币基金组织工作人员同时也为监督工作收集所需资料，以全面估价成员国的汇率政策。当国际货币基金组织认为某成员国汇兑措施的修改或者汇率的执行情况会对其他成员国具有或者已经发生重大影响时，可提出同该成员国进行补充性监督讨论。

国际货币基金组织协调政策的职能通常通过下述途径得以实现：(1)特别磋商，它的举行同国际货币基金组织定期审查世界经济的形势与前景有关。这种审查由执行董事会进行，一般每年3次，以工作人员编写的《世界经济展望》为依据；(2)国际货币基金组织理事会从20世纪80年代以来，年会上都把协调成员国经济政策和货币政策作为会议的议题。

2. 融通资金

融通资金即发放贷款是国际货币基金组织最主要的业务活动。贷款的特点为：

(1) 贷款的对象限于成员国政府，它只与成员国的财政部、中央银行、外汇平准基金组织或其他类似的机构往来。

(2) 贷款用途限于成员国因弥补经常项目收支而发生的国际收支暂时不平衡。

(3) 贷款的规模同成员国向国际货币基金组织缴纳的份额成正比例关系。

贷款的种类包括以下几种：

(1) 普通贷款(Normal Credit Tranches)

这是国际货币基金组织最基本的一种贷款，用于解决成员国一般国际收支逆差的短期资金需要。各成员国借取普通贷款的最高额度为成员国所缴份额的125%，贷款期限为3～5年，利率随期限递增，第一年利率为4.375%，1到2年为4.875%，2到3年为5.375%，3到4年为5.875%，4到5年为6.375%。国际货币基金组织对普通贷款实行分档政策，即把成员国可借用的贷款分成以下不同部分：

储备部分贷款(Reserve Tranche)，即成员国申请不高于本国份额25%的贷款，也称黄金份额(Gold Tranche)贷款。这种贷款可自动提用，无需经特殊批准。这是因为成员国早以黄金缴纳份额的25%，而现在借款等于抽回原来缴纳的份额。1978年4月协定第二次修改条文生效后，成员国份额的25%改以SDR，或指定的外汇缴纳。成员国提取这部分贷款，仍有充足保证，故称为储备部分贷款。

信贷部分贷款(Credit Tranche)，即成员国申请贷款的额度在其所缴份额25%～125%之间。信贷部分贷款为四个档次，每个档次均占份额的25%。成员国借款使用完储备部分贷款之后，可依次使用第一、二、三、四档信贷部分。

国际货币基金组织对第一档信贷部分贷款的审批条件较松，但申请这部分贷款需呈交克服国际收支困难的具体计划，才能获得批准。借取第一档信贷部分贷款，可采取直接购买外汇的方式，即在申请贷款获准后，立即从国际货币基金组织提款。另外，也可以采用备用信贷安排(Stand-by Arrangement)方式，即申请贷款的成员国与国际货币基金组织商妥贷款额度后，可在商定的时间内，根据实际需要分次提取。

高档信贷部分贷款(High Credit Tranche)，即对第二档信贷部分以上的贷款。使用高档信贷部分贷款，随着档次的升高，审批手续逐渐严格。使用高档信贷部分贷款，除向国际货币基金组织提供令其满意的改善国际收支的方案外，还要制定全面的财政稳定计划和采取适当的财政、货币、汇率政策等，并且在贷款的使用过程中，国际货币基金组织还要进行一定的监督，如借款国未能履行计划，国际货币基金组织还要采取进一步的措施，以保证目标的实现。使用第二档以上信贷部分贷款，通常都采用备用信贷方式。

(2) 出口波动补偿贷款(Compensatory Financing Facility 或 Compensatory Financing of Export Fluctuation)

该贷款设立于 1963 年。当初级产品出口国由于出口收入下降而发生国际收支困难时，可在原有的普通贷款之外，另向国际货币基金组织申请此项贷款。这项贷款额度最初规定为成员国份额的 25%，1966 年 9 月提高到份额的 50%，后提高到 75%，1979 年 8 月以后又提高到份额的 100%。借取这项贷款的条件为：出口收入的下降必须是短期性的；出口收入的下降是成员国本身不能控制的原因造成的；借款国有义务与国际货币基金组织合作采取适当措施解决其国际收支困难。此项贷款期限为 3～5 年，要求借款国的出口收入一旦恢复，要尽早归还。

(3) 缓冲库存贷款(Buffer Stock Financing Facility)

它是 1969 年 6 月国际货币基金组织应发展中国家要求而设立的一种贷款。这项贷款用于支持初级产品出口国稳定国际市场初级产品价格而建立国际缓冲库存的资金需要。缓冲库存贷款的额度可达借款国份额的 50%。由于此项贷款与出口波动补偿贷款的目的联系密切，特规定此项贷款与出口波动补偿贷款的总额度不得超过借款国份额的 75%。缓冲库存贷款的期限也为 3～5 年。

(4) 石油贷款(Oil Facility)

它是 1974 年 6 月设立的，专门向 1973 年因石油涨价而引起国际收支困难的发达国家和发展中国家发放的临时性贷款。这项贷款的资金由石油输出国(如沙特阿拉伯、伊朗、科威特、委内瑞拉等)和发达国家(如原西德、荷兰、瑞士等)借入，总额为 69 亿 SDR，专款专用，不能移作他用。1974 年此项贷款的最高额度规定为份额的 75%，1975 年提高到 125%，但贷款条件比 1974 年要严格。贷款期限为 3～7 年，还款要求按季度分 16 次归还，利率高于普通贷款。为减轻最困难的发展中国家借取石油贷款的利息负担，1975 年国际货币基金组织决定建立利息贴补账户(Subsidy Account)，其资金来源由 24 个发达国家和石油输出国捐献。到 1976 年 5 月，此项贷款资金已全部贷出，贷款即告结束。

(5) 中期贷款(Extended Facility)

这是国际货币基金组织在 1974 年 9 月开设的一项专门贷款，用以解决成员国较长期的国际收支逆差，而且其资金需要量比普通贷款所能借到的额度要大。国际货币基金组织对这项贷款监督较严，借取中期贷款的条件是：第一，国际货币基金组织确认申请国的国际收支困难确需比借取普通贷款的期限更长才能解决；第二，申请国必须提出贷款期内改进国际收支困难的计划，以及在第一年准备实施的有关政策措施的详细说明，以后每年度都要向国际货币基金组织提出有关工作进展的详细说明和实现目标的政策措施；第三，根据成员国实现计划目标、执行政策的实际情况，分期发放贷款。中期贷款的期限为 4～8 年，备用安排期限为 3 年，一般分 16 次归还。贷款额度最高可达份额的 140%，中期贷款与普通贷款两项的总额不能超过贷款国份额的 165%。

(6) 信托基金贷款(Trust Fund Facility)

1976 年 1 月，国际货币基金组织临时委员会达成协议，决定将国际货币基金组织持有的 1/6 的黄金(2 500 万盎司)在 1976 年 7 月～1980 年 6 月的四年内按市价出售，用所获利润建立信托基金，以优惠条件向低收入的发展中国家提供贷款。信托基金于 1976 年 5 月设立，除售金所获利润外，还有直接分到出售黄金利润的某些受益国转让给信托基金的资金，以及资产投资收入。能得到信托基金贷款的条件是：第一，第一期为 1973 年人均国民收入不超过 300 SDR(约合 360 美元)的国家，第二期为 1975 年人均国民收入不超过 520 美元的国家；第二，申请贷款国的国际收支、货币储备和其他发展情况经国际货币基金组织审核证实确有资金需要，而且又有调整国际收支的适当计划。信托基金贷款按 0.5%的年利率收息，从支付日起 10 年满期，从支付后五年半开始还款，每半年一次，分 10 年还清。到 1981 年 3 月，信托基金贷款的资金已发放完毕，共向发展中国家发放总额为 33 亿美元的贷款。

(7) 补充贷款(Supplementary Financing Facility)

也称韦特文贷款(The Witteven Facility)，于 1977 年 4 月正式设立。贷款资金由石油输出国和有国际收支顺差的发达国家提供，总额为 84 亿 SDR。补充贷款用于补充普通贷款的不足，即在成员国遇有严重国际收支逆差，需要比普通贷款所能提供的更大数额和更长期限的资金时，可申请此项贷款。贷款最高额度为成员国份额的 140%，备用安排期限为 1～3 年，还款期限为 3.5～7 年，每半年偿还一次，分期偿清。借取此项贷款头三年的利率为国际货币基金组织付给资金提供国的利率(7%)加 0.2%，以后则加 0.325%。补充贷款分配完毕后，国际货币基金组织于 1981 年 5 月开始实行扩大贷款政策(Enlarged Access Policy)。国际货币基金组织实行这项政策的目的和内容与补充贷款相似。

(8) 结构调整贷款(Structural Adjustment Facility)

该贷款设立于 1986 年 3 月，国际货币基金组织设立这项贷款是想通过提供利率为 0.5%、期限可长达 10 年的优惠贷款，促使低收入成员国制定和执行全面的宏观经济调整和结构改革政策，以恢复经济增长和改善国际收支，从而解决它们长期存在的国际收支困难。

结构调整贷款为成员国份额的 70%。1987 年年底，国际货币基金组织又设立了扩大的结构调整贷款(Enlarged Structural Facility)，贷款的目的、用途和条件与原来的结构调整贷款相同，但贷款额度增加到份额的 250%，特殊情况可达到份额的 350%。扩大的结构调整贷款与原来的结构调整贷款并行发放。

按照国际货币基金组织的规定，我国和印度也是结构调整贷款的对象国，但为了把有限的资金更多地用于最穷和最困难的发展中国家，我国和印度都表示，暂不参与使用此项贷款。

(9) 制度转型贷款(Systemic Transformation Facility)

该贷款设立于 1993 年 4 月，国际货币基金组织设立这项贷款是为了帮助前苏联和东欧国家克服从计划经济向市场经济转变过程中出现的国际收支困难以及其他同这些国家有着传统的以计划价格为基础的贸易和支付关系的国家克服因贸易价格基础变化而引起的国际收支困难。贷款的最高限额为份额的 50%，期限为 4～10 年。贷款分两次拨给，第一次为贷款批准后某个商定时间(必须在 1994 年 12 月 31 日前)，第二次为第一次提款后 4～12 个月之内。国际货币基金组织认为：1994、1995 年是原经济互助委员会(简称经互会，是由前苏联组织建立的一个由社会主义国家组成的政治经济合作组织)国家在国际收支方面最困难的时期，因此，希望申请贷款的国家必须尽早申请并在 1994 年 12 月底之前使用第一部分贷款。在申请时，申请国必须制定一项经济稳定与制度改革方案，内容包括财政货币制度改革及货币稳定计划、阻止资本外逃计划、经济结构改革计划、市场的培育与完善等等。在第一批贷款拨出后，借款国只有在上述各方面作出了切实有效的努力并与国际货币基金组织充分合作，国际货币基金组织才提供第二批贷款。

(五) 中国与国际货币基金组织的关系

1945 年国际货币基金组织成立时，旧中国是创始成员国之一，1980 年以前，中国在国际货币基金组织的席位一直被台湾当局占据。1971 年我国恢复在联合国的合法席位，在联合国各专门机构的合法席位也相继恢复。经过积极交涉，我国政府与国际货币基金组织于 1980 年 4 月初在北京达成协议，国际货币基金组织执行董事会于同年 4 月 17 日正式通过决议，决定恢复中国的合法席位。中国人民银行是国务院授权主管国际货币基金组织事务的机构。中央银行行长和主管国际业务的副行长任国际货币基金组织正、副理事、临时委员会成员，中国人民银行与国际货币基金组织建立了良好的合作关系。中国加入国际货币基金组织时缴纳的份额合 5.5 亿特殊提款权，但由于台湾当局长期占据着中国的席位，在多次份额总检查中一直没有增加中国在国际货币基金组织中的份额，结果中国份额从原来的第三位下降到第十六位。1980 年 4 月中国恢复在国际货币基金组织的合法席位时，与国际货币基金组织商定把中国的份额从5.5亿特别提款权提高到18亿特别提款权。在1983年第八次份额总检查中,中国的份额从18亿特别提款权增加到23.9亿特别提款权。1992年第九次份额总检查中,中国的份额增加到33.852亿特别提款权,占基金总份额的2.35%,在所有成员国中排名第十一位,我国在国际货币基金组织理事会中的投票权占2.29%。2010年11月6日,国际货币基金组织执行董事会再次通过改革方案,中国的份额占比将从改革前的3.996%提高到6.394%,排名从并列第六跃居第三(美国第一,日本第二),投票权比率相应地从3.806%提高到6.071%。目前,中国在国际货币基金组织董事会中拥有一个单独选区,中国的执行董事从而可以参加国际货币基金组织日常业务领导的工作。

这些年来,我国不断增强与国际货币基金组织的业务往来,包括获取贷款、接受培训、参加会议、接受国际货币基金组织出版物等,但与其他发展中国家相比,我国利用国际货币基金组织的资金并不多,1981曾获普通贷款中的第一档信用部分贷款4.5亿特别提款权,年利率为4.35%,另加0.5%手续费,期限5年,该贷款已于1983年提前归还国际货币基金组织;1986年11月又借入此类贷款5.98亿特别提款权,现已归还;在1981年还获得了3.1亿特别提款权信托基金贷款,年利率为0.5%,期限4年,1990年底,中国也已还清了该笔贷款。

三、世界银行集团

1944年12月,根据布雷顿森林会议通过的《国际复兴与开发银行协定》(*Articles of Agreement of the International Bank for Reconstruction and Development*),建立了国际复兴与开发银行,简称世界银行。后来陆续建立了国际开发协会(International Development Association, IDA)、国际金融公司(International Finance Corporation, IFC)、多边投资担保机构(Multinational Investment Guarantee Agency, MIGA)和解决投资纠纷国际中心(The International Center for Settlement of Investment Disputes, ICSID)等四个附属机构。

(一) 世界银行

同国际货币基金组织一样,世界银行也是联合国的专门机构之一。凡参加世界银行的国家必须是国际货币基金组织的成员国,但国际货币基金组织的成员国不一定是世界银行的成员国。我国于1980年5月恢复了在世界银行的合法席位。

1. 组织机构

世界银行的最高权力机构是理事会,由每一成员国委派理事和副理事各一人组成。理事、副理事任期5年,可以连任。副理事在理事缺席时才有投票权。理事会的主要职权为:批准接纳新成员国，增加或减少世界银行资本，停止成员国资格，决定世界银行净收入的分配，以及其他重大问题。理事会每年举行一次会议（即年会），一般与国际货币基金组织理事会联合举行。同国际货币基金组织相似，在世界银行内，每个成员国均有250票的基本投票权，另外，每认缴10万美元的股金，则增加一票。世界银行负责领导并处理日常业务的机构也是执行董事会。执行董事会现为21人，其中5人由持股最多的美、英、德、法、日五国指派，其余16人由其他成员国按地区分组推选。我国为一独立地区组，指派执董和副执董各一名。执行董事会选举1人为行长，即董事会主席。理事、副理事、执行董事和副执行董事不得兼任行长。行长无投票权，只有在执行董事会表决中赞成和反对票数相等时，可以投决定性一票。行长下有副行长，协助行长工作。世界银行有许多办事机构，并在主要资本主义国家和许多发展中国家设有办事处，办理贷款有关事宜。

2. 宗旨

根据《国际复兴与开发银行协定》第一条规定，世界银行的宗旨是：(1)为用于生产目的的投资提供便利，以协助成员国的复兴与开发，并鼓励不发达国家生产与资源的开发；(2)以保证或参加私人贷款和私人投资的方式，促进私人的对外投资；(3)用鼓励国际投资，以开发成员国生产资源的方法促进国际贸易的长期平衡发展，以维持国际收支的平衡；(4)在提供贷款保证时，应与其他方面的国际贷款配合。总之，世界银行的主要任务是向成员国提供长期贷款，促进战后经济的复兴，协助发展中国家发展生产，开发资源，从而起到配合国际货币基金组织贷款的作用。但在成立之初，它主要是资助西欧国家恢复受到战争破坏的经济。1948年以后，欧洲各国开始主要依赖美国“马歇尔计划”(Marshall Plan)的援助来复兴战后经济，世界银行便主要转向亚、非、拉发展中国家提供中长期贷款，帮助它们的经济开发。

3. 资金来源

(1) 成员国缴纳的股金

世界银行规定，每个成员国均须认购股份(share)。每个成员国认购股份的多少以该国经济、财政力量为根据，并参照其在国际货币基金组织认缴的份额，同世界银行协商，并经理事会批准。按照原来的规定，成员国认购股金分两部分缴付：①成员国参加世界银行时，先缴股金的20%，其中的2%以黄金或美元缴付，世界银行对这部分股金有权自由使用；其余的18%用成员国本国货币缴付，世界银行将这部分股金用于贷款时，须征得该成员国同意。②成员国认购股金的80%是待缴股金，在世界银行催交时，成员国以黄金、美元或世界银行需用的其他货币缴付。世界银行自建立以来，还一直未要求成员国缴付过待缴股金。尽管如此，待缴股金却为世界银行在国际资金市场借款提供了信用保证。最初，世界银行的法定资本为100亿美元，每股10万美元，1978年4月1日以后，每股按10特别提款权计算。后来经过几次增资，到 1990 年 6 月 30 日，世界银行的法定认缴股金已达 1 253 亿美元。需要说明的是，前面所述成员国缴付股金的办法是世界银行协定规定的，也是最初采用的办法，但在 1959 年增资时，成员国可以将其认缴股增加一倍，但成员国实际缴付的股金并未相应增加，因此成员国实际缴纳的股金由原来的 20%降为 10%，用黄金、美元缴纳的部分由 2%降为 1%，成员国用本国货币缴付的部分由原占认缴额的 18%降为 9%；而其余的 91%是待缴股金。到 1990 年 6 月 30 日，我国认缴世界银行的股金为 42.19 亿美元，实缴股金为 2.99 亿美元，投票权为 35 221 票，占总票数的 3.27%。

(2) 通过发行债券取得借款

通过在国际债券市场发行债券来借款是世界银行资金的一个很重要的来源。世界银行贷款资金的很大部分是靠发行债券筹措的。例如，在 1990 年财政年度(1989 年 7 月 1 日～1990 年 6 月 30 日)，世界银行借款为 117 亿美元，而贷款总拨付额为 139 亿美元，前者占后者的 84.17%。世界银行发行债券期限从 2 年到 25 年不等，其利率随国际金融市场行情的变化而变化，但由于世界银行资信较高，利率往往要低于一般公司的债券和某些国家的政府债券。世界银行发行债券除采取通过投资银行、商业银行等中间包销商向私人投资者出售中长期债券方式外，还直接向成员国政府、政府机构或中央银行出售中短期债券。

(3) 业务净收益

世界银行几乎年年都有巨额的净收益，它除将一部分净收益以赠款形式拨给开发协会外，其余均充作本身的储备金，成为发放贷款的一个资金来源。

(4) 债权转让

从 20 世纪 80 年代以来，世界银行常把一部分贷出款项的债权，有偿地转让给商业银行等私人投资者，以提前收回资金，并转为贷款的一个资金来源。

4. 主要业务活动

世界银行最主要的业务活动是向发展中国家提供贷款，此外，还提供技术援助等业务。

(1) 提供贷款

第二次世界大战后初期，世界银行的贷款重点在欧洲。20 世纪 50 年代以后，其重点转向亚、非、拉等发展中国家，当前世界银行的贷款已成为发展中国家发展经济的一条较为重要的资金渠道。然而，要获得世界银行贷款也决非易事，需满足一定的条件和程序。

世界银行的贷款条件为：

第一，世界银行只向成员国政府、中央银行担保的公、私机构提供贷款。即使是预期不久将成为成员国的新独立国家，也只能在成为正式成员国后才可申请贷款。但世界银行也曾向某些成员国管辖之下的地区承诺贷款。例如，在 1975 年 9 月巴布亚新几内亚独立之前，世界银行曾向它提供5笔贷款，但都由澳大利亚政府担保。

第二，贷款一般与世界银行审定、批准的特定项目相结合。贷款必须用于借款国家的特定项目，并经世界银行审定在技术上和经济上可行，并且是借款国经济发展应优先考虑的项目。只有在特殊情况下，世界银行才发放非项目贷款（Nonproject Loan）。

第三，申请贷款的国家确实不能以合理的条件从其他方面取得贷款时，世界银行才考虑发放贷款，参加贷款，或提供保证。

第四，贷款必须专款专用，并接受世界银行的监督。世界银行的监督，不仅在使用款项方面，同时在工程的进度、物资的保管、工程管理等方面也进行监督。世界银行一方面派遣人员进行现场考察，另一方面要求借款国随时提供可能影响工程进行或偿还借款的有关资料。根据资料与实际状况，世界银行可建议借款国政府对工程项目作政策性的修改。

第五，贷款的期限一般为数年，最长可达30年。贷款利率从1976年7月起实行浮动利率，随金融市场利率变化定期调整，基本按世界银行在金融市场借款的成本再加利息0.5%计算。与一般国际贷款收取承担费相似，世界银行对已订立借款契约而未提取的部分，按年征收0.75%的手续费。

第六，贷款使用的货币。世界银行发放贷款使用不同的货币；对承担贷款项目的承包商或物资供应商，一般用该承包商、供应商所属国的货币支付；如由借款国承包商供应本地物资，即用借款国货币支付；如本地供应商购买进口物资，即用出口国的货币进行支付。

世界银行的贷款程序分为以下步骤：

第一步，世界银行与借款国探索洽商提供贷款的可能性，以确定申请贷款的项目是否适合世界银行资助的类型。

第二步，双方选定具体贷款项目。

第三步，双方对贷款项目进行审查和评估。

第四步，双方就贷款项目进行谈判、签约。

第五步，贷款项目的执行和监督。

第六步，世界银行对贷款项目进行总结评价。

世界银行的贷款种类主要有以下几种：

第一，项目贷款（Project loan）与非项目贷款。这是世界银行传统的贷款业务，属于世界银行的一般性贷款。项目贷款目前是世界银行最主要的贷款。它是指世界银行对成员国工农业生产、交通、通信，以及市政、文教卫生等具体项目所提供的贷款的总称。非项目贷款是世界银行为支持成员国现有的生产性设施需进口物资、设备所需外汇提供的贷款，或是为支持成员国实现一定的计划所提供的贷款的总称。前者如世界银行在建立后初期对西欧国家的复兴贷款，后者如调整贷款和应急性贷款。调整贷款是世界银行在20世纪80年代初设立的，用以支持发展中国家解决国际收支困难而进行的经济调整，并促进它们宏观或部门经济政策的调整和机构改革。应急性贷款是为支持成员国应付各种自然灾害等突发性事件而提供的贷款。

第二，“第三窗口”(The Third Window)贷款。它是世界银行于1975年12月开办的、在一般性贷款之外的一种中间性贷款，是世界银行原有贷款的一种补充。所谓“第三窗口”贷款，意即在世界银行原有的两种贷款(世界银行接近市场利率的一般性贷款和国际开发协会的优惠贷款)之外，再增设一种贷款，其贷款条件宽于世界银行的一般性贷款，但优惠条件不如协会贷款，而是介于这两种贷款之间。为发放这项优惠贷款，世界银行设立了由发达国家和石油输出国捐资的“利息补贴基金”(Interest Subsidy Fund)，由该基金付给世界银行4%的利息补贴，借款国负担世界银行一般性贷款的利息与4%利息补贴之间的差额。“第三窗口”贷款的期限可长达25年，但只贷给低收入国家(1972年人均GNP低于375美元)。“第三窗口”贷款只开办了两年，到1977年年底结束。

第三，技术援助贷款。它首先是指在许多贷款项目中用于可行性研究、管理或计划的咨询，以及专门培训方面的资金贷款，其次还包括独立的技术援助贷款，即为完全从事技术援助项目提供的资金贷款。

第四，联合贷款(Co-Financing)。它是世界银行同其他贷款者一起共同为借款国的项目融资，以有助于缓和世界银行资金有限与发展中成员国资金需求不断增长之间的矛盾。它起始于20世纪70年代中期。联合贷款的一种方式是，世界银行同有关国家政府合作选定贷款项目后，即与其他贷款人签订联合贷款协议。然后，世界银行和其他贷款人按自己通常的贷款条件分别同借款国签订协议，分头提供融资。另一种联合贷款的方式是，世界银行同其他贷款者按商定的比例出资，由世界银行按其贷款程序与商品、劳务采购的原则同借款国签订借贷协议。两种方式相比，后一种方式更便于借款国管理，世界银行也倾向于采用这种方式。

(2) 技术援助

向成员国提供技术援助也是世界银行业务活动的重要组成部分。这种技术援助往往是与贷款结合在一起的，由世界银行派出人员、专家帮助借款国进行项目的组织和管理，提高项目资金使用效益。世界银行还设立由该行直接领导的一所经济发展学院，其任务主要是为发展中国家培训中高级管理干部。世界银行也经常帮助成员国制订社会经济发展计划，为某些特殊问题提供咨询意见和解决方案。

5. 中国与世界银行的关系

与国际货币基金组织的情况一样，世界银行建立时，中国也是创始成员国之一。新中国成立后，直到 1980 年 5 月 15 日，世界银行执行董事会才通过恢复我国在世界银行代表权的决定，我国也向世界银行派出了理事与副理会。

我国与世界银行的业务往来要比国际货币基金组织多，这是由世界银行业务性质所决定的。截至 2003 年 6 月 30 日，世界银行共向中国提供贷款近 366 亿美元(减去取消的贷款)用于 245 个项目，其中约一半项目仍在实施。中国是迄今为止世界银行贷款项目最多的国家。世界银行贷款项目涉及国民经济的各个部门，遍及中国的大多数省、直辖市、自治区，其中基础设施项目(交通、能源、工业、城市建设等)占贷款总额的一半以上，其余资金投向农业、社会部门(教育、卫生、社会保障等)、环保以及供水和环境卫生等项目。所有这些项目对于减少贫困都发挥着直接或间接的作用。中国也是执行世界银行贷款项目最好的国家之一。在 2003 财政年度(2002 年 7 月 1 日～2003 年 6 月 30 日)期间，世界银行向中国提供贷款 11.45 亿美元用于 6 个项目，其中包括：新疆公路项目(帮助改善交通基础设施和加强交通部门管理)、湖北公路项目(目的是支持建设从湖北孝感至襄樊全长 243.5 公里的高速公路，改善通往贫困县的支路，强化湖北省的公路管理能力)、宜兴抽水蓄能项目(将基于中国政府电力行业的改革战略，具体制定和实施江苏电力体制全面改革方案，进一步推动发电领域竞争，试行对大用户进行直接购电，从而提高江苏省电力部门行业的总体效益)、天津城市发展与环保(目的是提高天津市城市污水管理和交通系统的效率以及公平使用，制定和实施物质和体制措施，从而促进天津市的可持续发展，使之成为中国其他城市的样板)、上海城市环境改善项目(旨在改善上海市的城市环境，提高居民生活质量)和安徽公路项目二期(目的是建设高效、安全、经济的公路基础设施，改善交通条件，从而支持安徽省的社会和经济发展)。

世界银行的中国业务由世界银行驻中国代表处负责管理。世界银行在中国的业务主管部门是财务部，主管世界银行中国援助计划的制定和实施。

(二) 国际开发协会

国际开发协会是专门向低收入发展中国家提供优惠长期贷款的一个国际金融机构。按照规定，凡世界银行成员均可加入协会，但世界银行的成员国不一定必须参加协会。

1. 宗旨

国际开发协会的宗旨是：对欠发达国家提供比世界银行条件优惠、期限较长、负担较轻，并可用部分当地货币偿还的贷款，以促进它们经济的发展和居民生活水平的提高，从而补充世界银行的活动，促成世界银行目标的实现。

2. 组织机构

国际开发协会在法律和会计上是独立的国际金融机构，但在人事管理上却是世界银行的附属机构，故有“第二世界银行”之称。

国际开发协会的管理办法和组织结构与世界银行相同，从经理到内部机构的人员均由世界银行相应机构的人员兼任，世界银行的工作人员也即国际开发协会的工作人员。因此，它与世界银行实际上是两块牌子，一套机构。

国际开发协会成员国投票权的大小同其认缴的股本成正比。成立初期，每个成员国均有500票基本票，每认缴5 000美元增加一票；此后在第四次补充资金时，每个成员国有3 850票，每认缴25美元再增加一票。

1980年5月，我国恢复在国际开发协会的合法席位。到1990年6月30日，我国共认缴股本3 916.8万美元，有投票权13 895票，占总票数的2.01%。

3. 资金来源

(1) 成员国认缴的股本。国际开发协会原定法定资本为10亿美元，以后由于成员国增加，资本额随之增加。成员国认缴股本数额按其在世界银行认购股份的比例确定。国际开发协会的成员国分为两组：第一组是工业发达国家和南非、科威特，这些国家认缴的股本须以可兑换货币支付，所缴股本全部供国际开发协会出借；第二组为亚、非、拉发展中国家。这些国家认缴的股本的10%须以可兑换货币进行缴付，其余90%用本国货币缴付，而且这些货币在未征得货币所属国同意前，国际开发协会不得使用。

(2) 成员国提供的补充资金(Replenishments)。由于成员国缴纳的股本有限，远不能满足成员国不断增长的信贷需求。同时，国际开发协会又规定，不得依靠在国际金融市场发行债券来募集资金。因此，国际开发协会不得不要求成员国政府不时地提供补充资金，以继续进行其业务活动。提供补充资金的国家，既有第一组会员，也有第二组少数国家。在1991～1993三个财政年度里，国际开发协会完成第九次补充资金，补充资金达116.8亿SDR(合155亿美元)。

(3) 世界银行的拨款，即世界银行从其净收入中拨给国际开发协会的一部分款项，作为国际开发协会贷款的资金来源。

(4) 国际开发协会本身业务经营的净收入。

4. 贷款

国际开发协会贷款只提供给低收入发展中国家。按最初规定标准，人均GNP在425美元以下(2004年的标准则为2002年人均GNP不超过865美元)才有资格获得国际开发协会信贷。国际开发协会贷款对象规定为成员国政府或公、私企业，但实际上均向成员国政府发放。国际开发协会贷款的用途与世界银行一样，是对借款国具有优先发展意义的项目或发展计划提供贷款，即贷款主要用于发展农业、工业、电力、交通运输、电信、城市供水，以及教育设施、计划生育等。

国际开发协会贷款的期限分为25、30、45年三种，宽限期10年。偿还贷款时，可以全部或一部分使用本国货币偿还，贷款只收取0.75%的手续费。

国际开发协会的贷款称为信贷(Credit)，以区别于世界银行提供的贷款(Loan)。它们之间除贷款对象有所不同之外，主要的区别在于：国际开发协会提供的是优惠贷款，被称为软贷款(IDA Credit)，而世界银行提供的贷款条件较严，被称为硬贷款(Hard Loan)。

5. 我国与国际开发协会的关系

随着我国在世界银行席位的恢复，我国也再次成为国际开发协会的成员国。我国派往世界银行的官员同时负责我国与国际开发协会的联系和有关业务工作，截至1996年6月30日，国际开发协会所发放的信贷总额达1 159亿美元，其中对我国的援助项目有71个，贷款总额为99.47亿美元。

在20世纪90年代，我国与国际开发协会的业务往来日益密切，开发协会对我国的贷款项目主要有：黄浦港项目2 500万美元，教师培训项目5 000万美元，大兴安岭森林火灾后恢复项目5 690万美元，四川路项目5 000万美元贷款等。然而在1999年财政年度我国从国际开发协会取得最后一项贷款之后，就一直处于“毕业”的状态。

（三）国际金融公司

国际金融公司也是世界银行的一个附属机构。它于1956年7月成立，成立之初有成员国31个，截至2004年，有176个成员国。我国于1980年5月恢复在国际金融公司的合法席位。

1. 宗旨

国际金融公司旨在通过对发展中国家，尤其是欠发达地区的重点生产性企业提供无需政府担保的贷款与投资，鼓励国际私人资本流向发展中国家，支持当地资金市场的发展，推动私人企业的成长，促进成员国经济发展，从而补充世界银行的活动。

2. 组织结构

国际金融公司在法律和财务上虽是独立的国际金融机构，但实际是世界银行的附属机构。它的管理办法和组织结构与世界银行相同。世界银行行长兼任国际金融公司总经理，也是国际金融公司的执行董事会主席。国际金融公司的内部机构和人员多数由世界银行相应的机构、人员兼管。按照国际金融公司的规定，只有世界银行成员国才能成为国际金融公司的成员国。我国于1980年5月恢复了在国际金融公司的合法席位。

3. 资金来源

国际金融公司的资金来源是：(1)成员国认缴的股金，这是国际金融公司最主要的资金来源。国际金融公司最初的法定资本为1亿美元，分为10万股，每股1 000美元。成员国认缴股金须以黄金或可兑换货币缴付。每个成员国的基本票为250票。此外，每认缴1股，增加1票。国际金融公司也进行了多次增资。(2)通过发行国际债券，在国际资本市场借款。(3)世界银行与成员国政府提供的贷款。(4)国际金融公司贷款与投资的利润收入。

4. 贷款与投资

国际金融公司贷款与投资只面向发展中国家的私营中小型生产企业，而且也不要求成员国政府为偿还贷款提供担保。国际金融公司贷款一般每笔不超过200万～400万美元，在特殊情况下最高也不超过2 000万美元。国际金融公司贷款与投资的部门主要是制造业、加工业和采掘业、旅游业，以及开发金融公司，再由后者向当地企业转贷。

国际金融公司贷款的方式为：(1)直接向私人生产性企业提供贷款；(2)向私人生产性企业入股投资，分享企业利润，并参与企业的管理；(3)上述两种方式相结合的投资。国际金融公司在进行贷款与投资时，或者单独进行，尔后再将债权或股权转售给私人投资者，或者与私人投资者共同对成员国的生产性私人企业进行联合贷款或联合投资，以促进私人资本向发展中国家投资。

国际金融公司贷款的期限一般为7～15年，还款时需用原借入货币进行支付，贷款的利率不统一，视投资对象的风险和预期收益而定，但一般高于世界银行贷款的利率。对于未提用的贷款资金，国际金融公司按年收取1%的承诺费。

5. 我国与国际金融公司的关系

与国际开发协会一样，我国恢复在世界银行的合法席位后，自然也成为国际金融公司的成员国。中国目前是国际金融公司投资最快的国家，是国际金融公司投资的第九大国家。截至2000年6月30日，国际金融公司共承诺了37个中国项目，项目投资总额为27亿美元，其中国际金融公司投入约9.79亿美元。国际金融公司还就如何发展私营部门及如何促进外国投资向中国政府提供了技术帮助。

国际金融公司在中国通过向具有示范作用的项目提供融资，来推动私营部门的发展。主要投资方向为：(1)通过有限追索权的项目融资的方式，帮助项目融通资金；(2)促进地方非国有部门的发展；(3)促进金融行业的进一步开放及现代化；(4)注重向中西部投资；(5)鼓励私营企业参与基础设施建设；(6)支持国有企业改革。

(四) 多边投资担保机构

多边投资担保机构是世界银行集团最新的成员，创建于1988年，该机构的任务是通过减少非商业投资障碍，鼓励股本投资和其他直接投资流入发展中国家。为执行上述使命，多边投资担保机构向投资者提供非商业风险的担保；为设计和执行与外国投资有关的政策、规划以及程序提出建议；就投资问题在国际商业界与有关国家政府之间发起对话。

多边投资担保机构对以下四类非商业性风险提供担保：(1)由于投资所在国政府对货币兑换和转移的限制而造成的转移风险。(2)由于投资所在国政府的法律或行政行动而造成投资者丧失其投资所有权、控制权的风险。(3)在投资者无法进入主管法庭，或这类法庭不合理的拖延或无法实施这一项已作出的对他有利的判决时，政府撤销与投资者签订的合同而造成的风险。(4)武装冲突和国内动乱造成的风险。

多边投资担保机构政策与咨询服务的范围从研究和技术援助到与有关国家政府联合发起召开促进投资的会议。国际金融公司和多边投资担保机构合作开发这项服务，这种服务为发展中成员国制定投资法、政策和规划提供咨询和技术援助。

(五) 解决投资纠纷国际中心

解决投资纠纷国际中心是世界银行下属的非财务机构。它是根据解决国家与其他国民之间投资争端公约而于1966年建立的机构。我国于1990年2月在该公约上签字。解决投资纠纷国际中心的任务是调节和仲裁政府和外国投资者之间的纠纷，从而使国际投资更多地流向发展中国家。为了推动其促进投资目标的实现，它还在外国投资法领域开展一系列的研究和出版工作。

解决投资纠纷国际中心的外国投资法出版物包括半年度法律刊物《解决投资纠纷国际中心评论——外国投资法刊物》以及世界投资法和投资条约多册汇编。

第三节　区域性国际金融机构

一、亚洲开发银行

亚洲开发银行(The Asian Development Bank，ADB，简称亚行)是一个非营利性的政府间发展金融机构，成立于1966年12月，成员国包括亚太地区成员和亚太地区之外的发达国家成员，总部设在菲律宾首都马尼拉，其任务是为亚太地区的发展中成员提供资金和技术援助，促进投资和推动经济增长。亚行在亚太地区的成员拥有其60%以上的股本，12个董事中有8个来自亚太地区，并且亚行行长和多数专业人员也来自亚太地区。

(一) 亚洲开发银行的成员与股份

根据亚洲开发银行章程，凡亚洲及太平洋经济社会委员会成员和准成员、亚太地区的其他国家以及该地区以外的联合国及所属专门机构成员，均可加入亚洲开发银行。

由于历史原因，台湾当局在亚行组建时以所谓“中华民国”的名义加入了亚行。20 世纪 80 年代初，我国要求加入亚行，经与亚行当局谈判，最终达成谅解，亚行承认中华人民共和国政府是中国唯一合法的政府，台湾当局改称中国台北继续留在亚行。亚行原始股本为 10 亿美元，分为 10 万股，每股 10 000 美元。1978 年 4 月 1 日，每股按 10 000 特别提款权计算。亚洲开发银行首批认缴股本中，成员国的实缴股本和代缴股本各占 50%。实缴股本分 5 次缴纳，每次缴纳 20%。亚洲开发银行理事会每五年对法定股本进行一次审查，根据业务经营的需要，决定是否增资和认缴股本。经过几次增资，截至 2001 年，亚洲开发银行的法定资本为 438.45 亿美元，其中 432.81 亿美元已被各成员国认缴，实缴股本为 30.44 亿美元，占已认缴股本的 7.03%，剩下的 92.97%为代缴股本。日本和美国是亚洲开发银行的最大出资国，其认缴股本相等，均占亚洲开发银行总股份的 16.054%。2003 年，美国和日本认缴股本占亚洲开发银行总股份的 15.78%，相应分别持有 552 210 股，中国占亚洲开发银行总股份的 6.516%，持有 228 000 股。

(二) 亚洲开发银行的组织机构

亚行的组织系统由理事会、董事会和总部构成。

亚行的最高决策机构是理事会(Board of Governors)，每个成员任命一位理事和一位副理事。理事会由各成员的理事和副理事组成，理事或副理事行使其所代表成员所拥有的表决权。理事会轮流在成员国举行年会，讨论和决定重大问题，在理事会闭会期间，通过书面表决方式，对重大问题作出决议。表决生效须不少于总投票 3/4 的理事参加，且需其中 2/3 以上的理事投赞成票。关于亚行成员的投票权，每个成员均有 778 票基本投票权，再加上每多认股额 1 万美元增加 1 票，构成该成员的总投票权。我国在 2003 年拥有 241 885 票投票权，占成员总投票权的 12.94%。

亚行董事会(Board of Directors)负责处理亚行日常的重要管理问题。董事会由 12 名董事组成。董事由理事会选举，每届任期两年，可连选连任。12 名董事中有 8 名代表本地区成员，4 名代表非本地区成员。亚行成员按投票权划分为 12 个选区，股份多的成员可以单独构成选区，也就是说，可以自己选举自己的董事。日本、美国、中国和印度都可单独构成选区。每个董事任命一位副董事和一名董事技术助理。董事会的主席由亚行行长担任，但没有表决权。不过在董事会表决出现平局时，行长可参加表决。

亚行总部是亚行的执行机构，负责处理日常业务。亚行有一位行长和三位副行长，总部下设16个办公室和9个局，办公室的地位略低于局，局和办公室下设处。亚行的行长一般由日本人担任，三位副行长分别由美国、其他非地区成员国和不借款的发展中成员国人选担任。行长由理事会选举，任期五年，可连选连任。副行长由董事会根据行长的提名来任命。

（三）亚洲开发银行的资金来源

亚行资金由普通资金和特别资金构成。普通资金包括亚行成员认购的股本、储备金以及通过借款筹集的资金。特别资金包括亚行成员为亚行优惠贷款和技术援助所捐的资金和从普通资金中拨出用于优惠贷款的资金以及普通资金业务所累计的净收入。

亚行的股本结构对于亚行的实力具有重要意义。日本和美国以及其他发达国家在亚行所认购的股本最多，截至2007年2月，美国和日本认缴股本占亚洲开发银行总股本的15.571%，相应分别持有552 210股，认购股本由实缴股本和征缴股本构成。亚行的资产净值由实缴股本和累计净收入（储备金）构成。

对发展中国家成员来说，实缴股本又分两部分：一部分以硬通货或黄金缴纳，另一部分以本国货币缴纳，用于亚行在本国的开支。亚行实缴股本的一部分划给亚洲发展基金，剩余部分作为普通资金的一部分用于支付普通资金贷款。

亚行征缴股本在需要履行亚行在借贷方面的义务或需要支付担保金额时才能动用。亚行的未偿债务和担保余额不能超过亚行征缴股本。

根据亚行章程，普通资金贷款承诺余额总数以及股本投资和担保总额不得超过认购股本普通资金的节余以及储备金的总额。贷款与股本按1∶1的限制，比商业银行和多数多边发展银行更加严格。

亚行普通资金可以通过增加其实缴股本和借款来扩大。亚行股本的增加需经亚行理事会批准，只有经全体理事的2/3同意且其投票权占总投票数的3/4以上方可通过。除普通资金外，亚行章程授权亚行建立和管理特别基金。其中有亚洲开发基金、技术援助特别基金以及日本特别基金。

（四）亚洲开发银行的主要业务活动

1. 贷款

按贷款条件划分，亚行的贷款可分为硬贷款、软贷款和赠款三类。硬贷款的贷款利率为浮动利率，每半年调整一次，贷款期限为10～30年（含2～7年的宽限期）。软贷款，即优惠贷款仅提供给人均国民收入低于670美元（1983年标准）且还债能力有限的亚行成员，贷款期限为 40 年(含 10 年宽限期),不收利息,仅收 1%的手续费。赠款用于技术援助。资金由技术援助特别基金提供,但赠款金额有限制。

按贷款方式划分,亚行的贷款可分为以下几种:

(1) 项目贷款

项目贷款是亚行传统的主要贷款方式,亚行从一开业就开展了项目贷款,并且在亚行章程中规定,亚行经营的原则主要是为具体的项目提供资金。这里的项目可以是国家发展规划的一部分,也可以是一个地区发展规划的一部分。

亚行对项目审查有三点要求:第一,项目经济效益好;第二,必须有利于受援成员国经济的发展;第三,借款成员政府必须有较好的资信。亚行的贷款项目要经过一系列工作环节才能最终完成,一般要经过如下环节:项目确定、可行性研究、实地考察和预评估、准备贷款文件、亚行与借款成员进行贷款谈判、董事会审核、签署贷款协定、贷款生效、项目执行、终止贷款账户提款、项目完成报告和项目完成后的评价。

(2) 规划贷款

规划贷款是对某些需要优先发展的部门或其所属部门提供资金,目的是使这些部门通过进口生产原料、设备和零部件,扩大现有生产能力,使其结构更趋合理化、现代化。

1987 年 12 月,亚行为支持印尼非石油产品的出口发放了第一笔规划贷款,金额为 1.5 亿美元。这种贷款着重于政策和改革调整,可以看作为政策调整贷款。

(3) 部门贷款

部门贷款是对与项目有关的投资进行援助的一种形式,目的是为满足所选择的部门资本投资的需要,提高该部门执行机构的技术和管理水平,保证支持该部门发展的金融及其他政策的进一步完善。亚行的部门贷款主要集中于灌溉、乡村发展、林业、种植业、小水电站、供求和排污、高速公路、教育等方面。

(4) 开发金融机构贷款

这是一种通过成员的开发性金融机构进行的间接贷款,也即中间转贷款。其目的是支持亚太地区私营工业的发展,如 1987 年 11 月 9 日,亚行有一笔金额为 1 亿美元的开发金融机构贷款由中国投资银行承办,分配给中国 40 个项目使用。

(5) 综合项目贷款

综合项目贷款是对较小的借款成员国,如南太平洋的一些岛国采用的一种灵活的贷款办法。这些国家的项目规模较小,借款规模不大,为便于贷款,就把一些小项目捆在一起作为一个综合项目办理贷款。

(6) 特别项目执行援助贷款

这种贷款用于解决由亚行提供贷款的项目在执行中遇到不可预料的困难，如缺乏配套资金等而使项目难以继续执行。通过这种贷款，使项目得以继续执行。

(7) 私营部门的贷款和股本投资

亚行认为私营部门在其发展国家成员中起着重要作用，亚行积极扩大对私营部门的援助。它主要包括：①对私营部门的有政府担保的贷款，或没有政府担保的股本投资和为项目准备及私营部门的贷款执行机构建设提供的技术援助；②经过开发性金融机构的限额转贷和对开发性金融机构的股本投资。其资助的行业一般是制造业、林业、渔业、采矿业、旅游业及农产品加工业等。

(8) 联合贷款

联合贷款是指 1 个或 1 个以上的区外经济实体(官方机构或私人投资者)与亚行共同为成员国开发项目或融资。由于联合贷款具有一些特殊优点，目前它已成为亚行贷款的一种主要形式。

2. 技术援助

技术援助是亚行业务中一项重要的内容。援助的目的是帮助发展中成员拟定发展战略、政策规划，帮助它们确定发展项目，并对项目的设计、执行和经营提供咨询。技术援助分赠款和贷款两种。赠款资金由发达国家成员和发展中国家成员给技术援助特别基金的自愿捐款、亚洲发展基金对技术援助特别基金的拨款、技术援助特别基金的投资效益、普通资金的业务收入、日本特别基金的拨款以及多边和双边来源组成。技术援助贷款由普通资金和亚洲发展基金共同提供。

亚行提供的技术援助分四大类型：(1)项目准备，帮助受援国家准备项目，使其达到可提供投资的阶段；(2)项目执行，帮助执行机构执行亚行融资的项目。这种援助通常包含协助运营、管理和执行的咨询服务、本国人员培训以及改善项目实体的财务管理；(3)咨询性支援，不一定直接与亚行项目有联系，目的是建立或加强一种制度，开展行业政策、战略的研究或制订全国发展计划；(4)地区活动技术援助，用于项目准备、项目执行或咨询目的，主要用于进行行业研究、普查和培训。

(五) 我国与亚洲开发银行的关系

自我国加入亚行以来，合作发展很快，而且取得较好的效果。在我国加入亚行的第四年，我国便成功举办了具有重要意义的亚行理事会第 22 届年会，而且是亚太地区经济、金融界的一次盛会，也是国际经济、金融界的一次聚会。这次会议使与会者有机会目睹我国改革开放的大好形势，增进了我国与其他亚行成员之间的相互了解、友谊和合作。

为了加强对消除贫困政策的制定和经验交流工作，亚行于1991年12月在北京举行了第7次圆桌会议，题为“消除贫困的社会经济政策”。这是一次国际会议，其代表主要来自亚行的发展中国家成员，也有来自发达国家成员的代表。会议广泛地讨论了消除贫困的问题，而且与会者在北京参观了减少贫困取得明显效果的地区，留下了深刻的印象，一致赞扬我国在脱贫方面获得的巨大发展。

我国从1987年开始获得亚行贷款，截至2003年12月31日，亚洲开发银行对我国共发放104笔贷款，金额达136.2亿美元。排名前三位的贷款项目为：交通和通信，能源，社会基础设施建设。其中交通和通信方面的贷款有44项，金额为72.62亿美元，占亚洲开发银行发放贷款总额的53.3%；能源方面的贷款有20项，金额为21.453亿美元，占贷款总额的15.8%；社会基础设施建设的贷款有10项，金额达11.119亿美元，占贷款总额的8.2%。

亚行技术援助业务在我国发展很快，在2003年，亚行批准了中国7个总额达14.88亿美元的贷款，这7个项目是：哈尔滨供水系统能力的改进，武汉城市废水的处理，在云南修筑公路，在宁夏修筑公路，铺设连接宜昌和万州的铁路，甘肃清洁能源的开发，改善西安城市交通环境。另外，亚行为我国批准提供26项赠款技术援助，金额达1 430万美元。

亚行每年都派人来我国举办各种研讨会或邀请我国派人到国外参加研讨会并提供短期培训、奖学金等，使受训者有机会了解国际经济的发展情况、其他国家的发展经验以及亚行的业务状况，这不仅有利于项目的执行和管理，而且有利于提高我国管理人员的素质。

亚行从1978年开始招聘工作人员，截至2003年12月31日，我国在亚行的工作人员达到48名，占亚行所有雇员的5.87%，其中还包括3名高级雇员。这虽然与我国在亚行的地位相比尚差太远，但比起我国在其他国际金融机构的代表性要大得多。

自我国加入亚行后，我国不仅有资格参加亚行提供贷款的中国项目的招标，而且也参加亚行提供贷款的其他国家的项目招标。同样，我国还可以参加亚行提供赠款的技术援助项目的招标。

二、非洲开发银行

非洲开发银行（African Development Bank，AFDB）是非洲国家政府合办的互助性区域性国际金融机构，成立于1964年9月，1966年7月开始营业，总部设在象牙海岸（今科特迪瓦）首都阿比让。

（一）非洲开发银行的宗旨

非洲开发银行的宗旨是，为成员国的经济和社会发展提供资金，以促进和协调成员国社会进步和经济发展，促进本地区经济增长；并帮助制定非洲大陆发展的总体规划，以便实现非洲经济一体化。

（二）非洲开发银行的资金来源

非洲开发银行的资金来源主要是成员国认缴的股本。除此之外，非洲开发银行还通过与私人资本以及其他信用机构合资合作，广泛动员和利用各种资金。1980 年 5 月，非洲开发银行第 15 届年会通过决议，允许非洲区域之外的国家投资入股该银行，以便扩大自身的资金来源。我国于 1985 年入股该行，成为其成员国。

（三）非洲开发银行的主要业务

非洲开发银行的主要业务活动是向非洲区域内的成员国发放贷款。贷款种类主要包括普通贷款和特殊贷款两种。特别贷款条件优惠，不计息且贷款期限较长，最长可达 50 年。

（四）非洲开发银行的组织形式

非洲开发银行的管理机构由理事会、董事会和行长组成。理事会是非洲开发银行的最高权力机构，由成员国各指派一名理事组成，理事一般由各成员国的财政部长或中央银行行长担任；董事会是非洲开发银行常设的执行机构，其董事由理事会选出，董事长则由董事会选出，并兼任行长，负债主持银行的日常工作。

非洲开发银行的重大事务由理事会和董事会投票表决，投票权的大小主要按照成员国认缴股本的多少来计算。

三、泛美开发银行

泛美开发银行（Inter-American Development Bank，IADB）是由美洲国家组织与欧亚其他国家共同联合创立的区域性国际金融机构，成立于 1959 年 12 月，1960 年 10 月开始营业，总部设在华盛顿。

（一）泛美开发银行的宗旨

泛美开发银行的宗旨是，动员美洲内外的资金向拉美成员国的经济和社会发展项目提供贷款，以促进和协调成员国社会进步和经济发展，促进拉美国家之间的经济合作，实现区域经济增长。

（二）泛美开发银行的资金来源

泛美开发银行的资金来源主要是成员国认缴的股本。另外，它也以借款和发行债券的方式筹措资金。

（三）泛美开发银行的主要业务

泛美开发银行的主要业务活动是向拉美成员国政府及其他公私机构的经济项目发放贷款。贷款种类主要包括普通业务贷款和特种业务贷款两种。普通业务贷款利率高于特种业务贷款利率，贷款期限也比特种业务贷款更短，且必须用借款货币偿还。特种业务贷款条件优惠，可全部或部分用本币偿还，此外，该行还设立了条件优惠的信托基金贷款。

（四）泛美开发银行的组织形式

泛美开发银行的管理机构由理事会、执行董事会、行长和副行长组成。理事会是泛美开发银行的最高权力机构，由成员国各指派一名理事和候补理事组成。执行董事会是泛美开发银行常设的执行机构，负责主持银行日常工作。行长是银行的最高行政领导人。

泛美开发银行的重大事务由理事会和执行董事会投票表决，投票权的大小主要按照成员国认缴股本的多少来计算。美国认缴份额最多，投票权也最多。

小结

1. 战后国际金融机构都是由各国政府出资建立的股份公司式企业组织，在处理一些具体事务中呈现明显的不平等性。

2. 国际货币基金组织的基本职能是向成员国提供短期信贷、调整国际收支的不平衡和维持汇率的稳定等。

3. 世界银行的主要任务是向成员国提供长期贷款，促进战后经济的复兴，协助发展中国家发展生产，开发资源，从而起到配合国际货币基金组织贷款的作用。

思考题

1. 简述战后国际金融机构的性质。

2. 简述国际货币基金组织贷款的类型。

3. 简述世界银行的主要业务活动。

4. 简述国际清算银行的主要业务活动。

5. 自主检索相关文献并回答：

(1) 什么是“亚投行”？什么是“丝路基金”？什么是“金砖银行”？

(2) 概述它们与世界银行和亚洲开发银行之间的区别和联系。

(3) 概述“马歇尔计划”、“欧洲军备重整计划”、“道奇计划”和“一带一路战略”的含义，并进行比较。

第十二章
国际货币体系

第一节 国际货币体系概述

一、国际货币体系的含义

我们可以把国际货币体系(International Monetary System)解释为支配各国货币关系的规则和机构,以及国际间进行各种交易支付所依据的一套安排和惯例。概括地讲,国际货币体系主要涉及三方面的问题:(1)国际收支的调节;(2)汇率的规定和变动;(3)国际货币或储备资产的供应。因此,一种健全的国际货币体系必须具备以下几个条件:(1)它必须有一个调节机制,能够纠正各国国际收支的不平衡;(2)国际储备的供应要在国际控制之下,与世界生产和国际贸易的增长相协调;(3)国际储备体系要有一定的物质基础,以便于能够保持货币体系的相对稳定。换言之,国际货币体系是将各国经济结合在一起的"黏合剂"。它的作用就是为了确保外汇市场的有序与稳定、促成国际收支问题的解决,并且为遭遇破坏性冲击(disruptive shocks)的国家提供获得国际信用的便利。

国际货币体系与国际货币制度是两个不同的概念,对其进行准确区分和界定有助于对概念的理解。在这方面,著名经济学家、诺贝尔经济学奖获得者罗伯特·蒙代尔对于两者之间的区别与联系曾做过详细的论述:

体系是多个实体(或单位或国家)的集合,它们根据某种规则进行交易和活动,彼此相互连接在一起。当我们谈论国际货币体系时,我们关心的是制约各国相互交易和活动的机制或规则,特别是制约各国货币和信用工具相互交易的机制或规则。各国外汇、资本、商品市场相互交易所依赖的就是这些货币和信用工具。交易的控制或规则的实施乃是通过各国政策的相互协调来完成。对这种松散的监管架构,我们称之为合作。

制度与体系不同。制度是体系运转的框架和背景。它是一套法律、惯例、规则和规律,是体系运转的背景,是体系运转的所有参与者共同理解的环境。货币制度之于货币体系,有点类似宪法之于政治或选举体系。我们可以将货币体系理解为货币制度的具体运作或运用。

体系可以在我们毫无察觉的情况下发生变化。"货币制度"可能僵化,无法应付新体系的问题。如果我们不区分体系问题和制度问题,我们就会犯错误:要么抛弃有关体系的思想,该体系看起来似乎不再起作用;要么指责制度,创造该制度的目的是为了适应体系的运转,但体系的发展却早已超越制度。对后一种情况,我们必须问:是应当强化制度、压制体系的变化，还是应当修改制度以适应体系的变化？

也就是说，国际货币制度相对僵化，而国际货币体系则相对易变；各种国际货币制度的总体构成了国际货币体系运行和演进的基本环境。比如，在布雷顿森林体系下，除美国外的其他各国货币需“钉住美元”，“钉住美元”这一汇率制度本身属于国际货币制度的范畴，其涵义非常明确且不易变化，但体系内各国必须“钉住美元”且按照“双挂钩”的规则行事则属于国际货币体系的范畴；再比如，在现行国际货币体系下，存在多种汇率制度安排（如独立浮动、管理浮动、货币局、钉住美元等），每种制度都属于国际货币制度的范畴，但《牙买加协议》规定各国可以在一定条件下自由选择适合本国的汇率制度，这种规定则属于国际货币体系的范畴。显然，国际货币制度和国际货币体系密不可分——即使制度的涵义不发生变化，若体系内国家在汇率安排的选择上改变了，则可以理解为国际货币体系变化了；即使制度选择上没有变化，若国际合作与协调的模式和机制发生了变化，也可以理解为国际货币体系变化了。当然，如果制度变化了，就表明体系所处的环境变化了，从而体系也就变化了。

二、国际货币体系的主要内容

国际货币体系是国际金融学科领域的核心之一，对国际货币体系相关问题的理解是认识和研究开放经济条件下国际和国内经济的基础。如上所述，概括地讲，国际货币体系主要涉及诸如国际收支调节、汇率的规定和变动以及国际货币或储备资产的供给等三个基本问题，更为具体地，国际货币体系一般包括以下几个方面的主要内容。

（一）汇率的确定与变动

根据国际经济交往与国际支付的需要，各国货币之间需要确定一个比价关系，即汇率；汇率的决定与变动受到国内外诸多复杂因素的影响，采用何种方法来确定各国货币之间的比价关系，选择怎样的依据和标准来确立货币之间的比价，对汇率的波动幅度施加怎样的数量限制，以及采取怎样的措施调整或维持货币比价，这些问题属于“汇率制度安排和选择”的范畴，不仅决定于一国的货币制度和汇率制度选择，而且更取决于国际货币体系规则，是国际货币协调与管理的重要内容。

（二）各国货币的兑换性与对国际支付所采取的措施

为进行国际支付，各国政府都要确定它的货币能否自由兑换成其他任何国家的货币，在对外支付方面是否加以全部或部分限制，或者完全不加限制。

（三）国际结算的原则

一国对外的债权债务，或者立即进行结算，并在国际结算中实行自由的多边结算；或者定期进行结算，并实行有限制的双边结算。

（四）国际收支的调节

国际收支反映了一国对外经济交易的总体状况，由于所涉及的项目错综复杂，因此，一国国际收支中的自主交易很难实现收支恰好相抵（平衡），而是经常处于不平衡状态。当一国的国际收支长期处于不平衡状态时，就需要进行调节。一个运行良好的国际货币体系将使得这种调节更为有效、及时且成本最低。

（五）国际储备资产的确定与供给

为平衡国际收支的需要，一国需要有一定数量的国际储备。保存一定数量的、为世界各国普遍接受的国际储备资产以及它们的构成是国际货币体系的一项重要内容。在不同的国际货币体系下，国际储备资产的类型和供给机制都有差异，这也决定了国际储备资产供给的多寡。国际储备供给太少会导致全球性经济紧缩，而供给太多又可能带来全球性的通货膨胀。

（六）黄金、外汇的流动与转移是否自由

黄金、外汇的流动与转移是否加以限制而不能自由流动，或者只能在一定地区范围内自由流动，或者完全自由流动，都须由国家明确规定。这不但与一国的汇率制度安排密切相关，而且也深受国际货币体系内主流选择的影响。

三、国际货币体系的类型

国际货币体系的类型可以根据两个重要标准来划分：货币本位和汇率制度。货币本位是国际货币体系的一个重要方面，它涉及储备资产的性质。一般来说，国际货币储备可分为两大类：商品储备和信用储备。根据储备性质可将国际货币体系分为三类：(1)纯粹商品本位，如金本位；(2)纯粹信用本位，如不兑换纸币本位；(3)混合本位，如金汇兑本位。

汇率制度的在国际货币体系中占据着中心位置，因而我们可以根据汇率制度来划分不同的国际货币体系。汇率制度的两个极端情形是永远固定和绝对富有弹性，介于两者之间则有管理浮动、爬行钉住和可调整的钉住等几种情形。

根据上述类型的划分，可将历史上的国际货币体系演变过程划分成三个时期：国际金本位制、布雷顿森林体系、牙买加体系(现行国际货币体系)。

第二节 国际金本位制

国际金本位制度是以黄金作为国际本位货币的制度。在国际上,英国率先实行金本位制度,19 世纪 70 年代以后欧美各国和日本等国相继仿效,金本位制度也由此演变为国际上的主流制度,并形成一个相对完备的国际货币体系。国际金本位制按其货币与黄金的联系程度,可以分为:金币本位制、金块本位制和金汇兑本位制。

一、金币本位制

金币本位制又称为古典金本位制,是以黄金作为货币金属直接流通的货币制度,它是 19 世纪末到 20 世纪初在资本主义各国普遍实行的一种货币制度。英国从 18 世纪(1774～1797, 1821～1914)开始实行金币本位制(中途由于拿破仑战争而中断),长达 116 年;而法国、德国、美国、丹麦、瑞典、挪威等国则是从 19 世纪 70 年代才开始陆续实行金本位制的;其他一些国家(诸如阿根廷、巴西、葡萄牙、意大利、印度等)都是在 19 世纪 80 年代末以后才实行的,而且往往并不像上述四国那样实行纯粹的金本位制(见表 12.1);第一次世界大战前夕,各帝国主义国家为了准备世界大战,加紧对黄金的掠夺,使金币自由铸造、价值符号与金币自由兑换受到严重削弱,黄金的输出入受到严格限制。第一次世界大战爆发以后,帝国主义国家军费开支猛烈增加,纷纷停止金币铸造和价值符号的兑换,禁止黄金输出入,从根本上破坏了金币本位制赖以存在的基础,导致了金币本位制的彻底崩溃。因此,作为国际性的货币体系,古典金本位制时段的粗略划分是从 1870 年到 1914 年。

表 12.1 金币本位制时期部分国家的货币制度

国家	货币制度类型	实行时段
英国	金币本位制	1774～1797, 1821～1914
法国	金币本位制	1878～1914
德国	金币本位制	1871～1914
美国	金币本位制	1879～1917

续　表

国家	货币制度类型	实行时段
阿根廷	金币本位制	1867～1876，1883～1885，1900～1914
巴西	金币本位制	1888～1889，1906～1914
智利	金币本位制	1895～1898
埃及	金币本位制	1885～1914
印度	金汇兑本位制	1898～1914
墨西哥	金币本位制	1905～1913
菲律宾	金汇兑本位制	1903～1914
秘鲁	金币本位制	1901～1914

资料来源：Vernengo(2003)

金币本位制的主要内容包括：(1)用黄金来规定货币所代表的价值，每一货币都有法定的含金量，各国货币按其所含黄金的重量而有一定的比价；(2)金币可以自由铸造，任何人都可按法定的含金量，自由地将金块交给国家造币厂铸造成金币，或以金币向造币厂换回相当的金块；(3)金币是无限法偿的货币，具有无限制支付手段的权利；(4)各国的货币储备是黄金，国际间结算也使用黄金，黄金可以自由输出或输入。从这些内容可看出，金币本体制有三个特点：自由铸造、自由兑换和自由输出入。由于金币可以自由铸造，金币的面值与其所含黄金的价值就可保持一致，金币数量就能自发地满足流通的需要，从而起到调节货币供求、稳定物价、稳定币值的作用。由于黄金可在各国之间自由转移，这就保证了外汇行市的相对稳定与国际金融市场的统一，因而金币本位制总体上是一种比较健全和有效的货币制度。

从规则上讲，与其他形态国际货币体系相比，古典金本位制相对更为对称：国际金本位制通过避免“第N种货币问题”克服了储备货币本位制中天生的不对称性。每个国家都将本币与黄金挂钩，规则要求每个国家都必须允许黄金不受任何阻碍地自由进出口，从而保证没有一个国家拥有特权地位。换言之，每个国家都必须平等承担干预外汇的义务。而且，由于中央银行必须固定其货币的黄金价格，因此，货币供给的增长不会比货币需求增长得更快，从而有利于确保物价的稳定。故而，古典金本位制常被比喻为“神话”。

然而，古典金本位制运行的实际状况并不总是像“神话”所说的那样灵验，这方面的突出表现是，在古典金本位时期，多数国家难以或难以长期实行纯粹的金本位制(金币本位制)。比如，除英国和德国外，在古典金本位时期的44年里，法国和美国分别实行了36年和38年(美国延续了3年)；智利和墨西哥只分别实行了3年和8年；阿根廷虽然实行了25年，但此期间却两次被迫放弃又恢复；而巴西曾在实行1年后就被迫放弃，总共也只实行了9年(见表12.1)。另外，印度、日本、墨西哥、中国、马来西亚、泰国和秘鲁等国主要实行银本位制，而其他外围国在大部分时间里实行的则是金银复本位制或不可兑换的纸币。

当一些体系内国家(暂时)放弃金本位制时，黄金自由兑换和自由流动的基本规则就不可能被完全遵守；另一方面，即使一国能够维持金本位制，也可能由于其货币当局的政策操作而使黄金流动的自由性受到限制——对于黄金跨国流动的管理，当时各国中央银行常遵守一种"公认的游戏规则"，即当黄金流出时，中央银行应尽力紧缩银根，从而使国内利率提高以吸引外国资金的流入；而拥有黄金净流入的中央银行则应售出"无息"黄金、购买国内生息资产，从而增加资本输出和促使黄金外流。但是，如果中央银行出于国内经济目标等因素的考虑而没有遵从这一"游戏规则"，则黄金的输出入就会"迷失方向"，从而给经济带来波动。

实质上，古典金本位时期的价格只是相对稳定，仍然经常出现难以预测的价格波动。例如，在1870～1914年间，尽管实行金本位制国家价格的上涨幅度低于第二次世界大战后的时期，但各国国内价格水平仍然频繁波动，并伴随着通货膨胀与通货紧缩的交替发生。

二、金块本位制与金汇兑本位制

在两次世界大战之间的20年(1919～1939年)里，国际货币体系安排经历了频繁的变动，大致可区分为：一般浮动(1919～1925年)、金汇兑本位制(1926～1931年)、管理浮动(1932～1939年)。也正是在这一时期尤其是金汇兑本位制时期，还同时出现了金块本位制，但实行的国家并不多。一般认为，是大萧条(the Great Depression)的冲击结束了金汇兑本位制，而第二次世界大战的爆发最终终止了这段不稳定的"国际货币体系"。

第一次世界大战以后，一些资本主义国家经济受到通货膨胀、物价上涨的影响，加之黄金分配的极不均衡，已经难以恢复金币本位制。1922年在意大利热那亚城召开的世界货币会议上决定采用"节约黄金"的原则，实行金块本位制和金汇兑本位制。

实行金块本位制的国家主要有英国、法国、美国等。在金块本位制度下，货币单位仍然规定含金量，但黄金只作为货币发行的准备金集中于中央银行，而不再铸造金币和实行金币流通，流通中的货币完全由银行券等价值符号所代替，银行券在一定数额以上可以按含金量与黄金兑换。英国以银行券兑换黄金的最低限额为相等于400盎司黄金的银行券(约合1 700英镑)，低于限额不予兑换。法国规定银行券兑换黄金的最低限额为21 500法郎，等于12千克的黄金。中央银行掌管黄金的输出和输入，禁止私人输出黄金。中央银行保持一定数量的黄金储备，以维持黄金与货币之间的联系。

金汇兑本位制又称为“虚金本位制”,其特点是:国内不能流通金币,而只能流通有法定含金量的纸币;纸币不能直接兑换黄金,只能兑换外汇。实行这种制度国家的货币同另一个实行金块本位制国家的货币保持固定比价,并在该国存放外汇和黄金作为准备金,体现了小国对大国(“中心国”)的依附关系。通过无限制买卖外汇维持金块本位国家货币的联系,即“钉住”后者的货币。国家禁止黄金自由输出,黄金的输出输入由中央银行负责办理。第一次世界大战前的印度、菲律宾、马来西亚、一些拉美国家和地区,以及20世纪20年代的德国、意大利、丹麦、挪威等国,均实行过这种制度。

金块本位制和金汇兑本位制都是被削弱了的国际金本位制。1929～1933年世界性经济危机的爆发,迫使各国放弃金块本位制和金汇兑本位制,从此资本主义世界分裂成为相互对立的货币集团和货币区,国际金本位制退出了历史舞台。

第三节 布雷顿森林体系

一、布雷顿森林体系的建立

二战前和战争期间,由于国际货币体系的不统一,各国国际收支危机严重,外汇管制普遍加强,各国货币汇率极不稳定,各货币集团之间的矛盾与斗争也非常尖锐,加上接连不断的货币战,使国际货币关系处于严重的混乱状况。为了克服混乱的国际货币关系同国际贸易发展之间的矛盾,在二次大战末期,美、英等国经济学者与专家着手拟定建立战后国际货币体系的方案。1943年4月7日,英、美两国政府分别在伦敦和华盛顿同时公布了时任英国财政部顾问的凯恩斯拟订的《国际清算同盟提案》(Proposals for the International Clearing Union)(又称凯恩斯计划)和时任美国财政部长助理的怀特(H. D. White)拟订的《联合国平准基金提案》(Proposals for The United and Associated Nations Stabilization Fund)(又称怀特计划)。

(一) 凯恩斯计划

凯恩斯计划是从英国负有巨额外债、国际收支发生严重危机以及黄金外汇储备陷于枯竭的情况出发,按照西方银行融通短期资金的原则而提出的。

凯恩斯计划的要点为:(1)建立一个起着世界中央银行作用的国际清算同盟。(2)各成员国在“同盟”的份额，按照战前三年进出口贸易平均额的75%来计算；但不以黄金或外汇缴纳份额，只开设来往账户。(3)各国官方对外债权债务通过该账户办法进行清算；当一国的国际收支发生顺差时，将其盈余存入账户，如果发生逆差，可按规定的份额向“同盟”申请透支或提存；最高透支总额可达300亿美元。(4)各国在“同盟”账户的记账单位为“班柯”(Bancor)，“班柯”以黄金计值，“同盟”可调整其价值，成员国可用黄金换取“班柯”，但不能用“班柯”兑换黄金。(5)各国货币与“班柯”保持固定的汇率关系，非经“同盟理事会”批准不得随意变更。(6)“同盟”总部设在伦敦和纽约，理事会议在英国和美国轮流举行。

凯恩斯计划实际上主张恢复多边清算，取消双边结算；但不主张干涉英镑区。此外，它还特别强调，设立清算同盟的目的是代替黄金作为结算的支配因素。凯恩斯表现出明显维护英国利益的立场，关于“同盟”总部与理事会会议地址的规定更暴露出英国企图同美国分享国际金融领导权的意图。

（二）怀特计划

美国以其作为国际上最大的债权国，国际收支具有大量顺差、拥有巨额黄金外汇储备等有利条件出发而提出“联合国平准基金提案”。该计划规定：(1)基金至少为50亿美元，由成员国按照规定的份额缴纳，份额的多少根据成员国的黄金外汇储备、国际收支以及国民收入等因素决定。(2)基金的任务是：第一，促使成员国实行“稳定货币的汇率”。基金规定使用的货币单位为“优尼它”(Unita)，每个“优尼它”等于10美元，可同黄金相互兑换，也可在成员国之间转移，成员国货币都要与“优尼它”保持固定比价关系，不经基金成员国3/4的投票权通过，成员国货币不得贬值，从而保持汇率稳定；第二，取消外汇管制、双边结算和复汇率等歧视性措施。(3)成员国的国际收支发生困难，用较为复杂的手续，按一定的苛刻条件，向“基金”购买一定数量的外汇。(4)基金的管理由成员国投票决定，成员国基本投票权的大小取决于其份额的大小。(5)基金的办事机构设在拥有最多份额的国家。

可见，美国企图由它来控制“联合国国际平准基金”，通过“基金”迫使其他成员国的货币钉住美元，剥夺其他国家货币贬值的自主权，解除其他国家的外汇管制，为美国的对外扩张与建立美元霸权扫清道路。

（三）布雷顿森林会议

凯恩斯计划与怀特计划提出后，英、美两国政府代表团在双边谈判中展开了激烈的争论。由于英国的经济、军事实力不及美国，双方于1944年4月达成了基本反映怀特计划的《关于设立国际货币基金的专家共同声明》(Joint Statement by Expert on Establishment of an International Monetary Fund)。这时,美国认为时机已经成熟,遂于同年 5 月邀请参加筹建联合国的 44 国政府代表举行“布雷顿森林会议”(Bretton Woods Conference),经过三周的激烈讨论,于同年 7 月通过了以怀特计划为基础的《国际货币基金协定》和《国际复兴与开发银行协定》,合称为《布雷顿森林协定》(Bretton Woods Agreement),确立了布雷顿森林货币体系。

表 12.2　参加布雷顿森林会议的 44 国(1944 年 7 月)

美国　英国　法国　加拿大　澳大利亚　比利时　荷兰　卢森堡 新西兰　丹麦　希腊　挪威　印度　巴西　智利　墨西哥　哥伦比 亚　哥斯达黎加　多米尼加　厄瓜多尔　萨尔瓦多　危地马拉　洪 都拉斯　尼加拉瓜　海地　巴拿马　巴拉圭　乌拉圭　委内瑞拉 秘鲁　菲律宾　伊朗　伊拉克　南非　利比里亚　玻利维亚　埃及 埃塞俄比亚	苏联　中国　捷克斯洛 伐克　波兰　南斯拉夫 古巴

资料来源:Rodgers(1996)

一般认为,1944 年 7 月在美国新罕布什尔州布雷顿森林召开的有 44 国参加的“联合与联盟国家货币金融会议”上通过的以怀特计划为基础的《国际货币基金协定》和《国际复兴与开发银行协定》标志着布雷顿森林体系的建立。而实质上,更多文献认为,这一体系的建立应从 1946 年算起(1946 年 12 月 18 日,有 32 个国家同时宣布了自己的货币平价),到 1971 年结束。而且,在布雷顿森林体系所经历的 25 年时间里,也不能将固定汇率制视为其基本特征——在其前期[1946～1958 年可称为“前可自由兑换阶段(preconvertible phase)”],汇率制度特征更接近于其设计者所构想的“可调整的钉住制”;在其后期[1959～1970 年可称为“可自由兑换阶段(convertible phase)”],汇率制度更接近于实质上的“固定美元本位制”。换言之,布雷顿森林体系名义上以黄金为基础,但一开始它实质上就是一个黄金—美元体系,当 1968 年创立“双价制黄金市场”(two-tier gold market)后,该体系成为真正意义上的美元本位体系。

二、布雷顿森林体系的主要内容

布雷顿森林体系的主要内容,是以作为国际协议的《国际货币基金协定》的法律形式固定下来的,包括以下四个方面。

（一）国际金融机构

它建立了一个永久性的国际金融机构，即国际货币基金组织（IMF），对货币事项进行国际磋商。在1936年实行"三国货币协定"以前，由于缺乏协商的机构或程序，国际货币关系受到极大的破坏。在战后年代，根据《布雷顿森林协定》所建立的国际货币基金组织为国际协商与合作提供了适当的场所。虽然以美国为首的主要工业发达国家在很大程度上操纵和控制着基金组织，广大的发展中国家远远没有获得应有的权力和地位，但在国际货币关系中也确实出现了国际协商与合作的一面。

国际货币基金组织是战后国际货币体系的中心，具有一定的任务和权力，它对成员国融通资金，以稳定外汇市场，扩大国际贸易。国际货币基金组织的各项规定，构成了国际金融领域的纪律，在一定程度上维护着国际金融与外汇交易的秩序。

（二）以美元为中心的固定汇率制

《布雷顿森林协定》（以下简称《协定》）确认了美国政府在二战前规定的美元对黄金的官价，即1盎司黄金兑换35美元，美国政府承担其他国家政府或中央银行用美元外汇随时向美国按官价兑换黄金的义务。这样的规定等于规定了美元直接同黄金挂钩，美元是最主要的国际储备货币。另外，《协定》还规定：各国货币规定金平价，并以此确定各国货币对美元的比价，从而确定了其他货币通过美元与黄金间接挂钩的关系；各国货币均与美元保持固定比价关系，汇率波动范围不得超出货币平价的1%，各国政府有义务通过干预外汇市场来实现汇率的稳定；成员国只有在国际收支出现"基本失衡"时，经国际货币基金组织批准才可以进行汇率的调整。这些规定说明，布雷顿森林货币制度下的汇率制度是可调整的固定汇率制。

（三）国际收支调节

弥补国际收支逆差，为成员国融通弥补逆差所需的资金是国际货币体系顺利运转的必要条件。为此，《协定》规定：设立普通贷款账户，向成员国提供贷款，用于成员国弥补经常项目收支暂时存在的赤字。此外，《协定》还规定顺差国也有调节国际收支的责任，这主要体现在《协定》的"稀缺货币"（Scarce Currency）条款上：当一国的国际收支持续出现大量顺差时，逆差国对顺差国货币的需求将明显、持续增长，并向国际货币基金组织借取该种货币。这就会使这种货币在国际货币基金组织的库存急剧下降。当库存下降到该成员国份额的75%以下时，国际货币基金组织可将该成员国货币宣布为"稀缺货币"，并按逆差国的需要进行限额分配，逆差国也有权对"稀缺货币"采取临时的兑换限制措施。这样，"稀缺货币"发行国的出口贸易就可能受到影响，从而迫使其采取调节国际收支的措施。但是，应该指出，"稀缺货币”条款不可能真正实施，因为条款中还同时规定，国际货币基金组织在解决“稀缺货币”而确定应采取的办法时，要有“稀缺货币”国家的代表参加。美国在二次大战时和战后初期一直保持巨额国际收支顺差，而大多数国家都存在着严重的美元不足。在这种情况下，本应实施“稀缺货币”条款，但由于必须有美国代表参与提出解决的办法，美国可以限制货币兑换同基金的消除外汇管制的宗旨不符为理由而加以否决。不仅如此，美国还可以利用此条款来扩大资本输出和掠夺黄金，因为该项条款同时还规定，国际货币基金组织可采取以下两种措施解决“稀缺货币”问题：(1)经“稀缺货币”发行国许可，国际货币基金组织用发行债券办法，在该国金融市场筹措资金；(2)商请“稀缺货币”发行国，把该国货币售予国际货币基金组织，以换取国际货币基金组织的黄金。

(四) 取消外汇管制

《协定》第八条规定成员国不得限制经常项目的支付，不得采取歧视性的货币措施，要在兑换性的基础上实行多边支付。但有三种特殊情况除外：(1)货币兑换性只适用于国际贸易中的经常项目，对经常项目的交易，不容许各国政府限制外汇的买卖，但容许对资本项目的交易采取管制措施；(2)成员国在处于战后过渡时期的情形下，由于条件不具备，也可延迟履行货币兑换性的义务，这类国家被称为“第十四条款国家”，履行兑换性义务的，则被称为“第八条款国家”；(3)成员国有权对“稀缺货币”采取临时性的兑换限制。

三、布雷顿森林体系的特点与作用

布雷顿森林货币体系实际上也是一种国际金汇兑本位制度，但与战前相比，主要有以下区别：(1)国际准备金中黄金和美元并重，而不只是黄金；(2)战前时期处于统治地位的储备货币除英镑外，还有美元和法郎，依附于这些通货的货币，主要是英、美、法三国各自势力范围内的货币，而战后以美元为中心的国际货币体系几乎包括了资本主义世界所有国家的货币，而美元却是唯一的主要储备资产；(3)战前英、美、法三国都允许居民兑换黄金，而实行金汇兑本位制的国家也允许居民用外汇(英镑、法郎或美元)向英、美、法三国兑换黄金，战后美国政府同意外国政府在一定条件下用美元向美国政府兑换黄金而不允许外国居民用美元向美国兑换黄金，所以这是一种大大削弱了的金汇兑本位制；(4)虽然英国在战前国际货币关系中占有统治地位，但没有一个国际机构维持着国际货币秩序，而战后却有国际货币基金组织成为国际货币体系正常运转的中心机构。但是，布雷顿森林货币体系与战前国际货币体系也有很多类似的地方：(1)各成员国都要规定货币平价，这种货币平价非经国际货币基金组织同意不得改变,这项规定与金汇兑本位制度下的金平价相似;(2)各成员国汇率的变动不得超过平价上下1%的范围(1971年12月后调整为平价上下的2.25%),这一限制与金汇兑本位制的黄金输送点相似;(3)各成员国的国际储备除黄金外,还有美元与英镑等可兑换货币,这与金汇兑本位制度下的外汇储备相似;(4)各成员国要恢复货币的可兑换性,对经常项目在原则上不能实施外汇管制或复汇率,这与金汇兑本位制度下的自由贸易与自由兑换相似。

布雷顿森林货币体系的运转对战后国际贸易和世界经济的发展起着一定作用:

第一,国际储备能随着国际贸易的增长而不断增加。这个货币制度基本上是以黄金为基础,黄金仍发挥着世界货币的作用。但美元处于“关键货币”(key currency)的地位,是最主要的一种国际储备货币,它等同于黄金,可作为黄金的补充。在战后黄金产量增长停滞的情形下,美元的供应可以弥补国际清偿能力的不足,这在一定程度上解决了国际储备的短缺问题。

第二,《布雷顿森林协定》实行可调整的钉住汇率制度,汇率的波动受到严格约束,所以汇率可以相对稳定,这有利于国际贸易的发展和国际资本的流通。

第三,国际货币基金组织在促进国际货币合作和建立多边支付体系方面也起了一定作用,特别是对成员国提供各种类型的短期和中期贷款,可以暂时缓和成员国国际收支逆差所造成的问题,有助于世界经济的稳定和增长。

总之,布雷顿森林货币体系是战后国际货币合作一个比较成功的事例,它为稳定国际金融和扩大国际贸易提供了有利条件。

四、布雷顿森林体系的崩溃

虽然布雷顿森林货币体系对战后世界的发展产生了重要的影响,但事实上,该货币体系也存在着一些严重的缺陷:

其一,美元享有特殊地位,导致美国货币政策对各国经济产生重要影响。由于美元是主要的储备资产,享有“纸黄金”之称,美国就可以利用美元直接对外投资,购买外国企业,或利用美元弥补国际收支赤字;而各国货币又都是钉住美元,对美元存在着一种依附关系,美国货币金融当局的一举一动都将波及整个世界金融领域,从而导致世界金融体系的不稳定。

其二,以一国货币作为主要的储备资产,必然给国际储备带来难以克服的矛盾。战后,由于黄金生产的停滞,美元在国际储备总额中的比重显著增加,而国际贸易和国际金融的发展要求国际储备相应扩大,在这种情况下,世界各国储备的增长需要依靠美国国际收支持续出现逆差，但这必然影响美元的信用，引起美元危机。如果美国保持国际收支平衡，稳定美元，则又会断绝国际储备的来源，导致国际清偿能力的不足，这是一个不可克服的矛盾，即国际经济学界称为的“特里芬难题”。

其三，汇率机制缺乏弹性，导致国际收支调节机制失灵。布雷顿森林货币制度过分强调汇率的稳定，各国不能利用汇率的变动来达到调节国际收支平衡的目的，而只能消极地实行外汇管制，或放弃稳定国内经济的政策目标。前者必然阻碍贸易的发展，而后者则违反了稳定和发展本国经济的原则，这两者都是不可取的，可见，缺乏弹性的汇率机制不利于各国经济的稳定发展。美元与黄金挂钩，各国货币与美元挂钩是布雷顿森林货币制度赖以存在的两大支柱。自20世纪50年代以来，上述种种缺陷不断地动摇了布雷顿森林货币制度的基础，从而终于使其在20世纪70年代初陷入崩溃的境地。

20世纪40年代末，美国的经济实力空前增强，1949年美国拥有当时资本主义世界黄金储备总量的71.2%，达245.6亿美元。同时，饱受战争创伤的西欧、日本为发展经济需要大量美元，但又无法通过商品和劳务输出来满足，从而形成了普遍的美元不足。20世纪50年代初，美国发动朝鲜战争，国际收支由顺差转为逆差，黄金储备开始流失，1960年，美国的黄金储备下降到178亿美元。与此同时，西欧和日本的经济开始恢复，进入迅速发展时期，出口大幅度增长，国际收支由逆差转为顺差，从而爆发了第一次美元危机。1960年10月，国际金融市场上掀起了抛售美元抢购黄金的巨大风潮，伦敦金融市场的金价爆涨到每盎司41.5美元，高出黄金官价的18.5%。

美元危机的爆发严重动摇了美元的国际信誉，为了挽救美元的颓势，美国与有关国家采取了一系列维持黄金官价和美元汇率的措施，包括“君子协定”、“巴塞尔协定”、“黄金总库”以及组成“十国集团”，签订“借款总安排”等，目的是在汇率波动时，运用各国力量共同干预外汇市场，尽管如此，也未能阻止美元危机的再度发生。

20世纪60年代中期以后，美国扩大了越南战争，国际收支更加恶化，黄金储备不断减少，对外债务急剧增加。1968年3月，第二次美元危机爆发，巴黎市场的金价一度涨到每盎司44美元，3月14日，伦敦黄金市场上的成交量达350～400吨，美国的黄金储备半月之内即流失了14亿美元。危机导致一些金融市场纷纷停止或关闭，“黄金总库”被迫解散，美国与有关国家达成了“黄金双价制”的决议，即黄金市场的金价由供求关系自行决定，每盎司35美元的黄金官价仅限于各国政府或中央银行向美国兑换。

20世纪70年代以后，美国经济状况继续恶化，1971年5月爆发了新的美元危机，美国的黄金储备降至102亿美元，不及其短期债务的五分之一。美国政府遂于1971年8月15日宣布实行“新经济政策”，其中一条是对外停止履行美元兑换黄金的义务，切断了美元与黄金的直接联系，从根本上动摇了布雷顿森林货币制度。

美元停止兑换黄金以后，引起了国际金融市场的极度混乱，西方各国对美国的做法表示强烈不满，经过长期的磋商，“十国集团”于 1971 年 12 月通过了“史密森协议”，其主要内容是：美元贬值 7.89%，黄金官价升至每盎司 38 美元，西方主要通货的汇率也作了相应的调整，并规定汇率的波动幅度由货币平价的上下 1%扩大为不超过平价上下的 2.25%。此后，美国的国际收支状况并未好转，1973 年 1 月下旬，国际金融市场上又爆发了新的美元危机。美元被迫再次贬值，跌幅为 10%，黄金官价遂升至每盎司 42.22 美元。

第二次美元贬值之后，外汇市场重新开放。然而，抛售美元的风潮再度发生。为了维持本国的经济利益，西方国家纷纷放弃固定汇率制，实行浮动汇率制。西欧经济共同体作出决定，不再与美元保持固定比价，实行联合浮动。各国货币的全面浮动，使美元完全丧失了中心货币地位的作用，这标志着以美元为中心的国际货币体系的彻底瓦解。

第四节 现行国际货币体系

一、现行国际货币体系的建立

布雷顿森林体系崩溃后，国际货币金融领域动荡混乱。美元的国际地位不断下降，国际储备呈现多元化，许多国家实行浮动汇率，全球性国际收支失衡现象日益严重，西方发达国家之间以及发达国家与发展中国家之间的矛盾空前激化。

1976 年 1 月 8 日，国际货币基金组织的临时委员会在牙买加首都金斯敦举行会议，就许多有关国际货币体系问题达成协议，并建议修改国际货币基金协定的条款，汇率制度和黄金问题是会议讨论的重点。1976 年 4 月，国际货币基金理事会通过了国际货币基金协会修改草案，并送交各成员国完成立法批准手续。1978 年 4 月 1 日，修改后的国际货币基金协定正式生效。由于这个协定是在牙买加会议上通过的，所以称为《牙买加协定》，国际上一般把牙买加协定后的国际货币体系称为“牙买加货币体系”。

《牙买加协定》的主要内容包括以下几个方面：

(1) 取消平价和中心汇率，允许成员国自由选择汇率制度。国际货币基金组织同意固定汇率制与浮动汇率制暂时并存，但在汇率政策方面要接受国际货币基金组织的指导和监督，以防止各国采取损人利己的货币贬值政策。在世界经济恢复稳定后，国际货币基金组织经过 85%总投票权同意，可恢复“稳定的但可调整的平价制度”。国际储备资产应以特别提款权为主，逐步降低储备货币和黄金的作用，通过国际合作对付扰乱性的国际短期流动资金等。

(2) 废除黄金官价，成员国中央银行可按市价自由进行黄金交易；减少黄金的货币作用，黄金不再作为各国货币定值的标准；取消国际货币基金组织成员国必须用黄金缴付其份额 25%的义务和以黄金清偿债务的规定；国际货币基金组织持有的黄金，其中 1/6(约 2 500 万盎司)按市价出售，超过官价的部分用以援助发展中国家，另外 1/6 则按官价归还给各成员国，剩余部分(约 1 亿盎司)根据总投票的 85%的多数作出具体处理决定。

(3) 使特别提款权成为主要的国际储备资产。新协定规定：特别提款权可以作为各国货币定值的标准；特别提款权可以供参加这种账户的国家用来清偿对国际货币基金组织的债务；参加国也可以用特别提款权进行借贷。

(4) 加强国际货币基金组织对国际清偿能力的监督。增加国际货币基金组织成员国缴纳的基金份额，由原来的 295 亿特别提款权增加到 390 亿特别提款权，增加了 33.6%。具体到各成员国所承担的基金份额，则有升有降。石油输出国所承担的份额由 5%提高到 10%，联邦德国和日本也略有增加，其他西方工业国家都有所下降。

(5) 扩大对发展中国家的资金融通，用出售黄金所得收益建立信托基金，以优惠条件向最穷困的发展中国家提供贷款，以解决其国际收支问题；扩大基金信用贷款的额度，由占成员国份额的 100%增加到 145%；提高国际货币基金组织“出口波动补偿贷款”在份额中的比重，由占份额的 50%提高到占份额的 75%。

牙买加货币体系建立以来，对维持国际经济正常运转，推动世界经济继续发展，发挥了积极作用。首先，它基本摆脱了布雷顿森林货币体系时期各国货币与美元挂钩所产生的弊端，这对于世界经济的发展是比较有利的；第二，在一定程度上解决了“特里芬难题”。牙买加货币体系形成以后，实现了国际储备多元化，美元已经不是唯一的国际储备货币和国际清算及支付手段，即使美国国际收支不断出现顺差，即使美国不向外投放美元，仍会有其他国际储备货币和国际清算及支付手段缓解国际清偿力的不足。由于美元已与黄金脱钩，即使美国的国际收支不断发生逆差，即使各国的美元储备超过美国的黄金储备，各国也不可能用美元向美国挤兑黄金，从而加重美国的经济困难；第三，牙买加货币体系比较灵活的复合汇率体制使各个主要国家货币的汇率能够根据市场供求状况自发调整，灵活地反映不断变化的客观经济状况；第四，牙买加货币体系采取多种调节机制相互补充的办法来调节国际收支，因而在一定程度上缓和了布雷顿森林货币体系调节机制失灵的困难。

然而，随着国际经济关系的发展变化，这一国际货币体系的弊端也日益明显。在西方七国首脑会议上或在国际货币基金组织的年会及其他会议上，都曾讨论过国际货币体系改革问题。由此可见，进一步改革国际货币体系，建立合理而稳定的国际货币新秩序仍势在必行。

二、现行国际货币体系的主要特征

20世纪70年代末以来，在国际货币基金协定第二次修正的条件下，国际货币体系在世界经济的风云变幻中继续演进，然而20世纪90年代以来，正当全球经济一体化步伐加快的时候，世界范围内的金融危机此起彼伏。1994年的墨西哥金融危机，1997年的东南亚金融危机以及此后的阿根廷金融危机，充分暴露了当今国际货币体系的缺陷。现行国际货币体系的主要特征如下：

（一）储备货币多元化，但美元作为关键货币的地位尚未结束

自布雷顿森林货币体系崩溃以后，由于黄金非货币化，特别提款权的作用有限，而美元本位又难以维持，储备货币出现了多元化的趋势，1991欧元推出，成为美元强有力的竞争者，欧元的地位不断上升。但与此同时，仍应清楚地看到，世界各国储备货币中美元仍占压倒优势。其主要原因是：利用美元在发达的美国资本市场投资较为方便；美国拥有首屈一指的经济实力；国际贸易中以美元计价结算十分流行；各国中央银行干预外汇市场需要美元等。在今后相当长的一个时期内，美元作为主要储备货币的地位不会丧失。这体现在多个方面：

其一，美国仍是世界上最庞大的经济体，其经济冷暖和政策趋向对世界经济发展的影响在相当程度上仍是决定性的。

其二，美国主导下的布雷顿森林机构（国际货币基金组织和世界银行）依然存在，而且它们（尤其是国际货币基金组织）不仅为成员国就货币、金融乃至经济方面的问题提供了一个开展国际协调与磋商的场所，而且在促进成员国间政策合作与协调、增强多边汇率稳定、减轻国际收支失衡程度以及在稳定和改革现行货币体系方面也确实仍在发挥着积极作用。

其三，进入现行体系以来，各种国际组织诸如早期的五国集团（G5）、七国集团（G7）以及其后的八国集团（G8）、亚太经合组织（APEC）、二十国集团（G20）等，在重大国际事务中发挥着重要的管理和协调职能。而美国则在其中居于无可置疑的主导地位，主要表现在一些重要的决议只有在符合美国利益时才能达成，或者，只有在美国极力推动下某些决议才能真正付诸实施。现行体系下一些主要双边汇率之间的协调案例就是最好的证明，例如，20世纪80年代，美国认为当时的美元被高估，因此五国集团之间于1985年达成《广场协议》，除美国外的其他四国同意本币对美元升值，其中，日元升值幅度最大，致使日本经济陷入长达十余年

的不景气；自 2005 年 7 月以来，人民币放弃了实行多年的实质上的钉住美元汇率制，虽然从长期看，这是中国经济发展的内在要求，但显然与美国所施加的压力不无关系。而且，当前所出现的全球经济不平衡、全球流动性过剩以及影响深远的美国金融危机都与美元的特殊地位密切相关。

（二）浮动汇率长期化

《牙买加协定》承认浮动汇率合法化，同时强调在条件成熟时要及时恢复固定汇率制度。但是牙买加会议后的几十年来，浮动汇率制度不但合法化，而且长期化，至今也没有出现固定国际汇率体系的苗头。

一般认为，在浮动汇率制度下，一国政府推行本国政策有较大的回旋余地，可以不受外部约束。例如，政府可以运用货币供应量及利率等工具来影响整个社会经济活动；其次，通过汇率的变动，一国可以在必要的时候较为自然地并且有效地调节其对外经济，避免采取提高关税、进口限额、外汇管制和抑制国内需求等带有较多破坏性的措施；第三，汇率的波动能防止通货膨胀的国际传递，使一些国家较为顺利地克服国内的通货膨胀。

但近 20 年的经验表明，完全自由的汇率浮动也带来不少问题。第一，汇率波动幅度过大增加了国际贸易和对外投资的不确定性，使之风险陡然增大；第二，事实证明，各国经常项目收支对汇率变动的反应迟缓，因而它对国际收支的调节作用不大；第三，汇率过度波动，使国际货币基金组织对国际储备的控制削弱，主要硬通货国家的膨胀政策可以肆意继续下去，而无国际收支问题之虞，这必将引起整个世界物价水平的提高。

因此，许多国家采取各类措施稳定汇率，从而形成了所谓的管理浮动。20 世纪 80 年代中期以来，西方主要国家联合干预国际金融市场，抑制汇率的过度波动，收到了一定的效果。但干预往往是在难以辨别汇率变动真正原因的情况下进行，有时强行干预基本经济情况的变动所引起的汇率波动妨害了正常的经济发展。而各国政府的干预又免不了照顾其一己私利，改变干预的初衷，抵消干预的效果。综观风云变幻的世界经济和捉摸不定的国际金融市场，汇率的真正稳定是不可能的，浮动汇率的长期化已是大势所趋。

另外一方面，现行的货币体系的汇率制度安排与金融全球化的矛盾也越来越尖锐。在全球金融市场不断开放的背景下，外汇交易与贸易和投资的相关性越来越小，各种短期资金移动和衍生交易已经成为影响汇率的重要因素。但是现行汇率制度将汇率的决定权完全交由各国自己决定，缺乏相应的国际协调。于是汇率上的扭曲和无规则的大幅波动成为经常现象，这也为金融危机和经济危机的爆发孕育了条件。

（三）现行国际货币体系缺乏一个最终贷款者的角色

现代经济是信用经济，在一国国内发生信用危机时，由本国中央银行来调节和负担。但发生全球性金融危机时，现行国际货币体系中缺乏这样的管理者和最终贷款人的角色。国际货币基金组织不仅在防范危机方面尚无能为力，而且在发生危机后提供资金援助方面也显得难以为继，不能担当最终贷款人的角色。此外金融全球化使国际货币基金组织的职能发生异化。当金融危机发生时，国际货币基金组织并无义务干预，只有在这种危机可能威胁多边自由支付时，国际货币基金组织才会提供援助，而这时往往已经错过了治理危机的最好时机。另外，国际货币基金组织在援助时通常会提出紧缩方案，而这更会加剧成员国经济的衰退。

（四）现行国际货币体系中金融监管内容狭窄

现行国际金融监管的主要对象是跨国银行和跨国银行的活动，虽然国际清算银行和巴塞尔委员会提出的资本充足率标准和风险判断已被广泛接受，但其制约力毕竟有限。对于日益国际化和全球化的证券投资活动，金融衍生品的交易以及涉及这些交易的跨国投资基金、保险公司、证券公司等，目前缺乏有效的监管，实际上处于一种放任自流的状态。

（五）现行国际货币体系过多地维护债权人的利益，导致缓解国际金融危机的机制产生缺陷

当国际金融危机爆发后，国际货币基金组织和国际政府资金援助的目的，主要是让受援国维持偿债能力，受援国的社会经济发展放在次要的地位。这就可能引发道德风险，使国际债权人往往成为受益人。

三、现行国际货币体系的内在缺陷

（一）美元并非良好的价值标准

近年来，对现行国际货币体系的指责之声不绝于耳，但不少缺陷是由现行体系的内在本质所决定的，因而是难以克服的。现行国际货币体系的最根本属性在于纯信用本位货币特质。黄金非货币化之后，衡量国际范围内货币价值稳定的最客观标准也就消失了，如前所述，美元作为当前关键的国际储备货币、国际结算货币和锚货币，相当于替代黄金而成为信用货币本位下的国际货币价值标准。但是，作为一国的信用货币，美元的历史行为记录表明，它并不完全胜任这一“角色”。因为，理论上，一个良好的可以作为“价值标准”的核心货

币应该在许多方面是“自律”的:(1)为了保证美元能够充分发挥流通货币的核心作用,促进商业银行支付清算的顺利进行,使国外私人和政府机构能够自由地持有流动性美元资产或不受限制地借用美元债务,美国应该保持国内资本市场开放;(2)为了能够在现行体系下更容易地建立一套协调一致的交叉汇率体系,美国不应该固定美元兑其他货币的汇率,而应该允许其他国家自由地选择本币兑美元的汇率水平和汇率制度,也就是说,美国不应该有自己的外汇目标,否则就会失去一致性,就有可能使各国官方汇率目标之间产生冲突;(3)为了稳定美元的价值,即美元对广泛的国际贸易商品和服务的购买力,美国应该实行独立的货币政策,但必须是谨慎的——在“特里芬两难”中寻求适当的平衡——既不过于紧缩也不过于扩张。

然而,除上述第一点外,美国在其他方面并不能很好地发挥稳定货币体系的作用:首先,美国实质上常常把汇率的变动作为实现国内经济目标的政策工具,具体表现往往是迫使别国货币对美元升值,结果既扰乱了国际汇率体系的稳定,也造成了汇率的大幅波动,常常是美国经济自身带来的负担由其他国家来共同分担;其次,为了实现自身广泛领域内的霸权目标,美国总体上倾向于扩张的货币政策,在广泛传播全球性通货膨胀的同时,更造成了当前巨额的全球经济失衡,正如第六章所分析的那样,由于美国拥有货币政策自主权,当遭遇非对称的需求冲击时,美国的非合作性政策行为常常使全球经济难以实现均衡。

究其原因,主要是世界其他国家无法摆脱对美元的依赖,同时,也没有约束和制约美国行为的有效机制,造成这一尴尬局面背后的根本原因在于缺少价值稳定的“第 N+1 种货币”。从历史角度看,黄金最能胜任“第 N+1 种货币”的职能,但是,历史也同样说明,黄金作为价值标准的内在缺陷是无法为世界提供足够的国际流动性,因而,起码在可预见的一定时期内,黄金难以替代美元而恢复其在现行体系价值标准的地位,这是现行国际货币体系难以克服的内在缺陷。

(二) 核心国的行为难以受到有效制约

如上所述,在纯信用本位货币体系下,只有当关键货币国(美国)的货币政策和财政政策操作高度自律,并严格按照应有的行为准则(不干预他国汇率制度选择)行事时,美元才能较好地发挥名义锚作用并使国际汇率体系协调稳定。但正如上述所言,美国的行为常常并非如此,因为美国的行为无法受到有效约束。直接原因是美国拥有无法替代的霸权,基于在经济、政治和军事等领域的霸权实力,美国在国际货币基金组织以及其他国际性组织和机构中都拥有支配性的决策权,在诸多相关问题上别国难以阻止其“一意孤行”。

但最根本的原因仍然在于美元的特殊属性——美元是一种信用货币,而且是一种当前不可能被其他货币替代的最关键的国际货币。美元的信用货币属性使美国并不担心过多的美元流入外国，原因是，一方面，美元的外流虽然会导致美国对外债务的增加，但并不必然意味着美国国民财富的流失，因为，在短期内，美国可以利用美元的特殊地位为其增长的外债融资，长期内，美国不但只为其债务支付较低的利率，而且还可以利用汇率的变动使原有的债务"缩水"，只要外债是可持续的，就相当于美国在廉价消费别国的稀缺资源。而在金本位制尤其是古典金本位制下，情况则完全不同，长期扩张性的货币政策必然导致黄金的大量外流，而黄金的外流总是被视为国民财富的流失，所以，黄金流动机制能够"自动"约束体系内各国(尤其是核心国)的行为。

另外，美国也不惧怕美元汇率的波动，一方面，世界上愿意与美元保持稳定汇率关系的货币仍占绝大多数，弱化了美元汇率波动对美国经济的影响；另一方面，美国拥有世界上最发达的金融市场，品种繁多的大规模衍生金融交易有效化解了汇率波动对美国微观经济主体可能带来的负面影响；同时，美联储的货币政策操作也相当有效，通过联邦基金利率的调整，能够有效地抵消或弱化因汇率波动导致的诸如资本流动等的扰动；当汇率的变动对国内产业的负向冲击转化成较大的就业压力进而转化成对政府较大的政治压力之后，美国就会对相关国家施压以使其对本币兑美元汇率水平作出调整。相反，其他国家则既难以承受大幅的汇率波动，也无力对其他国家施压。

（三）国际流动性提供机制不健全

美元的信用货币本质与美国霸权相结合必然导致过多的国际流动性，这是自布雷顿森林体系后期以来，国际货币体系在国际流动性提供上所表现出的基本特点。近年来，更是表现出这样的态势，例如，全球金融一体化程度大大增强，全球金融资产规模迅速扩大，由 1990 年的 51 万亿美元增长到 2003 年的 124 万亿美元。而美元金融资产则有更大规模的增加，美元在全球外汇储备中的份额，从 1997 年亚洲金融危机时的 57%左右增加到 2003 年的 72%，2005 年已经占到了 76%、78%左右；美元交易占全球外汇交易总量的份额，2003 年是 62%，2005 年是 64%左右；美元结算占全球贸易结算的 65%左右；美国股市市值占全球股市市值的份额，已经从 2000 年的 22%左右增长到 2005 年的 50%左右。

随着美元成为关键的"信用货币"，国际流动性提供机制就面临困境——"特里芬难题"——这是美国耶鲁大学特里芬教授在他 1960 年出版的《黄金与美元危机》一书中提出的。在那个时代，国际货币领域中的美元资产仍处于短缺状态，特里芬已经预见到美元的提供可能会过多，但却没有预见到美元提供从此不可能过少，所以，"特里芬难题"困境具有一种对称性——美元要么过少，要么过多。正如上述所言，实质上，"特里芬难题"早已演化成如何解决美元过多的难题。

这与产业资本和金融资本的本质差异有关——产业资本在扩张过程中需要投入货币以购买厂房、设备、原料、燃料、劳动等生产要素，如果这些物质形态的要素供给不足，则势必会使产业资本的扩张受到限制；而金融资本的扩张虽然也必须有货币资本的投入，但所购买的主要对象却是有价证券等资产，因此，只要有充足的货币供应就可以实现金融资本的扩张。这说明，货币脱离黄金是金融资本得以空前发展的必要条件。

事实也正是如此，在信用本位制下，尤其是布雷顿森林体系崩溃之后，货币供给量的增长从此不再受到实体经济增长的硬约束，结果使得全球金融资本总量急速膨胀，远远超过实体经济总量。例如，近年来，全球每年的GDP总量约45万亿美元(其中，物质产品生产所占的份额约20万亿美元)，但是全球每年的金融工具交易额却高达2 000万亿美元(相当于物质产品生产价值总量的100倍)；全球每年的国际贸易总额约7万亿美元，可全球每年的货币交易额却高达700万亿美元(是全球物质产品贸易额的100倍)。

“美元总是过多”的难题给世界经济和国际货币体系带来了许多问题，比如：(1)汇率大幅波动、金融危机频繁发生；(2)外围国汇率制度选择面临窘境；(3)引发全球经济失衡等。

第五节 区域货币一体化

一、区域货币一体化的内涵

区域货币一体化是指区域内两个或两个以上的经济主体在一定的经济一体化程度的基础之上把汇率制度、货币制度和货币政策从其单个国家让渡给超国家货币机构，以便能够形成一个最优的货币区来达到发展区内经济，抵抗区外经济冲击的地区性货币集团。区域性货币体系或区域性货币一体化是国际货币体系改革的重要内容和重要的组成部分，是当前全球经济一体化的趋势在区域经济上的必然产物，是区域内经济的经济体为发展经济、避免浮动汇率带来的冲击而采取的一种联合，也是区域经济发展的必然要求。它对整个世界的国际收支、国际储备、汇率体系和国际货币管理等有重大的影响。因此，区域货币一体化在国际货币关系中又有着重大的作用。

二、区域货币一体化的成本与收益

区域货币一体化是一把双刃剑，它在给参加国带来一定的经济利益的同时，也必然伴随着国家主权的让渡，确切地说就是国家货币的主权的让渡，甚至以本国原本使用的货币的消亡为代价。所以，一国在分析是否参与到区域货币一体化时，最重要的就是分析区域货币一体化的成本和收益。

（一）区域货币一体化的收益

区域货币一体化的收益，主要有以下几个方面：

第一，区域货币一体化消除了汇率不确定性风险，提高了联盟内的资源配置效率。这主要是由于固定的汇率提高了价格机制的效率，减少或根除了汇率风险对竞争的约束。尤其在实行单一货币的区域集团中，这种效用发挥到极致。另外从微观的角度看，汇率的稳定有助于提高区域集团和个人的预期，消除了汇率波动的风险。

第二，货币一体化能更好地促进经济一体化的发展。货币一体化使得成员国之间货币相对稳定，促进了它们之间贸易、投资的发展，这表现在联盟内部贸易和内部投资的比重有所上升方面。

第三，在初级阶段的货币一体化中，成员国货币汇率的相对稳定，有助于增加成员国货币之间的透明度，减少了信息处理的成本。

第四，区域货币一体化必然要求各成员国财政和货币政策的协调一致。这就提高了区域经济体抵抗外部经济危机的能力，消除了所谓的“政治商业周期”。

第五，区域货币一体化节约外汇储备。在货币一体化的初级阶段，成员国内部货币汇率的相对稳定减少了汇率波动的风险，减少了对外汇储备的需求；在货币一体化的高级阶段，单一货币的出现，成员国之间有可能使用共同货币来进行其国际间的支付手段，如欧元，那么单一货币本身作为一种国际支付货币，它本身也就有了外汇储备的功能。此外，为了维持成员国货币的汇率固定必须集中各国外汇储备，统一管理和使用，以共同处理与非成员国货币的关系，这又会带来外汇储备的规模经济，外汇储备使用的节约和高效率有助于各成员国将更多的资源用于经济建设。

（二）区域货币一体化的成本

区域货币一体化的成本一般包括以下两个方面：

第一，货币一体化的过程，就是单个国家的关于货币主权逐步丧失的过程。在货币一体化的初级阶段，成员国汇率保持稳定，对外实行共同浮动，这就剥夺了各成员国利用汇率调节外部失衡的权力。尤其对区域外市场依赖程度很高，但自身货币基础相对脆弱的国家来说，这种权力的丧失更为严重；另外在货币一体化发展的高级阶段，单一货币的出现和使用，必然伴随着成员国原本货币的退出和消亡，成员国把货币发行的权利完全让渡给超国家机构。而自己货币的消失不仅是一种主权的消失，也可能造成国民心理上的一种"惋惜"。

第二，区域货币一体化使各国运用财政和货币政策的效果大打折扣。如果没有相应的货币政策的辅助，财政政策是很难实现其政策效果的。这样，成员国原本可以通过财政政策或货币政策的组合实现其偏好的通货膨胀和失业组合的权力被削弱了，成员国的国内经济政策的选择和实施受到了区域集团的限制。

三、欧洲货币一体化与欧元

欧元的诞生是 20 世纪国际金融领域最重要的事件之一，是目前国际货币政策协调方面最为成功的典范，欧洲货币一体化代表了世界经济、政治发展的大趋势。本节从历史的视角对欧洲货币一体化的发展、欧元的诞生作一介绍。

（一）欧洲经济共同体的建立与发展

1957 年 3 月 25 日，法国、联邦德国（现德国）、意大利、荷兰、比利时和卢森堡等六国的政府首脑和外长云集意大利首都罗马，签订了两个条约：欧洲经济共同体条约和欧洲原子能共同体条约，统称《罗马条约》，同年 12 月 4 日，六国先后完成立法批准手续。1958 年 1 月 1 日，《罗马条约》正式生效，欧洲经济共同体成立。欧洲经济共同体的核心内容是建立关税同盟和共同农业政策，要求协调经济和社会政策，实现成员国间商品、人员、劳务和资本的自由流通。

20 世纪 60 年代末的资本主义金融危机波及欧洲共同体成员国，成员国的货币如法国法郎和德国马克汇率波动严重，严重影响了共同体的经济发展，欧共体成员国意识到仅靠成员国各自的力量是不够的，必须加强经济与货币政策的协调，维持汇率的相对稳定，这样才能巩固欧共体已经取得的成果。在这一背景下，1969 年 12 月的共同体海牙首脑会议决定建立欧洲经济与货币联盟。1970 年 3 月欧共体理事会委托卢森堡首相兼财政大臣维尔纳(Werner)主持金融与货币专家小组，与各国中央银行的行长一起研究经济与货币联盟的具体计划。1970 年 10 月专家小组向部长理事会提出了《关于在共同体内分阶段实现经济与货币联盟的报告》，即《维尔纳报告》。报告制订了一个十年计划，分三阶段实现经济与货币联盟。第一阶段：从 1970 年初至 1973 年底，主要目标是着手建立储备基金，稳定成员国的货币汇率，协调成员国经济与货币政策；第二阶段，从 1974 年初到 1976 年底，集中成员国的部分外汇储备以巩固货币储备，各国汇率进一步稳定甚至固定，资本流动逐步自由化；第三阶段，从 1977 年初至 1980 年底，共同体内部商品、劳务、人员和资本自由流动，实行统一货币，建立联合中央银行。

（二）欧洲货币体系的建立与发展

在 20 世纪 70 年代初建立货币联盟尝试的基础上，欧共体于 1979 年 3 月建立了欧洲货币体系（European Monetary System，EMS），为欧洲货币联盟的建立奠定了基础。

欧洲货币体系主要有三个组成部分：欧洲货币单位（European Currency Unit，ECU）、欧洲货币合作基金（European Monetary Cooperation Fund，EMCF）、稳定汇率机制（Exchange Rate Mechanism，ERM）。

1. 欧洲货币单位

欧洲货币单位是一种篮子货币，1979 年 3 月刚创设时，由 9 个成员国货币组成。1984 年 9 月起则由 12 国货币构成。其价值是各共同体成员国货币的加权平均值，每种货币的权数根据该国在欧共体内部贸易中所占份额和该国国民生产总值进行确定。根据规定，成员国的货币在欧洲货币单位中的比重每五年调整一次，但篮子中的任何一种货币的实际变化达到 25％时，可以随时进行调整。

欧洲货币单位的作用主要有以下三个方面：(1)作为成员国之间的清算手段和信贷手段以及外汇市场的干预手段。(2)作为欧洲稳定汇率机制的标准。成员国在确定货币汇率时，以欧洲货币单位为依据，其货币与欧洲货币单位保持固定比价，然后再由此中心汇率套算出其他成员国货币的比价。(3)作为决定成员国货币汇率偏离中心汇率的参考指标。

2. 欧洲货币合作基金

欧共体原来在 1973 年 4 月创建了欧洲货币合作基金，集中成员国各 20％的黄金储备和美元储备，为成员国提供信贷、干预市场、稳定汇率和国际收支。由于各成员国储备数量、美元以及黄金的价格都在不断变化，该基金每隔一段时间就要重新确定其份额。欧洲货币合作基金的信贷方式主要有三种：(1)超短期互惠信贷。这种贷款由成员国中央银行之间以本国货币提供，不限数量，用于直接干预货币市场，但规定在取得贷款之日起 45 天偿还(可延长 3 个月)。(2)短期信贷。这是欧共体成员国都可以使用的一种信贷方式，目的是为了帮助成员国平衡国际收支。短期信贷总额为 140 亿欧洲货币单位，期限 6 个月，可延长至 9 个月。

(3)中期信贷。这是成员国发生严重国际收支困难时使用的一种信贷方式,期限为2至5年。信贷总额为110亿欧洲货币单位。

欧洲货币合作基金的主要作用是向成员国提供相应的贷款,以帮助它们进行国际收支调节、外汇市场干预,保证欧洲汇率机制的稳定。

3. 稳定汇率机制

对欧洲汇率机制的安排是欧洲货币体系的核心。在该机制之中,每一个参加国都确定本国货币同欧洲货币单位的(可调整的)固定比价,也就是确定一个中心汇率,并据此中心汇率套算出该货币同其他货币的汇率。

欧洲货币体系规定采用双重中心汇率制的汇率干预方法,即将平价网体系和"篮子"体系结合在一起。平价网体系就是各个参加国之间要确定一个中心汇率,汇率波动幅度不得超过2.25%。所有参加国互相间的中心汇率构成了平价网。而"篮子"体系则是所有参加国货币保持一个以欧洲货币单位表示的中心汇率。在欧洲货币体系的双重中心汇率制中,平价网体系为主,"篮子"为辅。对汇率干预的方法有三种:(1)有关国家货币当局相互贷款进行干预,抛强币、买弱币。(2)如果干预效果不好,就需要在国内实行适当的货币政策和财政政策。弱国要提高利率紧缩银根,强国要降低利率放宽信贷。(3)以上两种方法不奏效时就需要经欧共体统一修改中心汇率。这三种方法体现了可调整固定汇率的灵活性。

欧洲货币体系的建立使成员国汇率趋向稳定,促进了成员国内部贸易的增长和成员国之间经济政策的协调,尤其是经历了1992年的"9月危机",使成员国更加认识到成员国之间经济政策协调的重要性,毕竟欧盟成员之间的经济结构和经济发展环境存在差异和不平衡,对欧洲货币体系成员国的政府以及货币当局来说,实现内部均衡重要还是推进外部均衡重要一直是一个课题。欧洲货币体系虽然没有实现货币一体化,也没有形成货币联盟,但是它的成功运转却为欧洲货币联盟的建立打下了基础。

(三)《马斯特里赫特条约》与欧元诞生

20世纪80年代起,欧洲经济一体化的步伐开始加快。1985年12月,欧洲理事会卢森堡会议通过《单一欧洲法案》(A Single Europe Act),规定到1992年将实现欧共体内部统一大市场,使欧共体各国成为没有边界的地区,区域内实行商品、劳务、人员和资本的自由流通。作为欧洲统一大市场的建立、实现资本流动完全自由化的必要条件,进一步发展欧洲货币体系至关重要。1988年6月,欧洲经济共同体首脑会议在德国的汉诺威举行,会议决定成立以当时的欧共体委员会主席雅克·德洛尔为主席的,包括12国中央银行行长和3名独立专家在内的17人专门委员会,具体研究建立欧洲货币联盟的方案。经过不到一年的研究,在

1989 年 4 月该委员会提交了《关于欧洲共同体经济与货币联盟》的报告(即《德洛尔报告》)。报告包括三个部分:第一部分对欧共体经济与货币一体化历程进行简要回顾。第二部分是对欧洲货币联盟的最后阶段内容的详尽分析,其中包括机构的设置和安排。第三部分提出了分阶段建设货币联盟的建议。第一阶段从 1990 年 7月 1 日起,主要目标是实现资本的自由流动,消除外汇管理,加强成员国的经济与货币政策的协调等;第二阶段原定于 1993 年开始,主要致力于制度改革如建立欧洲中央银行体系,完成以独立的货币政策合作向单一的货币政策合作;第三阶段是实行单一货币,发行欧元。在《德洛尔报告》中关于第三阶段没有确定具体起止年限。

1991 年 12 月,在荷兰的马斯特里斯特城(Maastricht)召开了欧共体首脑会议,经过两天的争论,各方本着妥协的原则,达成了《欧洲联盟条约》,即《马斯特里斯特条约》(以下简称《马约》)。《马约》就欧洲货币联盟、欧洲外交和防务等等问题达成了广泛的共识。因此,它在欧盟的发展历史上有着重要的历史意义。在协议里为货币联盟的建立规定了具体的时间表,同时也规定了每一阶段的任务。第一阶段从 1990 年 7 月 1 日至 1993 年 12 月 31 日,主要任务是:(1)资本自由流动,促进金融市场一体化;(2)加强货币政策、汇率政策的协调,尽可能减少欧洲货币体系中心汇率的调整;(3)所有成员国加入货币汇率运行的窄幅波动;(4)扩大欧洲货币单位的运用范围。第二阶段:从 1994 年 1 月 1 日至 1996 年 12 月 31 日或 1998 年 12 月 31 日,主要任务包括:(1)进一步加强货币和汇率政策协调,尽可能再缩小欧洲汇率运行的窄幅波动;(2)建立欧洲中央银行雏形:欧洲货币局。第三阶段从 1997 年 1月 1 日或 1999 年 1 月 1 日开始,主要任务是:(1)建立欧洲中央银行体系;(2)实现不可逆转的固定汇率制,引进单一货币。在实际运作中,欧盟货币联盟建设的第一阶段开始于 1990 年 7 月 1 日,1994 年 1 月 1 日开始第二阶段,1999 年 1 月 1 日开始第三阶段。

1995 年 12 月,欧盟首脑会议在马德里举行,会议就各国货币向单一货币过渡的具体步骤以及单一货币的名称达成一致意见,并明确了欧盟各国政府实施这一计划的坚定决心。这次首脑会议重申必须严格遵守《马约》规定的加入货币联盟的通货膨胀、利率、汇率、预算赤字、债务等五项经济趋同指标,确保于 1999 年 1 月 1 日实行统一货币,并将未来的新货币正式命名为"欧元"(EURO)。为保证货币联盟按计划实施,在《马约》规定的时间表基础上,又制定了一份更为详细、具有操作性的时间表。按照时间表规定,单一货币进程划分为三个阶段:

第一阶段,从 1996 年到 1998 年底。该阶段为准备阶段,其主要任务是确定首批有资格参加货币联盟的国家,决定发行欧元的合法机构,筹建欧洲中央银行。

第二阶段,从 1999 年 1 月 1 日到 2001 年 12 月 31 日,为过渡阶段。在此阶段将确定欧元与各参加国货币之间的汇率，但是没有有形的欧元，可以欧元发行新的政府公债。在货币政策上，将由欧洲中央银行制定统一的相关政策。

第三阶段，从 2002 年 1 月 1 日起，欧洲中央银行将发行统一货币的纸钞和硬币，有形的欧元问世，在 6 月 30 日之前，欧元与各国货币一起流通；7 月 1 日起各参加国原有的货币退出流通，欧元将成为欧洲货币联盟内唯一法定货币。

四、非洲法郎区

法郎区组成了世界上独一无二的货币体系，它是由原法属殖民地组成的一个统一体。法郎区内的国家在 20 世纪 50 年代左右获得政治独立以后在革新原有的制度框架的基础上使用同种货币——非洲法郎（或非郎），保证了这些国家的货币稳定，促进了各国经济的发展。另外非洲法郎区也是一个发达国家和发展中国家就货币问题进行制度化合作的结果。目前非洲法郎区包括 15 个国家，其中贝宁、布基纳法索、科特迪瓦、马里、尼日尔、塞内加尔、多哥、几内亚比绍 8 个国家共同组成了西非货币联盟；喀麦隆、中非、刚果（布）、加蓬、赤道几内亚、乍得、科摩罗 7 个国家共同组成了中非货币联盟。

非洲法郎区的历史可以追溯到 19 世纪中叶。最初的建立源于宗主国法国等对欧洲殖民地实行统治的需要。西部非洲早期货币是金属货币，1820 年首先进入该地区的是法国古币“埃居”，进入非洲后称为“古尔德”。初期上面铸的是法国国王的头像，后来是第三共和国的标志。当时与法国古币同时流通的还有当地固有的货币，如一袋可里（Cauri）价值 7 法郎，还有许多其他国家如英国、奥地利、巴西、墨西哥、葡萄牙等外国货币。为了从市场上清除这些外国货币，法国统治者采取了一些行政措施，并于 1891 年实行人头税，初步建立了法郎区，它包括法国本土、法属西部非洲、安第斯群岛、西印度群岛、印度洋诸岛。有权在殖民地发行货币的第一家银行是塞内加尔银行，它创立于 1853 年，总行设在当时的殖民地首都圣路易。19 世纪末，资金有限的塞内加尔银行已不能满足法属西非和法属中部非洲的需要而于 1901 年解散，取而代之的是西非银行，它的资本比前者雄厚。西非银行拥有货币的完全发行权，总部设在巴黎，它以“清算账户”同法国国库建立密切联系，形成法郎区的基础。这一结算手段在法国和其殖民地之间的经济联系中起着关键性作用。

法郎区的正式建立是在 1936 年《货币法案》的出台，这个法案创立了外汇稳定基金，允许殖民地银行将法国法郎视为一种需要保存的外国货币，实行趋向于将浮动的法郎变为法郎标准汇率体系，结果法郎区的货币性组织就以法国货币为中心联合起来。某些海外殖民地使用的币种虽与宗主国使用的币种不同，但都是以固定平价的原则互相进行转换的。

非洲法郎(FCFA)的正式诞生是在1945年12月25日。在其创立时，它与法国法郎的比价为1非洲法郎等于1.7法国法郎。三年后，又经过两次贬值，于1948年10月17日定为1非洲法郎等于2法国法郎(旧法郎)，此后这一比价一直保持到1994年非洲法郎贬值。其间，法国在20世纪50年代进行币制改革，发行新法郎，规定100旧法郎折合1新法郎，这样非洲法郎与法国法郎的比价实际是100非洲法郎等于2法国法郎。非洲法郎最后于1999年1月1日同欧洲统一货币欧元挂钩。

非洲法郎区在第二次世界大战之后得到了很大的发展。这一时期的标志性事件是原法属殖民地纷纷独立，在这种外部环境压力下，原来的殖民地在法郎区的影响日益加强，并最终在原法郎区的基础上，在1962年成立了西非货币联盟。在联盟范围内，西非国家中央银行保持货币的发行权，但它仍同法国国库保持"清算协定"，从而使非洲法郎可以无限制地自由兑换外汇。1972年11月22日，赤道非洲和喀麦隆中央银行变成为中非国家银行(BEAC)，法属非洲殖民地法郎变成为中非金融合作法郎，翌日，中非国家银行成员与法国之间的《货币合作协议》在刚果首都布拉柴维尔签署。中非新的货币合作是在1962年西非的多边合作协议基础上构想出来的，共签订了两个货币合作条约：其一是在中非银行的5个成员国之间签订的，另一个是在5个成员国与法国之间签订的。尽管这些国家参与的区域性货币重组具有与西非货币联盟相似的特征，并超越了国家的界限，但在条约中并没有出现"区域性货币联盟"的字样。1977年和1978年，中非国家银行和西非国家中央银行的所在地分别从巴黎迁出，前者迁入雅温德，后者移入达喀尔，银行员工也大量实现非洲本土化。

非洲法郎区有着自己的货币运行机制。首先，通过在法国财政部开设的交易账户，将法郎区的中央银行与法国财政部较紧密地联系在一起。法国财政部长与法郎区各国中央银行代表定期召开会议来决定交易账户的具体运行。这个交易账户的运作方式是法郎区各成员国至少要把它们各自通过进出口贸易及金融操作所得到的外汇储备的65%集存在法国财政部开设的交易账户中，法国可集中运用该账户中的资金来保证法郎与法郎区内货币的比价。当该账户需要向外贷款时，其所贷款项是通过法郎区各成员国的外汇储备来提供的。当该账户出现赤字时，法国会在一定程度上用自己的外汇盈余来弥补账户赤字。因此，法郎区成员形象地称设在法国的这个账户是为保护各成员国外汇收支平衡的特设账户。其次，法国与法郎区的货币合作是非洲法郎区货币运行机制的基本制度保证。1972年11月23日，中非国家银行成员国与法国共同签署了法国与法郎区国家的《货币合作协议》；1973年12月4日，西非货币联盟成员国也与法国签署了相似的货币合作协议。在协议中明确规定了以下四项货币合作基本原则：(1)确保非洲法郎的可兑换原则。该项原则规定：由法郎区各种发行机构发行的货币均由法国财政部保证其兑换性,法郎区的各种货币均在固定汇率的基础上进行兑换。(2)固定平价原则。该项原则规定:法郎区的各种货币可以不受数量限制,以固定平价进行兑换。(3)自由流动原则。无论是现金交易还是资本转移,理论上在法郎区内均可自由实现,但非洲国家也同时使用外汇管制规定以确保非洲法属殖民地法郎与法国法郎保持一致。(4)外汇储备的集中性原则。由于法国保证无限的可兑换性,非洲中央银行至少要将其外汇储备(除了必要的流动资金和与国际货币基金组织的交易额外)的65%,以中央银行的名义存入法国财政部的交易账户中。从1975年起,考虑到保证特别提款权的需要,存入的外汇储备比例有所下降。[①]

法郎区的运行机构设置也体现了运行制度安排的特点。中非国家银行的运行机构包括:(1)货币委员会。它依据1972年11月22日签订的有关协议而设立,由来自各成员国的负责金融经济事务的部长组成。该委员会每年至少召开一次会议,由每个成员国轮任一年主席。(2)货币中介委员会。货币中介委员会依据1972年11月23日签订的有关协议而设立,由货币委员会成员和法国财政部长组成。该委员会每年召开一次会议,由东道国财政部长担任主席。(3)中非国家银行等。中非国家银行的资本金为240亿非洲法郎,总部设在雅温德,并在每个成员国设立一个或数个机构,在巴黎设有一个代办处。建立在成员国首都的分支机构经中央银行总部授权后,拥有一定程度的自主权。西非货币联盟的运行机构包括:(1)国家首脑会议。它依据1973年11月14日签订的《西非货币联盟协议》而设立,是联盟最高的权力机构。它每年至少召开一次会议,其各项决议必须一致通过。会议在联盟内各国轮流召开,主席则由会议东道国来担任。国家首脑会议解决部长会议通过协商仍无法解决的所有问题,并做出有关接纳新成员和给被撤销或被开除的成员进行备案的决定。(2)部长会议。它同样是1973年11月14日文件中规定的决策机关。西非货币联盟的每个成员国派出2名部长作为代表与会。会议由各国财政部长轮流主持,任轮值主席的每位部长任期2年。每年至少召开2次会议,会议采取一致通过的方式商定各项决议。部长会议决定货币单位的命名和特征,确定货币政策和信贷政策,并且批准同各国政府以及国际机构签订的全部协定。(3)西非国家中央银行是一个国际公共机构,总部设在达喀尔。该银行拥有一个代办处,并在每个西非货币联盟的成员国中分设一个分支机构,同时在巴黎设一个代办处事务所。该银行的业务是中央银行传统的业务,该银行具有在西非货币联盟各成员国领土上发行货币的权力。除了银行初期的再投资业务外,还可分担联盟内各成员国经济发展机构的投资。该银行组织并经营票据交换所,经管国库账目,从事对内、对外各种财政业务,协助政

① 张延良,木泽姆:《非洲法郎区的演进及运行机制》,《西亚非洲》2002年第2期,第50页。

府与国际财政金融机构进行谈判协商。法国在中非国家银行的作用大于西非货币联盟中的作用，其人事较广泛地参与到每个决策机关和管理机构当中。

从以上我们可以知道，法郎区作为一个货币合作区域有着自己的发展历史和运行特点。1994 年非洲法郎贬值 50%。此后，非洲法郎同法国法郎的兑换率变为 100 比 1，这一举措使法郎区的国家实现了宏观财政平衡，推动法郎区走上发展的道路。与此同时，1994 年西部非洲货币联盟也变为西非经济货币联盟（UEMOA），其目的是加快经济层面上的一体化，以应付经济全球化的挑战。根据《马斯特里赫特条约》，法国法郎被统一的欧元代替，非洲法郎自 1999 年 1 月 1 日又同欧元挂钩，固定汇率为 1 欧元兑 655.957 非洲法郎。在某种程度上说，非洲法郎区不仅同法国，更同整个欧盟建立了一种联系。但是，无论是钉住法郎还是钉住欧元都不是非洲法郎的最后宿命，在非洲统一组织改为非洲联盟之后，其机构之一就是非洲中央银行，目标是实现非洲统一货币。当然，这个过程不会也不是短期就可以完成的。

小结

1. 国际货币体系是指各国政府对货币在国际间发挥职能作用以及有关国际货币金融问题所确定的原则、协议、采取的措施和建立的组织形式。

2. 金本位制是以黄金作为国际本位货币的制度。按其货币与黄金的联系程度，可分为金币本位制、金块本位制和金汇兑本位制。

3. 布雷顿森林货币制度是战后以《怀特计划》为蓝本确立的以美元为中心的国际货币体系，其中心内容是“双挂钩”，即美元与黄金挂钩，其他各国货币与美元挂钩。

4. 现行国际货币体系的主要特征有储备货币多元化、浮动汇率长期化和国际收支失衡严重化等。

5. 货币联盟是欧洲联盟的一个重要组成部分，它是欧盟各国为了进一步促进区域经济的紧密联合所进行的政策协调的产物。

6. 非洲法郎区是宗主国和殖民地之间进行的货币制度安排，也是发达国家和发展中国家在货币上进行的合作。二战后法郎区非洲国家的独立加强了这些国家在法郎区的影响。

思考题

1. 何谓国际货币体系？它包括哪些类型？
2. 什么是金币本位制？它有哪些特点？
3. 如何理解金块本位制与金汇兑本位制？
4. 布雷顿森林货币制度有哪些内容？它的特点和作用是什么？
5. 布雷顿森林货币制度为什么会崩溃？
6. 牙买加协定的主要内容是什么？
7. 现行国际货币体系有什么特征？
8. 世界主要国家与国家集团对国际货币体系的改革持什么态度？
9. 区域货币一体化的含义是什么？
10. 区域货币一体化的成本和收益分别有哪些？
11. 简述欧元和欧元区诞生的过程。
12. 什么是希腊债务危机？它对欧元和欧元区的影响是什么？
13. 2015年底，国际货币基金组织将决定是否将人民币纳入特别提款权的货币篮子。如果这一决定实现，将对国际货币体系和人民币国际化产生怎样的影响？

第十三章

国际金融领域的政策协调

第一节　国际政策协调概述

一、国际政策协调的意义

（一）国际政策协调的性质

国际政策协调(International Policy Coordination)，顾名思义，是指基于一定国际合作基础之上的各国政策决策与实施过程中的相互协作与调解。根据政策协调与合作所涉及内容的差异性以及彼此相互约束的程度不同，国际政策协调可以从低级到高级划分为多个阶段和层次。

1. 信息交换(Information Exchange)

信息交换是指各国有关政策当局只相互交流彼此在政策目标范围、政策目标侧重点、政策工具种类、政策搭配原则等信息，而在具体的政策决策和操作过程中仍然保持绝对的独立性。这是一个政策协调方分散决策的模式，是一种最低层次的国际政策协调。

2. 危机管理(Crisis Management)

危机管理是指针对国际经济中出现的某种后果严重的突发事件，为了将事件的负面影响降低到最小，各国在政策决策和实施过程中加强合作、相互协调。虽然这是一种临时且带有偶然性的措施，但其协调和合作程度往往较高。

3. 避免目标冲突(Avoiding Conflicts over the Shared Targets)

这里的目标是指协调双方必须共同面对的某个政策变量，比如双边汇率。如果双方在政策决策中对此共同变量设置了不同的目标值，则会造成直接政策冲突。“以邻为壑”的竞争性贬值政策就是一个典型的共同目标冲突。

4. 合作确定中介目标(Cooperation Intermediate Targeting)

各国就某个中介变量作为政府协调的共同目标。国内一些变量的变动会通过国家间的经济联系而形成一国对另一国的溢出效应，因此各国有必要对这些中介目标进行合作协调。

5. 部分协调(Partial Coordination)

部分协调是指不同国家就宏观经济的部分目标变量或政策工具进行协调。例如，国际收支调节方面的协调、货币政策协调或财政政策协调。当就某一目标或政策工具进行协调时，可能听任各国根据本国的实际情况对其他目标或工具分别进行独立管理或操作。

6. 全面协调(Full Coordination)

全面协调是指将不同国家的所有主要政策目标、工具都纳入协调范围，以便最大限度地获取政策协调的收益。

进行国际政策协调的方式有两种，即相机性协调(Discretion-based Coordination)与规则性协调(Rule-based Coordination)。所谓相机性协调是指根据经济面临的具体条件，在不存在各国应采取何种协调措施的规则约束情况下，通过各国间的协调确定针对某一特定情况各国应采用的政策组合。一般认为，这一方法的优点在于其可以针对不同经济条件和经济环境进行更为广泛的协调与合作，而缺点则是可行性与可信性较差。可行性较差体现在每次协调行动可能都意味着政府间要讨价还价，从而导致过高的决策成本，且难以形成对各国政府的有效约束；可信性较差体现在因缺乏一个明晰的规则而易于产生较大的不确定性，难以通过影响公众心理预期而发挥政策效力。规则性协调是指通过制定出明确规则来指导和约束各国政策合作行为的协调方式，规则性协调的优点在于决策过程清晰，政策协调可以在较长时期内保持稳定性和可持续性，可行性较高。

(二) 国际政策协调的必要性

在开放经济条件下，国与国经济之间存在着相互依存性，一国的经济政策会对别国经济产生溢出效应。在这种情况下，如果各国都仅仅从自身利益最大化的角度出发，进行完全分散独立的政策决策，当两国经济存在冲突时，一国的政策决策势必对别国经济造成伤害；例如，若一国因采取扩张的货币政策而导致通货膨胀，则可能通过出口渠道将通胀传递到贸易伙伴国，假定伙伴国正处于经济过热的经济环境中，则该国的这一政策决策不利于伙伴国的经济稳定；当然，若该国为了降低通货膨胀而采取紧缩的货币政策，则可能使本币升值，从而使他国进口价格上升，同样会对他国未来的通货膨胀产生不利影响。

另一方面，当一国采取分散决策的同时，对方也采取同样的分散决策态度进行回应，反过来又使前者的政策操作难以达到预期的目的；最终结果则可能使各国均受到伤害，导致政策的低效率。这种政策行为称为纳什非合作模型，在这种没有政策协调的时候，每个国家都忽视政策的外部性，只寻求自身利益最大化；所有国家独立行动的最终结果虽然有可能形成纳什均衡，但这个均衡是帕雷托无效率的。因而，进行经济政策的国际协调是必要的，在寻求合作的原则下，各国的政策制定者在决策过程中相互协调、降低差异、追求共同利益，这样，有利于避免帕雷托无效率结果的出现。

二、国际政策协调的作用

一国的宏观经济政策目标是实现经济增长、充分就业、物价稳定和国际收支平衡。由于在经济政策存在溢出效应情况下这些目标的实现会受到来自别国的负面冲击,因而,国际经济政策协调的作用和目标则是:通过经济政策决策与操作的国际协调,最小化负面的政策溢出效应、最大化彼此之间的共同福利,并实现全球和国别经济的稳定增长。

第二次世界大战以来,在相当长的时期内,经济政策协调的目标主要是大国之间达成某种货币与财政政策的临时"契约",使相互之间的经济政策在短时期内不至于产生过度的冲突,以避免对世界经济产生巨大的危害。20 世纪 80 年代之后,经济政策国际协调的宗旨发生了一定的变化,朝着更为深入和持久的方向发展,即尽可能通过对财政政策和货币政策进行长期而持续的调整,以便消除各国之间在经济结构、发展水平、政策制度方面的不平衡,使各国的经济周期尽量能够趋于同步。欧盟的经济货币一体化和欧元区的诞生与发展就是一个很好的国际政策协调的例证。

不过,由于各国经济在诸多方面都存在着巨大的差异性、国际经济的发展也始终面临着巨大的不确定性,在自身利益最大化动机的驱使下,长期而稳定的国际协调的效果仍然很不理想,甚至时常发生有悖于国际协调与合作精神的政策行为,尤其是在国际经济形势不稳定(例如金融危机和经济危机)时期更是如此。这也同时说明了国际政策协调的重要性和紧迫性。具体地,国际政策协调的作用主要体现在以下几个方面。

(一) 有利于实现汇率稳定

虽然浮动汇率制是现行国际经济环境下的主流选择,但汇率的过度波动显然不利于经济的稳定增长,因而,各国都偏好相对稳定的汇率环境。

在汇率浮动和资本完全自由流动下,货币政策会引致汇率的波动——扩张性货币政策会导致本国货币贬值,而紧缩性的货币政策则导致本国货币升值。因而需要货币政策的国际协调,各国货币政策的协调主要包括有关国家利率的协调和货币量增长的协调。利率的协调既包括利率调整方向的协调,也包括利率调整幅度的协调;而货币供给量的协调会因不同国家经济条件和经济管理理念的差异而存在争议,比如,一般而言,货币主义经济学家主张通过控制货币供应量调节经济,甚至在他们看来,在确定了稳定的货币供应增长率之后就不必干预经济的增长过程。总之,货币政策的协调与各国所秉承的货币政策框架密不可分。

经济联系密切的国家之间,进行财政政策的国际协调也是十分必要的。这是因为,如果一国的财政支出过度，政府势必要通过货币政策加以配合，这种配合可能意味着货币政策的国际协调难以维持；另外，财政政策操作本身也可能导致汇率的波动。因此，成功的货币政策协调常常伴随着财政政策的协调，或者说，各国之间只有同时协调它们之间的货币政策和财政政策，一国经济政策的目标才能顺利实现。

汇率政策的国际协调首先有助于避免"以邻为壑"政策的出现，也有助于阻止短期国际资本跨国界无序流动给经济带来巨大的负面冲击。

（二）国际政策协调还常常有其他的一些宏观经济目标

国际政策协调有助于避免"以邻为壑"的政策出现。例如，如果一国采取货币贬值的方式来促进出口、限制进口，那么其他国家可能也会跟着采取同样的做法来提高其出口产品竞争力，结果就出现"竞争性贬值"这一恶果。如果各国进行政策协调就完全可以避免这种现象。

虽然各国有进行国际政策协调的愿望，但在实际中，由于各国政府的政策目标往往并不一致，所以国际政策协调真正实行起来会遇到很多困难。

第二节 国际金融领域政策协调的经验与启示

一、《广场协议》

（一）《广场协议》产生的经济背景

1977 年，美国卡特政府的财政部长布鲁梅萨（Michael Blumeuthal）以日本和前联邦德国的贸易顺差为理由，对外汇市场进行口头干预，希望通过美元贬值的措施来刺激美国的出口，减少美国的贸易逆差。他的讲话导致了投资者疯狂抛售美元，美元兑主要工业国家的货币急剧贬值。1977 年初，美元兑日元的汇率为 1 美元兑 290 日元，1978 年秋季最低跌到 170 日元，跌幅达到 41.38%。美国政府对此结果感到震惊，1978 年秋季，卡特总统发起了一个"拯救美元一揽子计划"，以支撑美元价格。

1979～1980 年，世界第二次石油危机爆发。第二次石油危机导致美国能源价格大幅上涨，美国消费物价指数随之上升，美国出现严重的通货膨胀，通货膨胀率超过两位数（例如，若在 1980 年初把钱存入银行，则年末的实际收益率是负的 12.4%）。

1979年夏天，保罗·沃尔克(Paul A. Volcker)就任美国联邦储备委员会主席。为治理严重的通货膨胀，他连续三次提高官方利率，实施紧缩的货币政策。这一政策的结果是美国出现高达两位数的官方利率和20%的市场利率，短期实际利率(扣除通货膨胀后的实际收益率)从1954～1978年间平均接近零的水平，上升到1980～1984年间的3%～5%。

高利率吸引了大量的海外资金流入美国，导致美元飙升，从1979年底到1984年底，美元汇率上涨了近60%，美元对主要工业国家的汇率超过了布雷顿森林体系瓦解前所达到的水平。美元大幅度升值导致美国的贸易逆差快速扩大，到1984年，美国的经常项目赤字达到创历史纪录的1 000亿美元。

这一时期，美国经济为"滞胀"所困扰。当时的里根政府实施供应学派减税计划刺激经济，同时美国中央银行通过高利率政策压低货币供应，抑制通货膨胀。"松财政、紧货币"的政策组合在缓解"滞胀"方面取得了一定功效，但同时也给美国经济带来了严重的潜在问题，突出表现在美国出现了高额的财政赤字和经常项目逆差，美国利率水平也明显高于当时大多数工业化国家。1980年美国政府财政赤字占GDP的比例为2.9%，1985年升高至5.2%；同期，美国经常项目赤字达1 245亿美元，占GDP的3%；美国国内市场利率比发达国家平均高4个百分点左右。

与此同时，日本经济和当时的西德经济同样受到了"滞胀"的冲击，但由于这些国家正处于二战以后的经济复苏期，经济运行基本面相对好于美国，政府财政赤字大幅度减少，经常项目出现了较大盈余。日本政府财政赤字占GDP的比例，1980年为4.9%，1985年下降到1.4%；1980年西德政府财政赤字占GDP的2.8%，1985年下降到1.1%。日本和西德的国内平均存款利率也明显低于美国。

(二)《广场协议》的签署

日、美、西德等发达工业化国家宏观经济政策和经济运行绩效的差异，特别是美元的高利率政策，吸引了大量外资流入美国，促使美元汇率出现了较大幅度升值。20世纪80年代上半期，美元汇率平均升值72%，美元高汇率实际上已经潜藏着较高的投机泡沫。美元汇率升值、高额财政赤字和贸易逆差使美国国内就业压力增大，国民不满情绪滋长，贸易保护主义倾向上升。当时美国国内主导性意见认为，问题主要出在日本和西德，美国政府应当促使国际社会加强汇率协调，使美元对日元等非美元货币适度贬值。另一方面，日本和西德经过二战以后40多年的发展，已经积聚了相当强的经济实力，两国政府都不愿意因为贸易摩擦而恶化同美国的关系，同时认为日元和马克相对美元升值也有利于日元和马克的国际化，提升日本和西德的国际地位。日元相对美元升值符合国际社会协调生存的基本利益，受国际政治经济因素共同推动，可谓水到渠成。

1985 年 9 月，美国财政部长詹姆斯·贝克、日本财长竹下登、前西德财长杰哈特·斯托登伯(Gerhard Stoltenberg)、法国财长皮埃尔·贝格伯(Pierre Beregovoy)、英国财长尼格尔·劳森(Nigel Lawson)等五个发达工业国家财政部长及五国中央银行行长在纽约广场饭店(Plaza Hotel)举行会议，达成协议：五国政府联合干预外汇市场，使美元对主要货币有秩序地下调，以解决美国巨额贸易赤字问题。此即著名的《广场协议》(Plaza Accord)。

（三）《广场协议》的经济影响

《广场协议》签订后，五国开始联合干预外汇市场，各国相继抛售美元，进而形成市场投资者的抛售狂潮，导致美元持续大幅度贬值。1985 年 9 月，美元兑日元在 1 美元兑 250 日元上下波动，协议签订后，在不到 3 个月的时间里，快速下跌到 200 日元附近，跌幅 20%。

在这之后，以美国财政部长贝克为首的美国政府当局和以弗日德·伯格斯藤(Fred Bergsten，当时美国国际经济研究所所长)为代表的专家们不断地对美元进行口头干预，表示当时的美元汇率水平仍然偏高，还有下跌空间。在美国政府强硬态度的暗示下，美元对日元继续大幅度下跌。1986 年底，1 美元兑 152 日元，1987 年，最低到达 1 美元兑 120 日元，在不到三年的时间里，美元兑日元贬值达 50%，也就是说，日元兑美元升值一倍。

此后，日本经济陷入长达超过十年的低迷期。1985 年《广场协议》促使日元升值，事实上成为日后日本发生"泡沫经济"的导火索。签署《广场协议》的第二年，即 1986 年，日本出现了因日元升值引发的萧条局面。外贸出口增速由 1985 年的 2.4%下降为 1986 年的－4.8%，实际经济增长率从 1985 年的 4.1%下降至 1986 年的 3.1%。但由于当时日本经济总体上正处在复苏增长的上升期，国内各行业对日本经济发展前景普遍充满乐观和自信，同时，《广场协议》使日元升值发挥了降低消费品价格、增加居民实际收益的积极作用，日本国内民间消费支出明显上升，以民间消费为先导的投资热潮，有力拉动了日本国内总需求的快速扩张。另一方面，《广场协议》签订前后，日本为缓解日美贸易摩擦，在同意日元对美元升值的同时，并没有放开进口市场，而是实行了宽松的货币政策以促进进口美国商品，特别是"低利率"政策。从 1986 年 1 月开始，为了削减日元升值对国内经济增长带来的负面影响，日本银行在从 1986 年 1 月到 1987 年 2 月将近一年的时间里连续五次下调公定贴现率，将其降低至当时国际上的最低水平 2.5%。

有专家认为，日本经济萧条的罪魁祸首就是《广场协议》；但也有专家认为，日元大幅升值为日本企业走向世界、在海外进行大规模扩张提供了良机，并促进了日本产业结构的调整，有利于日本经济的健康发展；也有专家认为，从经济背景的表层来看，《广场协议》的目的是要解决美国因美元估值过高而导致的巨额贸易逆差问题，但从日本投资者拥有庞大数量的美元资产来看,《广场协议》是为了打击美国的最大债权国——日本。

无论如何,《广场协议》是 G5 之间的一个影响深远的国际政策协调案例,它说明:(1)在以浮动汇率为主流的现行国际经济背景下,达成有效的国际政策协调是可能的。(2)在经济全球化和金融自由化的国际经济环境下,国际政策协调仍然存在很多不确定性。例如,据说在广场会议上,当时的日本财长竹下登表示日本愿意协助美国采取入市干预的手段压低美元汇价,甚至明确承诺日元相对美元升值 20%。可是,最终结果却大相径庭,这既有协调方政府政策行为的原因,也不排除市场投资者预期所带来的不确定性。(3)在重大国际经济政策协调中,美国的利益取向总能够得到较为充分的体现,这表明了美国经济和美元在当前世界经济格局中的霸权地位。

二、《卢浮宫协议》

(一)《卢浮宫协议》产生的经济背景

按照《广场协议》的约定,G5 国家要通过加强国际间汇率“联合干预”,在两年半的时间内,促使美元对日元汇率由当时 1 美元兑换 237 日元升至 1 美元兑换 120 日元。当时影响国际外汇市场资本流动的因素还有各国间长期利率差,《广场协议》政策协调也涉及了这一领域。《广场协议》签订时,美国 30 年期长期国债利率为 10.8%,美国放松金融政策后,到 1986 年夏已降至 7.3%。其间,美国联邦储备银行四次下调联邦基金利率,由《广场协议》签订时的 7.5%降至 1986 年 8 月的 5.5%。然而,日本金融调节保持了国内长期利率的基本稳定。日本长期国债利率《广场协议》签订时为 5.8%左右,到 1986 年初仍然保持在这一水平。日美长期利率差不断缩小,减轻了资金流向美国的压力,加之 G5 国家在外汇市场加强了联合干预,有效促进了美元贬值。

然而,《广场协议》签订之后,尽管美元对日元等非美元货币大幅度贬值,但由于美国政府未能采取有效措施改善自身财政状况,同时由于货币贬值存在“J 曲线效应”,在《广场协议》签订之后两年多的时间里,美国对外贸易逆差不仅没有减少,反而继续恶化。1987 年,美国贸易赤字达 1 680 亿美元,占 GDP 的 3.6%,其中,3/4 的赤字来自日本和西德的经常项目盈余。美国贸易收支状况恶化和外债的急剧增加,影响了外资向美国的流入,市场对美元信心下降,继续让美元贬值明显弊大于利,美国对日本和西德的贸易摩擦重又开始加剧。同时,由于受到日元和德国马克升值的影响,日本和西德外贸出口下滑,经济增长率出现下降。日本经济增长率从 1985 年的 4.2%下降到 1986 年的 3.1%,西德经济增长率 1985~1987 年在 2%左右徘徊。

（二）《卢浮宫协议》的签署

日本和西德在《广场协议》签订之后的不景气，使得这两个国家对美国未能按《广场协议》有效削减财政赤字表示不满。此外，美元大幅度过快贬值也引起了国际外汇市场和世界经济的较大震荡，主要发达工业化国家明显感到要尽快阻止美元下滑，保持美元汇率基本稳定，这有利于世界各国共同发展。当时，美国可以选择提高国内利率的办法吸引国际资本流入，减缓美元过速贬值。但是由于担心这样会引起国内经济萧条，美国不愿意提高国内利率，更希望日本和西德压低利率。

在美国主导下，为了稳定国际外汇市场、阻止美元过多过快贬值、通过国际协调解决发达国家面临的政策难题，1987 年 2 月，G7 国家财长和中央银行行长在巴黎的卢浮宫达成协议，一致同意 G7 国家要在国内宏观政策和外汇市场干预两方面加强“紧密协调合作”，保持美元汇率在当时水平上的基本稳定。此协议即为《卢浮宫协议》(*Louvre Accord*)。

协议内容主要包括：日本和西德等实施刺激内需计划，美国进一步削减财政赤字；G7 国家加强外汇市场干预方面的协调性；秘密保持美元对日元和马克汇率的非正式浮动区——如果汇率波动超出预期目标 5%，各国要加强联合干预。

签署《卢浮宫协议》后，国际主要货币汇率在近两年多的时间里保持基本稳定，没有发生太大动荡。

（三）《卢浮宫协议》的经济影响

签署《卢浮宫协议》之后，美国外贸出口迅速扩大，贸易赤字和财政赤字均有较大下降。1987～1990 年，美国外贸出口增幅持续保持在 10%以上；美国经常项目赤字由 1 680 亿美元下降到 920 亿美元，占 GDP 的 1.6%；政府财政赤字占 GDP 的比例由 4.5%下降到 3.4%，这些变化对缓解美国国内经济滞胀及就业压力产生了明显的积极作用。但签署《卢浮宫协议》之后，由于美国采取过分强硬的态度促使日本和西德下调利率，而日本和西德受国内经济状况影响一时又很难下调利率，受市场预期等多重因素影响，纽约股市于 1987 年 10 月 19 日出现了严重的股价暴跌。当日纽约股市暴跌 22%，被称为“黑色星期一”。

就日本经济而言，签署《卢浮宫协议》以后，日本银行将 2.5%的“超低利率”一直保持到 1989 年 5 月，持续时间长达 27 个月。日本银行官定利率长期处于低水平，有力促进了金融机构贷款大量增加。日本金融机构贷款与 GDP 的比例在 20 世纪 80 年代初为 50%左右，到 80 年代末已升至 100%。1987～1989 年，日本货币供应量(M2＋CD)年增长速度分别为 10.8%、10.2%和 12%，持续保持较高水平。

由于货币政策极度扩张，1988～1990 年，日本经济增长率分别为 6.0%、4.4%和 5.5%，明显超过 80 年代前期 3%左右的平均水平和同期其他发达国家水平。与此同时，大量过剩资金流入了股票和房地产部门，引致了股票价格和房地产价格的暴涨。1987～1989 年，日本股票价格平均上涨 94%，城市土地价格平均上涨 103%。而同期，日本消费物价指数平均仅上涨 3.1%。由于在资产价格暴涨的同时，消费物价没有大幅上涨，在 1991 年日本泡沫经济崩溃前相当长一段时期，日本银行和经济企划厅对资产价格泡沫都没有予以充分重视。当时政策决策关注更多的是实体经济的增长、消费物价稳定和国际收支平衡。虽然认为在金融领域和资产价格方面出现了一些“异常”，但在当时物价稳定、经济持续增长的情况下，由于被实体经济扩张带来的经济效益所迷惑，决策当局对当时的金融领域“异常”问题只是发出过警告，进行过风险提示，而并未及时采取实质性应对措施。这样，信贷增加创造泡沫，泡沫扩大促进信贷增加，信贷增加进一步创造泡沫，如此循环促进；到 1989 年底，日本已经全面步入泡沫经济之中。

泡沫经济不断膨胀，日本政府逐渐感受到了压力。1989 年 5 月，日本银行改变货币政策方向，将维持了两年多 2.5%的“超低利率”提高至 3.25%。1989 年底，强烈主张抑制泡沫的三重野出任日本银行总裁，上任伊始即将公定贴现率由 3.75%提高到 4.25%，结束了日本“超低利率”时代。从 1989 年 5 月至 1990 年 8 月，日本银行五次上调公定贴现率，使之高达 6%。同时，日本央行明确要求金融机构限制对不动产业的贷款投入，到 1991 年，银行对不动产业实际上已不再增加新的贷款。日本货币供应量增长速度在 1990 年跌至 7.4%，1991 年跌至 2.3%。由于过急过快的信贷紧缩，日本泡沫经济在 1991 年开始崩溃，从此陷入了持续不景气的低迷状态。

三、其他国际协调机制

（一）七国集团（G7）协调机制

从 20 世纪 80 年代中期开始，美国、德国、日本、法国、英国、加拿大和意大利这七个西方主要工业国家每年定期召开财政部长会议，以加强发达国家之间的经济政策协调。七国集团认识到，它们之间宏观经济政策的协调和合作不仅关系到世界经济的稳定和发展，更关系到它们各自经济的稳定和发展，因为其中一国任何一种宏观经济政策的调整都会影响到其他国家经济的稳定增长。因此它们商定，每年就它们共同关心的各国经济及世界经济中的主要问题进行协商。这期间，除了 1985 年《广场协议》和 1987 年《卢浮宫协议》的签署之外，七国集团在国际政策协调方面做出了很多实际工作，代表着当代国际政策协调领域的主流：1986 年，西方七国财长在东京召开会议，提出了 10 项具体指标来实现各国政策协调；1987 年，西方七国首脑在威尼斯会议上，对实现各国经济协调作出了具体规定，当 1987 年 10 月

19日纽约股市爆发危机之后，西方七国财长联合发表声明，强调为稳定汇率进行国际干预；1994年底，西方七国财长会议协商对策以稳定墨西哥比索汇率；1998年10月，西方七国首脑和财长会议提出了一系列旨在稳定日益动荡的国际金融局势的建议。

时至今日，七国集团（八国集团①）仍是国际政策协调的最重要机制。通过协调各国经济政策实现稳定汇率的建议尽管不能从根本上解决问题，但对于稳定汇率、稳定世界经济仍然是十分有益的。然而，它的主要缺陷就是缺乏广大的代表性，所出台的政策协调建议和方案往往不利于广大发展中国家经济的稳定发展。

（二）欧元区协调机制

欧元区是在汇率目标区机制的基础上发展而来的。实际上，欧洲货币体系以及美国货币当局自20世纪80年代起，都曾实行过汇率目标区管理。汇率目标区制度的主要内容是：在主要工业国家的货币之间确定汇率波动幅度，作为目标区，其他货币钉住目标区或随之浮动。目标区本身应随经济情况的变动及时加以调整。

欧洲联盟的前身是欧洲共同体，在20世纪70年代初期，针对当时出现的国际货币制度的崩溃就采取了协调各成员国汇率的政策，它们采取联合浮动的汇率制度，即对内采取可调整的固定汇率制度，对外采取联合浮动，一个成员国货币对外升值，所有成员国货币一起升值；一个成员国货币对外贬值，其他成员国货币一起贬值。这种汇率的协调之所以必要，是因为成员国之间的相互贸易占到各国对外贸易的比重平均达到60%以上。这种协调有助于稳定它们之间的贸易关系，减少它们之间的贸易风险。

1979年3月，欧洲共同体又在汇率协调的基础上试图将这种内部协调的机制规范化、制度化，提出并正式启动了“欧洲货币体系”。按照这个体系，成员国不仅要采用可调整的固定汇率制度，还建立了保持汇率稳定的预警机制。一旦某个成员国的汇率难以维持，可以动用欧洲货币基金干预外汇市场。尽管各国采取的汇率约束不同，但是这种机制确实起到了促进成员国贸易关系发展的作用。

1985年，欧洲共同体提出了新的目标，在1992年12月31日以前建成欧洲统一大市场。为此，成员国要协调它们之间的财政政策。特别是各成员国之间的征税制度和间接税的税率。尽管这种制度的协调尚不足以给各成员国的经济带来实质性的影响，但是它为成员国之间商品的自由流动创造了条件。自1990年开始，成员国商定，从1992年开始，经过三个阶段的努力，在成员国之间建立经济和货币联盟。其中包括建立欧洲联盟的统一货币“欧元”，

---

① 1997年，随着俄罗斯的正式加入，七国集团演变为八国集团，但在经济问题上依然保持七国体制。

并且建立欧洲中央银行。自 1999 年 1 月 1 日起，欧洲统一货币开始启动，2002 年，欧洲联盟将发行“欧元”，以代替各成员国的货币。为了实现统一货币的目标，欧洲联盟要求各成员国要协调它们的财政和货币政策，使通货膨胀率、当年财政支出的增长率、政府公债的累计额占国民收入的比例不能高于欧洲联盟规定的水平。这意味着成员国要约束它们各自的财政政策和货币政策的实施权，或者说成员国将它们制定财政政策和货币政策的制订权上交给了超国家的经济一体化组织——欧洲经济和货币联盟。成员国之间货币政策、财政政策的协调和统一货币的实施为各国经济的协调发展创造了良好的条件。

（三）国际协调组织在国际政策协调中的作用

作为最具有全球性的国际协调组织，国际货币基金组织（IMF）、世界银行（WB）和世界贸易组织（WTO）这三个国际性组织最具有展开广泛国际合作与协调的基础和能力。国际货币基金组织已经在国际货币相关问题的协商和合作上做出了许多无可替代的重要工作——提供相关理论指导、增进信息共享与交流、促进国际协调与合作、提供必要的外部融资等——为国际货币体系正常运行和世界经济稳定做出了很大贡献。世界银行和世界贸易组织也分别在促进发展中国家经济发展和维持国际多边贸易正常秩序方面发挥了很大作用。

但是，在新的国际经济背景下，以这些国际性组织为核心的国际政策协调也暴露出许多问题，为了实现协调决策过程的公平与公正，必须进一步提高发展中国家的代表性和发言权，这需要对国际货币基金组织、世界银行等国际金融机构进行改革，逐步完善其内部治理结构，机构领导人的选聘应遵循公开、透明、竞争和择优原则，部门管理人员应提高发展中国家职员的比例，以便于更好地发挥国际金融组织在维护国际和地区金融稳定、加强监管和协调等方面的作用。

除上述三大国际组织之外，还有许多国际性组织能够在国际政策协调方面发挥不可或缺的作用。比如，成立于 1989 年的亚太经合组织（APEC）、成立于 1999 年的二十国集团（G20）等。

其中，亚太经合组织的宗旨为“相互依存，共同利益，坚持开放性多边贸易体制和减少区域内贸易壁垒”，其 21 个成员国（或地区）中有亚洲成员 11 个；二十国集团的宗旨为“就国际经济、货币政策举行非正式对话，以利于国际金融和货币体系的稳定”，其 20 个成员国中有 6 个亚洲国家。理论上，在当前需要对全球经济失衡进行逐步调节的情况下，应该更有效地发挥诸如亚太经合组织和二十国集团这样具有更广泛国际代表性的国际组织的作用。然而，一般认为，在所有这些国际性组织中，原来的七国集团成员国事实上具有更大的权威。由于二十国集团包括七国集团的所有成员国，因此外界对于二十国集团能否成为七国集团的一个正式外联机构表示怀疑。一些人担心，二十国集团是七国集团世界化的一部分。这种观点认为，设置二十国集团是为了使七国集团的决议在更大范围内获得通过，从而使其政策合法化；二十国集团里的 13 个非七国集团成员国很难影响决议，而只不过是接受七国集团的建议而已，具有虚伪参与权。另外，二十国集团的建立或许反映了七国集团成员国不想将国际金融改革交给国际货币基金组织或者世界银行，而在后两者中，发展中国家具有相对更机制化的影响力。这些关于二十国集团的观点不无道理，但也有片面性——虽然在经济和政治上七国集团成员国有着相当支配性的实力，但在经济日益全球化背景下，各国之间相互影响和制约的力量增强，这种力量的传导也更有效，使得二十国集团范围内的博弈趋于合作博弈的可能性比以往更大，而且可能会越来越大。即使在某时某事上强势国家采取了非合作的策略，它所支付的经济和政治上的成本也会比以前更高。换言之，全球化有利于诸如二十国集团这样的国际性组织在调节世界经济、维护世界经济稳定增长中发挥更大作用。

第三节 国际政策协调机制的完善与发展

一、现行国际协调机制的局限性

随着经济全球化和金融自由化的深入，国际政策协调的重要性日益提高是不言而喻的。然而，现行国际政策协调机制存在着许多局限性，主要表现在以下方面。

（一）国际协调机制的危机管理效率低

危机管理是国际政策协调的重要内容。一般而言，当面临全球或区域性货币危机、银行危机、金融危机和经济危机时，发展中国家经济往往会遭受比发达国家更严重的冲击和损失，因此危机时期对发展中国家的援助就显得极为重要，是世界经济能够保持长期稳定增长的关键。然而，对发展中国家的援助恰恰是现存国际政策协调机制的弱点，其时效性较差。

在现行国际政策协调机制中，负有监督各国财政货币政策、汇率政策和金融风险职责并主要负责对发展中国家实施援助的全球性机构主要是国际货币基金组织。但在危机管理方面，国际货币基金组织对待发达国家和发展中国家的标准具有双重性，虽然当成员国遭受金融市场冲击，短期流动性短缺时，可以向国际货币基金组织申请资金融通，但是国际货币基金组织提供贷款是有条件的——通常情况下，它会要求成员国在较短时间内恢复和保持财政预算平衡并提高利率，亦即要求受援国家和经济体采取紧缩的货币和财政政策。

多年以来，国际货币基金组织基本按照美国建议的标准行事，所开出的经济政策“药方”往往令处于危机中的发展中国家的经济恢复和发展“雪上加霜”，引起很多发展中国家的不满。在 1997～1998 年的东亚金融危机中，国际货币基金组织对发展中国家的财政金融政策调整要求苛刻、实施援助方案迟缓，错过了救援的最好时机。

（二）国际经济协调机构对经济的预警能力不高

二战之后，尤其是 20 世纪 80 年代以来，区域性和全球性金融危机频发，但在每次危机爆发之前，都很少得到及时的预警和足够的重视。以由 2007 上半年爆发于美国的次贷危机所引发并蔓延至全球的金融危机和经济危机为例，危机爆发于经济最发达的美国，其根源主要在于美国的经济政策、经济模式和金融监管等方面，然而，在危机爆发之前，国际货币基金组织并未对美国的赤字财政和长期过度宽松的货币政策提出异议，没有及时发现美国肆意放松金融监管、金融机构杠杆率过高和衍生金融产品评级偏高等问题并加以劝阻。这不仅说明国际货币基金组织的政策监管与危机救援标准缺乏统一性和公平性，更说明它对世界经济运行中的危机因素的预警能力仍然不高。

危机爆发之后的国际性救援安排固然必不可少，但建立一套科学、合理的危机预警系统更加重要。当引发危机的潜在经济因素在某一国家或区域经济中不断积累和上升，如果能够预先加以警告，以引起相关经济体的足够重视，并列出相应的政策选项，就能够有效地避免危机发生，从而大大降低危机爆发的可能性，最终使全球经济和国别经济免于损失或将损失降到最低。

在危机预警方面，国际货币基金组织和世界银行担负着最主要的使命，但迄今为止，其预警能力不能令世界满意：回顾爆发于 1997～1998 年的东亚金融危机，其预警能力曾令人失望且后援不力，面对此次发端于美国的全球性金融和经济危机，其预警能力同样没有明显的提高，且对此次危机的后续影响估计不足，没有及时给予警示并提出有效的危机预防政策建议。因此，国际经济协调组织对金融危机的预警能力亟待加强。

（三）国际协调机制缺乏层次性和广泛的代表性

无论是在应对金融危机还是在调节外部经济失衡、降低经济政策的负面溢出效应方面，都需要高度协调的国际合作，而高度协调的富有效率的国际合作，离不开国际协调的多样化和层次性，离不开国际协调过程中不同类型国家在其中的代表性的广泛性。国际协调机制效率的提高不能单靠一个或少数几个国家或者个别国际经济组织，而是需要尽可能多的国家参与并享有相应的权利和义务，需要不同层次的协调机构和组织相互配合并形成复合型的国际协调体系。

目前，在国际协调领域，有着众多的全球性或区域性协调机构或组织。机构如国际货币基金组织、世界银行、世界贸易组织以及多个区域性开发银行机构等；组织如七国（或八国）集团峰会、二十国集团峰会、亚太经合组织、上海合作组织等；以及区域或次区域的货币或经济合作区（诸如欧元区、东亚“10＋3”合作区、北美自由贸易区等）。但这些国际性区域性机构、组织和经济区之间往往缺乏相互的配合与协调，常常造成彼此的冲突和矛盾，远没有达到国际协调效率的最大化，具有很大的发展潜力。

由于全球经济发展很不平衡，且经济运行模式具有明显的多样化特征，要实现世界经济的平稳增长，有效率的国际协调必须充分考虑不同类型国家在其中的代表性。尤其是那些相对贫弱的国家，因其经济具有更大的脆弱性，在存在广泛的政策外溢效应的环境中，这些国家的经济更容易受到严重影响和打击，且其自我救援能力很低，根本无法与发达经济体相比，它们更需要依赖国际救济和援助。在现有的国际协调机制中，只有增加这些“弱势群体”和广大发展中国家的代表性、发言权和决策权，才能使其经济免遭更多负面冲击的困扰，其最终效应是保证全球经济的安全和发展。

二、国际协调机制的完善与发展

（一）切实提高对世界经济的预警能力

此次美国金融危机的教训说明，提高对于可能出现的世界经济扰动和冲击因素的预警至关重要。在这方面，要做的工作很多，比如：(1)各国和国际组织要加强合作，强化对国际投机资本流动的监管，提高国际资本流动透明度；各国相互协调，共同监管、互通信息，防止掠夺性投机冲击。(2)国际组织和发达国家应该帮助发展中国家建立严密的预警体系。(3)国际货币基金组织等国际性机构应加强国际收支失衡、储蓄与投资的可持续性、金融市场的安全等方面的预测研究并及时给予警示；区域性协调机构和组织则应该切实发挥其在协调区域经济发展、确保区域经济安全方面预警中的主导作用，协调区域内各国的预警力量，充分调动其合作与协调的积极性。

（二）切实提高发展中国家在国际协调机制中的代表性

首先，这要增加发展中成员国在诸如国际货币基金组织等国际协调机构中的表决权和投票权，对个别国家过于垄断的权力形成有效的制衡。

其次，大国之间要加强沟通，提高定期战略对话的级别和地位，使其更具有实质内容；避免各国在国际协调机制中为各自权利进行恶性竞争；达成共识，提高国际性协调机构的权威性和独立性。这些变化和改革有利于发展中经济体在国际协调机制中代表性和发言权的真正提高。

（三）对现行国际货币体系的改革

当前，国际贸易和金融交易计价结算大部分都集中在美元上，美元是最重要的国际储备货币。根据国际货币基金组织的统计，截至 2007 年底，美元外汇储备仍占 63.9%。当一些国家储蓄增加时，如表现为美元外汇储备，就不可避免地使资金流向美国。虽然短期内美国为克服金融危机仍需要资金继续流入，但从长期看，美国要调整经济增长模式，并不希望资金都流向那里。同时，全球外汇资产过度集中于单一货币，容易出现事与愿违的异常现象。因此，除加强监管合作、引导储蓄资金合理流动之外，国际社会还应在改革国际货币体系方面逐步有所推进。应加强对主要储备货币国家经济金融政策监督，同时逐步提升一些非美元国际货币的地位和作用，在长期内稳步推动国际货币体系向多元化发展。

（四）加强国际合作，完善救援机制

在新兴市场出现短暂性国际收支危机的时候，国际救援措施应该迅速，附加条件应适当减少，这样才能使新兴市场国家有安全感。从国家层面讲，这将会鼓励这些国家减少外汇储蓄，扩大内需，使国内经济发展更具有可持续性。

小　结

1. 国际政策协调是指基于一定国际合作基础之上的各国政策决策与实施过程中的相互协作与调解。

2. 国际政策协调有利于实现国际汇市稳定和避免“以邻为壑”的政策出现。

3.《广场协议》是西方五个发达国家政府在纽约广场饭店举行会议，达成协议：五国政府联合干预外汇市场，使美元对主要货币的汇率有秩序地下调，以解决美国巨额贸易赤字问题。

4.《卢浮宫协议》的内容主要包括：日本和西德等实施刺激内需计划，美国进一步削减财政赤字；七国集团国家加强外汇市场干预方面的协调性；秘密保持美元对日元和马克汇率的非正式浮动区——如果汇率波动超出预期目标 5%，各国要加强联合干预。

思考题

1. 国际政策协调的含义是什么？国际政策协调可以划分为哪几个层次？

2. 为什么说国际政策协调是必要的？

3. 国际政策协调有哪些作用？

4.《广场协议》产生的经济背景、主要内容、目的和经济影响分别是什么？

5.《卢浮宫协议》产生的经济背景、主要内容、目的和经济影响分别是什么？

6. 其他国际政策协调机制有哪些？

7. 现行国际政策协调有哪些缺陷？2007～2009 年美国金融危机的启示有哪些？

8. 你对发展与完善国际政策协调机制的设想和建议有哪些？

参考文献

1. 保罗·霍尔伍德,罗纳德·麦克唐纳. 国际货币与金融[M]. 何璋,译. 北京:北京师范大学出版社,1993.
2. 陈彪如. 国际金融概论[M]. 上海:华东师范大学出版社,1995.
3. 陈岱孙,厉以宁. 国际金融学说史[M]. 北京:中国金融出版社,1991.
4. 陈琦伟. 公司金融[M]. 北京:中国金融出版社,2003.
5. 陈雨露. 国际金融[M]. 北京:中国人民大学出版社,2000.
6. 冯兴元. 欧洲货币联盟与欧元[M]. 北京:中国青年出版社,1999.
7. 冯文伟. 国际金融学[M]. 上海:立信会计出版社,2000.
8. 黄泽民. 中央银行学[M]. 上海:立信会计出版社,2001.
9. 姜波克. 国际金融新编[M]. 上海:复旦大学出版社,2001.
10. 姜波克. 国际金融学[M]. 北京:高等教育出版社,2002.
11. 李述仁,解景林. 国际金融与国际汇兑[M]. 哈尔滨:黑龙江人民出版社,1986.
12. 刘思跃,肖卫国. 国际金融[M]. 武汉:武汉大学出版社,2002.
13. 刘舒年. 国际金融[M]. 北京:对外贸易教育出版社,1991.
14. 陆前进. 货币危机的理论和汇率制度的选择[M]. 上海:上海财经大学出版社,2003.
15. 马克思,恩格斯. 资本论[M]. 北京:人民出版社,1975.
16. 迈克尔·梅尔文. 国际货币与金融[M]. 上海:上海三联出版社,1991.
17. 潘英丽,马君潞. 国际金融学[M]. 北京:中国金融出版社,2002.
18. 冉生欣. 现行国际货币体系与人民币汇率制度改革[M]. 北京:中国财政经济出版社,2007.
19. 沈联涛. 十年轮回——从亚洲到全球的金融危机[M]. 上海:上海远东出版社,2009.
20. 唐国兴,徐剑刚. 现代汇率理论及模型研究[M]. 北京:中国金融出版社,2003.
21. 杨逢珉,张永安. 欧洲联盟经济学[M]. 上海:华东理工大学出版社,1999.
22. 张莲英,雷秋惠,王未卿. 国际金融学教程[M]. 北京:经济管理出版社,2003.
23. 张亦春,王先庆. 国际投机资本与金融动荡[M]. 北京:中国金融出版社,1998.
24. 周文贵,肖鹞飞. 国际货币制度论[M]. 广州:中山大学出版社,2003.

图书在版编目(CIP)数据

国际金融/蓝发钦等编著. —上海:华东师范大学出版社,2015.6
ISBN 978-7-5675-3730-9

Ⅰ.①国… Ⅱ.①蓝… Ⅲ.①国际金融 Ⅳ.①F831

中国版本图书馆 CIP 数据核字(2015)第 136517 号

国际金融

编　　著　蓝发钦　岳　华　冉生欣　方显仓
责任编辑　夏海涵
审读编辑　程云琦
装帧设计　卢晓红

出版发行　华东师范大学出版社
社　　址　上海市中山北路 3663 号　邮编 200062
网　　址　www.ecnupress.com.cn
电　　话　021-60821666　行政传真 021-62572105
客服电话　021-62865537　门市(邮购) 电话 021-62869887
地　　址　上海市中山北路 3663 号华东师范大学校内先锋路口
网　　店　http://hdsdcbs.tmall.com

印 刷 者　常熟高专印刷有限公司
开　　本　787×1092　16 开
印　　张　22.25
字　　数　393 千字
版　　次　2015 年 8 月第 1 版
印　　次　2022年 9 月第 6 次
书　　号　ISBN 978-7-5675-3730-9/F·332
定　　价　44.80 元

出 版 人　王　焰